복 있는 사람

오직 여호와의 율법을 즐거워하여 그 율법을 주야로 묵상하는 자로다.
저는 시냇가에 심은 나무가 시절을 좇아 과실을 맺으며 그 잎사귀가 마르지 아니함 같으니
그 행사가 다 형통하리로다.(시편 1:2-3)

유대인 스케치

Sketches of Jewish Social Life

by Alfred Edersheim

유대인 스케치

알프레드 에더스하임 지음 · 김기철 옮김

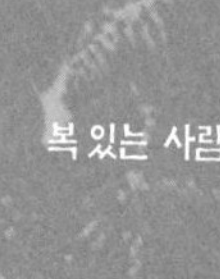

복 있는 사람

유대인 스케치

2016년 3월 24일 초판 1쇄 발행
2016년 4월 5일 초판 2쇄 발행

지은이 알프레드 에더스하임
옮긴이 김기철
펴낸이 박종현

도서출판 복 있는 사람
주소 서울특별시 마포구 연남동 246-21(성미산로23길 26-6)
전화 02-723-7183, 7734(영업·마케팅)
팩스 02-723-7184
이메일 blesspjh@hanmail.net
등록 1998년 1월 19일 제1-2280호

ISBN 978-89-6360-177-9 03230

이 도서의 국립중앙도서관 출판시도서목록(CIP)은
서지정보유통지원시스템 홈페이지(http://seoji.nl.go.kr)와 국가자료공동목록시스템
(http://www.nl.go.kr/kolisnet)에서 이용하실 수 있습니다. (CIP 제어번호: 2016006218)

Sketches of Jewish Social Life
by Alfred Edersheim

차례

추천의 글

예수님이 태어나시고 활동하셨던 제2성전시대SECOND TEMPLE PERIOD 말엽은 구약과 신약의 시대가 만나는 때였다. 당시에 개개인의 삶으로 구약을 품었던 유대인들은 예수님과 신약의 메시지를 어떻게 받아들였을까? 그들은 어떤 생각을 하고 있었으며, 동시대의 정치·사회·종교·문화·풍습은 그들에게 어떤 영향을 주었을까? 1세기 유대 사회의 시대적 배경을 고려할 때 신약의 메시지는 그들에게 어떤 의미였을까? 이러한 질문에 대답하기 위해 알프레드 에더스하임은 예수 당대의 사회와 정치, 문화와 관습, 전통과 사상적 배경을 입체적으로 그려 낸다. 이 책 『유대인 스케치』의 목적이 성경이 쓰여졌던 시기와 우리가 읽는 현재 사이의 시간적·지리적·문화적·사상적 간극을 줄이고 성경의 메시지를 올바로 밝히는 것이기 때문이다.

유대교 출신의 개신교 신학자이자 목회자인 알프레드 에더스하임의 『유대인 스케치』는 출판된 지 꽤나 오래된 책이다. 1876년에 출판되었으니 140년이 되었다. 그 이후로 많은 학문적 발전이 있었기에 저자의 일부 논지들은(회당, 바리새파 등) 약간의 이견이 있을 수 있지만, 아직도 이 책이 이 분야에서 권위 있고 중요한 의미를 가지는 이유는, 저자가 각 주제의 난점을 정확히 알고 있고 1차 사료를 중심으로 논증해 내려가기 때문이다. 이는 그가 정통 유대교 집안에서 태어나 탈무드와 토라를 제대로 공부하여 구약과 신약뿐 아니라 필로와 요세푸스, 그레꼬-로마 문헌 및 랍비 문헌에도 능통한 학자였기에 가능한 일이다. 요즈음 많이 팔리는 성경 풍습·문화 관련 일부 책들은 쉽기는 하지만 1차 사료와 2차 사료를 거의 인용하지 않는다. 다시 말하면, 독자의 입장에서는 그런 유의 저자 해석이 어느 정도 신빙성이 있는지 판단하기가 어렵다는 뜻이다. 그러나 1차 사료 중심의 이 책은 진지한 독자들의 가려운 곳을 시원하게 긁어 준다고 할 수 있다.

『유대인 스케치』는 정보가 많은 책이다. '그 땅'에 대한 지리적 정보로 시작해 여행길과 손님 대접, 마을과 가정, 자녀양육과 교육, 여성, 죽음, 직업에 이르기까지 유대 사회의 구석구석을 비추고 있다. 또한 바리새파, 사두개파, 에세네파로 구성된 사회구조와 당시의 회당과 회당 예배에 이르기까지, 저자는 조심스럽지만 생생하게 신약의 배경이 되는 한 편의 그림을 그려 내고 있다. 이 분야에 익숙한 사람이 아니더라도 여러 번 읽으면 풍성히 차고 넘칠 수많은 정보를 제공하고 있으며, 진지한 독자라면 먼저 한 번 읽어 전체적인 그림을 그리고 이어서 관련된 부분을 찾아보아야 할 것이다.

이 책이 한국 독자들에게 줄 수 있는 또 다른 선물 가운데 하나는 18장의 유대교 문헌 소개와 마지막에 있는 두 개의 부록이다. 고대 유대교의 문헌 소개는 간결하게 핵심을 잘 지적하고 있고, 성전의 규격에 대한 미쉬나 「미도트」와 축복기도에 대한 바빌론 탈무드의 마세케트 「베라코트」는 랍비 문헌을 접해 볼 기회가 많지 않은 독자들에게 신선한 경험이 될 것이라고 생각한다.

성경은 하늘에서 툭 떨어진 책이 아니다. 성경은 이스라엘이라는 한 나라의 역사와 문화를 바탕으로 쓰여진 책이며, 예수님 역시 한 사람의 유대인으로 이 땅을 살다 가셨다. 그분의 말씀과 사역을 올바로 받아들이기 위해서는 그 시대와 유대교에 대한 이해가 필수적이다. 한국교회에서 유대인의 지혜나 자녀교육, 탈무드 등에 대한 무조건적인 맹신이나, 또는 그 반대로 막연한 경계심과 거부감을 가지고 있는 상황을 볼 때, 성경 시대의 유대 사회와 유대교를 객관적으로 볼 수 있게 해주는 책이 필요한 시기다. 무엇보다 『유대인 스케치』는 성경의 배경 연구를 통해 성경을 더욱 알아 가고 오늘 우리의 삶 속에서 말씀이 살아 움직이게 하는 첫걸음이 될 것이다. 아무쪼록 이 책이 한국교회 성도들이 성경을 생명력 있는 책으로 접하는 데 큰 도움이 되기를 바란다.

최중화 부산장신대학교 구약학 교수

저자 서문

이 책을 쓴 목적은, 앞서 펴낸 『예수 그리스도 시대의 성전』*The Temple, its Ministry and Services as they were at the Time of Jesus Christ*과 같다. 두 책에서 나는 독자들을 우리 주님과 제자들이 살았던 시대의 팔레스타인 땅으로 인도하여, 신약성경 속의 사건들이 펼쳐진 현장과 그곳에 등장했던 사람들을 보여주고자 했다. 우리가 팔레스타인 땅의 형편을 제대로 이해하는 만큼, 다시 말해 그 당시에 일어났던 일을 가까이에서 살펴보며 그 시대의 사상 속으로 뛰어들고 또 그 땅의 관습과 사고방식, 가르침, 예배에 친숙해지는 그만큼, 신약성경의 많은 표현과 언어를 바로 이해할 수 있게 된다. 나아가 신약성경의 기록이 그 시대의 사회상을 정확하게 담아냈다는 점, 그러면서도 가르침과 사상의 측면에서는 당시 사람들이 생각했던 것과 많이 다르다는 점을 확인할 수 있으며, 이를 토대로 신약성경의 이야기가 진리라는 사실을 다시 한 번 깨닫게 된다.

그 시대를 깊이 연구하다 보니 마음속에 떠오르는 확신이 있다. 예수 그리스도는 진정 그분이 살았던 그 시대의 인물이요, 신약성경의 이야기와 언어와 비유들이 들려주는 것은 그 사건들이 일어난 시대 및 환경과 정확히 일치한다는 점이다. 그러나 다른 의미에서 좀 더 깊이 생각해 보면, 그리스도와 그 시대 사이에는 아무런 유사성도 없음을 알 수 있다. 그때나 그 이후의 시대에도 "그 사람이 말하는 것처럼 말한 사람은"요 7:46 없으며, 또 그분처럼 살고 그분처럼 죽은 사람도 없다. 단언컨대 그분은 다윗의 아들이었듯이 또한 하나님의 아들이요 세상의 구주이시다.

『예수 그리스도 시대의 성전』에서는 독자들을 성전으로 인도하여 그곳의 시설과 제사장직과 거룩한 의식과 관련된 모든 것을 보여주고자 애썼다. 이번 책에서

나는 독자들을 평범한 사람들로 이루어진 사회 속으로 안내하여, 신약성경에서 묘사하는 대로 그 시대 사람들과 어울리고 그들의 집과 가정을 들여다보고 당시의 관례와 풍습을 배우고 그들의 일상생활에 참여해 보도록 하고자 애썼으며, 그렇게 목격한 장면들을 평이한 형태로 서술하고자 했다.

하지만 기독교와 관련해 어쩌면 가장 중요할 수도 있는 부분은 다루지 않고 남겨 두었다. 우리 주님께서 활동하시던 그때의 정경과 메시아, 율법, 죄, 구원 같은 종교 개념들이 발전한 과정을 추적하고 여러 신학 문헌의 특성을 파악하며 교리 신조들의 면모를 규명하는 일이 그것이다. 이러한 작업에는 우리의 복되신 주님께서 시작하신 나라와 그분의 가르침, 그리고 당시의 유대교 사이에 형태면에서 어떤 유사성이 있고 내용면에서 어떤 차이점이 있는지를 파악하는 일이 필요하다. 하지만 그 일은 이 책의 한계를 훌쩍 넘어서는 것이며 또 훨씬 광범위한 연구를 필요로 한다. 이 책과 앞서 펴낸 내 책은 어떤 면에서 그 작업을 위한 선행 연구라고 할 수 있다. 따라서 평범한 사람들로 이루어진 사회를 살피면서 실제적인 내용을 다루는 이 책에서는, 신학적이고 교리적인 쟁점에 대해서는 '개요'만을 다루고 알맹이는 나중에 채워지도록 남겨 둘 수밖에 없다. 우리 주님께서 사셨던 시대의 모습을 헤아려 온전하게 제시하는 일, 이를테면 예수 그리스도와 어울려 함께 살았던 이들이 어떤 사람들이며 그들이 알고 생각하고 믿었던 것은 무엇인지를 밝히는 일과 나아가 이것을 뼈대로 삼아 우리의 복되신 주님의 생애를 하나의 그림으로 그려 내는 일, 바로 이것이 이제부터 내가 깊은 기도와 경외하는 마음으로 애써 이루고자 하는 것이다.

이렇게 이 책의 구성과 구체적인 집필 방식을 간단하게 설명했다. 한 가지만 더 밝힌다면, 이 책은 내 힘이 닿는 한에서 모든 참고 자료를 섭렵하여 여러 해 동안 연구한 결과라는 점이다. 연구 과정에서 도움을 받은 권위 있는 학자와 읽은 책들을 일일이 열거한다면 뽐내는 일이 될 것 같다. 그중에서 아주 작은 부분만을 각주에 밝혀 놓았다.

처음부터 끝까지 내가 굳게 잡았던 목표는 신약성경의 이야기와 가르침을 밝히 드러내는 것이었다. 책 뒤에 실은 '성구 색인'만 보아도 이 노력이 얼마나 많은 사례들을 통해 이루어졌는지 알 수 있을 것이다. 이 책이 신약성경에 새로운 빛을 비추어 주고, 특히 새롭게 제시된 증거를 통해 "우리 중에 이루어진 사실"눅 1:1이 진리임을 활짝 열어 보이는 데 도움이 되기를 간절히 소망한다. 마지막으로 모든 것의 원천이 되시는 위대한 진리 앞에 나 자신의 기쁨 충만한 믿음을 고백하면서 이 탐구를 시작하겠다. "그리스도는 모든 믿는 자에게 의를 이루기 위하여 율법의 마침이 되시니라."롬 10:4

1876년 11월 브리드포트, 로더스의 사제관에서

알프레드 에더스하임

일러두기

❶ 저자는 미쉬나와 함께 바빌론 탈무드와 예루살렘 탈무드를 중요한 자료로 자주 인용한다. 유대교에 따르면, 모세는 시내 산에서 성문 율법(모세오경) 외에도 구전 율법을 받았다. 이렇게 입말로 전해지고 논의되면서 풍성해진 구전 토라가 기원후 '2세기 후반'에 최종적으로 편집되고 편찬된 것이 바로 미쉬나다. 미쉬나는 크게 여섯 책(세데르)으로 구성되고, 그 아래로 63개의 소논문(마세케트)으로 나뉘며, 이는 각각 장(페렉)과 절(미쉬나)로 이루어진다.

❷ 미쉬나가 편찬된 후에도 랍비들은 미쉬나를 토대로 삼아 연구·토론·해설하면서 자료를 확장했다. 이렇게 형성된 미쉬나에 대한 주석을 '게마라'라고 한다. 그리고 본문에 해당하는 미쉬나와 그 주석인 게마라를 하나로 묶어 '탈무드'라고 부른다. 탈무드에는 두 종류가 있는데, 팔레스타인에 있는 학자들에 의해 기원후 '4세기 중반'에 완성된 것을 예루살렘 탈무드라고 부르며, '6세기 중반'에 바빌론의 학교에서 완성된 것을 바빌론 탈무드라고 부른다.

❸ 이 책에서는 세 문헌을 각각 다음과 같이 표기했다.

- ◎ 베라코트 iii. 3: 이 표기는 미쉬나 인용문을 가리킨다. 베라코트는 미쉬나를 구성하는 소논문 중의 한 권이다. 로마자 iii은 3장을, 아라비아숫자 3은 절을 가리킨다.
- ◎ 베라코트 10 a: 이 표기는 바빌론 탈무드에서 인용한 글을 가리킨다. 바빌론 탈무드의 베라코트 중, 폴리오 10의 a면을 가리킨다. 폴리오란 2절지 한 장을 말하며, 앞면을 a, 뒷면을 b로 부른다(참조. 변순복, 『탈무드란 무엇인가?』).
- ◎ 예. 베라코트 iv. 2: 약자 '예.'는 예루살렘 탈무드를 뜻한다. 즉, 예루살렘 탈무드의 베라코트 부분에서 인용한 글이다. iv. 2는 4장 2절을 가리킨다.

01.

1세기의 팔레스타인 속으로

지금은 황량하기만 한 땅, 헐벗은 잿빛 구릉들은 경작하지 않아 버려진 골짜기로 이어지고, 나무들은 다 베어졌으며, 올리브나무와 포도나무로 가득했던 계단밭은 메말라 버리고, 마을들은 가난과 오물에 찌들고, 길은 위태로워 인적이 끊기고, 원주민들은 거의 다 사라져 그에 따라 산업과 부와 힘도 사라져 버렸지만, 1850년 전만해도 그 땅은 세상 위로 우뚝 솟구칠 만큼 아름다움과 풍요와 분주한 삶으로 충만한 풍경을 펼치고 있었다. 랍비들은 팔레스타인의 자연적 탁월함이나 도덕적 우월함을 주제로 삼아 전혀 지칠 줄 모르고 그 땅을 찬미했다. 아주 오래된 히브리 문헌에 다음과 같은 일화가 나온다.[1] 어느 날 랍비 요나단이 제자들과 함께 무화과나무 아래 앉아 있었다. 그런데 위쪽에 달려 있던 농익은 열매가 갑자기 터지더니 달콤한 즙이 바닥으로 주르르 떨어졌다. 또 조금 떨어진 곳에서는 암염소의 불대로 분 젖이 뚝뚝 흘러내렸다.

1. Hamburger, *Real-Enc. d. Judenth*. i. p. 816, note 37.

존 더글러스 우드워드의 「감람산에서 바라본 예루살렘」

예수도 잡히시던 날 밤 이곳에서 예루살렘을 바라보셨다.

그 두 줄기가 흐르다 하나로 섞이는 것을 지켜보던 랍비가 외쳤다. "보라, '젖과 꿀이 흐르는 땅'이라는 약속이 말 그대로 이루어졌구나." 랍비 메이어는 "'네게 아무 부족함이 없는 땅'[신 8:9◉]이라고 기록되었듯이 이스라엘 땅에는 무엇 하나 부족한 산물이 없다"라고 말했다.[2]

이런 말들을 터무니없다고 몰아칠 수 없는 것이, 팔레스타인은 눈 덮인 헤르몬 산과 추운 레바논에서부터 온난한 갈릴리 호수와 무더운 열대성의 요단 골짜기까지 온갖 기후가 뒤섞여 있는 까닭이다. 그 땅에서는 햇볕이 강한 기후 지역의 산물에 더해 선선한 지역에서 나는 과일과 곡식, 채소뿐만 아니라 열대 지역에서 나는 진귀한 향신료와 향료도 만날 수 있다. 이와 마찬가지로 물에는 온갖 종류의 물고기가 가득하고, 화려한 깃털로 치장한 새들이 하늘을 노래로 가득 채웠다고 전해진다.[3] 이 나라는 그렇게 땅이 좁았는데도 그 어느 곳 못지않게 뛰어난 다양성과 우아함을 자랑했다. 요단 지역 동편으로는 넓은 평원과 고지대 골짜기, 공원

◉ 네 하나님 여호와께서 너를 아름다운 땅에 이르게 하시나니 그곳은 골짜기든지 산지든지 시내와 분천과 샘이 흐르고 밀과 보리의 소산지요 포도와 무화과와 석류와 감람나무와 꿀의 소산지라. 네가 먹을 것에 모자람이 없고 네게 아무 부족함이 없는 땅이며(신 8:7-9).

2. 속죄일에 후추 열매를 먹는 것이 율법적으로 합당한지에 관해 논하는 바빌론 탈무드 「요마」 81 b. 후반부에서.

3. 여기서 세부적인 근거들을 제시하기는 어렵다. 대성당 참사회원인 H. B. 트리스트램(Tristram) 같은 유능하고 신중한 박물학자의 기록을 참조하라.

같은 수풀, 끝닿는 데 없는 밭과 초지가 펼쳐졌고, 서편으로는 층층이 쌓인 구릉들 위로 올리브나무와 포도나무가 뒤덮이고 멋진 골짜기에서는 단 샘물이 솟아 흐르며, 갈릴리 호수 주위를 따라 동화 같은 아름다움과 분주한 생활이 펼쳐졌다. 저 멀리로는 광대한 바다가 펼쳐졌으며 그 위로 활짝 열린 돛들이 점점이 박혀 있다. 아주 오래전 잇사갈과 므낫세와 에브라임 지파가 지배했을 때처럼 이 지역은 풍요로 가득했다. 평지와 골짜기들을 벗어나면 유다 산지를 만나게 된다. 유다 산지는 남부 지방인 네게브(네겝) 목초지역을 통과해 완만히 흘러내려서는 넓고 황량한 광야로 이어진다. 그런데 하나님께서 복 주시는 동안은 평화와 풍요가 끝없이 이어졌다.◉ 눈길 닿는 모든 곳에서 "뭇 산의 가축"이 풀을 뜯고, 들판은 "양떼로 옷 입었고 골짜기는 곡식으로 덮였"으며, "하나님의 강에 물이 가득하게" 하시므로 땅이 "즐거이 외치고 또 노래"하는 것 같았다. 이처럼 맨 처음 하나님께서 허락하셨고 계속 부어주시는 풍요 앞에서 깊은 열정이 끓어오르는 것도 당연했다.

◉ 들의 초장에도 떨어지니 작은 산들이 기쁨으로 띠를 띠었나이다. 초장은 양떼로 옷 입었고 골짜기는 곡식으로 덮였으매 그들이 다 즐거이 외치고 또 노래하나이다(시 65:12-13).

탁월한 랍비 주석가 한 사람이 말하기를, "이름이 복되신 분, 거룩하신 이에게만 속한 것이 13가지인데 그것들은 금과 은, 제사장직, 이스라엘, 처음 태어난 자, 제단, 첫 열매, 성별하는 데 쓰는 기름, 성막, 다윗 가문의 왕권, 희생제물, 이스라엘 땅, 장로 직분이다"라고 하면서 그 각각을 성경에 근거하여 지지한다.[4] 사실, 참으로 아름다웠던 그 땅은 고귀한 영적 복들과 연결됨으로써 최고의 실제적인 가치를 얻게 되었다. "쉐키나*SHECHINAH*(히브리어로 '거주'나 '임재'를 뜻하며 유대교 신학, 특히 랍비 문헌에서 하나님이 세상에 임재하심을 가리키는 말로 쓰인다.—옮긴이)는 오로지 팔레스타인에서만 모습을 드러낸다"고 랍비들은 가르쳤다. 팔레스타인의 거룩한 울타리 밖에서는 그러한 계시가 결코 이루어질 수 없었다.[5] 예언

4. 랍비 베카이가 근거로 든 성경 본문은 다음과 같다. 학개 2:8, 출애굽기 29:1, 민수기 3:13, 레위기 25:55, 출애굽기 20:24, 25:2, 30:31, 25:8, 민수기 28:2, 사무엘상 16:1, 레위기 25:23. Relandi, *Palaest*(ed. 1716), p. 14.

5. 한 예로 '메킬타'에서 출애굽기 12:1에 대해 논한 내용을 참조하라.

예루살렘의 헤롯 성전

헤롯 대왕의 많은 건축사업 중 가장 규모가 큰 것이 성전 재건이었다. 기원전 20년에 시작해 그가 죽은 지 한참 지난 기원후 64년에도 완공되지 않았던 성전 건축은, 헤롯이 백성들의 마음을 얻고 로마에 좋은 인상을 주려고 벌인 일이었지만 둘 다 이루지 못했다.

자들이 황홀경에 들어 환상을 보고 시편 기자들이 천상의 찬미 가락을 다듬어 낸 곳도 바로 이 땅이었다. 팔레스타인은 예루살렘을 수도로 품은 땅이었다. 그리고 예루살렘 가장 높은 곳에는 눈처럼 흰 대리석과 반짝이는 황금으로 덮인 성전이 자리했으며, 그 둘레로 매우 고상한 기억과 성스러운 사상과 원대하고 찬란한 희망이 몰려 있었다. 이스라엘의 종교만큼 철저하게 특정 지역과 연관된 종교도 없다.

사실 이교신앙은 민족 신들을 예배하는 종교였으며, 유대교는 하늘과 땅의 하나님이신 '야훼'를 예배하는 종교였다.◉ 하지만 이교도들은 자기네 민족 신을 마음대로 옮길 수 있었고 그 신들을 모시는 제의를 외래의 방식에 맞추어 개조할 수 있었다. 다른 한편 기독교는 그 특성과 뼈대를 제일 보편자THE FIRST UNIVERSAL에게서 끌어온 데 반해, 모세오경의 예배와 종교 제도와 심지어 예언자들이 열어 보인 전망은 **이스라엘과 관련되면서** 철저히 팔레스타인에 속하고 팔레스타인을 위한 것이 되었다. 이와 같은 요소들은 영구히 멸망한 팔레스타인 땅과는 결코 어울릴 수 없는 것이다. 제사장 직책과 제단, 성전, 희생제물, 십일조, 첫 열매, 안식년,

◉ 내가 그들을 이방인 가운데로 흩으며 여러 나라 가운데에 헤친 후에야 내가 여호와인 줄을 그들이 알리라(겔 12:15).

희년을 갖추지 못한 팔레스타인 밖 유대교는 우선 모세오경을 배제해야 했거나, 아니면 기독교처럼 이 모든 것을 장차 맺을 열매를 상징하는 꽃들로 여기거나 미래에 완성될 고귀한 실재를 가리키는 예표로 간주해야 했다.[6] 그 땅 밖에서는 사람들도 더 이상 이스라엘 사람이 아니다. 이방인이 볼 때 그들은 유대인이지만, 자신들이 볼 때는 "세상에 흩어진 사람들"이다.

이 모든 사실을 랍비들이 모를 리 없었다. 그래서 예루살렘이 티투스TITUS에게 파괴된 직후 랍비들이 무너진 나라를 재건하는 일에 착수했을 때, 그 나라는 전혀 새로운 토대 위에 세워지긴 했지만 여전히 팔레스타인 안에 있었다. 팔레스타인은 랍비주의의 시내 산이 되었다. 할라카,*HALACHAH* 곧 전승 율법이 이 땅에서 샘솟아 널리 퍼져 나갔다. 처음 몇 세기 동안 유대교의 학문과 영향력과 원리들이 이곳을 중심으로 꽃피었으며, 그러한 움직임으로 인해 팔레스타인은 견고한 지위를 차지하게 되었다. 이에 맞서고자 했던 바빌론 유대 학파들의 첫 시도는 철저히 공격당하고 완전히 묵살되었다.[7] 저 옛날 노예 처지였던 땅에서 랍비들은 환경의 압박에 맞서 적극적으로 안정과 자유를 추구하였으며, 그 결과 정치적으로 방해받지 않으면서 자신들의 체계를 완성시킬 수 있었다. 팔레스타인 안에서 나라와 학문을 보존하려 했던 열망은 다음과 같은 정서를 불러일으켰다. 랍비들은 "팔레스타인의 공기가 사람을 지혜롭게 한다"고 말했다. 성경에서 에덴동산을 가리켜 하윌라 강이 흐르고 "그 땅의 금은 순금이요"창 2:12라고 말하는 구절을 가져다 자기네 지상의 에덴에 적용했으며, 그 의미를 각색하여 "팔레스타인의 학문 같은 것은 어디에도 없다"라고 말했다. "팔레스타인에서 산다는 것은 모든 계명을 준수하는 것과 맞먹는다"라는 속담도 있었다. 탈무드에서는 "팔레스타인에 영구한 거처를 둔

6. 여기는 랍비주의에서 희생제물의 대체물로 어떤 것들을 제안했는지를 설명할 자리는 아니다. 오늘날 유대교가 사무엘상 15:22, 시편 51:16-17, 이사야 1:11-13, 호세아 6:6 같은 구절을 근거로 삼아, 예언자들이 볼 때 희생제물 및 그와 연관된 모세오경의 모든 제의 제도는 영구한 중요성을 지니는 것이 아니었다는 점을 증명하려고 애쓴다는 사실을 잘 안다. 아무리 당파심에 기운 사람들이라도 어떻게 그런 근거들에서 이처럼 극단적인 결론을 끌어낼 수 있는지, 또 어떻게 예언자들이 가르치려고 한 것이 시내 산에서 웅장하게 허락된 율법을 설명하거나 적용하는 것이 아니라 제거하는 것이었다는 식으로 생각할 수 있는지 공평한 독자라면 납득하기 어려울 것이다. 하지만 이와 같은 사고는 새로운 것이 아니다. 2세기 때에도 이미, 희생제사 의식은 이스라엘 백성이 이교 제의에 빠지는 것을 막기 위한 장치로 고안된 것이라고 과감하게 주장하는 사람이 없지 않았다.

7. 알프레드 에더스하임, 『유대 민족의 역사』(*History of the Jewish Nation*) pp. 247-248를 보라.

율법책을 읽는 에스라

에스라 때에 선조들의 땅으로 돌아온 백성에게서 커다란 종교 부흥이 일어났다. 옛날에는 이스라엘의 개인들하고만 연관되었던 신앙고백이 이제는 전체 언약 백성의 몫이 되었다.

사람은 내세의 삶을 보장받은 사람이다"라고 가르쳤다. 우리는 또 다른 권위 있는 글에서 "이스라엘이 고난을 통해 받는 선물이 세 가지인데, 팔레스타인 땅과 전승 학문(토라)과 장차 도래할 세상이 그것이다"라는 기록을 읽는다. 이러한 감정은 그들의 나라가 황폐해진 후에도 줄어들지 않았다. 기원후 3세기와 4세기에도 그들은 여전히 "팔레스타인에 사는 사람은 죄가 없다"고 가르쳤다.

수세기 동안 방랑과 변화를 겪으면서도 백성들의 마음속에서는 이 땅에 대한 뜨거운 사랑이 식지 않았다. 이 땅에서는 미신조차도 힘을 잃고 말았다. 탈무드에서 일찍이 "이스라엘 땅에 묻힌 사람은 누구든지 제단 아래 묻힌 것과 같다"는 원리를 가르쳤다면,[8] 가장 오래된 히브리 주석 가운데 하나는 한 걸음 더 나아간다.[9] 야곱과 요셉이 남긴 유언이나 그 성스러운 땅에 묻히길 원했던 선조들의 간절한 소망을 토대로, 그 땅에 묻힌 사람들은 "생명

8. 바빌론 탈무드 「케투보트」 111 a. 기이하게도 여기서 근거로 삼는 본문은 "내게 토단을 쌓고"라고 말하는 출애굽기 20:24이다. 탈무드의 모든 페이지가 이처럼 매우 특이하고 흥미롭다.

9. 창세기 랍바(*Ber. Rabba*)

이 있는 땅에서 여호와 앞에"시 116:9 가장 먼저 서게 될 것이며, 또 죽은 자들 가운데서 가장 먼저 일어나 메시아의 날에 참여하게 될 것이라는 주장이 나왔다. 경건한데도 팔레스타인 땅에 살 기회를 누리지 못한 사람들에게서 그들 몫의 상급을 박탈해서는 안 되겠기에, 하나님은 지하로 굴을 파고 거룩한 땅으로 통하는 길을 열어 놓으셨으며 그들이 죽어서 티끌로 그곳에 도착하면 하나님의 영이 그들을 새 생명으로 다시 일으키실 것이라는 내용이 추가되었다. 이것은 "내 백성들아, 내가 너희 무덤을 열고 너희로 거기에서 나오게 하고 이스라엘 땅으로 들어가게 하리라……또 내 영을 너희 속에 두어 너희가 살아나게 하고 내가 또 너희를 너희 고국 땅에 두리니"겔 37:12, 14라는 본문에 따른 것이었다. 거의 모든 기도와 찬양 속에서 팔레스타인에 대한 사랑이 동일하게 울려 퍼진다. 그중 일부만을 발췌해 보는 것으로는, 지금도 여전히 유대 회당에서 시온의 상실을 애통해하고 그 회복에 대한 열망을 노래하는 데 사용하는 애가들이 담고 있는 정념을 온전히 표현할 수 없다.[10] 그들은 황량한 폐허의 땅에 엎드려, 저 옛날 사라가 그랬던 것처럼,[◉] 주님의 명령으로 그 땅에 젊음과 아름다움과 풍요가 회복되고 또 왕이신 메시아를 통해 다윗의 집에 "구원의 뿔을 일으키게"[11] 되는 날이 오기를 머리 조아려 기도하고 믿고 소망했다.

하지만 최근에 한 저자가 지적했듯이, 팔레스타인만큼 유적조차 완전히 사라져 아무것도 남지 않은 땅도 없다. 참으로 신성한 일들이 일어난 곳, 눈을 열어 보면 모든 발자국마다 성스러움이 깃들어 있는 곳, 바위와 동굴과 산마루마다 가장 거룩한 기억들이 새겨져 있는 곳, 그 현장의 정확한 모습이 어땠는지 우리는 전혀 알 수 없다. 예루살렘의 대지와 계곡과 골짜기와 구릉들은 형세가 변했으며, 그도 아니면 오랜 세월에 걸쳐 두터워진 폐

10. 이러한 애가들 가운데 가장 뛰어난, 유다 할레비의 애가를 보라.

◉ 여호와께서 말씀하신 대로 사라를 돌보셨고 여호와께서 말씀하신 대로 사라에게 행하셨으므로……사라가 이르되 하나님이 나를 웃게 하시니 듣는 자가 다 나와 함께 웃으리로다(창 21:1, 6).

11. 이 구절은 고대 유대교 문헌에 속한 한 단편에서 뽑은 기도문으로, 2,000년 동안 모든 유대인이 날마다 암송했던 것이다.

허 아래 깊숙이 묻혀 버렸다. 주님께서 이 땅에 행하시려 했던 일은, 모세의 유물인 놋뱀이 거기 깃든 성스러운 기억 때문에 우상으로 변질되는 것을 막고자 히스기야가 밟아 부서뜨렸던 것과 같아 보인다.◉ 땅과 물, 산과 계곡의 형세도 마찬가지다. 헤브론과 베들레헴, 감람산, 나사렛, 게네사렛 호수, 갈릴리 땅이 여전히 그 자리에 있지만 그 형태와 외관은 완전히 바뀌었으며, 그때의 성스러운 사건들과 연결 지어 볼 정확한 지점도 확인하기 어렵다. 그래서 사람들은 팔레스타인 땅에서 장소가 아니라 사건을, 외적 환경이 아니라 영적 실재를 만나게 된다.

◉ 그가 여러 산당들을 제거하며 주상을 깨뜨리며 아세라 목상을 찍으며 모세가 만들었던 놋뱀을 이스라엘 자손이 이때까지 향하여 분향하므로 그것을 부수고(왕하 18:4).

바빌론 탈무드에 "팔레스타인은 이스라엘 백성이 그 땅에 사는 동안에는 넓었으나 지금은 협소해져 버렸다"는 말이 나온다. 기이하게 표현된 이 말의 바탕에는 적지 않은 역사적 사실이 놓여 있다. 계속된 변화로 말미암아 거룩한 땅의 경계가 협소해졌다. 아브라함이 받은 약속에서[창 15:18◉] 처음으로 언급되고 뒤이어 이스라엘 자손에게 거듭 확증된[출 23:31] 정도의 넓이에 이른 적이 없었다. 그 넓이에 가장 근접했던 때가 다윗 왕이 다스리던 시대로, 그때는 유프라테스 강까지 이스라엘의 힘이 미쳤다.[삼하 8:3-14] 현재 팔레스타인이라는 이름으로 불리는 땅은 이전 어느 시대보다 훨씬 더 작다. 그 땅은 옛날과 마찬가지로 지금도 북에서 남으로는 "단에서 브엘세바까지" 미치며, 동에서 서로는 살르가(오늘날의 살카드)에서부터 '대해', 곧 지중해까지 이른다. 면적은 약 31,000km² 이며, 길이는 225-290km, 폭은 남쪽이 약 120km, 북쪽이 160-195km이다. 좀 더 알기 쉽게 설명하면, 오늘날의 팔레스타인은 웨일스 면적의 두 배이며, 네덜란드보다는 작고 벨기에와 거의 같은 크기다. 심지어 가장 높은 산 위에 서면 희미하게나마 국토 전체를 볼 수 있을 정도다. 이제껏 세상에서 일어난 사건 중에 가장

◉ 내가 이 땅을 애굽 강에서부터 그 큰 강 유브라데까지 네 자손에게 주노니(창 15:18).

놀라운 사건의 무대로 주님께서 선택하신 땅, 그리고 온 세상을 향해 흘러 나갈 생명과 빛의 원천으로 삼으신 땅이 그렇게 작았다.

우리의 복되신 구주께서 팔레스타인의 대지를 걸으셨던 그 때, 그 나라는 이미 많은 변화를 겪은 상태였다. 고대 지파의 경계는 사라졌으며, 유다와 이스라엘 두 왕국은 더 이상 존재하지 않았다. 다양한 외세의 지배와 잠시 동안의 완전한 국가 독립도 역시 과거로 흘러갔다. 하지만 과거를 소중히 여기는 동방의 특성으로 인해, 전에 옛 지파들이 점유했던 일부 지역은 여전히 그 지파들의 이름으로 불린다.[마 4:13, 15◉] 포로로 끌려갔던 이들 중에서 비교적 소수의 사람들이 에스라와 느헤미야와 함께 팔레스타인으로 귀환했으며, 그 땅의 유대인 주민은 유다와 베냐민 지파 그리고 원래 그곳에 남았던 사람들로 이루어졌다. 오늘날 많은 관심을 불러일으키는 열 지파에 대한 논쟁은 우리 주님이 활동하시던 때에도 큰 문제가 되었다.[12] 그리스도께서 자신이 떠날 것에 대해 예언하셨을 때 그 뜻을 간파하지 못했던 유대인들은 "이 사람이…… 헬라인 중에 흩어져 사는 자들[유대인들]에게로"[요 7:35] 가려 하는지 물었다. 이 말은 흔히 우리가 어떤 것을 알지 못하는데도 아는 척 꾸며 말하는 모호하고 알쏭달쏭한 표현과 같은 것이었다. 요세푸스[FLAVIUS JOSEPHUS]는 늘 제멋대로 과장해서 떠들 듯이 "지금도 열 지파는 유프라테스 강 너머에 살고 있으며, 그 수는 헤아릴 수 없을 만큼 엄청나다"라고 말한다. 하지만 거기가 어디냐는 물음에는 그 시대의 다른 사람들과 마찬가지로 그 역시 아무것도 말하지 못한다. 또 우리는 초기 유대교의 권위 있는 문서인 미쉬나에서 다음과 같은 글을 읽는다.

"여호와께서……그들을 이 땅에서 뽑아내사 다른 나라에 내던지

◉ 나사렛을 떠나 스불론과 납달리 지경 해변에 있는 가버나움에 가서 사시니……스불론 땅과 납달리 땅과 요단 강 저편 해변 길과 이방의 갈릴리여(마 4:13, 15).

12. 여기는 이 문제를 논할 자리가 아니다. 몇몇 지파 출신의 이민단이 멀리 광범위하게 퍼졌다는 사실은 의문의 여지가 없다. 크림 반도에서도 그들의 후손이 있는 것으로 확인된다. 그곳에서 발견된 그들의 묘비에 적힌 날짜들은 "느부갓네살이 예루살렘을 약탈했던 기원전 586년이 아니라 기원전 696년의 포로 시대, 곧 열 지파의 포로 시기" 것으로 추정된다(Dr. S. Davidson, in Kitto's *Cycl. of Bibl. Lit.* iii. p. 1173). 열 지파의 유랑에 관해서는『유대 민족의 역사』pp. 61-63와 볼프 박사의 후기 연구물을 보라. 탈무드 학식이 깊은 유대인들조차도 열 지파의 문제에서 얼마나 경솔하게 믿는지는 랍비 슈바르츠가 지은『거룩한 땅』(*Holy Land*)의 부록에서 확인할 수 있다. 크림 반도에서 발견된, 가장 오래된 히브리어 비문들은 기원후 6년과 30년, 89년의 것으로 확인된다(Chwolson, *Mem. de l'Ac. de St. Petersb.* ix. 1866, No. 7).

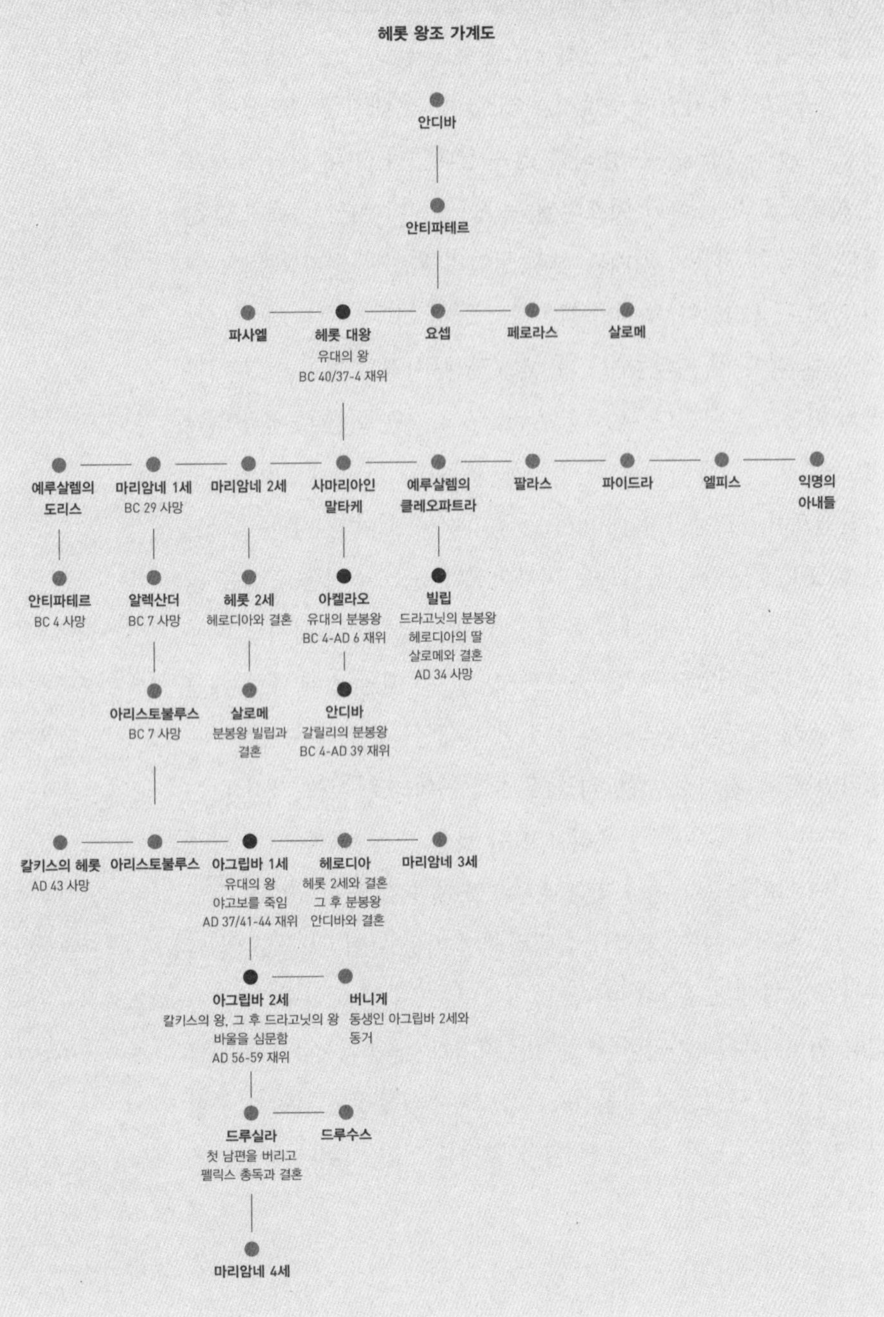

헤롯 왕조 가계도
안디바
안티파테르
파사엘
헤롯 대왕
유대의 왕
BC 40/37-4 재위
요셉
페로라스
살로메
예루살렘의 도리스
마리암네 1세
BC 29 사망
마리암네 2세
사마리아인 말타케
예루살렘의 클레오파트라
팔라스
파이드라
엘피스
익명의 아내들
안티파테르
BC 4 사망
알렉산더
BC 7 사망
헤롯 2세
헤로디아와 결혼
아켈라오
유대의 분봉왕
BC 4-AD 6 재위
빌립
드라고닛의 분봉왕
헤로디아의 딸
살로메와 결혼
AD 34 사망
아리스토불루스
BC 7 사망
살로메
분봉왕 빌립과 결혼
안디바
갈릴리의 분봉왕
BC 4-AD 39 재위
칼키스의 헤롯
AD 43 사망
아리스토불루스
아그립바 1세
유대의 왕
야고보를 죽임
AD 37/41-44 재위
헤로디아
헤롯 2세와 결혼
그 후 분봉왕
안디바와 결혼
마리암네 3세
아그립바 2세
칼키스의 왕, 그 후 드라고닛의 왕
바울을 심문함
AD 56-59 재위
버니게
동생인 아그립바 2세와
동거
드루실라
첫 남편을 버리고
펠릭스 총독과 결혼
드루수스
마리암네 4세

심이 오늘과 같다"신 29:28 고 기록된 대로 열 지파는 다시는 돌아오지 못할 것이다. '오늘'이 지나가면 다시 돌아오지 못하듯이 그들 역시 흘러가고 돌아오지 못한다. 이것은 랍비 아키바의 견해다. 하지만 랍비 엘리에제르는 "날이 어두워지면 다시 해가 떠오르듯이 열 지파도 그러하다. 그들이 어둠을 맞았으나 빛 역시 다시 그들을 비추게 될 것이다"라고 썼다.산헤드린 x. 3

그리스도가 태어났을 때 팔레스타인은 헤롯 대왕이 다스리고 있었다. 명목상으로는 독립된 나라였지만 사실 종주국 로마의 지배 아래 있었다. 헤롯이 죽자—이때가 바로 복음서 이야기가 시작되는 무렵이다—일시적으로 헤롯의 영토가 새롭게 분할되었다. 이 일과 관련된 사건은 누가복음 19:12-15, 27에 나오는 우리 주님의 비유를 잘 설명해 준다. 비록 그 사건들이 이 비유의 역사적인 토대가 아니라고 해도, 사람들의 뇌리에 생생하게 심어져 있었기에 그리스도의 말씀을 들은 사람들은 곧바로 그 사건들을 떠올렸을 것이다. 헤롯은 살았을 때와 마찬가지로 죽을 때도 잔인하고 고약했다. 그는 죽기 며칠 전에 유언장을 변경하여 아들 아켈라오를 자기 왕국의 계승자로 지명했다. 그리고 헤롯 안디바(복음서에 나오는 헤롯)를 갈릴리와 베레아의 분봉왕으로, 빌립을 가울라니티스와 드라고닛, 바타네아, 파니아스의 분봉왕으로 정했다. 이 지역들에 대해서는 나중에 좀 더 살펴본다.

아켈라오는 헤롯 대왕이 죽은 후, 곧이어 일어난 예루살렘의 봉기를 진압하고 나서 상황이 회복되자 아버지가 남긴 유언에 대해 황제의 비준을 받고자 서둘러 로마로 달려갔다. 그 뒤에 곧바로 동생 헤롯 안디바가 그를 따라갔는데, 헤롯 대왕이 앞서 작성한 유언장에는 현재 아켈라오가 주장하는 몫을 안디바가 받기로 되어 있었다. 로마에서 두 사람은 홀몸이 아니었다. 둘은 그곳에 이미 많은 헤롯 가문 사람들이 있음을 알게 되었다. 그들은 각기 제 나름의 불평거리를 털어놓았지만, 자기네 혈족 사람이 왕이 되어서는 안 된다는 점과 팔레스타인은 로마의 지배하에 있어야 한다는 점에서는 의견이 일치했다. 만일 그들의 뜻대로 되지 않는다면 아무래도 아켈라오보다는 헤롯 안디바가 더 낫다는 것이 그들의 생각이었다. 물론 두 형제에게도 따르는 패거리가 있어서, 황제에게 호감을 사고 영향을 미쳐 그들의 의도대로 움직이려고 했다. 아우구스투스 황제는 처음부터 아켈라오에게 마음이 기울었다. 하지만 유대 땅에서 새로 폭동이 일어나는 바람에 공식적인 결정이 잠시 보류되었다. 그 폭동은 힘들게 겨우 진압되었다. 그러는 사이에 유대인 사절단이 로마에 도착해서 헤롯 가문 사람은 그 누구도 왕으로 지명하지 말 것을 청원했다. 그들이 저지른 파렴치한 행위를 근거로 내세웠으며, 또 유대인이 로마의 지배 아래서 자기네 율법에 따라 살 수 있도록 허락해 줄 것을 요구했다. 결국 아우구스투스는 헤롯 대왕의 유언을 인정하기로 결정했지만, 아켈라오에게 왕 대신 분봉왕의 칭호를 수여하고는 그 직책을 잘 감당하면 등급을 올려 주기로 약속했다.◉ 유대 땅으로 돌아온 아켈라오는 "그를 미워하여 사자를 뒤로 보내어 이르되 우리는 이 사람이 우리의 왕 됨을 원하지 아니하나이다"눅 19:14라고 요청했던 백성들에게 피의 복수를 감행하였다. 아켈라오의 통치는 오래가지 못했다. 유대 땅에서는 이전보다 훨씬 더 강한 원성들이 계속 터져 나왔다. 아켈라오는 자리에서 밀려났으며 유대 땅은 로마의 시리아(수리아) 속주에 편입되는 한편 자체의 총독을 두게 되었다.

◉ 그러나 아켈라오가 그의 아버지 헤롯을 이어 유대의 임금 됨을 듣고 거기로 가기를 무서워하더니 꿈에 지시하심을 받아 갈릴리 지방으로 떠나가(마 2:22).

아켈라오가 지배하는 동안 그가 거둔 조세 수입은 참으로 엄청나서 연간 24만 파운드가 훌쩍 넘었으며, (1876년 당시 영국 화폐 1파운드를 현재 우리 화폐 가치로 환산하면 약 220만 원 정도다. 따라서 아켈라오의 조세 수입인 24만 파운드는 약 5,300억 원 정도가 된다.—옮긴이) 그의 형제들의 세수는 각각 아켈라오 세수의 3분의 1과 6분의 1이었다. 그러나 그의 세수도, 68만 파운드에 이르는 헤롯 대왕의 수입이나 그 후에 50만 파운드 정도로 추정되는 아그립바 2세의 수입에 비하면 아무것도 아니었다. 이 금액을 생각할 때 염두에 두어야 할 사실은, 당시 팔레스타인에서는 생활비가 전반적으로 낮았다는 점이다. 일반인의 생활비는 형편없는 노동 시장에서 보잘것없는 동전을 벌어 충당했을 것이다. 가장 작은 동전인 유대의 페루타(렙돈)는 16분의 1페니 정도였다. 또한 신약성경의 독자들은 노동자가 밭이나 포도원에서 하루 일한 대가로 한 데나리온(8페니 정도)을 받았으며,[마 20:2] 착한 사마리아인이 다친 사람을 여관에 맡길 때에 비용으로 단 두 데나리온(1실링 4페니 정도)을 지불했다는 것을[눅 10:35] 기억할 것이다.

본론에서 많이 벗어났다. 우리의 주된 목적은 우리 주님 사시던 시대의 팔레스타인 경계를 살펴보는 것이다. 정치적인 측면에서 팔레스타인은 다음과 같이 구분되었다. 유대와 사마리아 지역은 로마의 총독이 관할하였으며, 갈릴리와 베레아(요단 강 건너편)는 세례 요한을 죽인 헤롯 안디바가 다스렸다. 그는 간교하고 잔혹하기가 그지없어 '저 여우'라고 불렸고, 빌라도에게서 주님을 넘겨받은 후 여러 가지를 캐어물었으나 아무런 대답도 얻지 못했던 사람이다. 바타네아와 드라고닛, 아우라니티스는 분봉왕 빌립이 다스렸다. 이 마지막 지역들에 대해 자세히 설명하기 위해서는 너무 많은 세부 사항을 다루어야 할 것이다. 지금 여기서는, 이 지역들이 북동쪽으로 치우쳐 있었으며, 또 다른 대표적인 도시 하나가 가이사랴 빌립보(로마 황제의 이름과 빌립 자신의 이름을 딴)인데 이

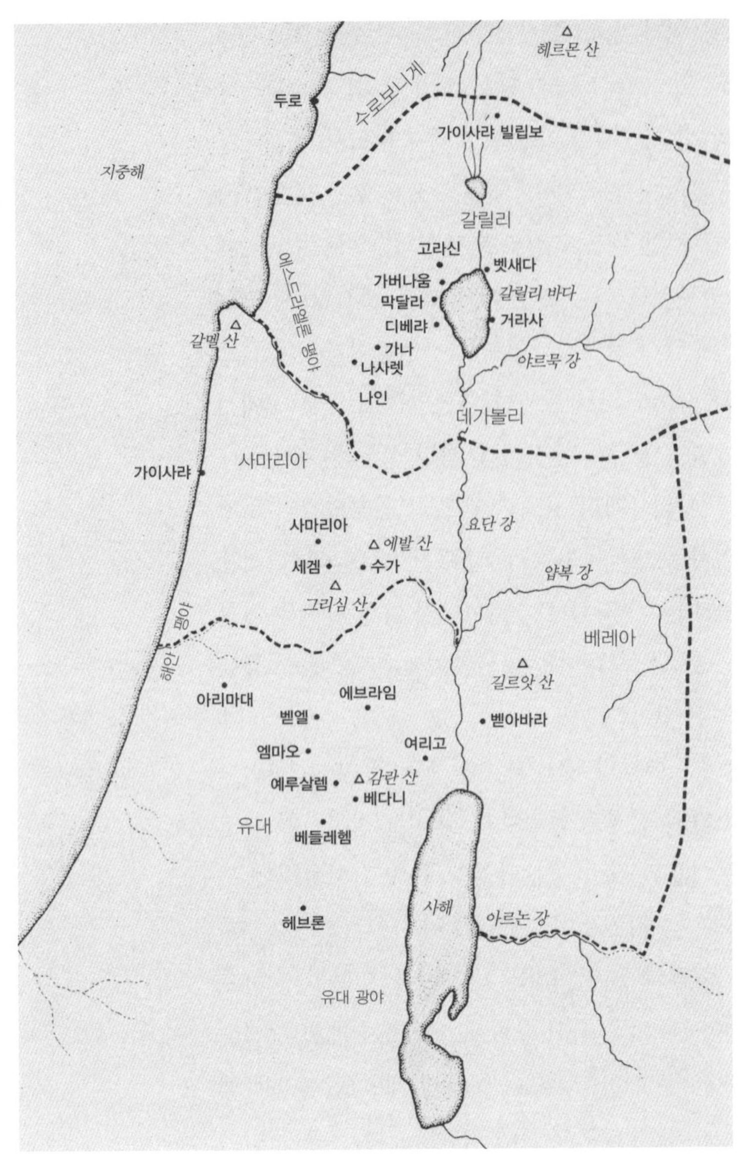

예수 시대의 팔레스타인

곳에서 베드로가 교회의 토대인 반석으로 인정받게 되는 놀라운 신앙고백을 하였다는 점만을 밝혀 둔다.[마 16:16, 막 8:29] 빌립은 헤롯 대왕의 아들들 가운데 가장 나았는데, 그의 아내는 시숙인 헤롯 안디바의 꾐에 넘어가 남편을 버렸으며 헤롯으로 하여금 자기를 위해 세례 요한의 목을 베게 만들었다.[마 14:3, 막 6:17, 눅 3:19◎] 이러한 불륜과 근친 결합으로 인해 헤롯은 즉시 곤경에 처해 어려움을 겪게 되었고, 결국에는 왕국을 잃고 평생 동안 추방 생활을 하게 되었다.

◎ 전에 헤롯이 그 동생 빌립의 아내 헤로디아의 일로 요한을 잡아 결박하여 옥에 가두었으니(마 14:3).

지금까지 팔레스타인 땅의 정치적 경계에 대해 살펴보았다. 일반적으로 팔레스타인은 갈릴리와 사마리아, 유대, 베레아로 나뉘었다. 유대인은 사마리아를 거룩한 땅에 속한 것으로 인정하지 않고 이방 나라의 한 조각으로 여겼는데, 탈무드에서는 사마리아를 갈릴리와 유대 사이에 끼어든 '구다 사람들의 땅' 또는 '혓바닥'이라고 부른다.[하기가 25 A] 복음서에서 우리는 사마리아 사람들이 이방인과 외국인 취급을 당했을 뿐만 아니라,[마 10:5, 요 4:9, 20◎] 사마리아 사람이라는 말 자체가 하나의 경멸적인 용어였다는 사실을[요 8:48] 확인할 수 있다. 시락의 아들은 "내가 마음으로 증오하는 민족이 둘 있는데 세 번째 것은 민족이라고 할 수도 없다. 사마리아 산에 사는 주민들과 불레셋인들, 그리고 세겜에 사는 어리석은 자들이 그들이다"라고 말한다.[집회서 50:25-26] 요세푸스는 사마리아 사람들이 성전에서 배척된 연유를 설명하면서, 한밤중에도 성전 문을 열어 놓는 것이 관례였던 어느 유월절 밤에 한 사마리아 사람이 몰래 들어와 성전의 입구와 여러 곳에 뼈를 뿌려 놓아 거룩한 전을 더럽혔다는 이야기를 들려준다. 이 이야기가 세부적인 면에서는 사실이 아닌 듯하지만 사마리아 사람들에 대한 감정이 어땠는지를 잘 보여준다. 다른 한편 사마리아 사람들 역시 격렬하게 맞서면서 심하게 증오와 경멸을 퍼부었다는 사실도 알 필요가 있다. 유대인들이 국가적으로 혹독한 시련을 겪을 때면 이스라엘의 예배와 희망을 유일하게 대변한다고 자처한 사람들이 활개를 친 일 못지않게 억세고 가차 없는 적들 또한 등장했던 것이 사실이다.

◎ 예수께서 이 열둘을 내보내시며 명하여 이르시되 이방인의 길로도 가지 말고 사마리아인의 고을에도 들어가지 말고(마 10:5).

사마리아 여자가 이르되 당신은 유대인으로서 어찌하여 사마리아 여자인 나에게 물을 달라 하나이까 하니 이는 유대인이 사마리아인과 상종하지 아니함이러라(요 4:9).

02.

약속의 땅
유대인과 이방인

랍비들의 눈으로 볼 때 시리아 쪽에서 내려오다가 '그 땅'이 시작되는 정확한 지점이 어디인지 확정 짓는 일은 쉽지 않았을 것이다. 네 가지 다른 문헌에서 그러한 경계선이 언급되기는 하지만 어디까지나 신학적 논의의 대상이 된 제의적인 문제로서 다루어진 것이지 지리적인 체계로 표기된 것이 아니다.[1] 랍비들에게 팔레스타인의 정확한 경계는 주로 어떤 지역의 종교적인 의무나 특권과 관련되는 한에서나 관심거리가 되었기 때문이다.[◉] 이런 점에서 한 도시가 이방의 지배하에 있다는 사실은 결정적인 요소로 작용하였다. 그래서 아스글론 근교와 가이사랴 및 악고의 성벽은 팔레스타인의 경계 안에 포함되는 것으로 인정되었던 데 반해 그 도시들 자체는 제외되었다.

이러한 관점에서 문제를 보면, 랍비들에게 팔레스타인은 한마디로 '그 땅'이었으며,[2] 그 외의 모든 나라는 뭉뚱그려 '그 땅

1. Rappoport, *Er. Mill.* p. 208, in Neubauer's *Georg. du Talmud*, p. 10.

◉ 여호와께서 장차 유다를 거룩한 땅에서 자기 소유를 삼으시고 다시 예루살렘을 택하시리니(슥 2:12).

2. 대부분 그렇게 보았다. 이 표현은 '이스라엘의 땅'이라는 형태로도 등장한다.

가이사랴 유적지

가이사랴는 많은 유대인들이 살았어도 근본적으로 이방의 도시였다. 그곳의 가장 두드러진 건축물 가운데 하나가 아우구스투스에게 바친 신전이었으며, 이 신전은 항구의 입구 맞은편 언덕 위에 세워져 먼 바다에서도 볼 수 있었다.

밖'이라는 호칭으로 불렸다. 후대에 와서 유대인과 기독교인들이 일반적으로 사용한 '거룩한 땅'[3]이라는 표현은 탈무드에 한 번도 나오지 않는다. 다른 나라들과 대조해서 따져 보는 일은 아예 필요 없었다.◉ 랍비들의 생각을 따르는 이들에게 팔레스타인은 거룩한 정도가 아니라, 다른 나라들은 철저히 배제한 채 유일하게 거룩한 땅이었기 때문이다. 물론 랍비들은 팔레스타인 경계 안에서도 팔레스타인의 평범한 땅에서부터 성전의 지성소까지 열 등급으로 거룩함을 구분했다.켈림 1. 6-9 반면에 '그 땅 밖'에 있는 것들은 모두 어둠과 죽음에 속했다. 이방 나라의 흙은 그 자체로 부정했으며, 그것과 접촉하는 것도 모두 부정하게 되었다.[4] 그런 흙은 무덤이나 부패한 시체처럼 여겨졌다. 이방인의 땅에서 나온 흙이 한 점이라도 제물에 닿으면 그 제물은 즉시 불태워 버려야 했다. 게

3. 성경에서 유대 땅에 이 표현을 사용한 구절은 스가랴 2:12, 정확히 말해 히브리어 성경으로 스가랴 2:16뿐이다.

◉ 너희가 가서 얻으려 하는 땅은 더러운 땅이니 이는 이방 백성들이 더럽고 가증한 일을 행하여 이 끝에서 저 끝까지 그 더러움으로 채웠음이라(스 9:11).

4. 이에 관해 언급하는 글들은 특별히 거론할 필요가 없을 만큼 많다.

다가 운 나쁘게 이방 지역의 흙을 조금이라도 팔레스타인에 들여왔다 해도, 그것은 '그 땅'의 흙과 섞여서는 안 되고 또 섞일 수도 없었다. 오히려 그 흙은 지금까지 그랬던 대로 언제까지나 부정하고 더러운 것으로 남게 되고 그것과 접촉하는 모든 것을 오염시켰다. 이 사실은 우리 주님께서 제자들에게 참 이스라엘, 곧 임박한 '하나님 나라'의 울타리를 넓히라는 사명을 주어 보내실 때 그들에게 하셨던 상징적인 말씀인 "누구든지 너희를 영접하지도 아니하고 너희 말을 듣지도 아니하거든 그 집이나 성에서 나가 너희 발의 먼지를 떨어 버리라"마 10:14는 구절에 담긴 의미에 빛을 비추어 준다. 달리 말해 제자들은 그런 도시나 집을 버리고 떠나야 했으며, 나아가 마태복음 18:17에서 지시하는 것처럼 그들을 이방인과 매한가지로 여겨야 했다.◉ 그런 곳과 상종해서는 안 되며, 그곳 흔적도 남김없이 떨쳐 버려야 했다. 물론 그런 곳이, 팔레스타인 안에 있으면서도 이방인의 땅으로 간주되는 도시들처럼, 사방이 이스라엘의 땅으로 둘러싸여 있다 해도 마찬가지였다.

◉ 만일 그들의 말도 듣지 않거든 교회에 말하고 교회의 말도 듣지 않거든 이방인과 세리와 같이 여기라(마 18:17).

미쉬나를 보면,[5] 특정 규례들과 관련해서 동등하게 팔레스타인이라는 이름으로 불리면서도 제각각 다른 제의 규정이 적용되는 '세 땅'에 대해 말한다. 첫째 땅은 "바빌론에서 돌아온 사람들이 이스라엘 땅 안에서 거십(악고에서 북쪽으로 세 시간가량의 거리)까지 점유한 모든 땅"을 가리킨다. 둘째 땅은 "이집트에서 올라온 사람들이 거십에서부터 동쪽으로 유브라데 강까지와 아마나(시리아의 안디옥 근처에 있는 산으로 추정)까지 점유한 모든 땅"을 말한다. 반면에 이상적인 경계를 가리키는 셋째 땅은 처음에 하나님께서 약속으로 주셨지만 이스라엘이 결코 차지한 적이 없는 '그 땅'을 가리키는 것으로 볼 수 있다.[6]◉ 물론 이 책의 목적에서 볼 때는 이 세 가지 정의 가운데 첫 번째만이 '그 땅'에 해당하는 것으로 보아

5. 미쉬나 「쉐비트」 vi. 1. 「할라」 iv. 8.

6. 미쉬나 원본에 나오는 표현들은 명확한 판단을 내리기 어려울 정도로 모호하다. 이 책에서는 M. 노이바우어(Neubauer)가 제시한 견해를 따랐다.

◉ 내가 내려가서 그들을 애굽인의 손에서 건져내고 그들을 그 땅에서 인도하여 아름답고 광대한 땅, 젖과 꿀이 흐르는 땅 곧 가나안 족속, 헷 족속, 아모리 족속, 브리스 족속, 히위 족속, 여부스 족속의 지방에 데려가려 하노라(출 3:8).

야 한다. 미쉬나 「메나호트」 viii. 1에 다음과 같은 글이 나온다.

회중이나 개인이 바치는 (공적이거나 사적인) 모든 제물은[7] '그 땅' 안에서나 '그 땅 밖'에서 난 것으로 드릴 수 있으며 또 (그 해에 거둔) 햇것으로나 오래 묵은 것으로도 드릴 수 있다. 단 예외가 있는데, 오멜(유월절에 드리는 요제)과 떡 두 덩이(수장절에 드리는 제물)는 (그 해에 거둔) 햇결실로만 바치고 또 '그 땅' 안에서 재배한 것으로만 드릴 수 있다.

미쉬나의 다른 구절에서는[켈림 I. 6] 이 두 가지 외에 비쿠림,[BICCURIM] 곧 땅의 첫 열매도 예외 품목으로 정하고 있다.[◉] 비쿠림 역시 랍비들이 시리아[8]라고 부르는 곳, 곧 '그 땅'과 '그 땅 밖'을 가르는 중간 지점이라고 여겨진 곳에서 들여왔기 때문이었던 것으로 보인다. 랍비들에 의하면, 소리아[SORIA]라고도 불리는 시리아는 단지 그 나라만을 가리키는 것이 아니라 다윗 왕이 정복했던 모든 지역, 곧 메소포타미아와 시리아, 소바, 알랍 등을 포함한다. 소리아가 팔레스타인 본토와 일치하는 점이 무엇이며 또 구별되는 점은 무엇인지를 따지는 규정은 너무 다양하고 방대하여 일일이 논하기가 어렵다. 만일 어떤 사람이 시리아 땅에서 곧바로 팔레스타인 땅으로 넘어가거나 양쪽 지역의 밭을 하나로 합치려 할 때 불쑥 튀어나온 이방인 땅에 가로막히지 않고 그렇게 할 수 있다면, 그 시리아 땅과 흙은 팔레스타인과 마찬가지로 정결한 것으로 인정되었을 정도로[오홀로트 XVIII. 7] 시리아를 중요하게 여겨 우월한 특권과 의무를 인정하였다.[◉] 이렇게 '그 땅' 둘레로 일종의 내부 테두리가 형성되었는데, 이 테두리는 다윗 왕이 합병하고 소리아라는 이름으로 부르게 된 나라들로 이루어졌다. 그런데 이 외에도 외부

7. 영어의 '희생제물'(sacrifice)이나 '제물'(offering), '헌물'(gift)이라는 단어는 어느 것도 히브리어 고르반(*Korban*)과 정확히 일치하지 않는다. 이 단어는 한편으로는 가까이 있다는 의미를 지니고 다른 한편으로는 가까이 가져가다를 의미하는 동사에서 온 말이다. 이는 앞의 의미에서 보면 제물 자체를 뜻하며, 뒤의 의미로는 바치는 사람을 뜻하는 것으로, 제물이 가까이 드려질 때 그 제물을 바치는 사람도 하나님 가까이로 이끌리게 된다는 것을 가리킨다. 후자가 어원적으로나 신학적으로 올바른 설명으로 보인다. 아버바넬(Aberbanel)은 이 두 의미를 하나로 묶어서 고르반을 정의한다.

◉ 거룩함에는 열 개의 등급이 있다. 이스라엘 땅은 다른 모든 땅보다 거룩하다. 이스라엘 땅의 거룩함은 어디에서 나오는가? 사람들이 그곳에서 오멜과 첫 열매와 떡 두 개를 가져오기 때문이다. 다른 땅에서는 이것들을 가져오지 않는다(켈림 I. 6).

8. 시리아는 예루살렘에 비쿠림을 보냈지만 두 번째 십일조에 대한 의무는 없었고, 또 넷째 해의 수확(레 19:24)을 바칠 의무도 없었다.

◉ 만일 어떤 사람이 이스라엘 땅에 인접한 시리아에서 밭을 샀는데 정결한 상태로 그곳에 들어갈 수 있다면 [중간에 이방인의 땅이 끼어 있지 않다면] 그 땅은 정결하다(오홀로트 XVIII. 7).

테두리라고 부를 만한 것이 있었다. 이방 세계로 향한 이 외부 테두리는 이집트와 바빌론, 암몬, 모압으로 이루어졌다. 이스라엘은 이 나라들에 대해 각별한 관심을 기울였으며, 또 이 나라들은 십일조와 테루모트,THERUMOTH 곧 준비된 첫 열매를 바칠 의무가 있었다는 사실로 인해 '그 땅 밖'의 나머지 나라들과 구별되었다. 물론 이러한 헌물들을 실제로 팔레스타인으로 들여오지는 않았으며, 대신 그 나라들이 자기네 성스러운 목적에 사용하거나 아니면 면제되었다.

중세 유대교 사상가 마이모니데스MOSES MAIMONIDES는 모든 나라를 "땅에 관한 규정에 따라" 세 등급으로 구분하여 "그 땅, 소리아, 그리고 그 땅 밖"으로 나누었다. 그는 또 이스라엘 땅을 포로생활 이전에 차지했던 지역과 이후에 소유한 지역으로 구분하였으며, 나아가 이집트와 바빌론, 암몬, 모압을 그 외의 다른 땅들과 구분하였다.[9] 이 외에도 널리 인정된 다른 구분도 있었다. 예를 들어, 랍비 갈릴리의 요세는 "요단 건너편은 젖과 꿀이 흐르는 땅이 아니었기에"[10] 그쪽에서는 비쿠림[11]을 들여올 수 없다고 말했다. 랍비 요세의 주장은 다른 랍비들의 법과는 달랐는데, 이는 요단 건너편 사람들이 자기네 첫 열매를 성전으로 가져오지 않았던 일을 설명하려는 의도로 랍비 요세가 나중에 자기 주장을 덧댄 것이라고 보아야 할 것이다. 또 요단 강 서쪽 지역을 설명하는 다른 구분에서 우리는 여호수아의 지휘 아래 최초로 팔레스타인을 정복한 후에 둘과 반 지파가 그들 영역으로 돌아와서 드러냈던 염려에 대해 알게 된다.수 22:24-25◉ 그에 따르면, 요단의 동쪽 지역은 성전이 없을 뿐만 아니라 성전에 합당한 곳이 아니었기 때문에 거룩함에서 열등한 곳이었다. 마지막으로, 유대 본토는 랍비주의의 중심지였던 까닭에 갈릴리보다 훨씬 우월한 곳으로 여겨졌다. 갈릴리와 유

9. *Hilch. Ther.* i. 6.

10. 「비쿠림」 i. 10.

11. 비쿠림과 테루모트의 차이를 자세하게 설명한 자료로는 『예수 그리스도 시대의 성전』을 보라.

◉ 너희 르우벤 자손 갓 자손아, 여호와께서 우리와 너희 사이에 요단으로 경계를 삼으셨나니 너희는 여호와께 받을 분깃이 없느니라(수 22:25).

안디옥

첫 이방인 교회가 세워지고, 제자들이 최초로 기독교인이라고 불리며, 바울이 오랫동안 사역하면서 선교 여행의 출발점으로 삼았던 그 도시는 분명 이스라엘 땅 밖에 있었다.

대는 여러 가지 중요한 일에서 확고한 일치를 이루면서도 제 나름의 고유한 법적인 관습과 권리를 지녔으며, 세부적인 면에서 많이 달랐다는 사실을 밝혀 둔다.

지금까지 랍비 문헌들을 통해 살펴본 내용을 신약성경 연구에 적용하게 되면 새롭고도 중요한 의미가 드러난다. 예루살렘에서 내려온 열심 있는 자들, 곧 교회를 유대 율법의 권위에 종속시키려 했던 사람들이 시리아에서 번성하는 공동체들을 자기네 활동의 근거지로 삼고자 했던 이유를 이제 분명히 알 수 있다.행 15:1 이 일이 특별한 의미를 지니는 까닭은 시리아가 일종의 외곽 팔레스타인을 형성하면서 팔레스타인과 이방 땅 사이의 중개적 위치를 차지했기 때문이다. 또 우리가 연구한 사실로부터, 랍비들이 이스라엘 본토라고 여긴 땅이 바로 안디옥(안티오크) 남쪽에서 시작되었다는 결론에 이르게 된다. 따라서 첫 이방인 교회가 세워지고,행 11:20-21◉ 제자들이 최초로 기독교인이라고 불리며,행 11:26 바울이 오

◉ 그 중에 구브로와 구레네 몇 사람이 안디옥에 이르러 헬라인에게도 말하여 주 예수를 전파하니(행 11:20).

랫동안 사역하면서 선교 여행의 출발점으로 삼았던 그 도시는 분명 이스라엘 땅 밖에 있었다.

그 도시를 벗어나면 곧바로 랍비들이 완전한 지배권을 행사하던 땅과 마주 서게 된다. 남쪽으로 내려오다가 가장 먼저 만나는 지역은 복음서에서 "두로와 시돈의 해안"이라고 말하는 곳이다. 마가는 그 지역을 더 구체적으로 "두로와 시돈 지방"이라고 설명한다.[막 7:24] 요세푸스에 따르면, 우리 주님께서 활동하던 당시에 이 지역은 지중해에서 요단 강까지 미쳤다.[유대 전쟁사 3:35◉] 예수께서 바리새인들의 눈먼 전통주의를 공격하자 그들이 들고일어났는데, 그때 주님께서 그들을 피해 물러나신 곳이 바로 '그 땅'의 맨 끝 경계에 위치했던 이 지역이었다. 또 이곳에서 예수는 '가나안 여자'의 끈질긴 믿음을 크게 칭찬하고는 능력 있는 말로 딸아이를 고쳐 주셨다.[마 15:28, 막 7:29◉] 구주께서 치유의 말씀을 베푸신 곳, 이스라엘의 메시아가 답을 주지 않고는 가지 못하도록 여인이 붙들고 늘어진 곳도 이방인의 땅이었다. 그 여자 자신도 이방인이었다. 그 지역뿐만 아니라 분봉왕 빌립이 다스리는 영토 전역이 거의 다 이방인의 땅이었다. 게다가 이상하게 들리겠지만, 이 나라는 여기저기에 유대인 거주 지역이 박혀 있고 그 주위를 외국인과 그들의 이방 예배, 제의, 관습들이 포위하고 있었다.

◉ 페니키아와 시리아에 둘러싸여 있는 갈릴리는 둘로 나누어 상부 갈릴리와 하부 갈릴리로 부른다(유대 전쟁사 3:35).

◉ 이에 예수께서 대답하여 이르시되 여자여, 네 믿음이 크도다. 네 소원대로 되리라 하시니 그 때로부터 그의 딸이 나으니라(마 15:28).

신약성경 시대의 역사와 환경을 제대로 이해하기 위해서는 이처럼 여러 부분으로 나뉜 형편을 바르게 볼 필요가 있다. 여기서 사람들이 무심코 저지르는 실수를 범하지 않도록 조심해야 한다. 만일 '그 땅'의 테두리 안에서 하나의 민족, 한 언어, 동일한 관심사, 심지어 공인된 하나의 종교를 보리라 기대하는 사람이 있다면 그는 크게 실망하고 말 것이다. 로마인과 그 추종자들이 있었고 적지 않은 외국인 거주자들이 영향을 끼치고 있었을 뿐만 아니라, 거룩한 땅 자체가 적대적인 여러 인종으로 구성되어 이해관계가 엇갈린 데다가 편협하고 깐깐하기 짝이 없는 바리새주의 곁에는 이교 신전이 들어서고 이방의 제의와 관습들이 널리 퍼졌던 까닭이다. 이 모든 사실은 대체로 어렵지 않게 이해가 될 것이다. 바빌론에서 돌아온 사람들은 상대적으로 숫자가 적었고 분명 이전만큼은 그 땅을 차지하지 못했기 때문이었다. 어려운 시대가 이어지면서 이방인이 계속 몰려들었으며 외래 요소들을 들여와 정착시키려는 시도가 끈질기게 이루어졌다.

이스라엘의 언어까지도 변화를 겪었다. 시간이 흐르면서 고대 히브리어는 아람어에게 완전히 자리를 내주었으며, 겨우 공적 예배와 신학자들의 전문적인 학문에서만 명맥이 유지되었다. 복음서에 나오는 라가, 아빠, 골고다, 가바다, 아겔다마, 바돌로매, 바라바, 바예수 같은 인명 및 단어와 여러 인용구들은 모두 아람어다. 성전에서 안토니아 요새로 끌려가던 바울이 층계 꼭대기에서서 격노한 군중을 향해 연설했을 때도 이 언어로 말했을 것이다.[행 21:40, 22:1 이하] 그러나 이 히브리식 아람어—우리는 이 언어를 이렇게 부르기로 한다—와 함께 그리스어도 오랫동안 사람들 사이에서 널리 사용되었다. 미쉬나에는 히브리어 어미를 지닌 그리스어와 라틴어가 상당히 많이 들어 있는데, 이 사실에서 우리는 그 당시 이방인의 삶과 관습이 널리 퍼지면서 거기에 철저히 반대했던 사람들에게 영향을 끼치고 나아가 유대 사회 일반에까지 깊숙이 스며들었다는 것을 확인하게 된다. 게다가 지배자들은 모든 사고와 정서를 그리스식으로 바꾸려는 정책을 오랫동안 펼쳐 왔다. 그들의 시도를 차단하고자 바리새주의는 완고한 편견까지는 아니더라도 단호하고 분명한 태도를 취해야만 했다. 이 사실에서 우리는 바리새파가 이방인과 관련한 모든 일에 격하게 항거했던 이유를 부분적으로나마 이해할 수 있다. 그리고 이 나라 외곽 지역들의 종교 상황에 대해 간단히 살펴봄으로써 이 문제를 좀 더 깊이 이해할 수 있을 것이다.

이 땅의 북동쪽으로 먼 곳, 옛날 므낫세 지파가 소유했던 일부 지역에 분봉왕 빌립이 지배한 지역이 있었다.[눅 3:1] 그곳의 많은 장소들은 기독교인의 기억에 소중하게 남아 있다.[막 8:22, 눅 9:10, 마 16:13] 이스라엘이 포로로 잡혀간 후 이쪽 지역에는 오늘날의 베두인족처럼 야만적이고 폭력적인 유목민들이 들어와 정착했다. 이 사람들은 주로 그 지역에 널리 퍼져 있는 동굴을 주거지로 삼아, 침략에 대비해 거기다 식량을 저장하고 가축과 자신들의 안전을 도모했다. 헤롯 대왕과 후계자들은 그 지역을 정복하고는 많은 유대인과 이두매인들을 이주시켰는데, 이 유대인들은 오늘날 러시아 여러 지역에 이주한 독일인들처럼 세금 면제 혜택을 조건으로 바빌론에서 자마리스[ZAMARIS]라는 인물이 이끌고 온 사람들이었다. 하지만 주민 대다수는 시리아인과 그리스인과 미개하고 야만적인 이방인들이었다. 그곳에서는 옛 시리아 신들을 섬기는 종교가 좀 더 세련된 그리스 제의들에 굴하지 않고 자리를 지켰다. 베드로가 숭고한 신앙고백을 하고 그 고백을 반석 삼아 교회가 세워지게 된 일도 바로 이 지역에서 있었다. 가이사랴 빌립보는 원래 이름이 파니아스로 판[PAN] 신에게 봉헌된 도시였는데, 주민들 사이에서 유대적인 성향이 두드러지게 된 것과는 상관없이 도시 이름이 가이사랴 빌립보로 바뀌었다. 헤롯 대왕은 이곳에 신전을 지어 아우구스투스에게 봉헌했다. 그러나 최근의 조사 연구를 통해 유명한 그리스 신들의 유적과 더불어 페니키아(수로보니게)의 아스타르테(아스다롯) 여신과 고대 시리아의 태양신, 나아가 이집트의 아몬 신을 예배한 유적들이 밝혀졌기에 여기서는 더 이상 상세하게 설명하지 않겠다.

팔레스타인의 최극단 경계선을 이루었던 지역인 화려한 다메섹(다마스쿠스)에 대해서도 동일하게 말할 수 있다. 팔레스타인의 동쪽 경계로부터 서쪽 경계 쪽으로 나아가다 보면, 두로와 돌레마이에서 우리는 프리기아와 이집트, 페니키아, 그리스의 종교 제의들이 우위를 차지하기 위해 다투었던 것을 보게 된다. 사마리아 사람들은 팔레스타인 땅 한가운데서 자신들이 모세 종교를 유일하고 참되게 대변한다고 주장했지만, 그들의 수도 사마리아를 가리키는 명칭인 세바스테(아우구스투스 황제의 그리스식 이름) 자체가 그 지역이 얼마나 깊이 그리스화 되었는지를 보여주었다. 게다가 헤롯은 사마리아에 아우구스투스에게 바치는 거대한 신전을 세웠다. 또한 그리스어가 그런 것처럼 그리스 제의와 우상들도 널리 퍼졌던 것이 분명하다. 또 다른 외곽 지역인 데가볼리(데카폴리스)도 제도와 언어와 예배에서 거의 완전하게 그리스화한 곳이었다.[마 4:25, 막 5:20, 7:31] 사실 데가볼리는 이스라엘 영토 안에 있는 열 개의 이방 도시 연합체로서 자체의 통치체제를 갖추고 있었다. 그 특성에 관해서는 알려진 것이 별로 없으며 그 도시들의 이름도 저술가들에 따라 차이가 있다. 여기서는 신약성경의 독자들에게 가장 중요한 도시들을 살펴본다. 스키토폴리스는 고대의 벧산으로,[수 17:11, 16, 삿 1:27, 삼상 31:10, 12] 열 개의 도시 중에서 유일하게

아몬

이집트 신들의 왕이다.

요단 강 서쪽에 위치했다. 스키토폴리스는 디베랴(티베리아스)에서 남쪽으로 약 4시간 거리에 있다. 베레아의 수도인 가다라는 마태복음 8:28, 마가복음 5:1, 누가복음 8:26에 등장한다.[◉] 마지막으로 특히 흥미로운 도시인 펠라를 들 수 있는데, 이곳은 우리 주님께서 예루살렘의 기독교인들에게 로마군의 포위공격으로 곧 멸망하게 될 그 도시를 떠나라고 말씀하셨을 때[마 24:15-20] 그들이 순종하여 몸을 피했던 곳이다. 펠라의 위치는 분명하게 확인이 되지 않지만 아마도 고대의 야베스 길르앗에서 그리 멀지 않은 곳에 있었을 것이다.[12]

◉ 그들이 갈릴리 맞은편 거라사인의 땅에 이르러(눅 8:26).

12. Caspari, *Chronol. Geogr. Einl. in d. Leben J. C.* pp. 87-90.

다시 본론으로 돌아가자. 지금까지 다룬 내용 외에 마지막 남은 지역이 갈릴리와 유대 본토다. 이 두 지역을 통해 유대인 특유의 사고방식과 풍습을 확인할 수 있다. 두 지역에 대해서는 나중에 좀 더 자세히 살펴볼 것이다. 여기서는, 북동부에 위치한 상부 갈릴리에는 많은 이방인들—페니키아인, 시리아인, 아랍인, 그리스인[13]—이 거주하였으며 그 때문에 "이방의 갈릴리"[마 4:15]라는 말이 나왔다는 사실만을 밝혀 둔다. 신약성경을 통해 널리 알려진 도시들마저 이방적인 요소로 깊이 물들었다는 점이 참으로 낯설다. 호수 이름으로도 사용된 디베랴는 그리스도가 활동하던 때와 가까운 시기에 세워진 도시로, 분봉왕 헤롯 안디바(복음서에서 헤롯으로 불리는 인물)가 건설하여 티베리우스 황제를 기념해 그 이름을 붙였다. 이 도시를 건설한 헤롯은 주민들에게 집과 땅을 주고 세금을 감면하는 등 많은 특혜를 베풀었지만—세금 감면은 유대 전쟁이 끝난 후 베스파시아누스 황제도 계속 시행했다—소수 유대인 주민들과 관련된 문제로 인해 물리력을 사용해 그곳을 식민지화할 수밖에 없었다. 이 도시가 자리 잡은 지역은 오래전부터 묘지로 사용되어 왔으며 따라서 레위기 율법에서 볼 때 그곳 전체가

13. 요세푸스 『유대 전쟁사』 3.419-427

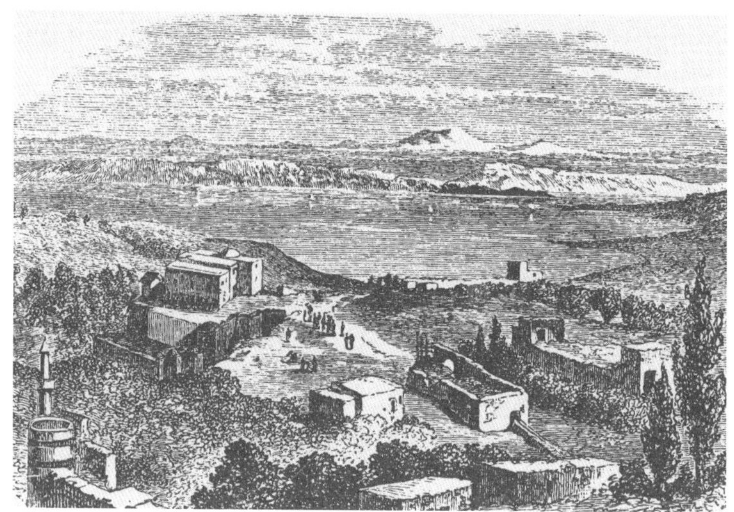

디베랴

호수 이름으로도 사용된 디베랴는 그리스도가 활동하던 때와 가까운 시기에 세워진 도시로, 분봉왕 헤롯 안디바가 건설하여 티베리우스 황제를 기념해 그 이름을 붙였다.

부정한 곳이었기 때문이다.유대 고대사 18.38◉ 그래서 훗날 유대 산헤드린이 자리 잡은 마지막 터전으로서 유명해지기도 했지만 근본에서는 철저히 반유대적인 곳이었다.

◉ 티베리아스는 원래 있던 많은 묘지를 파내고 세운 도시였기에, 그런 곳을 주거지로 삼는 것은 유대인의 율법을 어기는 일이었다. 유대 율법에서는 그런 곳에 거주하는 사람은 7일 동안 부정하다고 말한다(유대 고대사 18.38).

가사(가자)는 자체의 지역 신을 섬겼다. 아스글론은 아스타르테 여신을 섬겼다. 욥바는 베드로가 환상을 보았던 지역인데, 그 무렵에도 그곳 사람들은 해안의 바위 위에 새겨진 쇠사슬 자국, 곧 안드로메다가 묶였다가 페르세우스가 와서 풀어 주었다고 전해지는 쇠사슬 자국을 자랑하고 있었다. 가이사랴는 많은 유대인들이 살았어도 근본적으로 이방의 도시였다. 그곳의 가장 두드러진 건축물 가운데 하나가 아우구스투스에게 바친 신전이었으며, 이 신전은 항구의 입구 맞은편 언덕 위에 세워져 먼 바다에서도 볼 수 있었다. 예루살렘에서조차 헤롯은 장엄한 극장과 원형경기장을 건립하고 온 세상에서 검투사들을 데려와 온통 반유대적이고 이교적인 경기를 개최하는 형편이었으니 더 이상 무슨 말이 필요하겠는가?유대 고대사 15.274◉ 군주를 앞뒤로 에워싼 측근과 고문들이

◉ 외국인들은 이 일에 들어간 엄청난 경비와 눈앞에 펼쳐지는 위압적인 모습에 크게 놀라기도 하고 즐거워하기도 했지만, 토박이 유대인들이 볼 때 그것은 자기들이 매우 소중하게 지켜온 전통적 관례를 파괴하는 일에 불과했다(유대 고대사 15.274).

이방인이었으며, 군주와 계승자들은 있는 힘을 다해 이교 신전을 짓고 모든 면에서 그리스 사상을 퍼뜨리는 일에 힘썼다. 그러면서도 그들은 자신들이 유대인이라고 공언했다. 그들은 유대인의 감정을 건드리지 않으려 했다. 성전을 건설한 일도 그렇지만, 유대인이 탄압을 당할 때면 로마로 달려가 유대인의 정당성을 옹호하는 등 여러 가지 일을 통해 헤롯 가문 사람들은 이 민족과 좋은 관계를 유지하려고 애썼다. 아니, 자기들의 도구로 이용하려고 했다는 것이 좀 더 정확한 말일 것이다. 이렇게 헬레니즘이 퍼져 나갔다. 이 나라의 모든 지식계급은 이미 그리스어를 이해하고 사용했다. 또한 로마의 당국자나 민간 및 군사 관료들, 나아가 낯선 사람들과 소통하기 위해서는 그리스어가 필요했다. 동전에 새긴 글자는 그리스어였는데, 물론 유대인의 비위를 맞추기 위해 초기 헤롯 가문 사람 가운데서는 아무도 동전에다 자기의 형상을 새기지 않았다.[14] 동전에 형상을 새기는 비유대적인 관례를 도입한 사람은, 야고보를 죽이고 베드로까지 죽이려 했던 헤롯 아그립바 1세가 분명하다.[◉] 이렇게 해서 외래의 요소가 모든 곳으로 퍼져 나갔다. 변화냐 투쟁이냐를 선택해야 할 상황으로 내몰렸다.

그런데 당시 유대교 자체의 형편은 어떠했는가? 유대교는 표면적으로 아무런 분열상도 보이지 않았지만 사실은 심각하게 갈라져 있었다. 바리새파와 사두개파는 상반되는 원칙들을 내세우며 서로 미워했다. 에세네파는 두 파벌을 모두 경멸했다. 바리새파 내부에서는 힐렐 학파와 샴마이 학파가 거의 모든 문제에서 상충했다. 그러나 '땅의 사람들'이라고 불린 이들에게 한없이 경멸을 퍼붓는 일에서는 두 학파가 하나가 되었다. '땅의 사람들'이란 전통에 대한 지식이 전혀 없어서 전통주의의 핵심인 율법에 관해 토론할 능력도 없고 율법 조항의 의무를 감당하려는 의지도 없

14. 그러므로 마태복음 22:20에 나오는, '형상'과 '글'이 새겨진 동전은 로마에서 주조되거나 아니면 분봉왕 빌립이 주조한 것으로 보아야 한다. 빌립은 최초로 유대 동전에 황제의 형상을 새긴 사람이었다.

◉ 세금 낼 돈을 내게 보이라 하시니 데나리온 하나를 가져왔거늘 예수께서 말씀하시되 이 형상과 이 글이 누구의 것이냐. 이르되 가이사의 것이니이다. 이에 이르시되 그런즉 가이사의 것은 가이사에게, 하나님의 것은 하나님께 바치라 하시니(마 22:19-21).

로마 동전

동전에 형상을 새기는 비유대적인 관례를 도입한 사람은, 야고보를 죽이고 베드로까지 죽이려 했던 헤롯 아그립바 1세가 분명하다.

는 사람들을 말한다. 신분이 높거나 낮거나, 부자이거나 가난하거나, 유식하거나 무식하거나를 떠나 모든 사람에게 공통된 한 가지 감정이 있었다. 이방인에 대한 격한 반감이 바로 그것이었다. 거친 갈릴리 사람들도 꼿꼿하기 짝이 없는 바리새파 사람들 못지않게 '애국적'이었으며, 그래서 로마에 맞선 전쟁에 용맹스러운 병사들과 많은 물자를 제공하였다. 외국인들은 어디서나 눈에 띄었으며 세금 징수와 군대, 최고 권위체인 법원과 정부도 그들의 손안에 있었다. 예루살렘에서 외국 세력은 안토니아 요새에 군대를 배치해 성전을 압박하였으며, 또 대제사장의 의복까지도 자기들이 관리해서[15] 대제사장은 성전에서 직무를 행하기 전에 늘 총독이나 대리인에게 의복을 내줄 것을 요청해야만 했다.◉ 외국인은 온전한 이교도였던 까닭에 헤롯 가문에 비해 그나마 조금은 더 관대했다. 반면에 근본이 외래 출신 노예였던 헤롯 가문 사람들은 (바빌론 탈무드 「바바 바트라」 3. b에서는 헤롯이 하스몬 가문의 노예였다고 말한다.—옮긴이) 유대교와 이교 사상을 혼합하고 마카베오 왕국을 침탈했다.

신약성경 독자들은 바리새파를 따르는 유대인들이 자신들

15. 이 관행은 순수한 의도로 시작되었다. 대제사장 히르카누스는 바리스 망대(Tower of Baris)를 세우고는 이곳에다 대제사장의 옷을 보관했으며 그의 아들들도 이 관행을 이어받았다. 헤롯은 정권을 잡은 후 속이 뻔히 들여다보이는 몇 가지 이유를 내세워 이러한 관행을 유지했으며, 옛 망대 대신 새로 세운 안토니아 요새 안에 그 의복을 보관했다. 로마 사람들도 비슷한 이유에서 헤롯의 전례를 따랐다. 요세푸스의 『유대 고대사』 18.93에 따르면, 로마인들은 돌로 된 방에 제사장의 옷을 두고 제사장들이 봉인하게 하고는 그곳에 늘 등을 밝혀 두었다. 빌라도의 후임자인 비텔리우스는 대제사장의 옷을 관리하는 일을 유대인에게 다시 맡겼으며, 그때 의복은 성전 안의 특별한 방에 보관했다.

◉ 로마인들이……대제사장 옷을 수중에 넣고서 돌로 된 방에 두고 제사장과 성전 경비병들이 봉인하게 하였으며, 경비대장은 날마다 그곳에 등을 밝혀 두었다(유대 고대사 18.93).

대제사장의 의복

예루살렘에서 외국 세력은 안토니아 요새에 군대를 배치해 성전을 압박하였으며, 또 대제사장의 의복까지도 자기들이 관리해서 대제사장은 성전에서 직무를 행하기 전에 늘 총독이나 대리인에게 의복을 내줄 것을 요청해야만 했다.

과 이방인을 어떤 식으로 구별했는지 잘 안다. 이교신앙과 접촉하거나 그 제의에 도움을 주는 일은 철저히 금지되었으며, 또 사회에서 교제할 때도 "속되다 하거나 깨끗하지 않다"고 말하는 것들을 멀리하여 레위기 율법을 어기는 일이 없도록 매우 조심하였다. 그러나 바리새파는 이 수준을 훨씬 뛰어넘었다. 이방인의 축제가 열리기 3일 전부터 이방인과 거래하는 일이 완전히 금지되었다. 그들의 제의에 간접적이든 직접적이든 도움을 주는 일이 없도록 하기 위해서였다. 이런 금지 규정은 심지어 생일이라든지 여행에서 돌아온 날과 같은 사사로운 축일에까지 확대 적용되었다. 이방인의 축제 기간 중에 경건한 유대인은 가능한 한 이교도의 도시를 지나가지 말아야 했으며, 축제일 장식을 한 상점에서는 일체의 매매를 피해야 했다. 유대인 노동자가 이교도의 예배나 통치에 도움이 되도록 힘을 보태는 것은 율법에 어긋나는 일이었는데, 법원이나 그와 유사한 건물을 세우는 일도 포함되었다. 엄격한 바리새파가 이 모든 규정을 얼마나 장황하고 꼼꼼하게 따졌는지는 설명이 필요 없을 정도다. 신약성경을 통해 우리는 이방인의 집에 들어가면 저녁까지 부정하게 되었으며,[요 18:28] 이방인과 교제하며 가까이하는 것이 위법이었다는 사실을[행 10:28] 잘 안다.◉ 이러한 편협함이 얼마나 심했는지는 이웃에 사는 이방 여성이 출산을 하더라도 유대 여성은 그 여자를 돕지 못하도록 한 데서 분명히 드러난다.[아보다 자라 II. 1] 시장에서 팔거나 제물로 올렸던 고기가 율법에 합당한지 고린도 교회 교인들이 따져 물은 적이 있는데, 바울에게 그 질문은 전혀 낯선 문제가 아니었다.[고전 10:25, 27, 28◉] 바울은 분명 그 문제를 다룬 랍비 율법을 알고 있었지만, 한편으로는 바리새파 식으로 문자에 얽매이기를 거부했으며 다른 한편으로는 그 당사자나 옆에서 지켜보는 사람의 양심에 가책을 일으키는 일이 없도록 조심하라고 가르쳤다. 랍비 아키바는 "이방인의 제사에 올리기 전의 고기는 율법에 합당하지만 제사에 올렸던 고기는 금지된다. 그것은 죽은 자에게 제사한 음식과 같기 때문이다"라고 가르쳤다.[아보다 자라 II. 3]

◉ 이르되 유대인으로서 이방인과 교제하며 가까이 하는 것이 위법인 줄은 너희도 알거니와 하나님께서 내게 지시하사 아무도 속되다 하거나 깨끗하지 않다 하지 말라 하시기로(행 10:28).

◉ 모든 것이 가하나 모든 것이 유익한 것은 아니요 모든 것이 가하나 모든 것이 덕을 세우는 것은 아니니(고전 10:23).

그런데 이런 식의 구분은 평범한 사람이 감당할 수준을 훨씬 넘어서까지 확장된다. 이방인이 손으로 짠 우유와 그들이 만든 빵과 기름은 외부인에게는 팔 수 있어도 이스라엘 사람들이 이용해서는 안 된다. 경건한 유대인이라면 당연히 이방인과 함께 먹어서는 안 된다.[행 11:3, 갈 2:12◉] 만일 유대인의 집에 이방인을 초대한다고 하더라도 그 사람을 방 안에 홀로 있게 해서는 안 된다. 그렇지 않으면 식탁에 차린 음식과 마실 것이 모두 부정하다고 간주된다. 이방인에게서 조리기구를 샀다면 그것을 불이나 물로 정결케 해야 하며, 칼은 새로 갈아야 하고, 고기 굽는 꼬챙이는 사용하기 전

◉ 베드로가 예루살렘에 올라갔을 때에 할례자들이 비난하여 이르되 네가 무할례자의 집에 들어가 함께 먹었다 하니(행 11:2-3).

에 불로 빨갛게 되도록 달궈야 한다. 이방인에게 집이나 밭을 세놓거나 가축을 파는 일은 율법에 합당하지 않은 일이었다. 이교신앙과 관련된 물품은 비록 연관성이 약해보이는 것이라 해도 모두 파괴해 버려야 했다. 따라서 천을 짜는 북이 우상에게 바친 숲의 목재로 만든 것이라면, 그것으로 만든 천은 남김없이 찢어 버려야 한다. 게다가 그런 천 조각이 다른 천과 섞였다면 제작 과정에 아무런 문제가 없다고 해도 모두 부정하게 되고 따라서 폐기해야 한다.[16]

앞에서 살펴본 내용은 널리 퍼진 감정이 어떠했는지를 보여주는 개략적인 설명일 뿐이다. 그런 감정이 삶의 모든 관계 속에 얼마나 깊숙이 스며들었는지를 확인하는 일은 어렵지 않다. 그러니 아량 있는 이방인이라 해도 맞받아치는 게 당연했을 것이다. 이스라엘의 할례와 안식일, 볼 수 없는 신을 예배하고 돼지고기를 먹지 않는 일 등은 이방인들이 끈질기게 물고 늘어지는 놀림감이 되었다.[17] 정복자들은 피정복자들을 향한 경멸감을 가리지 않고 노골적으로 드러내기 일쑤인데 특히 피정복자들이 자기들을 우습게 여기거나 증오심으로 대한다면 더 심할 수밖에 없다.

지금까지 다룬 내용으로 볼 때, 주 예수 그리스도께서 이스라엘 가운데 오셔서 자신이 온 목적과 그 나라의 목적은 이방인을 유대인으로 만드는 것이 아니라 양편을 하늘에 계신 한분 아버지의 자녀로 만드는 데 있으며, 또 이방인에게 율법의 멍에를 지우는 것이 아니라 만인을 향한 율법의 요구를 성취함으로써 유대인과 이방인을 율법에서 자유롭게 하는 데 있다고 선포하셨을 때, 그 진리는 참으로 믿기 어려운 엄청난 일로 여겨졌을 것이다.◉ 유대인과 이방인 사이에 막힌 담을 무너뜨리고 원수된 율법의 계명을 폐하여 십자가에 못 박았다는 계시는 유대인들이 볼 때 전혀

16. 이 세부 사항들은 미쉬나의 소논문 「아보다 자라」(우상숭배)에서 인용한 것으로, 그 성격이 어떤지를 개략적으로 보여준다.

17. Meier, *Judaica, Seu, Veterum Scriptorum Profanorum De Rebus Judaicis Fragmenta*.

◉ 내가 교회의 일꾼 된 것은 하나님이 너희를 위하여 내게 주신 직분을 따라 하나님의 말씀을 이루려 함이니라. 이 비밀은 만세와 만대로부터 감추어졌던 것인데 이제는 그의 성도들에게 나타났고 하나님이 그들로 하여금 이 비밀의 영광이 이방인 가운데 얼마나 풍성한지를 알게 하려 하심이라. 이 비밀은 너희 안에 계신 그리스도시니 곧 영광의 소망이니라(골 1:25-27).

예상하지 못했고 미처 받아들일 준비도 되지 않은 것이었다. 이 계시에 비견할 만한 것은 전혀 없었다. 그 시대의 가르침이나 정신 속에는 어디서도 이와 같은 계시의 실마리조차 찾아볼 수 없다. 사실은 이 계시에서 정반대 쪽으로 치우쳐 있었다. 그리스도가 사셨던 시대는 분명 그분과 닮은 점을 가장 찾아보기 어려운 시대였다. 그리고 이적 중에서도 가장 큰 이적, 곧 "만세와 만대로부터 감추어졌던"[골 1:26] 이 비밀을 토대로 하나의 보편 교회가 세워졌다.

03.

이방의 갈릴리

예수와 제자들의 고향

"어떤 사람이 부자가 되기를 원한다면 북쪽으로 보내라. 현명하게 되기를 원한다면 남쪽으로 보내라." 이 경구는 자부심 강한 랍비들이 갈릴리의 물질적인 부와 비교해 유대 본토의 학교들이 전통적인 학문에서 탁월하다는 사실을 자랑하기 위해 했던 말이다. 안타깝게도 얼마 지나지 않아, 유대는 이런 불확실한 영예조차 상실하였고, 유대의 학교들은 북쪽으로 떠돌다가 마침내는 게네사렛 호숫가에 이르러 예전에 부정하다고 배척했던 도시 디베랴에 자리 잡게 되었다.◉ 나라들의 역사는 그들이 당한 심판의 기록이라는 말이 있듯이,[1] 유대교 전승 율법의 권위 있는 모음집인 미쉬나와 그것의 팔레스타인판 주석서인 예루살렘 탈무드[2]는 결국 버려진 옛 무덤들 위에 세워진 이방 도시에서 발간될 수밖에 없었다는 사실이 의미심장하게 다가온다. 하지만 예루살렘과 유대 지역이 유대 학문의 중심지였던 동안에 정통 랍비들은 북쪽에 있는 동

◉ 스불론 땅과 납달리 땅과 요단 강 저편 해변 길과 이방의 갈릴리여, 흑암에 앉은 백성이 큰 빛을 보았고 사망의 땅과 그늘에 앉은 자들에게 빛이 비치었도다(마 4:15-16).

1. 실러(Schiller)는 "세계의 역사는 세계 심판의 기록이다"(Die Weltgeschichte ist das Weltgericht)라고 말했다.

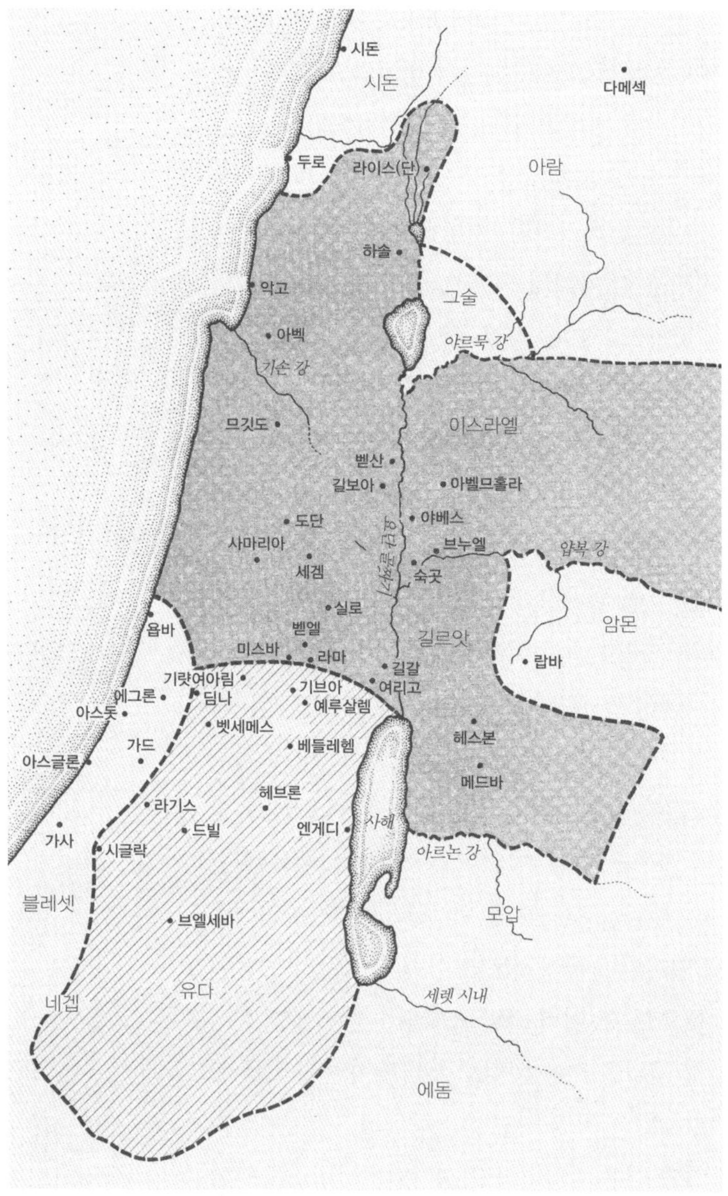

북이스라엘과 남유다

료 신앙인들을 향해 극도로 경멸적인 말을 주저 없이 퍼부으면서 오만불손하게 대했다. 나다나엘이 "나사렛에서 무슨 선한 것이 날

2. 미쉬나 본문을 토대로 이루어진 탈무드에는 예루살렘 탈무드와 바빌론 탈무드 두 종류가 있다. 바빌론 탈무드는 예루살렘 탈무드에 비해 훨씬 후대의 것이며, 그 전승에는 온갖 유형의 불합리한 내용과 오류가 뒤섞여 있다. 그리고 역사적인 목적에서 볼 때, 예루살렘 탈무드는 동방의 학교들에서 나온 탈무드보다 훨씬 더 가치가 크고 권위가 있다.

수 있느냐"요 1:46고 한 깔보는 말은 그 당시 널리 사용된 속담과 같은 표현이었다. 또 바리새인들이 니고데모를 비난하면서요 7:50 "찾아보라. 갈릴리에서는 선지자[예언자]가 나지 못하느니라"고 한 말은 "너도 갈릴리에서 왔느냐"라는 조롱 섞인 질문에 의해 한층 더 날카로워진다. 이 말은 팔레스타인 전역에서 예루살렘 거주자들로 통한 '도회지 사람들'이 자기네 '시골뜨기 형제들'이나 그 밖의 모든 사람들을 얕보면서 자기를 치켜세우는 우월감을 담고 있을 뿐만 아니라, 고상함이나 아량은 전혀 없이 자신의 경건함을 앞세우면서 무례하게 퍼붓는 멸시를 표현한 말이기도 했다.

"하나님이여, 나는 다른 사람들과 같지 아니함을 감사하나이다"눅 18:11라는 기도는 무식한 사람들과 지적·종교적으로 열등한 사람들로 이루어진 무리 한가운데서 랍비주의를 이끌어 가는 호흡과 같은 것이었다. 그리고 복음서에 나오는 바리새인과 세리의 비유는 그렇게 기도한 그 사람만을 비난하는 이야기가 아니라 바리새파의 일반적인 정신, 곧 하나님 앞에 설 때조차도 사라지지 않는 정신의 면모를 폭로하는 이야기다. "율법[즉 전승 율법]을 알지 못하는 이 무리는 저주를 받은 자로다"요 7:49라는 구절은 일반 대중에 대한 랍비들의 평가를 간략하게 요약한 것이다. 바리새인들은 이런 사람들을 일상의 교제에서뿐만 아니라 법정의 증언에서까지 배제하려고 했으며, 또 이런 사람들과 맺는 혼인에는 신명기 27:21과 같은 성경 구절을 적용할 정도로 극단적인 태도를 취했다.[3]◉

그런데 이런 일이 너무 지나치다고 생각되는 경우, 곧 임의로 선택한 사례 두 가지—하나는 종교생활에서, 다른 하나는 일상생활에서—를 살펴본다면 그 실상을 분명히 알 수 있을 것이다. 바리새인의 기도를 여실히 보여주는 경우로 다음과 같은 예를 들

3. 자부심 강한 바리새인들이 시골 사람들을 얼마나 심하게 경멸했는지 궁금한 독자들은 「페사힘」 49. a, b를 보라.

◉ 짐승과 교합하는 모든 자는 저주를 받을 것이라 할 것이요 모든 백성은 아멘 할지니라(신 27:21).

수 있다. 우리는 탈무드에서 어떤 저명한 랍비가 날마다 학교에서 돌아가는 길에 이렇게 기도했다는 글을 읽는다. "나의 하나님, 내 조상들의 하나님이신 주님, 저의 삶을 극장과 서커스에 몰려가는 사람들이 아니라 학교와 회당에 가는 사람들 가운데 두신 주님께 감사드립니다. 저와 그들이 모두 애쓰고 찾지만 제가 구하는 것은 영원한 삶으로 이어지고 그들이 찾는 일은 멸망으로 이어지기 때문입니다."예. 베라코트 IV. 2 랍비 문헌에서 뽑은 또 한 가지 사례는 훨씬 더 모욕적이다. 랍비 얀나이가 여행 중에 한 남자를 만났는데, 그가 자기와 수준이 어울린다고 여겨 친해지게 되었다. 곧 그 새 친구가 얀나이를 식사에 초대해서는 고기와 마실 것을 풍성하게 대접했다. 그러나 랍비의 마음에 미심쩍은 생각이 솟구쳤다. 그는 집주인을 시험하고자 질문을 던지기 시작해 성경 본문과 미쉬나, 우의적 해석, 탈무드 지식에 관해 계속 캐물었다. 안타깝게도 그 남자는 이 문제 중 어느 것에서도 랍비를 만족시키지 못했다. 식사가 끝났으며, 정통 랍비가 무식한 사람에게 품었을 경멸과 자부심을 식사 내내 드러냈을 게 뻔한 랍비 얀나이가 관례를 따라 집주인에게 축복의 잔을 들어 감사의 기도를 드리라고 청했다. 하지만 그 사람은 잔뜩 기가 죽어 동방인의 공경과 유대인의 겸손이 섞인 태도로 "랍비님께서나 집에 가셔서 감사기도를 드리시지요"라고 답했다. 그러자 랍비가 "어쨌든 내가 하는 말을 따라는 할 수 있잖소?"라고 말했다. 남자가 그러겠노라고 하자 얀나이는 이렇게 따라 하라고 불러 주었다. "개가 얀나이와 함께 빵을 먹었습니다."

하지만 공평한 역사가라면 랍비들이 갈릴리 사람에 대해 내린 평가라든지, 이스라엘 지도자들이 퍼부은 모욕적인 비난과는 다른 별개의 판단도 기록해야 마땅하다. 갈릴리 사람들의 특성 가운데 일부는 지역적인 환경에서 비롯되었다고 보아야 한다. 갈릴리—이 이름은 '원형'CIRCUIT이라는 의미인데 '원형으로 돌다'를 뜻하는 동사에서 왔다—지역은 고대의 네 지파, 곧 잇사갈과 스불론, 납달리, 아셀 지파가 차지했던 땅과 겹친다. 갈릴리라는 지명은 이미 구약성경에도 나온다.수 20:7, 왕상 9:11, 왕하 15:29, 대상 6:76, 사 9:1◉ 그리스도께서 활동하던 당시 갈릴리는 북쪽으로 두로 방면과 시리아 방면까지 뻗었으며, 남쪽으로는 사마리아와 맞닿아 있었다. 이 남쪽 경계에서는 서쪽의 갈멜 산과 동쪽의 스키토폴리스(데가볼리에 속한 도시) 지역이 이정표를 이루었다. 그리고 동쪽으로는 요단 강과 게네사렛 호수가 대략적인 경계선을 이루었다. 이렇게 볼 때, 갈릴리에는 "이스라엘 사람들과 사울이 엎드러져 죽은"삼상 31장 곳인 길보아 산과 작은 헤르몬 산(모레 산), 다볼 산, 갈멜 산, 팔레스타인의 큰 전쟁터인 이스르엘 평야와 같은 유서 깊은 지역이 포함된다.

◉ 전에 고통 받던 자들에게는 흑암이 없으리로다. 옛적에는 여호와께서 스불론 땅과 납달리 땅이 멸시를 당하게 하셨더니 후에는 해변 길과 요단 저쪽 이방의 갈릴리를 영화롭게 하셨느니라(사 9:1).

또한 탈무드와 요세푸스는 이곳을 상부 갈릴리와 하부 갈릴리로 나누고, 랍비들은 이 두 지역 사이에 디베랴를 중부 갈릴리로 끼워 넣는다.[4] 우리는 랍비들이 상부 갈릴리와 하부 갈릴리를 구분하면서 상부 갈릴리는 "돌무화과나무가 자라지 않아 볼 수 없는 곳에서" 시작된다고 지적한 데서 삭개오의 이야기를눅 19:4 떠올리게 된다. 무화과나무의 일종인 돌무화과나무를 우리의 무화과와 혼동해서는 안 된다. 돌무화과나무는 매우 약한 상록수로서 추위에 쉽게 죽으며시 78:47 요단 골짜기나 하부 갈릴리의 해안 지역에서만 생장하였다. 또 이 나무가 언급된 것을 근거로 우리는 구주께서 누가복음 17:6에서 말씀하시는 지역이 어디인지를 확인할 수 있다(한국어 성경에서는 '뽕나무'로 나온다).◉ 랍비들은 오늘날의 케프르 아난으로 추정되는, 사페드(제파트) 서북쪽에 있는 케파르 하나냐KEFAR HANANYAH를 상부 갈릴리의 첫 번째 장소라고 말한다. 사페

4. 「쉐비트」 ix. 2.

◉ 주께서 이르시되 너희에게 겨자씨 한 알만한 믿음이 있었더라면 이 뽕나무더러 뿌리가 뽑혀 바다에 심기어라 하였을 것이요 그것이 너희에게 순종하였으리라(눅 17:6).

돌무화과나무

매우 약한 상록수로서 추위에 쉽게 죽으며 요단 골짜기나 하부 갈릴리의 해안 지역에서만 생장하였다.

드는 진짜 "산 위에 있는 동네"였으며, 주님께서 산상수훈을 말씀하실 때에[마 5:14] 바로 그 모습을 떠올리셨을 것이다. 탈무드에서는 이곳을 스밧이라는 이름으로 부르며, 이곳에 봉화대가 있었다고 말한다. 예루살렘 산헤드린에서는 새 달이 뜨는 것을 확인하고 그에 따라 한 달이 시작되었음을 공표했는데,[5] 이 소식은 산과 산을 이어 가며 온 나라에 퍼져 있는 봉화대를 통해 요단 강 동편과 저 멀리 흩어져 있는 사람들에게까지 전달되었다.

5. 『예수 그리스도 시대의 성전』을 보라.

상부 갈릴리의 북쪽에 위치한 산악 지대는 장엄한 풍경이 펼쳐지고 상쾌한 공기로 가득했다. 솔로몬의 아가는 부분적으로 이곳을 배경으로 삼는다.[아 7:5] 그러나 이곳의 동굴과 험준한 장소들은 메롬 호수를 따라 갈대로 우거진 습지와 더불어 강도와 무법자와 반도들에게 은신처로 사용되었다. 극히 위험한 인물들 가운

다메섹

팔레스타인의 최북단 경계선을 이루었던 다메섹은 화려한 도시였다.

데 적지 않은 수가 이 갈릴리 고지대 출신이었다. 조금 아래로 내려오면 풍경이 바뀐다. 메롬 호수 남쪽, 이른바 '야곱의 다리'가 요단 강을 가로지르는 곳에서 우리는 큰 '대상의 길'CARAVAN ROAD을 만난다. 이 길은 동쪽의 다메섹과 지중해변에 있는 돌레마이의 거대한 시장을 연결했다. 우리 주님의 시대에 이 도로는 분주한 사람들로 가득해, 교역과 업무 목적으로 여행하는 이들로 북적였다. 동방의 부자들을 태우고 멀리 서쪽으로 향하거나 서방의 사치품을 멀리 동방으로 나르는 낙타와 노새와 나귀 떼들이 줄을 지어 온종일 그 길로 지나갔다. 여기서는 온갖 종류의 여행자들—유대인, 그리스인, 로마인, 동방의 사람들—을 만날 수 있었다. 세계에서 가장 큰 고속도로 중 하나인 이 길을 따라 끊임없이 외국인이 왕래하고 수많은 외래인이 이주했던 까닭에 갈릴리에서는 유대 지역의 편협하고 완고한 기질이 뿌리내리기가 거의 불가능했다.

이제 우리는 갈릴리 본토로 들어선다. 이곳보다 더 풍요롭거나 아름다운 지역은 생각하기 힘들 것 같은 땅이다.[6] 아셀이 발

6. "The Fertility of Ancient Palestine" in the *Quarterly Statement of the Palestine Exploration Fund* for July, 1876, pp. 120-132.

을 기름에 담갔다고 말하는신 33:24 땅이 바로 이곳이었다.◎ 랍비들은 기름이 강처럼 흘러넘쳤다고 말하고, 갈릴리에서 올리브 숲을 가꾸는 것이 유대에서 아이 한 명을 교육하는 것보다 더 쉬웠다고 말한다. 기름만큼 차고 넘치지는 못해도 포도주 역시 풍부했다. 곡물은 특히 가버나움 주변에서 많이 나왔고 아마亞麻도 재배되었다. 생계비는 유대 지역보다 훨씬 적게 들었다. 유대에서 물건 하나를 사는 비용으로 갈릴리에서는 다섯을 살 수 있었다고 한다. 과일 역시 더할 나위 없이 잘 자랐으며, 사람들 사이에서 "우리는 갈릴리산 과일을 맛보려고 올라왔을 뿐이야"[7]라는 말이 나오지 못하게끔 명절 때 예루살렘에서 갈릴리 과일을 팔지 못하게 한 일에서 예루살렘 주민들이 품었던 시기심의 단편을 엿볼 수 있다. 요세푸스는 갈릴리에 대해 몹시 열정적으로 기술한다. 그의 기록에 따르면 도시와 마을이 240개에 이르렀고 가장 작은 마을도 인구가 15,000여 명에 달했다. 물론 이것은 지나치게 과장된 것이 분명한데, 이 수치에 따르면 이 지역의 인구밀도는 영국이나 벨기에의 인구 밀집 지역의 두 배 이상이 된다. 어떤 사람들은 갈릴리를 이 나라의 공업지대에 견주었다. 이 지역에서 다양한 종류의 도기 제조업과 염색업이 이루어지기는 했지만 이런 식의 비교는 당연히 갈릴리의 분주한 생활상에만 해당된다.

◎ 아셀에 대하여는 일렀으되 아셀은 아들들 중에 더 복을 받으며 그의 형제에게 기쁨이 되며 그의 발이 기름에 잠길지로다(신 33:24).

7. 「페사힘」 8 b.

갈릴리 고지대에서 보면 상선으로 가득한 여러 항구와 흰 돛이 점점이 박힌 호수가 눈에 들어온다.◎ 호숫가는 물론 내륙에서도 유리 제품을 만드는 용광로들이 연기를 뿜어냈다. 대로 위로는 대상들이 열을 지어 움직였고 들판과 포도원과 과수원에는 활기가 넘쳤다. 대로는 갈릴리를 곧장 가로지르는데, 요단 강과 야곱의 다리가 만나는 곳으로 들어가 가버나움을 지나쳐 나사렛으로 내려가서는 해안까지 이어졌다. 이러한 형편이 나사렛에게는 하

◎ 그 후에 예수께서 디베랴의 갈릴리 바다 건너편으로 가시매(요 6:1).

갈릴리의 고기잡이배

갈릴리 고지대에서 보면 상선들로 가득한 여러 항구와 흰 돛이 점점이 박힌 바다가 눈에 들어온다.

나의 장점이 되었다. 다시 말해 나사렛은 세계적인 교통과 교역의 통로 위에 있었다. 또 다른 특성은 이상하게도 기독교인 저자들에게는 알려지지 않았다. 고대의 랍비 문헌들에서는 나사렛을 제사장들의 중간 집결지 가운데 하나로 밝히고 있다.[8] 제사장 전체는 24개 반열로 나뉘었으며, 언제나 그중 한 반열이 성전에서 업무를 수행하였다. 당번 반열에 속한 제사장들은 늘 일정한 읍에서 모여 무리를 지어 성전으로 올라갔다. 함께 가지 못하는 제사장들은 뒤에 남아 금식하고 동료들을 위해 기도하는 일로 그 주간을 보냈다. 나사렛은 이렇게 제사장들이 집결하는 장소 중 하나였다. 따라서 상징적인 의미에서 볼 때 그곳은 세상 무역을 담당하는 사람들에 더해 성전에서 사역하는 사람들이 통과하는 지점이었다.

지금까지 나사렛에 관해 살펴보았다. 덧붙여 신약성경에 나오는 갈릴리의 다른 장소들에 대해 간략하게 살펴보는 것도 흥미 있을 것이다. 갈릴리 호수의 북쪽 가장자리에는 큰 도시인 가버나움이 있다. 그리고 그 근처에는, 거기서 나는 곡식이 매우 유

8. 노이바우어의 『탈무드의 지리학』 p. 190에 나오는 참고 문헌을 보라.

나사렛

상징적인 의미에서 볼 때 나사렛은 세상 무역을 담당하는 사람들에 더해 성전에서 사역하는 사람들이 통과하는 지점이었다.

명해서 만일 예루살렘에 좀 더 가까웠더라면 성전을 위해 사용되었을 것이라고 말해졌던 땅인 고라신이 있다.[9] 그리고 벳새다가 있는데,[10] 이는 '어부의 집'이라는 의미로 그 지역의 산업을 가리킨다. 가버나움은 마태가 일하던 세관이 있던 곳이다.[마 9:9] 가버나움의 남쪽에는 염색업자들의 도시이자 막달라 마리아의 고향인 막달라가 있다.[막 15:40, 16:1, 눅 8:2, 요 20:1] 탈무드는 막달라의 상점과 양모 제조업에 대해 기록하고 있으며 또한 그곳의 막대한 재화뿐만 아니라 주민들의 퇴폐에 대해서도 언급하고 있다. 그리스도가 등장하기 얼마 전에 건설된 디베랴는 신약성경에서 부수적으로만 언급된다.[요 6:1, 23, 21:1] 당시 디베랴는 크게 번성했지만 이방의 도시였으며, 그곳의 웅장한 건물들은 이 나라에 널려 있는 초라한 주거지와 대조를 이루었다. 호수의 남쪽 끝부분에는 큰 어업 지역인 타리카에아가 있었는데, 이곳에서는 물고기를 소금에 절여 통에 담아 수출하였다.[스트라보 『지리지』 16.2] 로마와 큰 전쟁이 있었을 때 바로 이 호수에서 해전이 벌어졌는데, 로마군의 잔혹한 공격은 처절한 살

9. 「메나호트」 85 a.

10. 이 이름을 지닌 장소가 두 군데 있다. 한 곳은 요단강 동쪽의 벳새다 율리아스로, 누가복음 9:10과 마가복음 8:22에 나온다. 다른 곳은 갈릴리 호수 서쪽에 있는 곳으로 안드레와 베드로의 출생지다(요 1:44). 또한 마가복음 6:45, 마태복음 11:21, 누가복음 10:13, 요한복음 12:21을 보라.

육으로 끝났으며 그 결과 호수는 희생자들의 피로 붉게 물들고 해변 지역은 시신으로 인해 역병이 퍼졌다고 한다. 갈릴리의 가나는 나다나엘의 고향이며[요 21:2] 그리스도가 첫 번째 기적을 행한 곳이었다.[요 2:1-11◉] 또 가나는 하나님 나라의 새 포도주를 이방인에게 최초로 맛보인 두 번째 기적의 장소라는 점에서도 중요하다.[요 4:46-47] 가나는 나사렛에서 북동쪽으로 약 세 시간 거리에 있다. 마지막으로 나인은 갈릴리에서 가장 남쪽에 있는 지역 가운데 하나로, 구약시대의 엔돌에서 가깝다.

◉ 예수께서 이 첫 표적을 갈릴리 가나에서 행하여 그의 영광을 나타내시매 제자들이 그를 믿으니라(요 2:11).

랍비들이 보존해 온, 초기 기독교에 대한 유대인의 기억이 주로 갈릴리를 중심으로 몰려 있다는 점은 흥미롭기는 해도 우리에게 전혀 놀랄 일이 아니다. 예를 들어 우리는 사도들의 시대에 예수의 이름으로 기적적인 치유를 베풀었던 그발 스가냐의 야곱이라는 갈릴리 사람이 어떤 환자를 치료하려고 할 때, 한 랍비가 나서서 극렬하게 반대했고 그렇게 논쟁하는 사이에 그 환자가 죽었다는 이야기를 안다. 또 학식 깊은 기독교인들과 다툰 논쟁을 담은 기록이라든지 히브리인 기독교 신자들과 접촉했던 일을 기록한 단편들을 알고 있다. 한 걸음 더 나아가, 어떤 갈릴리인 교사가 바빌론에 등장해 메르카바*MERKABAH* 이론, 곧 에스겔이 본 하나님의 병거 환상과 연관된 신비 이론을 폈는데 이 이론은 기독교의 로고스나 삼위일체 이론 등과 매우 비슷한 요소를 담고 있었다는 사실을 근거로 이미 그러한 견해들이 널리 퍼져 있었다고 추정하는 이들도 있다.[11] 3세기에 한 갈릴리 출신 선생이 '3'이라는 숫자에 덧붙인 의미에서도 역시 삼위일체론적인 사고를 엿볼 수 있다. 그는 다음과 같이 말했다.

11. M. Neubauer, *La Géographie du Talmud*, p. 186, etc. Derenbourg, *L'Histoire et la Géographie de la Palestine*, pp. 347-365.

복되신 하나님, 주님께서는 셋째 달, 셋째 날에(이스라엘을 성결하게 한 후 이틀이 지나)출 19:16◉ 세 사람(미리암·아론·모세) 가운데 막내를 통해 세 개의 율법(모세오경·예언서·성문서)을 세 계급(제사장·레위인·평신도)으로 이루어진 백성에게 주셨습니다.

◉ 셋째 날 아침에 우레와 번개와 빽빽한 구름이 산 위에 있고 나팔 소리가 매우 크게 들리니 진중에 있는 모든 백성이 다 떨더라(출 19:16).

또 갈릴리 출신의 한 랍비가 부활과 관련하여 한 말이 있는데, 비록 아주 선명하지는 못해도 기독교적인 함의를 지닌 것으로 볼 수 있다. 마지막으로 미드라쉬를 보면, 앞에서 언급한 기독교 신자 랍비 야곱이나 전체 기독교인을 향해서, 심지어는 기독교를 널리 받아들였다는 이유를 들어 가버나움을 향해서도 "죄인은 그 여인에게 붙잡히리로다"전 7:26라는 구절을 인용해 비난을 퍼붓고 있다.◉ 여기서 이 흥미로운 주제를 더 이상 논할 수는 없고, 단지 우리가 아는 지식을 근거로 유대계 기독교인은 자신들의 생각을 펼치려고 애쓰면서도 동시에 회당의 공식 예배에 적극적으로 참여했으며 심지어 비도덕적인 이단 분파인 니골라당계 2:15과도 교류했다는 점만 밝혀둔다.◉

◉ 마음은 올무와 그물 같고 손은 포승 같은 여인은 사망보다 더 쓰다는 사실을 내가 알아내었도다. 그러므로 하나님을 기쁘게 하는 자는 그 여인을 피하려니와 죄인은 그 여인에게 붙잡히리로다(전 7:26).

◉ 오직 네게 이것이 있으니 네가 니골라 당의 행위를 미워하는도다. 나도 이것을 미워하노라(계 2:6).

우리는 갈릴리에 관한 이와 같은 지식을 바탕으로 그들 가운데 적지 않은 사람들이 복음을 기꺼이 받아들였을 것이라고 추정할 수 있다. 정리하자면, 갈릴리는 우리 주님께서 일하고 가르치셨던 현장이자 주님의 첫 제자와 사도들의 고향이었다. 이방인과의 빈번한 교류는 속 좁은 편견을 극복하게 해주었고, 그와 동시에 랍비들의 멸시적인 태도는 엄격한 바리새주의에 대한 애정을 식게 만들었다고 말할 수 있다. 그런데 한 걸음 더 나아가, 요세푸스와 랍비들의 기록에 따르면 갈릴리 사람들은 마음이 따뜻하고 열정적이며 아량 있는 족속이었다. 그들은 좋은 의미에서 애국적이고 적극적이었으며, 공허한 사변에 매달리거나 장황하게 논리와 신학을 따지는 일에 집착하지 않고 오히려 성실하고 진지한 사람들이었다. 랍비들은 갈릴리와 유대를 갈라놓고 신학적인 차이점을 세세하게 따진다. 여기서 우리는 그런 문제를 논하는 대신, 갈릴리 사람들이 실제적인 경건과 삶의 진지한 모습을 훨씬 더 진솔하게 보여주며 흔히 율법을 공허하게 만들어 버리는 바리새파의 구분 따위에는 별로 신경 쓰지 않았다는 사실을 밝혀 둔다.

반면에 탈무드에서는 갈릴리 사람들이 전통을 우습게 여기고 선생을 이 사람 저 사람으로 바꿔 배우며(아마 일정한 학교에서가 아니라 순회하는 랍비에게 배웠기 때문일 것이다) 그 결과 랍비들의 고결한 학문과 지혜에 도달하지 못한다고 비난한다. 또 우리는 요세푸스뿐만 아니라 신약성경을 통해서도[눅 13:2, 행 5:37◉] 갈릴리 사람들이 피가 뜨거워 투쟁적이었으며 항상 로마에 맞서 봉기하며 살았다는 사실을 확인한다. 갈릴리 사람들의 잘못된 히브리어 발음, 더 정확히 말해서 그들이 후두음을 제대로 발음하지 못했던 일은 끊임없이 조롱과 놀림의 대상이 되었다. 이것은 일반적인 현상이었던 탓에 대제사장의 관저에서 그곳 하인들조차도 베드로를 조롱하여 "너도 진실로 그 도당이라. 네 말소리가 너를 표명한다"[마 26:73] 고 말할 정도였다. 그런데 이것은 그리스도 시대에 팔레스타인에서 일반적으로 사용한 언어가 그리스어가 아닌 아람어였다는 것을 보이는 표지다. 요세푸스는 갈릴리 사람들이 열심히 일하고 남자답고 용감하다고 말하며, 탈무드조차도 갈릴리 사람들은 돈보다 명예에 더 신경을 쓴다고 인정한다.[예. 케투보트 IV. 14]

◉ 그 후 호적할 때에 갈릴리의 유다가 일어나 백성을 꾀어 따르게 하다가 그도 망한즉 따르던 모든 사람들이 흩어졌느니라(행 5:37).

그런데 갈릴리 지역 가운데서도 우리의 마음이 항상 되돌아가는 자리는 그곳 호수 주변의 땅이다.[12] 그곳의 아름다움과 풍성한 초목과 열대성 작물, 그 땅의 부요함과 조밀한 인구는 늘 이야깃거리가 되어 왔다. 랍비들은 게네사렛이라는 이름이 하프에서 유래하거나—그 호수 주위에서 나는 과일이 하프 소리처럼 달

12. 신약성경은 갈릴리 호숫가에서 일하는 어부라는 직업에 관해 매우 자주 언급하며, 그래서 흥미롭게도 그 호수에서는 누구나 자유롭게 물고기를 잡을 수 있었다는 사실을 알게 된다. 탈무드는 이렇게 허용된 것이 옛날 여호수아가 정한 열 가지 규례 중 하나라고 말한다(「바바 카마」 80 b).

콤해서—아니면 아름다운 저택과 정원으로 둘러싸인 '군주의 정원'을 뜻하는 것이라고 설명한다.[13] 그러나 우리의 마음을 사로잡는 것은 비옥한 밭과 과수원이라든가 구릉으로 둘러싸인 깊고 푸른 호수가 아니며, 사람들로 북적이는 마을이나 흰 돛을 펴고 물 위로 퍼져 나가는 배들이 아니다. 그 호숫가를 몸소 걸었던 그분, 거기서 죄인인 우리를 위해 일하고 가르치고 기도하셨던 바로 그 분이다. 그곳 물 위를 걸으시고 폭풍우를 잠재우셨던 분, 부활하신 후에도 당신의 제자들과 달콤한 대화를 나누셨던 분, 무엇보다도 그곳에서 생애 마지막 말씀을 주셨던 바로 그분은 이제 우리에게도 각별한 뜻과 애정을 품고 다가오셔서 세상의 혼란스러운 일들을 바라보는 우리를 향해 그 일이 "네게 무슨 상관이냐. 너는 나를 따르라"요 21:22 고 말씀하신다.

13. 랍비들은 성경에 나오는 긴네렛 또는 긴네롯이라는 이름(민 34:11과 여러 곳에서)이 '하프'(키노르)에서 온 것으로 보았다. 후기에 성경에 등장하는 형태인 '게네사르'(*genessar*)는 군주의 정원을 뜻하는 '게네 사림'(*gener sarim*)에서 온 것이라고 본다. 사실 이 성경적 이름은 노이바우어가 주장하는 대로 '대야'라는 뜻이며 따라서 게누사르(*Genussar*)라는 마을에서 온 것이라고 볼 수 없다.

04.

팔레스타인 여행길

도로와 여관, 세금과 세리

우리 주님께서 세리였던 레위 마태에게 당신을 따르라고 부르셨을 때 레위가 있던 곳은 팔레스타인에서도 가장 번잡한 도로 위의 세관이었다. 그때 레위는 큰 잔치를 베풀고 동료 세리들을 초정해서 자신에게 생명과 평화를 보여주신 그분을 만나 말씀을 듣게 했다.[눅 5:29◉] 그 도로는 팔레스타인을 통과하는 길 중에서 진정 국제적이라고 부를 수 있는 유일한 도로였으며, 전 세계 교역을 연결하는 대로 가운데 하나였다. 우리가 다루고 있는 그 시대에는, 대체로 여섯 개의 주요 도로가 상업과 교통의 통로로 이 나라를 관통했다고 말할 수 있는데, 주요 목적지는 군사 요충지인 가이사랴와 종교 수도인 예루살렘이었다.

◉ 레위가 예수를 위하여 자기 집에서 큰 잔치를 하니 세리와 다른 사람이 많이 함께 앉아 있는지라(눅 5:29).

첫 번째로, 남부의 도로는 예루살렘에서 시작해 베들레헴을 지나 헤브론으로 이어졌으며, 이곳에서 서쪽으로는 가사로 동쪽으로는 아라비아로 뻗었다. 이 도로는 또 북쪽으로 다메섹까지

직통으로 이어졌다. 사도 바울이 회심한 직후 아라비아의 한적한 곳으로 물러날 때[갈 1:17-18] 걸었던 길이 바로 이 도로라고 볼 수 있다. 헤브론으로 이어진 이 길은 예루살렘을 찾는 제사장과 순례자들이 자주 이용했으며 세례 요한의 아버지와 예수의 부모도 이 길을 걸었을 것이다. 두 번째로, 해안을 따라 이집트에서 두로까지 이어진 오래된 대로가 있었다. 그리고 두로에서부터는 곧지만 그리 번잡하지는 않은 도로가 이어져 가이사랴 빌립보를 거쳐 다메섹까지 뻗었다. 그러나 가사와 아스글론, 얌니아(야브네), 룻다, 디오스폴리스를 거쳐 마지막으로 가이사랴와 돌레마이로 이어지는 이 해안길 자체는 팔레스타인 땅에서 가장 중요한 군사도로였으며, 로마 총독의 주재지인 가이사랴와 수도를 연결하고 또 해안 지방과 그곳 항구들을 보호하여 연락을 확보하는 역할을 했을 것이다. 이 도로는 룻다에서 예루살렘 방향으로 갈라져 뻗어 나가 벧호론이나 더 먼 곳인 엠마오로 이어졌다. 사도 바울을 호송했던 로마의 병사들이 안디바드리(안티파트리스)에서 서둘러 그를 기병에게 맡겼는데 그때 이용한 길이 이 도로였을 것이다.[행 23:31] 안디바드리는 룻다에서는 약 30km, 예루살렘에서는 약 77km 떨어진 곳에 있었다. 따라서 다음 날 아침 기병대가 가야 할, 가이사랴까지 남은 거리는 약 38km였고, 따라서 예루살렘에서 가이사랴까지 전체 거리는 약 115km였다. 이러한 행군 속도는 빠른 편이기는 하지만 지나치다고 볼 수는 없는데, 탈무드에서는 일반적인 여행 속도를 하루에 60km 정도로 높게 계산하기 때문이다.[페사힘 93 B]

세 번째 길은 예루살렘에서 시작되어 벧호론과 룻다를 거쳐 욥바로 연결된다. 욥바에서 길은 해안을 따라 이어져 가이사랴까지 나아간다. 이 길은 베드로와 그의 동료들이 고넬료에게 가서 복음을 전하도록 초청받았을 때 이용한 길이었을 것이다.[행 10:23-24]

예루살렘에서 약 47km 떨어진 룻다에서는 애니아가 기적으로 병 고침을 받았으며, 룻다에서 '가까운'—몇 킬로미터 떨어진—곳에 욥바가 있는데 여기서는 다비다, 곧 '사슴'을 뜻하는 도르가가 다시 살아나는 기적이 일어났다.[행 9:32-43◉] 네 번째 대로는 갈릴리에서 시작해 사마리아를 곧바로 통과하여 예루살렘으로 이어지는 길로, 세겜에서 길이 갈라져 동쪽으로는 다메섹, 서쪽으로는 가이사랴로 연결되는데, 이 길에 대해서는 긴 설명이 필요하지 않다. 이 길을 이용하는 것이 훨씬 빠르기는 하지만 유대인 여행자들은 할 수 있는 한 이 도로를 피하려고 했기 때문이다. 하지만 주 예수님은 예루살렘에 갈 때와[눅 9:53, 17:11] 돌아올 때[요 4:4, 43] 모두 이 길을 타셨다.◉ 예루살렘에서 북쪽으로 곧바로 올라가다가 고프나에서 길이 갈라졌는데, 거기서 디오스폴리스로 나아가 가이사랴까지 이어졌다.[1] 그러나 유대인 여행자들은 보통 사마리아를 통과해 가기보다는 도중에 강도 만날 위험을 무릅쓰고서라도[눅 10:30◉] 예루살렘에서 베다니를 지나 여리고로 이어지는 다섯 번째 대로를 선택했다.[눅 19:1, 28, 마 20:17, 29] 여리고에서 요단 강을 건너면 도로는 길르앗으로 이어지고 길르앗에서 갈라져 남쪽이나 아니면 북쪽의 베레아로 연결된다. 이 길을 타고 여행자들은 갈릴리로 갈 수 있었다.

지금까지 살펴본 도로들은 상업적인 것이든 군사적인 것이든 모두 유대의 도로이며 또 예루살렘을 중심으로 나가고 들어오는 것이라는 사실을 알 수 있다. 그러나 갈릴리를 통과하는 여섯 번째 대로는 유대적 성격이 전혀 없었으며 동방과 서방, 다메섹과 로마를 연결하는 길이었다. 그 도로는 다메섹에서 시작해 요단 강을 가로질러 가버나움과 디베랴와 나인(여기서 도로는 사마리아에서 시작된 도로와 마주쳤다)으로 이어지고, 또 나사렛으로 나아가 돌레마이로 연결되었다. 따라서 위치로 볼 때 나사렛은 로마 세계의

◉ 베드로가 사람을 다 내보내고 무릎을 꿇고 기도하고 돌이켜 시체를 향하여 이르되 다비다야, 일어나라 하니 그가 눈을 떠 베드로를 보고 일어나 앉는지라. 베드로가 손을 내밀어 일으키고 성도들과 과부들을 불러들여 그가 살아난 것을 보이니(행 9:40-41).

◉ 유대를 떠나사 다시 갈릴리로 가실새 사마리아를 통과하여야 하겠는지라(요 4:3-4).

1. Conybeare and Howson's *Life and Epistles of St. Paul* ii, p. 331에서는 이 도로를 로마 군대가 바울을 가이사랴로 호송할 때 이용했던 길이라고 말한다.

◉ 예수께서 대답하여 이르시되 어떤 사람이 예루살렘에서 여리고로 내려가다가 강도를 만나매 강도들이 그 옷을 벗기고 때려 거의 죽은 것을 버리고 갔더라(눅 10:30).

거대한 대로 위에 있었다. 나사렛에서 나온 말은 팔레스타인 전역에서 동일하게 울려 퍼졌으며, 동방과 서방의 아주 먼 지역에까지 전달되었다.

지금까지 우리는 주요 교통로만을 살펴보았다. 그 외에도 수많은 보조 도로가 이 나라의 사방에 펼쳐져 있었다. 아주 이른 시기부터 이 땅 전체를 꿰뚫는 교통 시설에 대해 많은 관심이 있었다. 심지어 모세 시대에도 '왕의 큰길'이라는 말이 나온다.[민 20:17, 19, 21:22◉] 히브리어에는 길을 뜻하는 두 개의 일반적인 용어('데레흐'와 '오라흐') 외에도 세 가지 표현이 더 나오는데, 다져지거나 길든 길('걷다'라는 의미의 '나타브'에서 온 '나티브'), 조성되거나 쌓아 올린 길('쌓아 올리다'를 뜻하는 '살랄'에서 온 '메실라'), 그리고 '왕의 큰길'이 그것이다. 이 왕의 큰길은 국가적인 목적을 위해 사용된 길이고 공적 경비로 유지되었음이 분명하다. 왕들의 시대에[왕상 12:18] 그리고 그보다 훨씬 이전부터도 마차가 다니는 정식 도로가 있었다. 물론 솔로몬이 간선도로들을 검은 돌(아마도 현무암)로 포장하게 했다는 요세푸스의 말은[유대 고대사 8. 250] 거의 믿기 힘든 주장이다. 에스라 시대에는 통행세를 거둔 것이 분명하지만[스 4:13, 20] 성직자에게는 통행세 외에도 모든 세금이 면제되었다.[스 7:24◉] 도피성으로 가는 길은 언제나 잘 유지할 필요가 있었다.[신 19:3] 탈무드에 따르면, 그 길은 폭이 15m이어야 했으며, 강에는 다리를 놓고 길이 갈라지는 곳에는 표지판을 세워야 했다.

◉ 청하건대 우리에게 당신의 땅을 지나가게 하소서. 우리가 밭으로나 포도원으로 지나가지 아니하고 우물물도 마시지 아니하고 왕의 큰길로만 지나가고 당신의 지경에서 나가기까지 왼쪽으로나 오른쪽으로나 치우치지 아니하리이다 한다고 하라 하였더니(민 20:17).

◉ 이제 왕은 아시옵소서. 만일 이 성읍을 건축하고 그 성곽을 완공하면 저 무리가 다시는 조공과 관세와 통행세를 바치지 아니하리니 결국 왕들에게 손해가 되리이다……내가 너희에게 이르노니 제사장들이나 레위 사람들이나 노래하는 자들이나 문지기들이나 느디님 사람들이나 혹 하나님의 성전에서 일하는 자들에게 조공과 관세와 통행세를 받는 것이 옳지 않으니라 하였노라(스 4:13, 7:24).

후대로 와서, 당연한 일이겠지만 로마인들은 이 나라를 꿰뚫는 연락 방식에 큰 관심을 쏟았다. 군사용 도로들은 포장되고 이정표가 세워졌다. 그러나 이 나라의 도로는 주로 말이나 사람이 다니는 작은 도로였다. 탈무드에서는 공공 도로와 사적 도로를 구분한다. 공공 도로는 폭이 약 8m, 사적 도로는 약 2m였다. 왕

로마 시대의 도로

로마인들은 팔레스타인을 꿰뚫는 연락 방식에 큰 관심을 쏟았다. 군사용 도로들은 포장되고 이정표가 세워졌다. 그러나 이 나라의 도로는 주로 말이나 사람이 다니는 작은 도로였다.

의 큰길과 장례 행렬이 지나는 길에는 특별한 기준을 정하지 않았다.바바 바트라 VI. 7 매년 봄, 큰 명절이 다가오면 도로들을 보수했다. 위험 요소를 없애기 위해 공공 도로 아래로는, 비록 보강된 것이라 해도 일체의 지하 시설물을 설치할 수 없었다. 길 위로 늘어진 나뭇가지들은 잘라 내서 낙타를 탄 사람들이 쉽게 지나갈 수 있도록 해야 했다. 건물의 난간이나 돌출부에도 비슷한 규정이 적용되어서 거리를 어둡게 하는 것은 전혀 허용되지 않았다. 도로에 물건을 쌓아 놓고 방치하거나 마차에서 물건을 떨어뜨린 사람은 그 때문에 통행자가 피해를 입었을 경우 변상해야만 했다. 도시와 그 주변 지역에서는 안전 규정이 훨씬 더 엄격했다. 썩은 나무나 위험한 벽은 30일 이내에 제거해야 한다는 식의 규정이 생겨났다. 길에다 물을 버리지 말고, 거리에다 어떤 것이든 던지지 말고, 건축 자재나 깨진 유리나 가시나무를 방치하지 말아야 한다는 규정과 더불어 공공의 안전과 건강을 위한 여러 가지 규정이 정해졌다.[2]

그러한 도로를 따라 여행자들이 지나갔다. 처음에는 수가

2. 주로 「바바 카마」와 「바바 바트라」처럼 법을 다루는 소논문들에 실려 있다.

이집트의 수레

여행할 때는 걷거나 나귀를 타거나 수레를 이용했는데, 이러한 수레에는 이륜마차와 비슷한 둥근 마차, 집칸처럼 생긴 긴 마차, 주로 화물 운송에 사용하는 짐마차의 세 종류가 있었다.

많지 않았고 대부분 순례자였지만 점차 교역과 사회적이고 정치적인 교류가 증가하면서 숫자가 늘었다. 여행할 때는 걷거나 나귀를 타거나 수레[행 8:28]를 이용했는데, 이러한 수레에는 우리의 이륜마차와 비슷한 둥근 마차, 집칸처럼 생긴 긴 마차, 주로 화물 운송에 사용하는 짐마차의 세 종류가 있었다. 그 시대에 여행은 안락하거나 쉬운 일이 아니었다는 것이 이해가 간다. 대체로 사람들은 무리를 지어 여행했는데, 대표적인 사례가 명절을 맞아 예루살렘으로 가는 무리였다. 아니면 거주지를 옮기는 사람이 천막과 식량, 기타 필요한 물품을 싣고 길을 가는 것일 수 있었다. 또 여러 곳을 떠도는 행상들이 있었는데, 그들은 지나는 모든 곳에서 친구로 환대받았다. 그날의 새 소식과 함께 한 지역에서 생산한 물건을 다른 지역의 물건과 교환하고 최신의 상품이나 사치품을 전해 주었다. 편지를 전달하기 위해서는 특별한 전달자나 여행자들의 손을 빌리는 방법밖에 없었다.

이러한 환경에서는 "손님 대접하기를 잊지 말라"[히 13:2]는 규례가 각별한 의미가 있었다. 이스라엘은 언제나 손대접을 귀하게 여겼으며, 성경뿐만 아니라 랍비들도 이 일을 극히 중요한 일로 강조했다. 예루살렘에서는 집을 자기만의 소유라고 여기는 사람은 아무도 없었으며, 명절 순례 기간에 기꺼이 환영받지 못하는 사람도 전혀 없었다고 전해진다. 미쉬나 소논문 「아보트」 i. 5에는 요하난의 아들인 예루살렘의 요세가 말한 세 구절이 실려 있는데, 그중 둘을 옮기면 다음과 같다. "네 집 대문을 활짝 열어 놓아라. 가난한 사람들을 네 집 식구로 여겨 대접하라." 이러한 면에서 매우 사랑스러운 기억을 간직하고 있는 벳바게와 베다니가 탈무드에서[페사힘 53] 명절 순례자들에게 친절을 베푼 일로 크게 칭송을 받고 있다는 사실은 신약성경 독자들이 특히 관심을 두고 살펴볼 일이다. 예루살렘에서는 아직 손님 맞을 방이 남아 있다는 표시로 문에 수건을 걸어 놓는 것이 관례였던 것으로 보인다. 심지어 어떤 사람들은 사방에서 오는 여행객을 환영하기 위해서 모든 집에 네 개의 문을 달아야 한다고까지 말했다. 집주인은 손님으로 들일 사람을 맞이하기 위해 집을 나서고 또 그가 떠날 때는 멀리까지 나가 전송하곤 했다.[행 21:5◉] 랍비들은 손대접이 아침 일찍 학교에 가서 공부하는 것만큼이나, 아니 그보다 더 크게 공로를 쌓는 일이라고 주장했다. 랍비들은 자신들이 공부에 부여한 가치를 고려해서 그 이상의 주장은 할 수 없었다. 물론 손님을 대접하는 일에서도 랍비의 계급이 우선시된다. 현자를 모셔 대접하고 선물을 주어 보내는 일은 날마다 희생제물을 바치는 것 못지않게 공로를 쌓는 일이라고 인정되었다.[베라코트 10 B]

◉ 이 여러 날을 지낸 후 우리가 떠나갈새 그들이 다 그 처자와 함께 성문 밖까지 전송하거늘 우리가 바닷가에서 무릎을 꿇어 기도하고(행 21:5).

그러나 오해해서는 안 될 일이 있다. 손대접의 의무나 가난하고 병든 사람을 사랑으로 돌보는 일에 대해 랍비주의만큼 힘주어 강조한 경우는 찾아보기 힘들다는 점이다. "여행객을 잘 대접하는 일은 쉐키나를 모시는 것만큼이나 큰일이다"라고까지 주장했다. 이 말은 "손님 대접하기를 잊지 말라. 이로써 부지중에 천사들을 대접한 이들이 있었느니라"[히 13:2]고 한 히브리서의 권면에 새로운 의미를 더해 준다. 이 주제와 관련해, 아주 오래된 한 랍비 주석에서는 시편 109:31에 나오는 "그가 궁핍한 자의 오른쪽에 서사"라는 구절에 대해 다음과 같이 아름다운 해석을 제시하고 있다. "궁핍한 사람이 당신의 집 문 앞에 설 때면 그 오른편에는 언제나 이름이 복되신 분, 거룩하신 이께서 서 계신다. 만일 당신이 그 사람에게 자선을 베푼다면 그 오른편에 계신 분에게서 상을 받게 될 것임을 알라." 또 다른 주석에서는, 하나님께서 친히 천사들과 함께 병든 자를 방문하신다고 말한다. 탈무드에서는 손대접을 지금 사는 세상과 장차 이를 세상 양쪽에서 상급이 보장된 일들 가운데 하나로 여긴다.[샤바트 127 A] 또 다른 구절에서는[소타 14 A] 우리가 다음과 같은 네 가지 점에서 하나님을 본받아야 한다고 말한다. 하나님은 헐벗은 자를 입히시고,[창 3:21] 병든 자를 찾아오시며,[창 18:1] 애통하는 자를 위로하시고,[창 25:11] 죽은 자를 장사 지내셨다.[신 34:6◉]

◉ 여호와 하나님이 아담과 그의 아내를 위하여 가죽옷을 지어 입히시니라(창 3:21).

아브라함이 죽은 후에 하나님이 그의 아들 이삭에게 복을 주셨고 이삭은 브엘라해로이 근처에 거주하였더라(창 25:11).

랍비들은 삶의 수많은 관계를 다룰 때처럼 손대접을 다룰 때도 지극한 유연성과 섬세함을 보여주는데, 이 같은 태도에는 세상에 대한 풍성하고 날카로운 지식과 기발한 해학이 곁들여진다. 또한 랍비들은 이 주제를 세부적인 내용에까지 파고든다. 그래서 집주인이 손님에게 보여야 할 태도까지도 일일이 규정한다. 예를 들어, 집주인은 손님을 맞을 때 즐거운 모습을 보여야 하며 친히 손님의 시중을 들어야 하고, 약속은 적게 하고 베풀기는 많이 해야 한다고 가르친다. 그와 동시에 "모든 사람을 강도나 되는 양 생각하라. 그러나 그들을 대접할 때는 마치 랍비 가말리엘이나 되는 것처럼 섬겨라"는 신랄한 말이 덧붙여졌다. 다른 한편, 공손함과 감사의 원칙은 손님에게도 동일하게 적용된다. "네가 마시는 샘물에 돌을 던지지 말라"는 말이 있었다.바바 카마 92 또 이런 말도 있었다. "좋은 손님은 모든 일에 감사하면서 '내 주인이 애쓰는 것은 다 나를 위해 그러는 거야'라고 말한다. 반면에 악한 손님은 '흥, 주인이 무슨 수고를 했다고?'라고 말하면서 자기가 그 집에서 얼마나 보잘것없는 대접을 받았는지 따진 후에 '어쨌든 그 일은 나를 위한 게 아니라 자기 아내와 자식들을 위한 것이야'라고 결론 내린다." 베라코트 58 A 3 놀랍게도 이러한 말 가운데 몇몇은 우리 주님께서 제자들에게 사명을 맡겨 파송할 때 하신 말씀과 상당히 유사하다.눅 10:5-11◉ 이를테면 제자들은 방문한 가정의 행복을 빌어야 하고, 이 집 저 집으로 옮기지 말아야 하며, 자기 앞에 차려진 음식을 먹고, 마지막으로 떠날 때는 복을 빌어 주어야 했다.

3. 예루살렘 탈무드와 바빌론 탈무드에서 간략하게 인용했다. 또한 「베라코트」 63 b, 64 a를 보라. 여기서는 손님을 대접해서 받는 복에 대한 성경적 사례가 제시된다.

◉ 어느 집에 들어가든지 먼저 말하되 이 집이 평안할지어다 하라. 만일 평안을 받을 사람이 거기 있으면 너희의 평안이 그에게 머물 것이요 그렇지 않으면 너희에게로 돌아오리라(눅 10:5-6).

지금까지 살펴본 것들은 모두 개인 가정에서 이루어지는 손님맞이에 해당하는 것이었다. 마을 사이의 거리가 멀거나 마을 밖에 있는 인적이 드문 길 위에는 통상적으로 여행자들의 숙소인 칸KHAN이 있었다.눅 2:7◉ 현대의 칸과 마찬가지로 이 숙소는 누구나 자유롭게 사용할 수 있었는데, 그 모양은 대체로 네모나게 지어져 중앙에는 짐 싣는 짐승이나 마차를 위한 넓은 뜰이 있었고 방들은 빙 둘러 있는 회랑 쪽으로 열려 있었다. 당연히 방에는 가구가 비치되지 않았으며, 또 여행객에게서 어떤 금전도 요구하지 않았다. 동시에 어떤 사람들은 이 칸에다 온전히 몸을 의탁하기도 했는데, 주로 외국인이었던 그들은 필요한 모든 비용을 지불하였을 것이다. 이에 대한 사례를 선한 사마리아인의 비유에서 볼 수 있다.눅 10:35◉ 이와 같은 여관은 아주 일찍이 모세와 관련된 역사 기록에서도 발견된다.창 42:27, 43:21 예레미야는 그런 여관을 "낯선 이들을 위한 곳"렘 41:17이라고 부르는데, 흠정역 성경에서는 '거처'HABITATION라

◉ 첫아들을 낳아 강보로 싸서 구유에 뉘었으니 이는 여관에 있을 곳이 없음이러라(눅 2:7).

◉ 그 이튿날 그가 주막 주인에게 데나리온 둘을 내어 주며 이르되 이 사람을 돌보아 주라. 비용이 더 들면 내가 돌아올 때에 갚으리라 하였으니(눅 10:35).

칸

마을 사이의 거리가 멀거나 마을 밖에 있는 인적이 드문 길 위에는 통상적으로 여행자들의 숙소인 칸이 있었다.

고 잘못 옮겼다(개역개정 성경에서는 '게룻김함'으로 옮겼다). 탈무드에서는 그곳을 가리켜 아람어 형태로 된 그리스어나 라틴어로 부르는데—그중 하나가 누가복음 10:34에 사용된 것과 동일한 것이다—이 사실은 그런 여관이 주로 외국인들을 위해 외국인에 의해 유지됐다는 점을 확인해 준다.[4]

후대에 와서 우리는 또 오쉬피사*OSHPISA*—이것은 분명 호스피티움*HOSPITIUM*에서 온 말로 그 기원이 로마에 있음을 말해 준다—에 관한 기록을 보게 된다. 오쉬피사는 식초에 재거나 밀가루를 입혀 튀기거나 꿀을 바른 메뚜기, 메디아나 바빌로니아산 맥주, 이집트산 음료, 가내 제조한 사과주나 포도주 같은 음식을 파는 공공오락을 위한 집이었다. 그곳에서는 방종한 생활에 빠져 재산을 낭비하는 사람들이 거칠게 떠들어 대며 도박판을 벌였고, 허물없는 친구들 사이에서는 "술 없이 음식을 먹는 일은 자기 피를 빨아 먹는 것과 같다"는 속담이 돌았다.[샤바트 41 A] 그런 장소에서는 헤롯

4. 라틴어로 쓰인 고대의 팔레스타인 여행 안내서들을 보면, 여행 거리를 '만시오네스'(야간 숙소)와 '무타티오네스'(역참)를 기준으로 계산했다. 하룻길 여행은 그러한 역참 다섯 개에서 여덟 개의 거리로 계산되었다.

이 고용한 비밀경찰이 술 마시는 사람들 사이를 돌며 정보를 수집하곤 했다.[5] 그런 경찰이 다수 고용되었음이 분명하다.◉ 요세푸스에 따르면 비밀경찰은 시골과 도시를 가리지 않고 사람들 사이로 파고들어가 친밀한 교제로 신임을 얻은 후 그들의 대화를 염탐했다. 헤롯 자신도 그러한 능력을 발휘했는데, 밤에 변장을 하고 거리를 돌아다니면서 방심한 사람들을 속여 그들의 말을 엿들었다고 전해진다. 한때 도시에서 시민들은 "모여 어울리거나 무리 지어 걷고 먹는 일", 다시 말해 공적인 회합이나 시위, 잔치를 열지 못하도록 제재를 당했는데, 그 형편이 마치 계엄령하에 있었던 것이 아닌가 하는 생각이 들 정도다. 사소한 의혹으로도 매우 혹독한 보복이 가해졌다는 사실은 역사를 통해서 분명하게 확인할 수 있다. 베들레헴의 유아들 속에 섞여 있을 다윗 왕의 후손을 죽이려는 목적으로 그곳 아이들 전부를 살해한 신약성경의 이야기는마 2:16◉ 이렇게 우리가 헤롯과 그의 통치에 관해 아는 모든 사실과 딱 맞아떨어진다. 탈무드 문헌에서 간접적으로나마 이 이야기를 확증해 주는 증거를 볼 수 있으며, 또한 성전에 있던 모든 계보 문서들이 헤롯의 명령으로 파기되었다는 증거도 확인할 수 있다.[6] 이 일만큼 끔찍한 일도 없었다. 증오심으로 불타오른 유대인들은 헤롯이 죽은 날(스밧월 2일)을 연례 명절로 정하고 그날에는 어떤 일이 있어도 애곡하지 못하게 함으로써 헤롯에게 보복하였다.[7]

여행자들이 지나는 곳이 도시든 시골이든, 한적한 곁길이든 대로이든, 그곳에는 늘 그들의 눈길을 사로잡는 풍경이 펼쳐지고 있었다. 게다가 여행자가 유대 혈통에 속한 사람이라면 그 풍경 앞에서 분노와 증오심이 끓어올랐을 것이다. 여행자는 도시든 시골이든 가는 곳마다 악명 높은 외국인 세금 징수원과 마주쳤으며 그의 오만불손함과 황당한 억지와 강압에 시달려야 했다. 이스

5. 다음 책에서 생생하게 묘사하는 장면을 참조하라. Delitzsch, *Handwerker-Leben zur Z. Jesu*.

◉ 헤롯은 시민들이 무리 지어 모이거나 여럿이 어울려 걷고 먹는 일을 금지하였으며, 그들이 행하는 모든 일을 감시하였다. 또 체포당한 사람은 심하게 벌을 받았다.……그리고 도시나 길 위를 가리지 않고 모든 곳에 첩자들을 배치해 몰려 있는 사람들을 감시하였다(유대 고대사 15.366).

◉ 이에 헤롯이 박사들에게 속은 줄 알고 심히 노하여 사람을 보내어 베들레헴과 그 모든 지경 안에 있는 사내아이를 박사들에게 자세히 알아본 그 때를 기준하여 두 살부터 그 아래로 다 죽이니(마 2:16).

6. Hamburger, *Real Enc. P.* ii. p. 293; Jost, *Gesch. d. Jud.* i. p. 324.

7. *Meg. Taan.* xi. 1. 이 날짜에 관해서는 다음을 참조하라. Derenbourg, *Hist. de Pal.* p. 164-165 and Grätz, *Gesch. d. J.* iii. pp. 426-427.

라엘이 억울하지만 어쩔 수 없이 외국 세력에 종속당하고 있음을 나타내는 상징으로 흔히 세금 징수원이 거론되는 까닭은, 유대 사회의 테두리 밖에 있는 세금 징수업자(모헤스)와 세리(가바이) 계급에 대한 랍비들의 격한 증오심 때문이라기보다는 그들의 일처리 방식이 극히 파렴치하고 냉혹하며 비양심적이었기 때문이라고 할 수 있다. 유대인은 바빌론에서 돌아온 이래로 짧은 기간을 제외하고는 늘 타국의 징세에 시달려 왔다. 에스라 때에 유대인들은 페르시아 왕에게 "조공(벨로)과 관세(할라크)와 통행세(미다)"를 바쳤다.[스 4:13, 20, 7:24◉] 더 정확히 말해 '토지세'(소득과 재산에 매긴 세금?)와 '관세'(모든 수입품이나 소비재에 부과한 세금)와 '통행세'(도로 이용료)를 냈다. 프톨레마이오스 왕조가 지배할 때, 세금은 최고가를 써낸 입찰자가 청부 맡았던 것으로 보인다. 그때 낙찰가는 8달란트에서 16달란트(약 3,140파운드에서 6,280파운드) 사이로 매우 적은 금액이었으며, 그런 까닭에 팔레스타인의 세금 징수업자들은 계속 무기를 구입하고 뇌물을 바치면서도 막대한 부를 축적할 수 있었다.[8◉] 시리아가 지배할 때 조세는 대략 조공과 소금세, 농작물의 삼분의 일, 과일의 절반, 인두세, 관세에 더해 '왕관세'(로마의 *aurum coronarium*)라고 불리는 성격이 불분명한 세금으로 이루어졌던 것으로 보인다. 왕관세는 처음에 금으로 된 관을 매년 바쳤지만 나중에는 돈으로 환산해서 냈다.[9] 헤롯 왕가가 지배할 때에, 왕실 세수는 왕실 소유지와 재산세, 소득세, 수출입세, 공적으로 사고파는 모든 물품에 부과한 세금에서 나왔으며 이에 더해 예루살렘 안에 있는 주택들에 부과된 세금도 있었다.

이런 식의 강제 징수는 농사를 짓고 사는 상대적으로 가난한 이들에게는 꽤 부담스러운 짐이 되었을 것이기에 일반적인 시민세에만 적용되었지 종교세에는 적용되지 않았다.[10] 그런데 여기

◉ 명령하여 살펴보니 과연 이 성읍이 예로부터 왕들을 거역하며 그 중에서 항상 패역하고 반역하는 일을 행하였으며 옛적에는 예루살렘을 다스리는 큰 군왕들이 있어서 강 건너편 모든 땅이 그들에게 조공과 관세와 통행세를 다 바쳤도다(스 4:19-20).

8. 요세푸스 『유대 고대사』 12.154-185.

◉ 요셉은 아스글론으로 가서 그곳 주민들에게 세금을 내라고 요구하였지만 그들은 아무것도 바치지 못하겠다고 거절하고는 오히려 그를 조롱하였다. 그래서 그는 20명 가량의 지도자를 체포하여 처형하고 그들의 재산을 빼앗아 왕에게 보내어 자기가 행한 일을 보고하였다(유대 고대사 12.181).

9. 요세푸스 『유대 고대사』 12.129-137.

10. 『예수 그리스도 시대의 성전』 p. 334를 참조하라.

까지 살펴본 것이 유대인이 감당해야 했던 부담금 전부가 아니었다. 모든 도시와 공동체에는 회당과 초등학교, 공공 목욕탕을 운영하고 가난한 사람들을 돌보며 공공 도로와 마을 성벽과 성문 및 기타 일반적으로 필요한 시설들을 유지하기 위해 자체적으로 거둔 세금이 있었기 때문이다.[11] 하지만 유대 당국은 이런 부담되는 조세 제도를 쉬우면서도 온건한 방식으로 집행했으며, 그렇게 조성된 재원을 뛰어난 문명국가에서도 생각할 수 없는 방식으로 공공복지를 위해 사용했다는 점을 기억할 필요가 있다. 랍비들이 공공의 교육과 보건과 구호를 위해 세운 제도들은 모든 면에서 오늘의 법체계보다 훨씬 더 앞섰다. 물론 랍비들이 율법 연구에 헌신한 사람에게는 특별히 세금을 면제해 줌으로써 다른 이들에게 부과한 무거운 짐을 자신들은 감당하지 않았다는 것도 부인할 수 없다.

11. 이런 세금들에 관해 논한 개요는 앞에서 언급한 함부르거의 책 p. 431에서 볼 수 있다.

그러나 이스라엘 백성에게 엄청난 부담이 된 로마의 세금은 징수업자 마음대로 집행하였으며, 그 방식이 조직적이고 잔혹하며 가차 없이 매우 냉정했다. 로마 제국의 속주와 거기에 속한 팔레스타인 지역에서는 대체로 인두세(더 정확히 말해 소득세)와 토지세라는 두 가지 큰 세금이 부과되었다. 토지세에 해당하지 않는 모든 재산과 소득에는 인두세가 부과되었다. 수리아와 길리기아에서는 인두세로 1퍼센트가 부과되었다. 하지만 실제로 '인두세'는 소득세와 인두세로 이루어져서 두 배로 부담해야 했다. 이때 인두세는 모든 경우 동일하게 누구나(노예나 자유인이나) 65세까지 납부하며, 여성은 12세부터 남성은 14세부터 납세 의무가 있었다. 토지의 경우 곡식은 총생산량의 십분의 일을, 과일과 포도주는 오분의 일을 세금으로 냈으며, 일부는 현물로 나머지는 돈으로 환산하여 냈다.[12] 이 외에도 모든 수출입 물품에 세금이 부과되었고, 이 세금은 공공의 대로와 항구에서 거두었다. 또한 도로 이용료와 교

12. 북아프리카에서(이집트는 제외하고) 거둔 세금만으로 수도 로마가 8개월 동안 먹을 곡식을 충당했으며, 알렉산드리아에서 거둔 세금으로 4개월 동안 먹을 양을 충당했다(유대 전쟁사 2.345-401).

량 이용료, 읍내에서 사고파는 모든 것에 부과된 세금이 있었다.[13]

13. Hausrath, *Neutest. Zeitg*. i. p. 167, etc.

이것들은 정규 세금이라고 부를 수 있는데, 이와는 별도로 강제적인 기부금도 있었고 또 가이사랴에 있는 로마 총독과 그의 집, 궁정에 제공하는 지원금도 있었다. 수리아 총독인 구레뇨(퀴리니우스)는 국고가 비는 일이 없도록 하기 위해 정기적으로 인구조사를 실시하여 인구수와 재산 규모를 밝혀냈다. 이 일은 랍비들의 눈으로 볼 때 엄청난 범죄였다. 옛날에는 백성의 수를 세는 것을 매우 큰 죄로 여겼었는데,[◉] 이제 이방인들이 자기네 이익을 위해 그 짓을 저지른다면 그 악의 정도는 백배나 더 클 수밖에 없다고 랍비들은 생각했다. 지금까지 여호와께만 바쳤던 헌물을 이방인 황제에게 바치라고 하는 것은 또 다른 죄악으로 여겨졌다. "가이사에게 세금을 바치는 것이 율법에 맞는 일인가"라는 물음은 많은 이스라엘 사람들이 성전의 반 세겔과 함께 황제에게 인두세를 낼 때, 그리고 지금까지 주님께만 드렸던 밭과 포도원과 과수원의 십일조에 더해 세금 징수원에게 세금을 낼 때 자문했던 쓰라린 질문이었다. 그리스도를 정치적인 함정에 빠뜨리려는 목적으로 그분께 이런 물음을 던진 일조차도 애국적인 유대인들 사이에서 이것이 얼마나 예민한 문제였는지를 보여준다.[◉] 이 물음은 피바람을 몰아왔으며 이어서 답을 얻는 대신 깊숙이 묻혀 버렸다.

◉ 사탄이 일어나 이스라엘을 대적하고 다윗을 충동하여 이스라엘을 계수하게 하니라. 다윗이 요압과 백성의 지도자들에게 이르되 너희는 가서 브엘세바에서부터 단까지 이스라엘을 계수하고 돌아와 내게 보고하여 그 수효를 알게 하라 하니(대상 21:1-2).

◉ 와서 이르되 선생님이여, 우리가 아노니 당신은 참되시고 아무도 꺼리는 일이 없으시니 이는 사람을 외모로 보지 않고 오직 진리로써 하나님의 도를 가르치심이니이다. 가이사에게 세금을 바치는 것이 옳으니이까 옳지 아니하니이까(막 12:14).

로마인들은 세금을 걷는 데 특이한 방법을 이용했다. 즉, 직접적인 방식이 아니라 간접적인 수단을 사용했다. 납세자에게 어떤 위해가 돌아가든 개의치 않는 이 방식은 징세비용 전부를 납세자들에게 전가하면서 국가의 재정 상태를 안정시켜 주었다. 로마의 원로원 의원과 행정장관은 사업이나 무역을 하지 못하도록 금지되었던 데 반해 상류층 기사계급은 주로 거대 자본가들로 이루어졌다. 이 로마의 기사들이 합자회사를 설립해 공개 경매에서 속주의 징세권을 고정된 가격에 구입하였다. 그 기간은 대체로 5년이었다. 이 회사의 위원회는 로마에 최고 관리자인 의장을 두고 관리들을 임명했다. 이 사람들이 바로 푸블리카니,PUBLICANI 곧 징세관인데, 이들은 다시 징세권 일부를 전대轉貸했다. 징세권을 소유한 푸블리카니는 이 나라에서 노예나 하층계급 사람들을 고용하여 세금 징수원으로 삼았다. 이들이 신약성경에 나오는 세리다. 이와 비슷하게 다른 모든 공납금도 도급으로 맡겨 징수했다. 그런 세금 중 일부는 매우 무거워서 세율이 실제 물품 가격의 2.5퍼센트에서 5퍼센트였고 사치품의 경우는 12.5퍼센트에 이르렀다. 항구세는 일반적인 통행세에 비해 훨씬 높았으며, 밀수나 허위로 세관 신고를 했을 때는 벌로 화물을 압수했다.

또한 세리들은 수입세와 수출세, 교량 통행세, 도로요금, 도시세 등도 징수했다. 온순한 주민이나 농민, 상인, 제조업자는 늘 세리들의 횡포에 시달려야 했으며, 여행자나 무역상, 행상인들은 길을 가다 만나는 다리마다, 그리고 도시의 어귀에서 성가신 세리들과 마주쳐야 했다. 짐을 모두 내려 안에 든 것을 꺼내 샅샅이 검색했으며 편지까지도 열어 보이게 했다. 세리들의 오만함을 참아내고 또 토지에서 얻은 수익이나 수입, 상품가치 등을 제 마음대로 정하는 그들의 '부당한 처사'를 감수하는 일은 동방인의 인내심만 가지고는 어림없었을 것이다. 그들에게 항의하는 일이 비록 법으로는 허용되었다고 해도 전혀 소용이 없었는데, 재판관들 자체가 그런 조세 제도의 직접적인 수혜자였기 때문이다.◉ 이와 관련한 고발 내용을 받아서 처리해야 할 자들이 기사계급에 속한 사람들로, 바로 세금 청부 사업에 연루된 사람들이었던 것이다. 당연히 로마에 있는 푸블리카니 합자회사는 상당한 배당금을 얻었으며, 속주에 있는 세금 징수원과 이들에게서 세금 징수권을 도급

◉ 네가 너를 고발하는 자와 함께 법관에게 갈 때에 길에서 화해하기를 힘쓰라. 그가 너를 재판장에게 끌어가고 재판장이 너를 옥졸에게 넘겨주어 옥졸이 옥에 가둘까 염려하라. 네게 이르노니 한 푼이라도 남김이 없이 갚지 아니하고서는 결코 거기서 나오지 못하리라 하시니라(눅 12:58-59).

받은 사람들도 역시 그랬다. 모두가 가난한 사람들을 이용해 돈을 벌기 원했고, 징세 비용도 당연히 세금에 포함시키려고 했다.

여리고는 향유 재배와 수출로 막대한 세금을 부담했던 지역이었고, 삭개오는 그곳에서 활동한 세금 징수원 중에서도 우두머리였다. 그런 삭개오가 "만일 누구의 것을 속여 빼앗은 일이 있으면"눅 19:8이라고,◉ 아니 좀 더 정확히 말해 "내가 누구에게든 부당하게 세금으로 뜯어낸 것이 있다면"이라고 말한 것이 무엇을 뜻하는지 우리는 정확히 이해할 수 있다. 세리가 사람들의 재산과 소득에 있지도 않은 가치를 덧씌우는 것은 흔한 일이었다. 그들이 즐겨 사용한 다른 술수는 세금을 납부할 수 없는 사람에게 돈을 빌려주고 그렇게 사채를 쓴 이들에게서 비싼 이자를 받는 것이었다. 그러한 빚 문제가 얼마나 제멋대로 혹독하게 다루어졌는지는 신약성경에서도 분명하게 확인할 수 있다. 마태복음 18:28을 보면,◉ 백 데나리온이라는 작은 빚 때문에 길거리에서 채무자의 목을 휘어잡고 감옥으로 끌고 가는 채권자의 이야기가 나온다. 빚진 사람은 겁에 질려 힘없이 무릎을 꿇고는 한꺼번에 다 갚지 못해도 봐달라고 간청한다. 이 일이 어떻게 결판났는지는 비유에서 확인할 수 있다. 비유를 보면, 왕은 자기에게 빚진 그 사람에게 전 재산뿐만 아니라 그의 몸과 아내와 자식들까지도 노예로 팔아서 갚으라고 명령한다. 또 이 못난 사내가 '재판장'에게서 얼마나 가차 없는 판결을 받았는지는, 누가복음 12:59에 기록된 대로 "한 푼이라도 남김이 없이" 갚기 전까지는 감옥에서 나오지 못한다는 간단한 평결로 알 수 있다.

◉ 삭개오가 서서 주께 여짜오되 주여, 보시옵소서. 내 소유의 절반을 가난한 자들에게 주겠사오며 만일 누구의 것을 속여 빼앗은 일이 있으면 네 갑절이나 갚겠나이다(눅 19:8).

◉ 그 종이 나가서 자기에게 백 데나리온 빚진 동료 한 사람을 만나 붙들어 목을 잡고 이르되 빚을 갚으라 하매(마 18:28).

갚을 것이 없는지라, 주인이 명하여 그 몸과 아내와 자식들과 모든 소유를 다 팔아 갚게 하라 하니(마 18:25).

그러므로 멀리 떨어진 로마에서는 키케로MARCUS TULLIUS CICERO가 푸블리카니를 "기사계급의 꽃, 국가의 얼굴, 공화정의 힘"이라고 또는 "가장 고결하고 존경받는 사람들"이라고 치켜세웠을지 몰라도, 팔레스타인에서 '세리'는 랍비들이 거침없이 퍼붓는 멸시를 그대로 받아야 했다. 심지어 그런 감정이 극에 달해 세리는 유대 법정에 증인으로 설 수 없다고 선언되었으며, 그들에게서 자선금을 받거나 돈을 그들의 금고에서 나온 것으로 바꾸는 것이 금지되었다.[바바 카마 X. 1] 또 세리들을 매춘부나 이방인, 노상강도, 살인자와 동일한 수준으로 여겼고,[네다림 III. 4] 심지어는 파문당한 자로 여겼다.◉ 조세에 저항할 의도로 소득신고를 틀리게 하거나 거짓을 말하는 등의 수단을 이용하더라도 법에 어긋나지 않는다고 주장하기도 했다.[네다림 27 B, 28 A] 그리스도께서 활동하던 당시인 기원후 33년경 로마 제국이 대규모 재정 위기를 겪게 되면서 강압적인 세금 징수는 사람들을 훨씬 더 고통스럽게 했을 것이다. 이 재정 위기는 매우 많은 사람을 파산에 이르게 했고, 멀리 떨어진 팔레스타인이라고 해도 그 영향에서 벗어날 수는 없었다.

◉ 살인자나 강도나 세리를 상대해서는 내 손에 든 것이 거제물(들어올려 바친 제물)이 아니더라도 거제물이라고 맹세해도 괜찮고, 내가 왕의 가문에 속하지 않았더라도 왕의 가문 사람이라고 속여 맹세해도 상관없다(네다림 III. 4).

복되신 주님은 스스로 낮아지셔서 그런 사람들—멸시당하는 갈릴리 사람들, 무식한 어부들, 파문당한 세리들—가운데서 당신 가까이 두실 제자, 곧 사랑하는 사도들을 선택하셨다! 바리새인들이 메시아와 그의 나라에 대해 가르쳤던 사상과 얼마나 대조적인 모습인가! 그 나라는 힘이나 능력으로 이루어지는 것이 아니라 오직 그분의 영으로 이루어지는 것임을 보이고,◉ 하나님께서는 세상의 약한 것과 미련한 것을 택하셔서 강한 것을 부끄럽게 하셨다는 사실을 천명하는 참으로 놀라운 교훈이 아닌가! 모든 일을 현실적인 근거에 따라 설명하고자 하는 사람에게는 이 새 교훈이 참으로 납득하기 어려운 일일 터이다. 그런 사람들은 그리스도의 가르침이 성공할 수 있었던 근거를 그 탁월함에서 찾고자 할지도 모른다. 그러나 그리스도의 복음은 어떤 종교도 겪지 못한 핍박을 당하면서, 또 어떤 대중 운동도 경험하지 못한 혹독한 상황을 뚫

◉ 그가 내게 대답하여 이르되 여호와께서 스룹바벨에게 하신 말씀이 이러하니라. 만군의 여호와께서 말씀하시되 이는 힘으로 되지 아니하며 능력으로 되지 아니하고 오직 나의 영으로 되느니라(슥 4:6).

고서 팔레스타인의 유대인들에게 전해졌다. 이렇게 볼 때 그 시대의 내적·외적 삶의 모습을 제대로 아는 역사학도라면 성령의 능력 외에는 그리스도의 나라가 이루어진 일을 설명할 다른 방도가 없음을 인정할 것이다.

우리 주님의 말씀이 레위 마태의 마음속 깊은 곳에 충격을 가하고 이제부터는 전혀 다른 일을 하라고 불러내셨을 때 그는 세관의 직원이었다.[◉] 거룩하신 분께서 레위 같은 사람에게 말씀하셨다는 것, 그것도 지금껏 그가 들어 온 목소리와는 전혀 다른 말투로 말씀하셨다는 것이 바로 이적이다. 하지만 주님께서 하신 일은 사회에서 버림받은 사람에게 배려와 호의를 베풀고 연민이나 우호적인 친밀함을 드러내신 일로 끝나지 않는다. 주님께서는 가장 친밀한 교제를 허락하시고 공동체의 문을 열어 가장 가까이로 그를 맞아들이셨다. 지극히 고귀하고 거룩한 사역에로의 초청, 그것이 주님께서 마태에게 베푸신 선물이다. 이제 관세와 세금을 걷는 번잡한 길 위에서는 더 이상 마태의 익숙한 얼굴을 볼 수 없게 되었다. 오직 큰 기쁨의 좋은 소식을 선포하는 평화의 전달자의 얼굴만 볼 수 있었다.

◉ 예수께서 그곳을 떠나 지나가시다가 마태라 하는 사람이 세관에 앉아 있는 것을 보시고 이르시되 나를 따르라 하시니 일어나 따르니라(마 9:9).

05.

유대 본토

이스라엘의 심장부

갈릴리가 자랑거리로 내세울 만한 것이 아름다운 경치와 비옥한 토양, 활기 넘치는 시장, 팔레스타인 밖 넓은 세계로 뻗은 대로였다면, 유대는 그런 이점들을 부러워하거나 시기하지 않았을 것이다. 유대 사람들에게는 전혀 다르고 독특한 자랑거리가 있었다. 갈릴리가 이스라엘의 바깥마당이었다면 유대는 내부의 성소와 같은 곳이었다. 사실 유대의 풍경은 상대적으로 메말라 산은 헐벗고 바위투성이였으며 광야는 인적이 드물었지만, 회색빛 석회암 산지 둘레에는 신성한 역사, 곧 이스라엘의 낭만과 정신이라고 부르기에 족한 것이 가득했다. 호화롭고 풍요로운 갈릴리를 뒤로하고 길을 나선 순례자들은 말 그대로 하염없이 예루살렘을 향해 위로 올라갔다. 끝없이 이어진 산을 오르고 또 올라 정상에 설 때 순례자의 눈에 들어오는 하나님의 성소는 눈처럼 깨끗한 대리석과 반짝이는 황금빛으로 위엄을 자랑하며 주위로부터 우뚝 솟아 있다. 분

남쪽에서 바라본 예루살렘

호화롭고 풍요로운 갈릴리를 뒤로하고 길을 나선 순례자들은 말 그대로 하염없이 예루살렘을 향해 위로 올라갔다. 끝없이 이어진 산을 오르고 또 올라 정상에 설 때 순례자의 눈에 들어오는 하나님의 성소는 눈처럼 깨끗한 대리석과 반짝이는 황금빛으로 위엄을 자랑하며 주위로부터 우뚝 솟아 있다.

주한 삶의 소음을 뒤로 흘리며 순례자는 엄숙한 정적과 고독 속으로 들어선다. 지금껏 여러 차례 거닐었던 그 감격스러운 자리에서 그는 자기 백성의 역사가 다시 깨어나 울려 퍼지는 것을 느낀다.

그가 길을 떠나 가장 먼저 도달한 곳은 이스라엘의 초기 성지인 실로였다. 전승에 의하면 이곳에 언약궤가 370년에서 한 해 모자라는 기간 동안 머물렀다. 다음으로 족장 역사의 성스러운 기억을 간직하고 있는 벧엘에 이른다. 랍비들의 말에 의하면 이곳에서는 죽음의 천사조차도 그 힘을 잃어버린다. 그 다음으로 순례자는 라마 고원에 올라선다. 기브온과 기브아 고지대에 인접한 라마의 주변에는 유대 역사의 수많은 사건들이 쌓여 있다. 라마는 라헬이 죽어 묻힌 곳이다.[1◉] 우리는 야곱이 라헬의 무덤 위에 돌기둥을 세웠다는 사실을 알고 있다. 이렇게 돌기둥을 세우는 것은 동방 사람들이 역사적으로 이름난 인물의 무덤에 경의를 표하는 방식인데, 우리는 라헬의 무덤에 세운 돌기둥이 우리 주님 시대에도 여전히 그 지역에 서 있던 돌기둥과 같은 것이라는 사실을 목격

1. 적어도 이 견해가 삼상 10:2-3과 렘 31:15을 근거로 한 믿을 만한 추론으로 보인다. 대부분의 학자들은 창 35:16, 19을 근거로 라헬이 베들레헴 가까운 곳에 묻혔다고 결론 내렸지만 이 구절들이 꼭 그 사실을 지적하는 것은 아니다. 오래된 유대 주석인 비엔나 판 『시프레』(*Sifre*) p. 146는 이 견해를 지지한다. 노이바우어는 라헬이 에브라임 지경에서 죽어 베들레헴에 묻혔다고 본다. 이 가설은 독창적이기는 하지만 비현실적이다.

◉ 라헬이 죽으매 에브랏 곧 베들레헴 길에 장사되었고 야곱이 라헬의 묘에 비를 세웠더니 지금까지 라헬의 묘비라 일컫더라(창 35:19-20).

자의 증언을 통해 확인할 수 있다.[2] 그 무덤 맞은편에는 빌하와 디나의 무덤이 있었다.[3] 예루살렘에서 8km 떨어진 곳에 있는 이 돌기둥은 분명 많은 사람에게 익숙한 이정표였을 것이다. 바빌론으로 끌려가게 된 포로들이 눈물을 흘리며 모였던 장소도 야곱의 슬픔과 수치가 깃든 이 기념물 곁에 있었다.렘 40:1◉ 남는 사람과 떠나는 사람으로 갈리고 암울한 마음으로 절망적인 포로생활을 바라보아야 했던 그곳에서는 깊은 탄식이 터져 나왔으며, 정복자의 귀향길에 방해가 된다는 이유로 노약자와 병든 자와 여자와 아이들이 가족과 친구와 동향 사람들이 보는 앞에서 무참히 살육된 일로 인해 애통함은 극에 달했다. 하지만 라헬의 돌기둥 앞에서 우리는 위에서 언급한 이스라엘의 슬픔과 치욕에 대한 기억 외에도, 이두매 사람 헤롯이 이스라엘 왕과 그의 나라를 멸하려는 목적으로 순진무구한 아이들을 학살했을 때 그 혹독한 살육을 애통해하며 쏟아 냈던 이스라엘의 탄식을 떠올리게 된다. 이렇게 해서 굴종과 살육이라는 이스라엘의 옛 잔이 마저 채워지고, 라헬이 자기 자식을 위해 애곡하는 것으로 묘사된 예레미야의 예언이 성취되었다.마 2:17-18◉

이러한 풍경에서 몸을 돌려 서쪽으로 향하면, 산들이 완만하게 흘러내리거나 불쑥 내려앉으면서 세펠라,SHEPHELAH 곧 바다에 인접한 구릉지대로 이어지는데, 이 구릉지대는 옛날에 이스라엘이 수많은 승리를 거두었던 자리다. 이곳에서 여호수아는 남부 지방의 왕들을 추적했고 삼손은 블레셋 사람들을 쳐부수었다. 이스라엘 최대의 적인 블레셋에 맞서 오랜 세월 전쟁을 벌였던 땅도 이곳이다. 여기서 남쪽으로 고개를 돌리면 수도 예루살렘 너머로 왕의 땅 베들레헴이 있으며, 더 내려가면 제사장의 도시이자 이스라엘에서 가장 고귀한 유해들이 묻혀 있는 헤브론을 만나게 된다.

2. *Book of Jubil*. cxxxii. Apud Hausrath, *Neutest. Zeitg*. p. 26.

3. 같은 책 p. 34.

◉ 사령관 느부사라단이 예루살렘과 유다의 포로를 바벨론으로 옮기는 중에 예레미야도 잡혀 사슬로 결박되어 가다가 라마에서 풀려난 후에 말씀이 여호와께로부터 예레미야에게 임하니라(렘 40:1).

◉ 이에 선지자 예레미야를 통하여 말씀하신 바 라마에서 슬퍼하며 크게 통곡하는 소리가 들리니 라헬이 그 자식을 위하여 애곡하는 것이라. 그가 자식이 없으므로 위로 받기를 거절하였도다 함이 이루어졌느니라(마 2:17-18).

이 고원지대가 유대 광야로, 이 땅에 드문드문 자리 잡은 마을들의 이름을 따서 여러 가지 지명으로 불렸다.[4] 황량하고 외로운 이곳에는 외톨이 목동이나 나발[삼상 25장] 같은 큰 부자만이 기거하면서 구릉과 골짜기를 따라 자기네 양떼를 방목하였다. 오랜 세월 동안 이 지역은 무법자들과 세상에 염증을 느껴 모든 인연을 끊고 들어온 사람들의 터전이었다. 이곳의 석회암 동굴은 다윗과 그의 추종자들이 은신처로 사용했으며,[◉] 그때 이후로 많은 무리가 이 광야에서 피난처를 얻었다. 이곳에서 세례 요한도 자신의 사역을 준비했고, 또 우리가 살펴보는 그 시대에는 에세네파의 은거지가 있었다. 에세네파 사람들은 세상과의 모든 인연에서 벗어나 정결함을 성취하려는 고상한 꿈을 안고 이 고립된 지역으로 들어왔다.

4. 유대 광야의 여러 지역이 드고아, 엔게디, 십, 마온, 브엘세바 같은 마을들의 이름을 따서 불리게 되었다.

◉ 그러므로 다윗이 그곳을 떠나 아둘람 굴로 도망하매 그의 형제와 아버지의 온 집이 듣고 그리로 내려가서 그에게 이르렀고(삼상 22:1).

그 너머로는 깊숙이 내려앉은 신비한 계곡 아래로, 언제나 하나님과 심판을 떠올리게 하는 사해(염해)의 수면이 부드럽게 펼쳐졌다. 사해의 서쪽에는 헤롯이 자기 이름을 따서 지은 성채가 솟아 있었다. 훨씬 더 남쪽으로는 유대 전쟁 때 최후의 비극이 펼쳐진 무대인 마사다 요새가 범접할 수 없는 모습으로 서 있다. 하지만 황량하고 거칠기 짝이 없는 사해에서 단 몇 시간만 가면 이 땅 위의 천국이라고 부를 만한 곳에 이를 수 있었다. 네 개의 성채로 에워싸 튼튼하게 방비를 갖춘 중요한 도시, 곧 여리고였다. 이곳에 헤롯은 성벽과 극장과 원형경기장을 지었으며, 아켈라오는 화려한 정원으로 둘러싸인 새 궁전을 지었다. 갈릴리에서 출발한 순례길은 여리고를 통과하는데, 우리 주님도 이 길을 지나셨다.[눅 19:1] 또 아라비아와 다메섹을 연결하는 커다란 대상의 길도 이곳을 지났다. 이곳의 비옥한 땅과 거기서 생산되는 열대성 작물들은 세상에 널리 알려졌다. 종려나무숲과 장미 정원, 무엇보다도 왕궁 뒤에 큰 규모로 조성된 향유 재배지가 어우러져 그곳은 마치 옛 세

여리고

이곳에 헤롯은 성벽과 극장과 원형경기장을 지었으며, 아켈라오는 화려한 정원으로 둘러싸인 새 궁전을 지었다. 갈릴리에서 출발한 순례길은 여리고를 통과하는데, 우리 주님도 이 길을 지나셨다.

상의 별천지 같았다. 그러나 이 모든 것도 얄미운 이방인들에게는 그저 돈벌이 수단으로밖에 안 보였다. 로마는 여리고를 세금과 관세를 거두어들이는 중심 거점으로 삼았는데, 우리는 세리장인 삭개오가 이러한 이점을 이용해 부를 축적했다는 사실을 복음서 이야기를 통해 알고 있다. 큰 무역과 향유 거래로 번창한 여리고는 온 세상이 탐내는 꿈의 땅이었다. 그곳의 향유는 최상의 향을 지닌 것으로 유명했을 뿐만 아니라 고대의 소중한 약재였다. 이렇게 보석 같은 땅을 떠받치는 주변 환경은 참 기이했다. 아라바*ARABAH*라는 깊은 침강 지역이 있고 그 사이로 요단 강이 휘감아 흐르는데, 처음에는 격하게 꺾이며 힘차게 흐르다가 점차 사해에 가까워지면서 내키지 않는 듯 물을 빼앗기고는 거대하고 끈적끈적한 호수 속으로 흡수되어 버린다.[5] 이 별스러운 무대 위에서 순례자와 제사장, 상인, 강도, 은둔자, 거친 광신자들이 어울렸으며, 저 멀리 성전산에서 울려 퍼지는 신성한 소리도 이곳까지 들리는 듯했다.[6]

유대 땅에 관해 기록한 이교도 역사가에 따르면, 그 땅은

5. Plin. *Historia Naturalis* vi. 5, 2.

6. 예루살렘 탈무드 「수카」 v. 3에 따르면, 멀리 떨어진 여리고에서도 성전에서 이루어지는 다섯 가지 일의 소리를 듣고 향 태우는 냄새를 맡을 수 있었다고 한다. 물론 이 말은 지나친 과장이다.

누구도 그 자체만을 차지할 목적으로 피터지게 싸우려 들만한 땅이 아니었다.[7] 유대인들도 이 점을 기꺼이 인정할 것이다. 세계 각처에서 성전으로 몰린 재화가 이방인의 탐욕을 자극했을지는 몰라도, 유대인을 이곳에 묶어 놓은 것은 물질적인 부가 아니었다. 유대인에게 이 땅은 영혼의 참 터전이며 내면적 삶의 근거요 마음의 고향이었다. 그들은 바벨론 강가에 앉아 시온을 그리워하며 눈물로 노래하였다. "예루살렘아, 내가 너를 잊을진대 내 오른손이 그의 재주를 잊을지로다. 내가 예루살렘을 기억하지 아니하거나 내가 가장 즐거워하는 것보다 더 즐거워하지 아니할진대 내 혀가 내 입천장에 붙을지로다."[시 137:5-6] 시편 84편 같은 순례시나 '거룩한 성으로 올라가며 부르는 노래'[8]에서 우리는,[◉] 이스라엘 사람들이 그토록 갈망해 온 도시를 처음 마주하고서 뜨겁게 기도와 찬양으로 노래했던 마음이 어떠했을지 헤아릴 수 있다.

7. Strabo, *Geographica* 16.2

8. 보통 '성전에 올라가는 노래'로 알려졌다.

◉ 주께 힘을 얻고 그 마음에 시온의 대로가 있는 자는 복이 있나이다. 그들이 눈물 골짜기로 지나갈 때에 그곳에 많은 샘이 있을 것이며 이른 비가 복을 채워 주나이다. 그들은 힘을 얻고 더 얻어 나아가 시온에서 하나님 앞에 각기 나타나리이다(시 84:5-7).

여호와께서 시온을 택하시고
자기 거처를 삼고자 하여 이르시기를
이는 내가 영원히 쉴 곳이라.
내가 여기 거주할 것은 이를 원하였음이로다.
내가 이 성의 식료품에 풍족히 복을 주고
떡으로 그 빈민을 만족하게 하리로다.
내가 그 제사장들에게 구원을 옷 입히리니
그 성도들은 즐거이 외치리로다.
내가 거기서 다윗에게 뿔이 나게 할 것이라.
내가 내 기름 부음 받은 자를 위하여 등을 준비하였도다.
내가 그의 원수에게는 수치를 옷 입히고
그에게는 왕관이 빛나게 하리라 하셨도다.[시 132:13-18]

이 시편의 노래는 문자적으로 읽거나 영적으로 읽어도 참되다. 이 지극한 희망은 거의 2,000년 동안 이스라엘의 매일기도에서 고백되어 왔으며 지금도 그들이 드리는 "주님, 속히 당신의 종, '다윗의 후손'을 일으키시어 당신의 구원 안에서 그의 뿔을 높이소서"라는 매일기도에서 고백된다.[9] 안타깝게도 이스라엘은 세례 요한의 아버지가 드린 감사기도에서 이러한 희망이 이미 이루어진 것으로 고백되고 있다는 사실을 알지 못했다. "찬송하리로다, 주 이스라엘의 하나님이여. 그 백성을 돌보사 속량하시며 우리를 위하여 구원의 뿔을 그 종 다윗의 집에 일으키셨으니 이것은 주께서 예로부터 거룩한 선지자의 입으로 말씀하신 바와 같이."눅 1:68-70 [10]

9. 이것은 매일기도문에 포함된 18개 '축복기도' 중에서 15번째 기도다.

10. Delitzsch, *Comm. u. d. Ps.* 2, p. 269.

다른 많은 것이 그렇지만 특히 이러한 복은 랍비나 평범한 유대인 모두에게 희망의 대상이면서 또한 현실이기도 했다. 그러한 복을 알기에 그들은 다른 경우라면 감당할 수 없었을 율법의 멍에를 기꺼이 짊어졌으며, 본성으로는 반발할 수밖에 없었을 대우와 명령에도 순종했고, 다른 민족이나 종교라면 견디지 못하고 무너져 버렸을 멸시와 박해도 능히 견딜 수 있었다. 포로로 끌려가 멀리 흩어져 사는 사람들에게 이 땅은 선한 목자와 푸른 초장과 맑은 물을 약속하는 보금자리였다. 말하자면 그들에게 유대 땅은, 이스라엘의 부활을 상징하고 예시하는 성전이 들어 있는 성역CAMPO SANTO이었다. 한 번만이라도 성전의 거룩한 뜰 안에 서 보는 것, 그렇게 현장 속으로 뛰어들어 예배하는 사람들과 어울려 희생제물을 바치고, 흰옷 차림으로 열심히 일하는 제사장들을 만나고, 레위인들이 찬양하는 소리를 듣고, 희생제물 태우는 연기가 하늘로 솟구치는 모습을 지켜보는 것은 평생을 이어 온 멋진 꿈이요, 천국을 땅 위에서 누리는 일이었으며 성취될 예언을 미리 맛보는 것이었다. 큰 명절을 맞아 예루살렘과 그 주변의 성스러운 영역 안에 모인 사람들의 수가 "천하 각국으로부터"행 2:5 찾아온 경건한 유대인들까지 포함해 수백만 명에 이르렀다거나, 사람 사는 온 세상에서 보화가 쏟아져 들어왔다고 말하는 것도 무리가 아니었다.[11]

그런데 점차 이 일은 '종말'이 가까웠음을 보이는 징표로 여겨지게 되었다. 이방인의 시대는 이제 운이 다한 것이 분명해 보였다. 어느 순간, 약속된 메시아가 등장해 "이스라엘 나라를 회복"하실행 1:6 것이다. 요세푸스의 글을 통해[12] 우리는 다니엘의 예언이 주된 근거로 사용되었다는 사실을 알 수 있으며,◉ 또 그 시대에 등장한 복잡하고도 매우 흥미로운 묵시 문헌들을 통해서 성취되지 않은 예언에 대한 일반적인 해석이 어떠했는지를 확인할 수 있다.[13] 가장 오래된 히브리 성경 아람어 의역본인 타르굼*TARGUMIM* 도 동일한 정신을 담고 있다. 유명한 이교도 역사가들 또한 유대인의 세계 제국이 곧 성취된다는 기대감이 널리 퍼졌다는 사실을 언급하고 있으며, 로마에 맞선 봉기의 뿌리를 거기서 찾고 있다.[14] 알레고리 방식을 사용한 알렉산드리아의 유대인 철학자들조차도 이렇게 광범위하게 퍼진 희망에 대해 모른 체할 수는 없었다. 팔레스타인 밖의 모든 사람들이 유대를 지켜보았으며, 고향으로 돌아가는 순례자 무리나 여행길에 나선 사람들은 놀라운 사건의 소식을 몰아갔을 것이다. 그 땅 안에서도 그 장면을 목격해 강렬한 열망으로 뜨거워진 사람들이 흔히 소요와 분란을 일으키곤 했다. 오직 이 사실에 비추어서만 우리는 수많은 거짓 메시아들이 출현한 일과 또 군중들이 거듭되는 좌절에도 불구하고 전혀 가망이 없어 보이는 일을 기꺼이 믿었던 현상을 설명할 수 있다. 예를 들어, 드다[15]라는 인물은 수많은 무리를 꾀어 요단 강이 여호수아 때처럼 다시 한 번 기적적으로 갈라지는 것을 보리라는 희망을 품게 하

11. 62년에 팔레스타인 밖의 네 공동체인 아파메아, 라오디게아, 아드라뭇데노, 버가모에서 들어온 기부금이 약 8,000파운드에 이르렀다고 한다.

12. 요세푸스 『유대 고대사』 10.276.

◉ 다니엘의 환상대로 안티오코스 에피파네스가 다스릴 때 이 모든 일이 이 나라에 일어났다. 다니엘은 이 일이 있기 오래전에 이에 관해 글로 기록하였다. 이와 동일하게 다니엘은 로마 정부에 대해, 그리고 그들에게 이 나라가 망하게 될 일에 관해 기록을 남겼다 (유대 고대사 10.276).

13. 위경 문서로 알려진 이 문헌들을 연구하는 일보다 더 흥미롭고 중요하면서도 어려운 것은 없을 듯싶다. 하지만 여기서는 그런 문제를 다루기 힘들고 좀 더 온전한 연구를 위해 뒤로 미룰 수밖에 없다.

14. Suetonius, *Vesp.* 4; Tacitus, *Hist.* v. 13.

15. 요세푸스 『유대 고대사』 20.97-99. 물론 이 사람은 사도행전 5:36-37에 나오는 드다가 아닐 수도 있다. 그 당시 이스라엘에는 이 이름이 흔했고 이런 운동도 다수 일어났다.

여 강가로 끌고 나갈 수 있었다. 또 이집트 출신의 어느 사기꾼은 자기 명령으로 예루살렘 성벽이 무너지는 것을 보여주겠다고 사람들을 꾀어 감람산으로 끌고 나갔다.[16◉] 심지어 로마 병사들이 성전에 불 지를 준비를 하고 있는 형편에서도 한 거짓 예언자가 남녀노소 6,000명을 이끌고 성전 뜰과 현관으로 들어가 거기서 하늘로부터 내리는 기적적인 구원을 기다리게 할 만큼 사람들은 열렬한 광신에 매몰되었다.[17] 예루살렘의 멸망조차도 이러한 열망을 누그러뜨리지 못했으며, 바르 코크바가 이끈 마지막 메시아 봉기가 예루살렘 함락 때보다 훨씬 더 혹독한 피의 학살로 끝나고 나서야 열기는 수그러들었다.[18]

16. 요세푸스 『유대 고대사』 20.167-172.

◉ 곤경에 처한 사람은 서슴없이 그런 약속을 신뢰하게 된다. 그렇게 속이는 자가 다가와 고통스럽고 비참한 상태에서 구원받게 될 것이라고 속삭인다면 당연히 그는 믿고 구원에 대한 희망으로 부풀어 오르게 된다 (유대 전쟁사 6.287).

17. 요세푸스 『유대 전쟁사』 6.287.

18. 『유대 민족의 역사』 pp. 215-227를 보라.

그러한 사상들은 이스라엘의 역사와 종교를 무너뜨리는 것 외의 다른 방식으로는 뿌리 뽑힐 수 없는 것이었기 때문이다. 물론 그 사상들이 로마의 특성이라든지 그리스도의 도래 시기와 사실에 대해서는 어떤지 몰라도, 그리스도의 인격과 그 나라의 본질과 관련해서는 그릇되게 판단했다는 점을 기억할 필요가 있다. 구약성경과 마찬가지로 신약성경도 그러한 사상을 바탕 삼아 펼쳐졌다. 기독교인과 유대인들이 똑같이 그러한 사상을 신봉했다. 이를 두고 사도 바울은 "하나님이 우리 조상에게 약속하신 것을 바라는" 소망이요, "우리 열두 지파가 밤낮으로 간절히 하나님을 받들어 섬김으로 얻기를" 원하는 것이라고 말했다.[행 26:6-7] 기적 따위로 자신의 사명을 증명하는 데는 전혀 관심 없었던 한 초라한 은둔자가 하나님 나라가 임박했음을 깨닫고 일어나 회개하라고 외치기 시작했을 때,[◉] 온 나라를 강력한 기대감으로 출렁이게 만들고 수많은 사람을 요단 강으로 끌어냈던 힘이 바로 이것이었다. 또한 모든 사람의 눈길을 나사렛 예수, 곧 출신이나 처지만이 아니라 추종자들까지도 하나같이 내세울 것 없고 초라했던 그분에

◉ 세례 요한이 광야에 이르러 죄 사함을 받게 하는 회개의 세례를 전파하니 온 유대 지방과 예루살렘 사람이 다 나아가 자기 죄를 자복하고 요단 강에서 그에게 세례를 받더라(막 1:4-5).

게로 쏠리게 만들고, 사람들의 관심을 성전에서 멀리 떨어진 보잘것없는 갈릴리 호수로 이끌어 갔던 힘도 바로 이것이었다. 그리스도께서 둘씩 짝지어 파송한 제자들에게 모든 가정이 문을 활짝 열게 하고, 십자가 처형이 있은 후에도 모든 회당이 유대로부터 온 사도들과 설교자들을 영접하게 한 힘도 바로 이것이었다.

'사람의 아들'이라는 칭호는 널리 알려진 다니엘서에서 메시아 사상을 끌어왔던 사람들에게 친숙한 용어였다. 그 시대에 인기 있던 묵시 문헌, 특히 '에녹서'로 알려진 책도 이 칭호를 담고 있으며 한 걸음 더 나아가 그가 이방의 왕과 나라들에게 행할 심판에 대해서도 자세히 다룬다.[19] "주께서 이스라엘 나라를 회복하심이 이 때니이까"행 1:6라는 물음은 이스라엘 백성의 마음 깊숙한 곳에서 나온 것이었다. 어둡고 외로운 감옥에 갇힌 세례 요한조차도 마음이 흔들려 메시아의 인격이 아니라 메시아가 그 나라를 세우는 방식 쪽으로 관심이 기울었다.[20◉] 세례 요한은 메시아가 치켜든 도끼가 열매 맺지 못하는 나무를 내려치는 소리를 듣기 원했지만, 그 나라의 가장 심오한 비밀은 세상을 뒤엎는 복수나 소용돌이치는 심판이 아니라 사랑과 동정심 담긴 조용하고 작은 목소리로 퍼져 나가는 것이며, 배제가 아니라 포용이요 파괴가 아니라 치유라는 사실을 배워야만 했다.

여론을 주도했던 랍비들은 하나님 나라에 대해 전혀 다른 견해를 폈다. 위대한 랍비 아키바가 바르 코크바의 봉기에서 종교 쪽 주창자 역할을 하기는 했지만 사실 그는 예외적인 경우라고 볼 수 있다. 그의 성품은 열광주의적인 특성을 지녔으며 그에 관한 기록은 거의 가공의 것이다. 전반적으로 볼 때 랍비들은 널리 퍼진 메시아 대망과 자신들은 상관없다고 생각했다. 복음서 이야기와 랍비 문헌 양쪽에서 우리는 예상한 대로 영적인 측면에서 교회

19. 다음 인용한 글을 표본 삼아 살펴보는 것으로 충분하다. "네가 본 사람의 아들은 왕과 권력자들을 자리에서 몰아내며 권세자들을 옥좌에서 끌어내리고, 힘 있는 자들이 지운 굴레를 풀어 버리며 죄인들의 이를 깨뜨릴 것이다. 또한 그는 왕들을 보좌에서 밀어내 자기 제국 밖으로 추방할 것이다. 그들이 그분을 찬양하거나 경배하지 않고 자기들에게 나라를 맡기신 분을 감사함으로 인정하지도 않기 때문이다. 그분은 권세자들의 얼굴을 멀리하시고 그들에게 수치가 가득하게 하실 것이다. 그때 어둠이 그들의 거처가 되고 벌레가 그들의 침상이 되며, 그 침상에서 일어설 소망도 사라지게 될 것이다. 이는 그들이 영혼들의 주이신 분의 이름을 경배하지 않기 때문이다.……또 그들은 그분이 모으신 회중과 신실한 자들의 집에서도 쫓겨날 것이다"(에녹서 46:4-6, 8).

20. 마태복음 11:2-3은 변증적인 면에서 매우 중요한 의의가 있다. 진정한 역사가가 아니라면 세례 요한이 품었던 의혹을 기록하지 않았을 것이다. 특히 그 의혹이 그리스도의 사역과 관련해 사람들의 품었던 실제적인 난제들을 나타내는 것이라면 더욱 그렇다. 게다가 이런 난감한 진술에 구주께서 요한에게 하신 칭찬을 덧붙이지도 않았을 것이다.

◉ 요한이 옥에서 그리스도께서 하신 일을 듣고 제자들을 보내어 예수께 여짜오되 오실 그이가 당신이오니이까. 우리가 다른 이를 기다리오리이까(마 11:2-3).

에 반대하는 견해뿐만 아니라 그러한 운동 전체에 냉담하게 거리를 두는 태도를 볼 수 있다. 율법적 엄숙주의와 냉혹한 편협성은 광신주의일 수가 없다. 광신주의FANATICISM는 대체로 무지한 사람들의 충동적 행위다. 랍비들이 "율법을 알지 못하는 이 무리는 저주를 받은 자"요 7:49라고 경멸하면서 배척한 일조차도 랍비들이 광신주의자일 수 없다는 점을 증명한다. 광신주의는 자기 형제가 많은 사람들 속에 섞여서 아무리 다른 모양을 하고 있더라도 그 가슴에 동일한 불꽃이 타오르는 것을 보고 형제임을 알아보는 법이다.

랍비주의의 방대한 교과서인 미쉬나는 메시아주의적인 성격을 거의 지니지 않으며, 사람에 따라서는 교리적인 것도 아니라고 말하기도 한다. 랍비들의 방법론은 순전히 논리적인 것이었다. 사실이나 전통에 대한 기록이 아닌 미쉬나는 순전히 법적 결의 사항을 논리적인 순서에 따라 정리한 교본으로서, 해당 사항에 대한 논의나 이야기만으로 풍성하게 다듬어진다. 이러한 체제로 인해 미쉬나는 전반적으로 반反메시아주의적인 경향을 띤다. 이 같은 체제라고 해서 인간의 영혼과 본성 속에 헌신적이고 뜨거운 열정을 불러일으키지 못하는 것은 아니지만 사실 랍비들의 모든 연구와 노력은 정반대 방향으로 기울어졌다. 게다가 랍비들은 자기들에게 남은 힘이 얼마나 보잘것없는지 잘 알았으며, 그 힘조차도 잃어버리게 될까 봐 두려워했다. 로마에 대한 두려움이 항상 그들을 괴롭혔다. 예루살렘이 파괴될 때도 지도적인 랍비들은 자신의 안전을 도모하는 데 힘썼으며, 그 후의 이력에서도 랍비들이 압제자인 로마인들과 결탁한 사실을 확인할 수 있다. 산헤드린이 비밀 회합을 열고, 만일 예수를 그대로 두어 모든 사람이 그를 믿게 되면 로마인들이 와서 자기네 땅과 민족을 빼앗아 가리라고 염려하여요 11:48 그분을 죽이기로 결정한 일은 그들의 심중에 있는 두려움을 드러낸 것이었다.[◉] 하지만 그들 중에는 예수가 행한 기적의 사실성을 주장할 만큼 솔직한 사람이나 메시아와 하나님 나라의 원리를 옹호하고자 목소리를 높일 만큼 공정한 사람이 하나도 없었다. 오히려 그들은 나사렛 예수와 관련된 모든 것을 거부하였다. 메시아 문제가 사변적인 쟁점으로 다루어지고 산헤드린의 관심사로 논의될 수 있었을는지는 모르지만, 랍비들에게 그 문제는 결코 개인적이고 실제적이며 삶의 관심사가 되는 것이 아니었다. 메시아라는 주제는 문제의 한 측면, 그것도 가장 하찮은 면에 불과했으며, 한 랍비가 "현재와 메시아 시대를 구분하는 차이점은 오직 하나, 이스라엘이 노예 상태에 있느냐 아니냐라는 것뿐이다"라고 단언한 데서 그러한 특성을 확인할 수 있다.

◉ 만일 그를 이대로 두면 모든 사람이 그를 믿을 것이요 그리고 로마인들이 와서 우리 땅과 민족을 빼앗아 가리라 하니(요 11:48).

랍비들의 관심을 사로잡은 것은 전혀 다른 문제들이었다. 그들의 관심은 미래가 아니라 현재와 과거, 곧 모든 법적 결의를 확정 짓는 **현재**와 이것을 재가하는 **과거**에 쏠렸다. 유대 본토는 쉐키나가 임재하는 유일한 자리였으며 여호와께서 당신의 성전을 세우도록 허락하신 땅이었고, 산헤드린의 터전이었으며 학문과 참된 신앙을 가꾸는 장소였다. 모든 일이 이러한 관점에서 판단되었다. "유대는 알곡이요, 갈릴리는 지푸라기, 요단 건너편 땅은 쭉정이였다." 유대인이라는 말은 곧 "히브리인 중의 히브리인"이라는 뜻이었다. 랍비들이 갈릴리 사람들의 언어와 풍습 및 공부를 게을리하는 태도에 어떤 비난을 퍼부었는지에 대해서는 앞에서 살펴보았다.[◉] 유대와 갈릴리는 사회 관습과 마찬가지로 율법적 관례 자체에서도 여러 가지로 달랐다. 랍비들은 유대 지역 안에서만 안수받아 임명될 수 있었다. 산헤드린이 엄중한 회의를 열어, 연례 명절 체제에 따라 각 달이 시작되었음을 정하여 선포하는 일도 오직 유대 땅 안에서만 이루어질 수 있었다. 랍비들은 정치적

◉ 유대 지역에서는 유월절 준비일에 사람들이 정오까지 일하는 것이 관례였지만 갈릴리에서는 그때 아무 일도 하지 않았다(페사힘 IV. 5).

인 압박에 밀려 어쩔 수 없이 갈릴리로 옮겨 간 후에도 이 일을 하기 위해서 다시 룻다를 찾았다. 기원후 3세기에 극심한 갈등을 겪고 나서야 랍비들은 유대의 특권을 다른 지역들에 넘겨주게 되었다.[예. 산헤드린 I. I, 18] 성전에서 사용하는 포도주는 유대 지역에서만 들여왔는데, 이유는 그 지역 포도주가 품질이 좋을 뿐만 아니라 사마리아 땅을 거쳐 포도주를 운송하다 보면 포도주가 부정하게 되기 때문이기도 했다. 미쉬나에서는 포도주를 얻는 마을 다섯 곳의 이름을 열거하기도 한다.[21] 이와 마찬가지로 성전에서 쓰는 기름도 유대로부터 들여오고, 간혹 베레아에서 들여올 때는 올리브 열매만 가져다가 예루살렘에서 기름을 짰다.[22]

21. 노이바우어의 『탈무드의 지리학』 p. 84에 나오는 논의를 참조하라. 또 이곳에 인용된 탈무드 구절들을 참조하라.

22. 같은 책.

어떤 도시들이 진정한 유대의 도시인가라는 질문은 제의 문제와 관련되어서 매우 중요했으며 랍비들의 온 관심을 사로잡았다. 북서쪽 방향으로 유대 본토의 정확한 경계를 확정 짓는 것은 쉽지 않다. 흔히 그쪽 해안 지역을 사마리아 영역에 포함하는 실수를 저지른다. 그 해안 지역은 결코 사마리아에 포함해서 셈해지지 않았다. 요세푸스에 따르면 유대 본토는 해안을 따라 북쪽으로 멀리, 악고라고도 불리는 돌레마이까지 포함된다.[유대 전쟁사 3.35-58◉] 탈무드에서는 적어도 이곳의 북쪽 도시들은 제외한 것으로 보인다. 신약성경에서는 유대 지방과 가이사랴를 구별한다.[행 12:19, 21:10] 이 사실은 사도행전의 저자가 랍비들의 견해를 잘 알고 있었다는 점과 사도행전이 이른 시기에 저술되었다는 점을 확증해 주는 간접 증거가 된다. 비교적 후대에 와서야 가이사랴가 유대에 속하는 것으로 주장되었기 때문이다. 그러면서도 여전히 가이사랴 항구는 특권에서 배제되었고 가이사랴 동쪽과 서쪽 전체는 '부정한' 것으로 여겨졌다. 가이사랴가 유대의 도시에 포함된 이유는 간단히 말해 뒷날 저명한 랍비들이 그곳에 많이 거주했기 때문이었을

◉ 유대 땅은 해변이 돌레마이까지 이어져 있었던 까닭에 바다에서 여러 가지 유익을 얻을 수 있었다. 유대는 11개 구역으로 나뉘었는데 그중에서 왕도인 예루살렘이 최고의 지위를 누리면서 마치 머리가 몸을 지배하듯 주위의 모든 구역을 지배하였다. 예루살렘보다 낮은 다른 도시들은 그 아래 속한 다른 지역들을 다스렸다(유대 전쟁사 3.53-54).

것이다. 바울의 이력과 복음전파와 관련해 가이사랴가 중요해지고 그곳에 초대교회가 세워져 번성하게 됨으로써 그 지역에 새롭고 큰 관심이 쏠리게 되었다.[◉] 여기서 우리는 주로 유대 자료에서 나온 사실들만을 살펴본다. 가이사랴가 로마 권력의 보금자리로서 지니는 정치적인 중요성이라든지 장엄한 항구와 건축물, 부요함과 영향력에 대해 논하는 것은 이 책의 범위를 넘어선다.

◉ 빌립은 아소도에 나타나 여러 성을 지나다니며 복음을 전하고 가이사랴에 이르니라(행 8:40).

유대 문헌에서는 이곳을 우리가 아는 대로 가이사랴로 부르지만, 간혹 그곳에 있는 요새들의 이름을 본떠 부르기도 하고(믹달 수르, 믹달 조르, 믹달 나시), 항구의 이름을 따라 부르기도 하며(믹달 쉬나), 그곳의 옛 이름을 따라 '스트라톤의 망대'라고 부르기도 한다. 이곳 주민은 유대인과 그리스인, 시리아인, 사마리인으로 이루어졌으며, 그들 사이의 갈등은 유대 전쟁을 가리키는 첫 번째 징조였다. 탈무드에서는 가이사랴를 '왕들의 수도'라고 부른다. 그곳은 로마 권력의 중심지로서 특히 유대인들이 불쾌하게 여겼다. 그래서 그곳을 '에돔의 딸, 혐오스럽고 불경한 도시'라고 불렀으며 다른 한편으로는 그 부요함으로 인해 '생명의 땅'이라 부르기도 했다. 당연한 일이겠지만 가이사랴에서는 유대인과 로마 당국자들 사이에 갈등이 끊이지 않았으며, 특히 불의한 이방 재판관들에 대한 불만이 컸다. 유대인이 가이사랴를 로마의 상징, 곧 '에돔의 로마'라고 보고 또 에돔을 죽어 마땅한 족속으로 여겼다는 점이 충분히 납득이 된다. 유대인이 보기에 예루살렘과 가이사랴는 결코 공존할 수 없었다. 바로 이런 시각에서 우리는 다음과 같은 기이한 구절을 이해할 수 있다. "만일 예루살렘과 가이사랴가 모두 서거나 모두 망했다는 말을 듣는다면, 그것을 믿지 말라. 그러나 둘 중 하나가 망하고 나머지는 서 있다고 듣는다면, 믿어라."기틴 16 A, 메길라 6 A 흥미로운 사실은, 가이사랴에 거주하는 외국 출신 유대인들 때문에 랍비들은 중요한 기도를 그들이 사용해 온 그리스어로 해도 된다고 허락했으며, 전도자 빌립이 활동하던 때부터 그곳에 사는 유대인들 사이에서 그리스도를 위한 선행이 이루어졌다는 점이다. 또 유대 문헌들은 그곳에서 유대인과 기독교인 사이에 벌어진 논쟁에 대해 각별한 관심을 기울여 기록하고 있다.

신약성경에도 등장하는 유대의 다른 마을들에 대해 유대인이 어떻게 생각했는지 간단하게 살펴봄으로써 성경의 이야기들을 좀 더 명료하게 밝혀낼 수 있겠다. 대체로 미쉬나에서는 유대 본토를 산지와 세펠라와 골짜기의 세 부분으로 나누었는데,쉐비트 IX 2 우리는 여기에 도성 예루살렘을 별개의 지역으로 덧붙여야 마땅할 것이다.[23] 이 사실에서 우리는 신약성경, 그중에서도 특히 누가 문서의 확실성을 지지해 주는 강력한 증거를 또 하나 얻는다. 그 시대의 형편을 정확히 꿰뚫은 사람만이 랍비들처럼 예루살렘을 나머지 유대 지역과 별개 영역으로 구분할 수 있었는데, 누가복음을 보면 여러 곳에서 이런 식으로 구분하고 있다.눅 5:17, 행 1:8, 10:39 [24]◉ 랍비들이 '산지'라고 말할 때 그것은 예루살렘 북동쪽에 위치한, '왕의 산'으로도 알려진 지역을 가리킨다. '세펠라'는 당연히 해안을 따라 펼쳐진 시골을 가리킨다. 그 외의 나머지는 모두 '골짜기'에 포함된다. 예루살렘 탈무드에서 말하듯이, 이러한 분류는 개략적인 것일 뿐 엄밀하게 따져 정해진 것은 아니다. 요세푸스는 유대 본토를 11개 구역*TOPARCHY*으로 나누었으며[25] 그중 몇 곳의 이름이 탈무드 문헌에 등장하기는 하지만 랍비들은 그 구역들에 대해 전혀 관심을 기울이지 않았다. 각 도시들이 다시 여러 지구, 곧 세력권으로 나뉘었듯이, 이 구역들도 여러 지방*HYPARCHY*으로 나뉘었던 것이 분명하며, 탈무드에도 그 명칭이 등장한다.[26] 랍비들은 팔레스타인 밖으로는, 비록 그곳이 시리아라고 해도 식량을 수출하는

23. 미쉬나의 많은 구절이 이렇게 구분하는데, 한 예로 「케투보트」 iv. 12를 보라.

24. 신약성경에서 가이사랴에 관해 언급한 사실과 마찬가지로 이러한 구분에 대해서도 노이바우어는 『탈무드의 지리학』에서 설명하고 있다. 탈무드 문헌에 종종 나타나는 오류들, 더 정확히 말해 잘못 인쇄된 내용들은 적문적인 학자들이 노력해서 수정할 필요가 있다.

◉ 하루는 가르치실 때에 갈릴리의 각 마을과 유대와 예루살렘에서 온 바리새인과 율법교사들이 앉았는데 병을 고치는 주의 능력이 예수와 함께 하더라(눅 5:17).

25. 플리니우스는 10개 구역으로 나눈다. *Relandus*(ed. Nuremb) pp. 130-131.

26. Neubauer, p. 67, etc.

것을 금하였다.

가이사랴에서 남쪽으로 내려가다 보면 사론 평야에 이르게 된다. 성경에서는 이 평야의 아름다움과 풍요를 크게 칭송한다.[아 2:1, 사 35:2◉] 이 평야는 멀리 룻다까지 이어지고, 이곳에서 다롬 평야와 합쳐진다. 다롬 평야는 한참 더 남쪽으로 뻗어 내려간다. 성경에서도 밝히고 있듯이 사론 평야는 목초지로 유명했다.[사 65:10◉] 탈무드에 따르면, 희생제물에 쓰이는 송아지는 대부분 이 지역에서 들여왔다. 사론의 포도주는 유명했으며, 물을 삼분의 일 섞어 마셨다. 사론 평야는 도자기 제조업으로도 유명했다. 그러나 거기서 생산된 도자기는 품질이 떨어진 것이 분명했는데, 미쉬나에서[바바 카마 VI. 2] 구매자가 불량품에 대한 배상을 요구할 수 없는 비율을 규정하는 곳을 보면 사론의 도자기의 경우는 적어도 10퍼센트의 불량품을 허용하고 있는 데서 그 사실을 알 수 있다. 예루살렘 탈무드를 보면,[소타 VIII. 3] 사론에 벽돌집을 지은 사람에게는 전쟁에서 귀환이 허용되지 않는데, 이 사실은 진흙의 질이 너무 나빠서 7년도 못되어 다시 지어야 했다는 것으로 설명할 수 있다. 그래서 대제사장은 매년 속죄일을 맞아 기도할 때 사론 사람들의 집이 그들의 무덤이 되지 않게 해달라고 기도했다.[27]

◉ 광야와 메마른 땅이 기뻐하며 사막이 백합화 같이 피어 즐거워하며 무성하게 피어 기쁜 노래로 즐거워하며 레바논의 영광과 갈멜과 사론의 아름다움을 얻을 것이라. 그것들이 여호와의 영광 곧 우리 하나님의 아름다움을 보리로다(사 35:1-2).

◉ 사론은 양떼의 우리가 되겠고 아골 골짜기는 소떼가 눕는 곳이 되어 나를 찾은 내 백성의 소유가 되려니와(사 65:10).

27. 『예수 그리스도 시대의 성전』을 보라. 또한 노이바우어의 책 『탈무드의 지리학』을 참조하라.

사도 바울이 보병에게서 기병의 손으로 넘겨졌던 장소인 안디바드리[행 23:31]에서는 전에 매우 다른 풍경이 펼쳐졌었다. 전승에 의하면,[요마 69 A] 바로 이곳에서 제사장들을 거느린 의인 시몬이 장대한 행렬을 이끈 알렉산더 대왕을 만났고 그렇게 해서 성전의 안전을 보장받았다. 안디바드리는 탈무드 문헌에서도 같은 이름으로 불리는데, 헤롯 대왕이 자기 아버지 안티파테르를 기념하여 그 이름을 지었다.[유대 고대사 16.155] 하지만 그발 사바[Chephar Zaba]라는 이름도 나오는데, 인접한 지역을 가리키는 것으로 보인다. 바빌론 탈무드에서[산헤드린 94 B] 우리는 히스기야가 당시 학교인 베트 미드라쉬BETH MIDRASH 입구에 율법을 공부하지 않는 사람은 죽임을 당한다고 기록한 판을 걸었다는 이야기를 읽는다. 그러한 까닭에 단에서 브엘세바까지 뒤져도 무지한 사람을 하나도 찾아내지 못했으며, 또 게밧에서 안디바드리까지 뒤져도 율법의 정결과 부정 규정을 온전히 익히지 못한 남녀나 소년소녀를 전혀 볼 수 없었다고 한다.

신약성경에 빛을 비추어 주는 특별한 사례 하나를, 탈무드에서 로드(루드)라고 불리는 룻다에서 볼 수 있다. 우리는 베드로가 수고하고 또 애니아에게 일어난 이적의 결과로 "룻다와 사론에 사는 사람들이 다 그를 보고 주께로 돌아"왔다는 사실을 안다.[행 9:35] 사도 베드로가 애쓴 일을 기록한 이 이야기에 나오는 룻다에 관한 언급은 탈무드의 여러 곳에서도 분명하게 확인된다. 물론 그와 같은 언급이 기독교의 발전을 묘사하는 것이라고 여겨서는 안 된다. 우리는 룻다가 예루살렘에서 서쪽으로 하룻길이면 충분히 갈 수 있는 곳에 있었다는 점을 근거로[마아세르 쉐니 v. 2] 아주 이른 시기부터 그곳에 '성도들'의 모임이 있었다고 추정할 수 있다. 탈무드에 따르면, 룻다에서 오는 두 번째 십일조는[신 14:22, 26:12] 돈으로 바꿔서는 안 되고,[◉] 예루살렘으로 곧바로 가져와 "거리가 과일로 풍성하게 장식되도록" 해야 했다. 같은 구절에서 룻다는 예루살렘에 가까운 것으로 묘사되고 있으며, 또 룻다의 여인들이 반죽을 하고는 예루살렘에 올라가 성전에서 기도를 한 후 반죽이 발효되기 전에 돌아왔다고 말함으로써 두 도시의 빈번한 왕래를 설명하고 있다.[28] 이와 유사하게 우리는 탈무드 문헌에서, 예루살렘이 파괴되기 전에 많은 랍비들이 룻다에 거주했다는 사실을 확인할 수 있다. 예루살렘이 무너지고 나서 룻다는 유대 사상의 몇몇 지도자들이 이끄는 매우 유명한 학파의 중심지가 되었다. 죽음을 면하기 위해서라면

◉ 너는 마땅히 매년 토지 소산의 십일조를 드릴 것이며(신 14:22).

28. 라이트푸트(Lightfoot)의 주장에 의하면, 랍비들이 이렇게 말한 의도는 어떠한 물리적인 장애도 룻다 여성들의 신앙심을 방해할 수 없었다는 점을 보이는 데 있었다. *Cent. Chorogr. Matth. praemissa*, cxvi.

우상숭배, 근친상간, 살인과 관련된 규정을 제외한 율법 규정들을 어길 수도 있다고 과감하게 주장했던 학파가 바로 이 학파였다. 한 주검이 발견되고 그 죽음이 유대인의 탓으로 돌려져 상황이 험악해졌을 때 두 형제가 동료 신앙인들을 살육에서 구하기 위해 기꺼이 자신을 희생양으로 바친 일이 있었던 곳도 룻다였다. 이 일이 벌어졌을 때 로마인들이 그 순교자들을 향해 "너희들이 만일 하나냐와 미사엘과 아사랴와 같은 백성이라면 너희 신을 불러와서 내 손에서 너희를 구해 내게 하라"고 말했는데,[타니트 18 B] 이것은 십자가에 달리신 예수를 향해 대제사장들과 서기관들과 장로들이 조롱하며 한 말의 서글픈 울림처럼 들린다.[마 27:41-43◉]

그런데 룻다와 교회 설립 역사를 연결시켜 볼 만한 흥미로운 증거들이 많다. 우리의 복되신 주님과 동정녀 마리아가 비록 악의적으로 변형된 불경스러운 이름으로나마 몇몇 탈무드 구절에 등장하는 것도 룻다 및 사형선고 권한이 있던 그곳 법정과 연관되어서다.[29] 현재의 형태로 볼 때 그런 기록들은 무지에 의해서나 의도적으로나 계속된 변경의 결과 나타난 것으로, 복음서 이야기의 다양한 사건과 인물들을 뒤섞고 있어서 혼란스럽다. 특히 눈에 띄는 것은 우리 주님께서 룻다에서 유죄 판결을 받았다고 말하고 있다는 점이다.[30] 어쨌든 그 진술들이 우리의 복되신 주님에 대해 언급하며 그분께서 신성모독과 백성을 미혹한 혐의로 유죄 판결을 받았다고 말한다는 것, 그리고 적어도 룻다와 기독교의 설립 사이에 밀접한 연관성이 있음을 보여준다는 것은 확실하다.[31] 그 기록들에서는 그리스도께서 '유월절 준비일'에 죽으신 것으로 설명하고 있는데, 이는 기이하게도 복음서 이야기를 확증해 준다. 이 사실은 공관복음서가 제시하는 그 사건의 날짜를 확인해 줄 뿐만 아니라, 오늘날 이교도 저술가들이 유월절 밤에 그리스도에 대한 유

◉ 그와 같이 대제사장들도 서기관들과 장로들과 함께 희롱하여 이르되 그가 남은 구원하였으되 자기는 구원할 수 없도다. 그가 이스라엘의 왕이로다. 지금 십자가에서 내려올지어다. 그리하면 우리가 믿겠노라. 그가 하나님을 신뢰하니 하나님이 원하시면 이제 그를 구원하실지라. 그의 말이 나는 하나님의 아들이라 하였도다 하며(마 27:41-43).

29. 최근에 이러한 이름과 호칭들을 해명하려는 신중한 노력이 카셀(Cassel) 교수에 의해 이루어지고 있다. *brochure, Caricaturnamen Christi*.

30. 이 주장에도 그 나름의 어떤 역사적인 근거가 있는 것은 아닐까? 요한복음 11:47에 언급된 "대제사장들과 바리새인들"의 비밀 회합이 룻다에서 열릴 수 있었을까?(요 11:54-55) 유다가 "대제사장들과 성전 경비대장들에게 가서 예수를 넘겨줄 방도를 의논"한 일이(눅 22:4) 룻다에서 있었는가? 어쨌건 예수를 공격하는 음모를 꾸밀 때 예루살렘을 피한 분명한 이유가 있었다. 그리고 우리는, 성전이 건재하는 동안 룻다는 예루살렘 밖에서 랍비 당파가 활동한 유일의 거점이었다는 사실을 안다.

31. 벅스토프(Buxtorf)의 『탈무드 사전』(*Lex. Talm.*)은 이 주제와 관련한 모든 구절을 제시하고 가장 탁월하게 논하고 있다.

죄 판결이 이루어질 수 없었다는 점을 입증하려 할 때 흔히 근거로 내세우는, 유대인들이 주저하거나 난감해하는 감정 따위를 랍비들이 전혀 느끼지 않았던 이유를 설명해 준다.[32]

예루살렘이 파괴된 후에 다수의 저명한 랍비들이 룻다를 거주지로 선택했다는 사실은 이미 살펴보았다. 그러나 2세기에 커다란 변화가 일어났다. 이제 룻다 주민들의 마음에 자기네 종교에 대한 자만심과 무지와 태만이 가득 차게 되었다. 미드라쉬에 보면 "이 세상에 있는 비열함이 열 개라고 한다면 그중 아홉은 로드에 있고 하나는 나머지 전체 세상에 있다"는 말이 나온다.[에스더 1:3] 룻다는 랍비들이 갈릴리로 옮겨 간 후에도 한 달이 시작되는 날을 확정하기 위해 다시 찾아왔던, 유대의 마지막 장소였다. 유대 전설에 따르면, 랍비들은 거기서 죽음을 일으키는 '사악한 눈'과 마주쳤다고 한다. 이 이야기에는 우의[寓意]적인 의미가 함축되어 있는 것으로 보인다. 확실한 사실은 그 당시 룻다는 크게 번창하는 기독교 교회의 중심지였고 감독이 있었다는 점이다. 실제로 한 유대 저술가는 로드(룻다)에 대한 유대인의 감정이 변한 것을 기독교가 번창한 일과 연관 지어 설명했다.[33] 룻다는 분명 매우 아름답고 번잡한 장소였다. 탈무드에서는 그곳의 대추야자 열매로 만든 꿀에 대해 장황하게 설명하고 있으며[34] 미쉬나에서는[바바 메치아 IV. 3] 그곳의 상인들이 숫자로는 엄청난 무리를 이루었지만 정직성에서는 칭찬받지 못했다고 말한다.[35][◉]

룻다의 동쪽 가까운 곳에는 그발 다비라는 마을이 있었다. 만일 다비와 다비다라는 이름이 그 당시 팔레스타인에서 매우 흔한 것이 아니었더라면 우리는 다비라는 지명에서 다비다[행 9:36]라는 이름을 끌어내고 싶어 했을지 모른다. 오늘날 야파라고 불리는 욥바의 형편에 대해서는 비교적 분명하게 알 수 있는데, 여기서 베

32. 『예수 그리스도 시대의 성전』 부록에 포함된, 우리 주님의 십자가 처형 날짜에 관한 논의를 참조하라.

33. Neubauer, p. 80.

34. 바빌론 탈무드 「케투보트」 111 b.

35. 미쉬나에서는 상인이 한 품목에 대해 어느 정도 이득을 챙길 수 있는지, 그리고 속아서 물건을 구입한 것을 알았을 때 구매자가 반품할 수 있는 기간이 얼마인지에 관해 논하고 있다. 룻다의 상인들은 이러한 논의에서 예외로 처리되어 매우 유리한 형편에 있었던 것이 분명하다.

◉ 룻다에서 랍비 타르폰은 한 셀라당 은전 여덟 닢을 과다 청구하거나 매입가격의 삼분의 일을 과다 청구하는 것은 사기에 해당한다고 가르쳤으며 룻다의 상인들이 반가워하였다(바바 메치아 IV. 3).

드로는 교회의 문이 이방 세계를 향해 활짝 열리는 환상을 보았다. 욥바와 관련해 많은 랍비들의 이름이 거론된다. 이 도시는 베스파시아누스에게 파괴되었다. 미드라쉬에는 욥바가 노아의 대홍수에 휩쓸리지 않았다고 말하는 기이한 전설이 나온다. 이 전설이 인간을 보존하여 세상 먼 곳으로 이주시킨다는 의미를 담아내려 한 것이라고 볼 수 있을까? 구주께서 두 제자에게 나타나신 일 눅 24:13 때문에 우리에게 언제나 신성한 장소로 기억되는 엠마오의 정확한 위치는 논쟁거리가 되고 있다.◉ 대체로 증거의 추는 여전히 전통적으로 주장되어 온 지역으로 기운다.[36] 그렇다면 엠마오에는 비록 로마 수비대가 주둔하고 있었다고 해도 상당한 수의 유대 주민이 살고 있었을 것이다. 엠마오는 기후와 물로 유명했으며 또 시장으로도 널리 알려졌다. 유대의 평신도 귀족으로서 성전 음악의 악기를 담당하는 가문 가운데 페가림과 지파리아 두 가문이 엠마오 출신이었으며, 제사장들은 그 지역의 부유한 히브리인들과 결혼을 하는 관례가 있었다는 사실은 흥미롭다.아라킨 II. 4 빌립이 에디오피아의 내시에게 복음을 전하고 세례를 베푼 일이 가사로 이어지는 '광야 길'[37] 위에서 있었는데, 가사에는 이방인의 신전이 최소한 8개 있었으며 도시 밖에는 우상의 성소가 있었다. 그런데도 그곳에 유대인의 거주가 허용되었던 까닭은 거기에 형성된 중요한 시장 때문이었던 것으로 보인다.

이제 남은 지역은 매우 넓고 신성한 관심을 끄는 두 곳으로, 우리 주님께서 태어나신 베들레헴과 십자가에 달리신 예루살렘이다. 저 옛날 헤롯의 질문에 산헤드린 의원들이 답한 내용이 마 2:5 많은 탈무드 본문에 동일한 형태로 나오며[38]◉ 또한 똑같이 미가 5:2을 근거로 삼고 있다는 점이 눈에 띈다. 유대인 선조들에 따르면, 다윗의 아들 메시아가 유대 땅 베들레헴에서 태어난다는 것

◉ 그 날에 그들 중 둘이 예루살렘에서 이십오 리 되는 엠마오라 하는 마을로 가면서(눅 24:13).

36. 오늘날 학자들은 대체로 엠마오를 현재의 쿨로니에(콜로니아)라고 본다. 이 이름은 이곳에 로마의 식민지 군대가 주둔했던 데서 유래했다. 콘더 중령(19세기 말, 영국의 팔레스타인 탐사기금 대원)은 예루살렘에서 약 13km 떨어진 카마사(Khamasa)가 엠마오가 있던 곳이라고 주장한다.

37. 이 광야 길에 대해서는 로빈슨(Robinson) 교수가 매우 탁월하게 설명했다.

38. 예루살렘 탈무드 「베라코트」 ii. 3에는 이와 관련된 매우 기이한 이야기가 나온다.

◉ 이르되 유대 베들레헴이오니 이는 선지자로 이렇게 기록된 바 또 유대 땅 베들레헴아, 너는 유대 고을 중에서 가장 작지 아니하도다. 네게서 한 다스리는 자가 나와서 내 백성 이스라엘의 목자가 되리라 하였음이니이다(마 2:5-6).

은 확고한 사실이었다. 그런데 복음서 이야기에 매우 독특한 빛을 비추어 그 이야기의 온전성을 밝혀 주는 구절이 미쉬나에 나온다. 우리 구주께서 태어나시던 그 밤에 베들레헴이나 인근에서 홀로 양떼를 지키던 목자들에게[눅 2:8] 천사가 나타나 기쁜 소식을 전하였다는 사실을 우리는 잘 안다. 베들레헴 곁, 예루살렘으로 이어지는 길 위에 믹달 에델, 곧 '가축을 지키는 망대'로 불리는 곳이 있었다. 그곳은 목자들이 성전에 희생제물로 드릴 양떼를 지키면서 머물던 장소였다. 이 사실은 널리 알려졌기에, 예루살렘에서 믹달 에델 사이나 또는 사방으로 그만큼의 거리 내에서 우연히 발견되는 동물은, 수컷인 경우 번제물로 암컷인 경우 화목제물로 바쳐진 것으로 보아야 했다.[39] 여기에 랍비 예후다는 이렇게 덧붙인다. "만일 그 동물이 유월절 희생제물로 적합한 데다가 명절 전 30일 이내에 발견됐다면, 유월절 희생제물로 정해진 것이라고 보아야 한다."[쉐칼림 VII. 4] 구주의 탄생 소식을 가장 먼저 전해 듣고 천사들의 찬송을 최초로 들었던 목자들이 성전에 희생제물로 드릴 양떼를 지키고 있었다는 사실은 참으로 의미심장하여 마치 예표의 성취처럼 느껴진다. 한때 예표였던 것이 이제 현실이 되었다.

39. 예전에는 그런 길 잃은 동물을 취득한 사람은 자기 재산 중에서 필요한 전제를 부담해야만 했다. 그런데 이렇게 한 결과 사람들이 그 동물을 성전으로 가져가지 않게 되자 나중에는 성전 기금에서 그 전제를 부담하도록 정하였다(쉐칼림 vii. 5).

베들레헴은 언제나 유대 고을 중에서 '가장 작은' 마을이었다. 얼마나 작은지 랍비들은 그 마을에 대해 어떻다는 말 한마디 남기지 않았다. 이 작은 마을의 여관이 사람으로 가득 찼고 나사렛에서 온 손님들은 마구간에서 겨우 쉴 곳을 구했는데,[40] 이곳의 구유가 이스라엘 왕의 요람이 되었다. 희생제물에 쓸 짐승을 보살피면서 하늘을 우러렀던 사람들이 거룩한 아기를 만난 일, 말하자면 그 아기를 뵙고 믿고 경배한 최초의 사람이 된 일은 바로 이곳에서였다. 그런데 여기서 끝이 아니다. 마침내 목자들은 성전에 도착해 희생제물을 바치고 예배하고자 성전을 찾아온 이들과 만났

40. "유다 베들레헴의 아르바(Arba) 성에서" 메시아가 태어난다고 본 전승을 『애가 랍바』(*Echa R.*) 72 a에서 볼 수 있다. 카스파리는 이 전승을 근거로 삼아, 전통적으로 우리 주님의 탄생지로 보아 온 동굴이 들어있는 현재의 수도원이 실제 그 자리라고 주장한다. *Chron. Geogr. Ant. u. d. Leben Jesu*, p. 54. 동방에서는 그런 동굴을 흔히 마구간으로 사용했다.

으리라는 점을 생각할 때, 우리는 미천한 목자들과 관련해 전에는 생각할 가치조차 느끼지 못했던 온전한 의미를 새로이 깨닫게 된다. "보고 천사가 자기들에게 이 아기에 대하여 말한 것을 전하니 듣는 자가 다 목자들이 그들에게 말한 것들을 놀랍게 여기되."눅 2:17-18 게다가 성전 마당에서 희생제물을 고르던 사람들을 향해 목자들이 외치기를, 전날 밤 자기들이 보고 들은 이적에서 이 모든 예표가 곧 이루어지게 된다는 사실이 분명하게 드러났다고 말했을 때 그곳에 있던 사람들이 얼마나 놀랐겠는가. 호기심 강한 군중들이 목자들 주위로 몰려들어 얼마나 열렬하게 토론하고 놀라기도 하며 또 조롱하기도 했을까. "의롭고 경건한"눅 2:25 시므온은 평생 품어 온 소망과 기도가 곧 실현되리라는 기대감으로 얼마나 기쁨이 충만했을까.◉ 또 나이든 안나라든지 그녀처럼 "예루살렘의 속량을 바라는"눅 2:38 사람들은 구원이 가까웠음을 깨닫고는 머리를 높이 들어 얼마나 뜨겁게 찬양했을까. 이렇게 해서 목자들은 성전에 메시아 소식을 전하는 가장 탁월한 전달자가 되었으며, 그 소식을 들은 시므온과 안나는 어린 구주께서 성소에 나타나실 날을 준비했을 것이다.

◉ 시므온이 그들에게 축복하고 그의 어머니 마리아에게 말하여 이르되 보라, 이는 이스라엘 중 많은 사람을 패하거나 흥하게 하며 비방을 받는 표적이 되기 위하여 세움을 받았고 또 칼이 네 마음을 찌르듯 하리니 이는 여러 사람의 마음의 생각을 드러내려 함이니라 하더라(눅 2:34-35).

그런데 성전 가축을 돌본 목자들의 이야기에서 더욱 깊은 의미를 캐낼 수 있게 해주는 성경 구절이 있다. 누가복음 2:20을 보면 목자들이 "하나님께 영광을 돌리고 찬송하며 돌아가니라"고 말하는데, 그 문맥의 까다로운 의미는[41] 목자들이 가축을 성전에 끌어다 놓은 후 집으로 돌아갈 때는 기쁨과 감사의 마음으로 큰 구원의 소식을 품고 갔으리라는 사실에 우리의 생각이 미칠 때 비로소 분명하게 드러난다. 마지막으로, 앞에서 인용한 미쉬나 구절은, 12월에는 비가 많이 내리기 때문에 밤새도록 양떼를 '들판에' 둘 수 없었다는 추정을 근거로 주님의 전통적인 탄생 날짜를 부정

41. 여기서 17-18절과 비교해 보라. 이 두 구절은 시간상으로 20절보다 앞선다. 디아그노리조(*diagnorizo*)라는 말을 흠정역 성경에서는 "널리 알리다"로 옮기고 바알(Wahl)은 "여기저기 전하다"(*ultro citroque narro*)로 옮겼는데, 이 표현은 '마구간'에서 만난 사람들과 나눈 대화라든지 '들판'에서 만났을지도 모르는 사람들과 나눈 대화라는 의미를 훨씬 뛰어넘는 용어다.

해 온 반론을 깔끔하게 해결해 준다. 그 이유는 첫째, 양떼는 그 계절에 평상시처럼 들판에서 방목된 것이 아니라 예루살렘을 향해 끌려가는 중이었다. 둘째, 미쉬나는 분명 일 년 중 평균 강우량이 가장 많은 기간인 유월절 전 30일 동안, 곧 2월에 그렇게 들판에 있게 된 가축을 염두에 두고 말하기 때문이다.[42]

"하나님께서 세상에 부어 주신 아름다움을 열 가지로 본다면, 그중 아홉을 예루살렘 몫으로 주셨다"라고 랍비들은 말한다. 또 "세상 이쪽 끝에서 저쪽 끝까지 명성을 떨치는 도시"라고도 말한다.[43] 탈무드에서는 "여호와여, 위대하심과 권능과 영광과 승리와 위엄이 다 주께 속하였사오니"대상 29:11라는 성경 구절이 예루살렘을 가리키는 것이라고 말한다. 경쟁 도시인 알렉산드리아는 '작은 곳'이라고 불린 데 반해 예루살렘은 '큰 곳'이라고 불렸다. 랍비들이 예루살렘을 가리켜 '영원한 집'이라고 부르는 것을 들을 때면 로마를 뜻하는 '영원한 도시'라는 말이 생각난다. 또 널리 퍼진 속담으로 "모든 길은 로마로 통한다"는 말이 있는데, 유대 속담에는 "모든 돈은 예루살렘에서 나온다"는 말이 있었다. 지금 여기는 이 도시의 외양과 화려함을 세세하게 논할 자리가 아니다.[44] 하지만 이처럼 지나치게 과장된 랍비들의 주장을 받아들이지는 못해도 얼마든지 이해할 수는 있다. 사실 랍비들도 자기네 주장이 말 그대로 받아들여지리라고는 기대하지 않았던 것으로 보인다. 예를 들어 예루살렘에 회당이 460개에서 480개가 있었다고 말하는데, 여기서 뒤쪽의 수치는 이사야 1:21("정의가 거기에 충만하였고")에 나오는 '충만'이라는 말에 상응하는 숫자라는 식으로 설명한다. 또 흥미로운 사실로, 사도행전 6:9에서 언급된 '알렉산드리아인의 회당'이라는 말을 탈무드에서도 볼 수 있는데,[◉] 굳이 말하자면 이것은 누가복음의 이야기가 확실함을 입증해 주는 중요한 근

42. 8년 동안 예루살렘의 평균 강수량은 12월이 355mm, 1월이 330mm, 2월이 406mm이다. Barclay, *City of the Great King*, p. 428. 또 앞에서 언급한 함부르거의 책 여러 곳을 참조하라.

43. 「베라코트」 38.

44. 이 주제에 대해서는 『예수 그리스도 시대의 성전』 앞의 두 장을 보라.

◉ 이른바 자유민들 즉 구레네인, 알렉산드리아인, 길리기아와 아시아에서 온 사람들의 회당에서 어떤 자들이 일어나 스데반과 더불어 논쟁할새(행 6:9).

베들레헴으로 가는 길의 예루살렘

베들레헴을 떠난 목자들은 예루살렘 성전에 도착해 희생제물을 바치고 예배하고자 성전을 찾아온 이들과 만났을 것이다.

거가 된다.

앞에서 예루살렘 주민들의 손대접에 관해 살펴보았는데, 우리는 그것이 지나치게 과장되었다고 생각해서는 안 된다. 예루살렘은 어떤 특정 지파에 속한 것으로 보지 않았고 똑같이 모든 사람의 고향으로 여겨졌기 때문이다. 그곳의 집은 세를 놓거나 임대할 수 없었으며, 모든 형제에게 무료로 개방해야 했다. 명절을 맞아 무수한 사람들이 예루살렘으로 몰려들었지만 방을 구하지 못하는 사람은 아무도 없었다고 한다. 집의 입구에 걸어 놓은 수건은 그 집에 아직 손님 맞을 방이 있다는 것을 알리는 표시였다. 집 앞에 펼쳐 놓은 탁자는 그 집의 식탁을 사용해도 좋다는 뜻이었다. 예루살렘에 몰려든 엄청난 사람들을 성 안에 모두 수용할 수 없을 때는 베다니와 벳바게가 그 성스러운 일에서 예루살렘의 테두리 안에 속한 것으로 인정받았을 것이다. 우리는 유대 문헌에서 베다니와 벳바게가 순례 여행객들에게 베푼 친절로 특히 유명했다는 기록을 읽을 때면 특별한 감정을 느끼게 된다. 우리 주님

예루살렘 거리의 모습

예루살렘을 기쁨의 도시로 만드는 데 온갖 노력이 집중되었다. 예루살렘의 치안과 위생 법규들은 오늘날의 어떤 도시보다도 훨씬 더 완벽했다. 그러한 장치는 순례자들이 마음 놓고 성스러운 일에 전념할 수 있게 해주었다.

께서 베다니의 신실한 가정에서 지내신 일과 특히 마지막으로 그곳에 머무시고 예루살렘에 왕으로 입성하신 일에 관한 성스러운 기억을 떠올리게 하기 때문이다.

예루살렘을 기쁨의 도시로 만드는 데 온갖 노력이 집중되었다. 예루살렘의 치안과 위생 법규들은 오늘날의 어떤 도시보다도 훨씬 더 완벽했다. 그러한 장치는 순례자들이 마음 놓고 성스러운 일에 전념할 수 있게 해주었다. 흔히 사용된 이른바 '도시 사람들'이라는 표현이 자부심 강하고 거들먹거리는 사람을 뜻했다면, 예루살렘 사람들이 좋아했던 표현은 '예루살라이마*JERUSHALAIMAH*의 시민'이라는 말이었다. 그들은 낯선 사람들과 꾸준히 교류함으로써 인간과 세상에 대한 지식을 넓혀 나갔다. 세련되고 똑똑한 젊은이들은 시골에 사는 어설프고 수줍음 잘 타는 청년들에게 선망의 대상이 되었다. 또 그들의 몸가짐은 정중하고 호사스럽기까지 했으며, 공적인 교제에서는 고상함과 재치와 온화함이 넘쳤다. 똑똑하고 기지가 넘치기로 유명한 사람들 사이에서 그러한 성품으로 이름을 낸다는 것은 크게 칭찬받을 만한 일이었다.

정리하자면, 유대인들은 어느 땅에 흩어져 살든지 예루살렘을 이상향으로 삼았다. 예루살렘의 부자들은 유대 학문을 지원하고 유대인의 신앙심을 키우며 국가의 대의를 떠받들고자 아낌없이 재물을 내어놓았다. 예를 들어, 희생제물 가격이 너무 비싼 것을 보고 자기 돈을 들여 필요한 동물들을 성전 마당에 내어놓아 가난한 사람들이 제사를 드릴 수 있게 한 사람이 있었다. 또 예루살렘이 로마에 항거해 싸울 때에는 많은 식량을 내놓아 스물한 달 동안 그 성을 먹여 살린 사람도 있었다. 예루살렘 거리에서는 먼 나라에서 온 사람들이 어우러져 다양한 언어와 방언으로 말하였다. 호화로운 저택들이 늘어선 협소한 거리는 유대인과 그리스인, 로마 병사와 갈릴리 농부, 바리새인과 사두개인과 흰옷 입은 에세네파 사람들, 분주한 상인과 심오한 신학을 공부하는 학생들이 뒤섞여 북적였다. 그러나 무엇보다도 위로 우뚝 솟은 성전의 영광과 광채가 도시 전체를 휘감았다. 아침마다 제사장은 나팔을 세 번 불어서 도시를 잠에서 깨워 기도로 이끌었다. 저녁에도 똑같은 나팔이 마치 하늘에서 나는 듯한 소리로 하루 일과를 마무리 짓도록 인도했다. 당신이 서 있는 곳이 어디든 거기서도 거룩한 성전이 눈에 들어오며, 성전 마당 위로는 희생제물 태우는 연기가 굽이쳐 올라가고 그와 함께 장엄한 정적이 신성한 구릉 위로 내려앉는다. 예루살렘에 혼을 불어 넣고 그 운명을 결정짓는 것이 바로 성전이었다. 탈무드에 나오는 독특한 한 구절을 보면, 분명 우리 주님께서 십자가에서 죽으신 바로 그 해를 가리키는 기록에 뜻밖에도 복음서 이야기를 확증해 주는 것으로 볼 수 있는 내용이 나온다. "성전이 무너지기 40년 전에 그 문들이 저절로 열렸다." 자카이의 아들 요하난[45]은 그 문들을 책망하며 이렇게 말했다. "아! 성전이여, 왜 네 문을 저절로 열리게 했는가? 네 종말이 가까웠음이 눈에 보이는구나. 말씀에 이르기를 '레바논아, 네 문을 열고 불이 네 백향목을 사르게 하라'슥 11:1 고 한 그대로다."요마 39 B 또 다음과 같은 말씀이 있다. "이에 성소 휘장이 위로부터 아래까지 찢어져 둘이 되고."마 27:51 복되신 하나님께서는 임박한 심판을 알리셨을 뿐만 아니라 그때로부터 지성소로 들어가는 문을 모든 사람에게 활짝 열어 놓으셨다.

45. 카스파리는 이 사람이 대제사장 안나스와 동일 인물이라고 보았는데, 그 이름에 여호와의 이름을 가리키는 음절이 접두사로 덧붙여진 것이라고 주장하였다.

06.

도시와 마을, 가정

유대인의 일상생활

인류 전체를 크게 유대인과 이방인으로 나누는 경우, 그 구분은 종교적 측면뿐 아니라 사회적 요소도 고려된 것이라고 보아야 마땅하겠다. 이방인의 도시와 이스라엘 도시가 붙어 있다시피 하고 또 양쪽 사이에 친밀하고 빈번한 왕래가 이루어진다 할지라도, 어떤 사람이 유대인의 도시나 마을로 내딛을 때면 완전히 딴 세상에 들어선 것 같은 느낌을 지울 수 없었을 것이다. 거리의 풍경과 주택들의 모양 및 배치, 행정과 종교의 규칙, 주민들의 풍습과 관례, 행동 방식과 습성도 그렇지만 특히 가정생활이 여느 곳과 확연하게 대조를 이루었다. 이 땅에서는 종교가 단순히 신조나 일련의 예식 수준에 머물지 않고 삶의 모든 관계 속에 스며들어 모든 측면을 지배했다는 사실을 다방면의 증거로 확인할 수 있다.

전형적인 유대 마을이나 도시 하나를 떠올려 보자. 그런 마을은 널리 퍼져 있었는데, 어느 시대에나 팔레스타인에는 규모라든지 주민들이 주로 농업에 종사했다는 점을 근거로 추정할 수 있는 것보다 훨씬 더 많은 도시와 마을이 있었기 때문이다. 여호수아의 지휘로 처음 팔레스타인을 정복하던 때만 해도 그곳에 600개 정도의 마을이 퍼져 있었다고 한다. 그리고 레위 지파의 도시를 기준으로 판단하면 그 규모는 한 면의 길이가 평균 2,000규빗(약 900m) 정도였으며 인구는 평균 2,000에서 3,000명 정도였다.[1] 후대에 와서 인구가 증가함에 따라 도시와 마을의 숫자가 크게 증가하였다. 요세푸스는 그가 활동하던 당시에 갈릴리에만 최소한 240개의 도시와 마을이 있었다고 말한다.[자서전 45] 이러한 발전은 사회의 빠른 발달에 기인한 것일 뿐만 아니라 헤롯과 그 가문의 특성인 건축에 대한 애호로 말미암아 많은 요새와 궁전, 신전, 도시가 생겨났기 때문인 것이 분명하다. 신약성경과 요세푸스와 랍비들이 모두 마을과 읍과 도시로 옮길 수 있는 세 가지 명칭에 대해 언급하는데,[⊛] 세 번째 형태인 도시는 성벽으로 둘러싸여 있었고 좀 더 자세히 보면 여호수아 때 이미 요새화된 것과 후대에 세워진 것으로 구분된다. 읍은 회당이 있느냐 없느냐에 따라 '큰' 곳과 '작은' 곳으로 나뉘었다. 이와 같은 구분은 회당 예배를 구성할 수 있는 최소 정족수인 열 명의 남자—바틀라닌[BATLANIN]이라고 부른다[2]—가 있느냐에 따른 것인데, 그 인원이 안 되면 예배가 이루어질 수 없었다. 시골 마을에는 회당이 없었으며, 그래서 매주 월요일과 목요일에 시골 사람들이 장을 보러 가까운 읍으로 갈 때 그곳에 그들을 위한 예배가 마련되었다. 또 지역 산헤드린(공회)도 열렸다.[메길라 I. 1-3] 어떤 남자가 읍에서 도시로 이사하거나 반대로 도시에서 읍으로 옮겨 갈 때 아내에게 자신을 따르라고 강요해서는 안 된다고 규정한 매우 이상한 법이 있었다.[케투보트 110 A-B] 앞쪽의 경우에 그렇게 규정한 이유는, 도시에는 사람들이 몰려 살고 집들이 빽빽

1. Saalschütz, *Archaeol. d. Hebr*. ii. pp. 250-252.

⊛ [에스더] 두루마리는 [아달월의] 11일과 12일, 13일, 14일, 15일에 읽었으며 그 이전이나 이후에는 결코 읽지 않았다. 눈의 아들 여호수아 때부터 성벽으로 둘러싸인 도시에서는 15일에 그 두루마리를 읽었다. 큰 읍과 마을들에서는 14일에 읽었는데, 예외로 마을에 회합이 있는 날에는 조금 앞당긴 날에 읽기도 했다(메길라 I. 1).

2. "일을 그만두다"를 뜻하는 '베탈'(*betal*)에서 왔다. 바빌론 탈무드 「바바 바트라」 82 a에 달린 용어 설명에 따르면, 이들은 책망받을 일이 없으며 또 자신의 일을 내려놓고 온전히 회당의 업무에 헌신할 수 있는 남자를 말한다. 이 사람들은 회당의 수입에서 부양받을 권리가 있었다.

하므로 읍에서 누릴 수 있는 신선하고 깨끗한 공기나 정원이 부족하다는 것이었다. 반대로 여성은 도시에서 읍으로 이사 가는 것도 거절할 수 있었다. 도시에서는 모든 것을 쉽게 얻을 수 있고 거리나 장터에서 많은 이웃들을 만날 수 있기 때문이었다.

지금까지 살펴본 사실에서 도시와 시골의 생활이 어떤 차이가 있는지 간단하게나마 확인할 수 있다. 먼저 도시를 살펴보자. 고대의 요새화된 도시로 다가가면 도랑을 보호하는 낮은 벽에 이르게 된다. 이 해자를 건너면 도시의 성벽에 도달하고, 거기서 육중한 문을 통해 안으로 들어가게 된다. 이 문은 보통 철로 덮였고 튼튼한 빗장과 걸쇠로 걸어 잠갔다. 성문 위로는 망대를 세워 놓았다. 성문 안에는 '장로들'이 앉도록, 움푹 파서 그늘지고 안전하게 만든 자리가 있었다. 여기서 지역의 유지들이 모여 공적인 일을 논하거나 그날의 소식을 나누고 중요한 사업 거래를 하였다. 성문은 커다란 광장으로 연결되고, 광장에서 사방으로 거리가 갈라져 나갔다. 이 거리에서는 상거래와 교제로 떠들썩한 풍경이 펼쳐졌다. 시골 사람들은 이리저리 움직이거나 한자리에 서서 밭과 과수원과 목장에서 생산한 물품을 팔았다. 외국의 무역상이나 행상인들은 좌판을 벌여 놓고 로마와 알렉산드리아에서 수입한 최신 물품이나 극동에서 들여온 새로운 사치품, 예루살렘의 금세공인과 장인들이 만든 제품을 선전했다. 그 사이를 군중들은 분주히 또는 느릿느릿 움직이면서 수다를 떨고 농담을 주고받거나 웃고 재담을 나누었다. 그러다 바리새인이 나타나면 공손히 물러나 길을 열어 주고, 에세네파 사람이나 특정 종파(정치적이거나 종교적인)에 속한 사람이 기이한 모습을 드러내면 나누던 대화를 거두어들였다. 또 은밀하게 발걸음을 옮기는 세리 뒤로는 낮고 원망 섞인 저주가 따라붙었다. 세리는 눈을 번득이면서 무엇 하나라도 세관

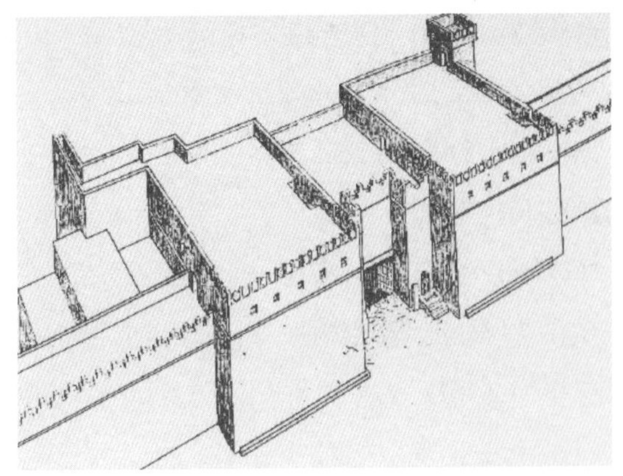

성문

성문은 보통 철로 덮였고 튼튼한 빗장과 걸쇠로 걸어 잠갔다. 성문 위로는 망대를 세워 놓았다. 성문 안에는 장로들이 앉도록, 움푹 파서 그늘지고 안전하게 만든 자리가 있었다. 여기서 지역의 유지들이 모여 공적인 일을 논하거나 그날의 소식을 나누고 중요한 사업 거래를 하였다.

의 감시망에서 벗어나는 일이 없도록 주위를 낱낱이 감시하는 중이다.

이런 거리들에는 이름이 있었는데, 대체로 그곳에 상점을 연 무역상이나 조합의 이름을 따서 붙였다. 조합은 거리에서든 회당에서든 언제나 하나로 뭉쳤기 때문이다. 알렉산드리아에서는 다양한 무역상들이 회당 안에 조합별로 어울려 앉았다. 그래서 사도 바울은 어렵지 않게 자기 생업과 같은 상점을 찾아 마음이 맞는 아굴라와 브리스길라를 만나고 그들과 함께 살게 되었다.행 18:2-3◉ 상점에서는 장인들이 가게 밖에 앉아 일을 하면서 틈틈이 행인들과 인사나 농담을 나누곤 했다. 이스라엘 사람은 모두 형제인 까닭에 유대인의 인사 방식에도 일종의 동지애 감정이 실렸는데, 그러한 인사에는 언제나 이스라엘의 하나님에 대한 감사 표시나 형제로서 평화를 비는 마음이 담겼다. 흥분하기 쉽고 충동적이며 예민하고 재기 넘치고 상상력이 풍부한 사람들, 비유와 간결한 격언과 예리한 구별이나 날카로운 기지를 좋아하는 사람들, 하나님과 사람을 높이고 나이든 사람을 존경하며 학식과 탁월한 재능을 귀하게 여기고 타인의 감정에 섬세하게 반응할 줄 아는 사람들, 동

◉ 아굴라라 하는 본도에서 난 유대인 한 사람을 만나니 글라우디오가 모든 유대인을 명하여 로마에서 떠나라 한 고로 그가 그 아내 브리스길라와 함께 이달리야로부터 새로 온지라. 바울이 그들에게 가매 생업이 같으므로 함께 살며 일을 하니 그 생업은 천막을 만드는 것이더라(행 18:2-3).

방인 특유의 뜨거운 기질로 인해 열정적이며 또 쉽게 편견에 사로잡혀 격정에 빠지기도 하지만 곧 바로 평정을 되찾는 사람들, 이러한 모습이 그곳 거리를 메운 사람들의 특성이었다. 바로 그때 그늘진 모퉁이에서 한 랍비가 가르치는 음성이 울려 퍼진다. 유대인은 학문에 대한 자부심이 높아 '무식한 사람들'에게 지식을 퍼뜨려

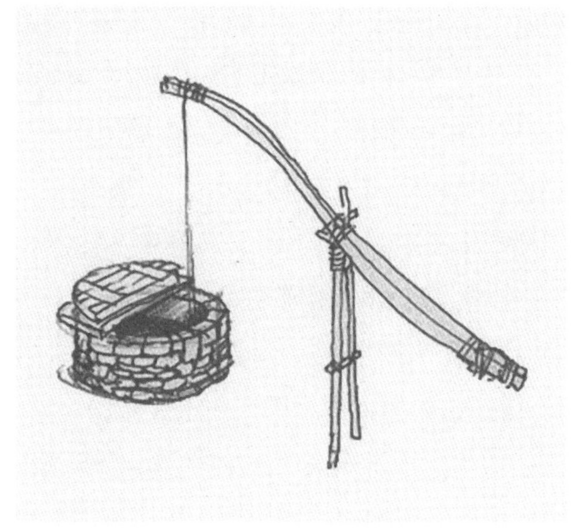

우물

꼼꼼하게 정해진 치안 법규에 따르면 우물과 구덩이를 열어 놓아서는 안 되고 허술한 사다리와 층계를 방치해서도 안 되며, 심지어 집에서 위험한 개를 기르는 것도 금지되었다.

학문을 욕되게 하는 것을 금지했던 때였다. 좀 더 가까이 가서 보니, 모습을 드러낸 우리 주님께서 사람들에게 둘러싸여 말씀하고 계시는 중이다. 주님은 그들의 마음을 사로잡아서 고통스러운 허기와 흘러가는 시간조차 잊게 하신다. 가르침은 동방의 짧은 해가 저물 때까지 계속되고, 이윽고 짙푸른 하늘에서 별들이 빛을 내자 그곳에 모인 많은 사람들은 자기네 조상 아브라함이 받았던 언약을 떠올리며 이제 그 언약이 아브라함보다 훨씬 더 크신 분에게서 성취되었음을 깨닫는다.

저녁의 서늘한 기운을 느끼며 집으로 돌아오는 길에 우물이나 샘이 내는 달콤한 소리에 귀를 기울인다. 집 안에 저수조를 갖추지 못한 사람들이 그 둘레에 몰려 있다. 성문 위 망대 꼭대기로 파수꾼이 올라서고 곧이어 야경꾼들이 거리를 순찰하기 시작한다. 칠흑 같은 어둠이 거리를 장악할 수 없었는데, 집 안에는 밤새도록 불을 밝혀 두고 (오늘날 동방의 주택들과는 달리) 거리와 길에 면한 창문을 열어 놓는 것이 관습이었기 때문이다. 그중에 커다란 창문은 두로식이고 훨씬 작은 창문은 이집트식이다. 창문에는 유

리를 끼우지 않고 대신 창살이나 격자무늬 틀을 달았다. 부잣집에서는 창틀에 정성 들여 조각을 하고 호화로운 상감을 새겨 넣었다. 대체로 목제품은 무화과나무로 만들고 간혹 감람나무나 삼나무로 만들기도 했는데, 궁전에서는 인도산 백단향도 사용하였다. 기둥머리 부분은 흔히 독특한 모양으로 조각하고 장식을 달았다.

단, 하늘이나 땅에 있는 것은 어떤 것도 그 모양을 새겨 넣어서는 안 되었다.◉ 이 문제에 대한 백성들의 감정은 매우 엄격해서, 빌라도가 로마 황제의 형상이 달린 군기를 한밤중에 예루살렘으로 들여오려 하자 유대인들은 신념을 지키기 위해 목숨까지 내어놓고 농성을 벌였다.[유대 고대사 18.59]◉ 디베랴에 있는 헤롯 안디바의 궁전은 동물들의 형상으로 장식되었다는 이유로 폭도들에 의해 불타게 되었다.[자서전 62-67] 하지만 이런 과격한 견해는 바울의 스승인 가말리엘이 보인 관용적인 행동 앞에서 풀이 꺾였다. 그는 비너스상이 장식된 공중목욕탕도 서슴없이 이용했는데, 그의 말에 의하면 조각상은 목욕탕을 장식하는 용도로 사용된 것이지 목욕탕이 그 조각상을 위한 것이 아니라는 게 근거였다. 이러한 주장에서 가말리엘이 기독교에 문외한이 아니었다는 사실을 떠올릴 수 있다면, 우상이란 이방인이 그것에 예배할 것을 고집하지 않는 한 아무것도 아니라고 주장한 그의 손자의 말은[아보다 자라 52] 훨씬 뚜렷하게 사도 바울의 가르침을 생각나게 한다. 이렇게 해서 우리는 한 걸음 더 오늘날의 정통 이론에 가까이 다가섰다. 이 이론에 따르면 식물과 동물의 표상을 사용하는 것은 허용되었지만 태양과 달, 별 등의 표상은 연구의 목적 외에는 사용을 금하였고, 사람과 천사의 표상도 양각이 아니라 음각으로 세공품에 사용하는 한에서는 허용했던 것으로 보인다.

도시와 마을에 관한 규정들은 대단히 엄격했다. 로마의 대

◉ 너를 위하여 새긴 우상을 만들지 말고 또 위로 하늘에 있는 것이나 아래로 땅에 있는 것이나 땅 아래 물속에 있는 것의 어떤 형상도 만들지 말며(출 20:4).

◉ 그러나 유대인들은 땅에 엎드려 목을 들이대고는 율법을 어기느니 차라리 죽음을 택하겠노라고 항변했다. 이에 빌라도는 율법을 지키려는 유대인들의 의지가 결코 꺾이지 않을 것임을 알고는 즉시 황제의 조각상들을 예루살렘에서 다시 가이사랴로 가져오라고 지시했다(유대 고대사 18.59).

리인들은 주로 군사 지도자 아니면 재정이나 정치를 담당한 관리였다. 우리는 그리스도가 태어나기 약 반세기 전에 로마 장군 가비니우스가 법적인 목적으로 팔레스타인을 다섯 지역으로 나누고 각 지역은 의회가 다스리도록 했다는 사실을 안다.[유대 고대사 14.91] 그러나 이 조치는 단기간만 실행되었으며 또 그 기간 동안에도 의회는 유대인이 장악했던 것으로 보인다. 그때 모든 도시는 자체의 산헤드린을 두었으며,[3] 만일 그곳에 남자가 120명 이상이면 산헤드린은 23명의 의원으로 구성되었고 그보다 적으면 3명으로 이루어졌다.[4] 이 산헤드린 의원들은 예루살렘에 있는 최고권위 기구요 71명으로 구성된 '의회', 곧 대 산헤드린에서 직접 지명했다. 이러한 산헤드린들이 형사사건에서 실질적으로 행사한 권력의 한계가 어느 정도인지는 밝히기가 어렵다. 소규모 산헤드린들은 마태복음 5:22, 10:17과 마가복음 13:9 같은 구절에서 언급된다. 유대인 고유의 소송거리와 모든 종교적 문제들이 산헤드린에서 특별히 관할한 사안이었다. 마지막으로, 우리가 보통 시청이라고 부르는 것이 모든 곳에 있었는데, '장로들'의 대표인 시장이 이끄는 이 기구는 성경에서도 자주 언급되며 유대 사회에 깊숙이 자리 잡고 있었다. 누가복음 7:3에 보면 가버나움의 백부장이 자기 일을 중재하도록 주님에게 보낸 장로들이 나오는데, 그들이 바로 이 사람들일 것이다.

치안과 위생 법규라고 부를 수 있는 규정들은 굉장히 엄격했다. 가이사랴를 예로 들면, 바다로 연결된 하수 체계를 갖추고 있었는데 오늘날 여느 도시의 하수 시설과 매우 유사하면서도 어떤 면에서는 더 완벽했다는 것을 알 수 있다.[유대 고대사 15.340]⊙ 예루살렘의 성전 건물에 대해서도 똑같이 말할 수 있다. 또한 모든 도시와 마을에서도 위생 규정이 엄격하게 실행되었다. 공동묘지와 무두

3. 랍비들은 '산헤드린' 또는 '쉬네드리온'이라는 명칭을 '신'(시나이)이라는 단어와 법을 반복하거나 설명하는 사람을 뜻하는 '하데린'이라는 단어로 풀이하거나, 그 어원을 추적하여 "사람들을 **심판** 자리에 **끌어들이기를 싫어하는** 이들"로 설명하려고 했지만(굵은 글씨로 표기한 말에 대응하는 히브리어로 구성된 것이 이 명칭이라고 본다) 이 용어는 그리스어에서 파생한 것이 확실하다.

4. 최근에 와서, 세 명의 의원으로 구성된 산헤드린은 정규 법정이 아니라 지역에서 자체로 선출한 중재자들이었다고 주장하는 새로운 견해가 제기되었다. Schürer, *Neutest. Zeitgesch.* p. 403. 하지만 그런 사례를 일반적인 것이라고 보는 주장은 사실과 많은 차이가 있다.

⊙ 그뿐 아니라 지하에 있는 통로와 공간들도 지상의 건물들 못지않은 구조로 이루어졌다. 지하 통로 가운데 일부는 멀리 떨어진 항구나 바다까지 이어져 그리로 잡동사니들을 배출했다. 그중 한 통로는 경사지게 만들고 나머지 모든 통로를 거기에 연결해 놓아서 빗물이나 시민들이 버린 오물을 쉽게 배출하였으며, 조수가 차오를 때면 바닷물이 도시 쪽으로 흘러들어와 모든 것을 깨끗하게 쓸어 갔다(유대 고대사 15.340).

질 공장과 기타 건강에 해가 될 만한 시설은 모두 읍 밖으로 적어도 50규빗 벗어나야만 했다.[5] 제빵업자와 염색업자의 가게나 마구간은 다른 사람의 집 아래에 지을 수 없었다. 건물을 지을 때는 거리의 선을 엄격하게 지켜야 했으며 선 밖으로 돌출하는 것은 일절 허락되지 않았다. 거리는 대체로 오늘날 동방의 도시들에서 보는 거리보다 더 넓었다. 토양의 특성뿐 아니라 도시가 대체로 구릉 위에 있었던 형편이(특히 유대 지역에서) 위생이라는 면에서 큰 도움이 되었다. 그 때문에 거리를 포장해야 할 부담도 줄었을 것이다. 그런데도 도로를 포장한 도시들이 있었으며, 예루살렘은 흰색 돌로 길을 포장했다.[유대 고대사 20.219-223] 이웃 간의 분쟁을 막기 위해 다른 집의 마당이나 방이 훤히 들여다보이는 창문을 달지 못하게 했으며, 상점으로 들어가는 주된 입구는 두세 가구가 함께 쓰는 마당을 통과할 수 없게 했다.

5. 이런 규정에 대해서는 미쉬나 「바바 바트라」 i, ii의 여러 곳을 보라.

유대인의 도시 생활환경을 좀 더 자세히 살피면 다음과 같이 정리할 수 있다. 갈릴리나 유대 지역에 있는 도시의 거리를 훑어보면 규모와 품위에서 다양한 모습을 볼 수 있는데, 겨우 7-8m^2에 이르는 작은 집에서부터 2층이나 그 이상으로 지어 기둥을 줄지어 세우고 건축장식으로 치장한 부유한 저택까지 볼 수 있다. 귀족의 저택은 아니더라도 웬만큼 사는 계층의 주택 앞에 서 있다고 가정해 보자. 그 집은 벽돌이나 장식 없는 돌로, 심지어는 장식된 돌로도 지어졌을 것이다. 하지만 대리석이나 다듬돌은 아니다. 건물 벽은 주홍빛 같은 우아한 색이 아니라 단순히 흰색으로 회칠을 하거나 연한 회색으로 입혔을 것이다. 폭이 넓고 간혹 값비싼 재료로 만든 계단이 건물 외부에서 곧바로 평평한 옥상으로 연결되었고, 지붕은 약간 아래쪽으로 경사지게 만들어서 빗물이 쉽게 관을 통해 저수조로 빠져나가게 했다. 지붕은 벽돌이나 석재, 기

진흙 지붕 집

폭이 넓고 간혹 값비싼 재료로 만든 계단이 건물 외부에서 곧바로 평평한 옥상으로 연결되었고, 지붕은 약간 아래쪽으로 경사지게 만들어서 빗물이 쉽게 관을 통해 저수조로 빠져나가게 했다.

타 딱딱한 물질로 덮었으며, 또 난간을 둘러쳤는데 유대법에 따르면 난간은 적어도 높이가 두 규빗(약 90cm)이어야 하고 한 사람의 몸무게를 견딜 만큼 튼튼해야 했다. 이와 똑같이 꼼꼼하게 정해진 치안 법규에 따르면 우물과 구덩이를 열어 놓아서는 안 되고 허술한 사다리와 층계를 방치해서도 안 되며, 심지어 집에서 위험한 개를 기르는 것도 금지되었다.

지붕에서 지붕으로 통상적인 왕래가 가능했는데, 이를 가리켜 랍비들은 '지붕 위의 길'이라고 불렀다.[바바 메치아 88 B] 그래서 도망가는 사람은 어떤 집으로 들어가지 않고도 지붕에서 지붕으로 건너뛰어 마지막 집에서 층계를 내려가 밖으로 나가는 것이 가능했다. 우리 주님께서도 이 '지붕 위의 길'에 대해 언급하셨다. 예루살렘이 마지막으로 포위되었을 때를 가리켜 제자들에게 경고하신 "지붕 위에 있는 자는 내려가지도 말고 집에 있는 무엇을 가지러 들어가지도 말며"라는 말씀에서 볼 수 있다.[막 13:15, 마 24:17, 눅 17:31] 지붕은 시원하고 공기가 상쾌하며 조용해서 일상적인 교제를 나누기에 딱 어울리는 공간이었다. 때로 지붕은 가정의 경제활동을 위한 자리로도 사용되었다. 또 사람들은 기도를 하거나 명상을 하기 위해 즐겨 지붕을 찾았다. 지붕 위에서 친구가 오기를 기다리거나 원수가 오는지 살피며 지키기도 했다. 폭풍우가 몰려오는지 관측하기도 하고, 제사장들이 아침 희생제사를 드리기 전에 성전 꼭대기로 오르듯이 지붕에서 새벽 기운이 지평선을 따라 황금빛으로 붉게 타오르는 것을 헤아리기도 했다. 지붕에서는 적을 맞아 몸을 피하거나 밑의 적과 험한 싸움을 하기에 용이했다. 무엇보다도 은밀한 일을 나누기에 '지붕 위'보다 좋은 곳은 없었으며, 또 그런 일을 세상에 널리 퍼뜨리는 자리도 지붕 위였다.[마 10:27, 눅 12:3◉] 손님방은, 손님이 집 식구들에게 방해받지 않고 나가고 들어오게끔 대체로 지붕 위에 두었다. 지붕 위가 시원하고 편리하기도 해서 초막절에는 거기다 나뭇잎으로 만든 '오두막'을 짓고 그 안에서 이스라엘 민족의 순례 역사를 회상하며 지냈다. 바로 옆에는 '다락방'이 있었다. 가족이 대화를 나눌 때면 지붕 위로 모이거나, 아니면 아래쪽 안마당을 이용했다. 나무들이 쾌적한 그늘을 펼쳐 주고 졸졸거리며 흐르는 샘물이 부드럽게 귀를 어루만져 주는 안마당에 서면 마치 사방으로 뻗어 집 안의 모든 방과 연결된 회랑에 들어선 것 같은 느낌을 받게 된다.

◉ 내가 너희에게 어두운 데서 이르는 것을 광명한 데서 말하며 너희가 귓속말로 듣는 것을 집 위에서 전파하라(마 10:27).

집 안을 통하지 않고 오르는 지붕 위 손님방을 보면서 엘리사와 수넴 여인 이야기를 떠올리고 주님과 제자들이 집주인 모르게 모이고 헤어졌던 마지막 유월절 만찬 이야기를 기억해 낸다면, 지붕 아래 안마당을 둘러싼 회랑 앞에서는 참 의미 깊었던 또 한 가지 정경을 떠올리게 된다. 우리는 중풍병자를 돕는 사람들이 그를 "예수께 데려갈 수 없으므로 그 계신 곳의 지붕을 뜯어 구멍을 내고 중풍병자가 누운 상을 달아 내린"[막 2:4, 눅 5:19] 일을 잘 안다. 많은 탈무드 문헌을 통해 알 수 있듯이 랍비들은 종교적인 문제에 관해 토론할 때면 '다락방'을 즐겨 이용하였다. 이번에도 역시 그랬을 것이고, 환자를 데려온 사람들은 다락방 문을 통해 안으로 들어갈 수 없자 지붕 위로 올라가 천장을 뚫었을 것이다. 아니면 더 개연성이 있는 경우로, 많은 이들이 아래 마당에 가득 차 있고 예수님은 마당을 빙 둘러 여러 방을 향해 열려 있는 회랑에 서 있었을 것이라고 생각하면, 그 사람들은 예수님 위쪽에 있는 지붕을 뚫고서 데려온 환자를 모든 사람이 보는 앞에서 주님 발 앞에 천천히 내려놓았을 수도 있다. 이 이야기와 매우 비슷하면서도 분명한 차이가 있는 한 랍비의 이야기를 살펴보자.[모에드 카탄 25 A] 그 이야기에 따르면 저명한 스승의 시신을 담은 관이 문으로 빠져나갈 수 없게 되자 사람들은 관을 지붕 위로 가져가 아래로 달아 내려 길을 열었다고 하는데, 그렇게 열린 길은 새 생명이 아니라 무덤으로 나가는 길이었다.

흔히 손님이 어떤 집을 방문할 때면 거리에서 넓은 바깥마당을 지나 현관에 이르거나 아니면 곧바로 현관 앞에 서게 된다. 현관에서 문을 열면 안마당으로 이어지며, 이 안마당은 흔히 여러 가정이 함께 사용했다. 베드로가 감옥에서 기적적으로 풀려난 날 밤에 그를 맞은 로데라 하는 여자아이의 행동에서 볼 수 있듯이[행 12:13-14] 안에서 사람이 방문자의 이름을 확인하고 문을 열어 주었다. 우리 주님께서도 이처럼 잘 알려진 가정생활을 예로 들어 다음과 같이 말씀하셨다. "볼지어다. 내가 문 밖에 서서 두드리노니 누구든지 내 음성을 듣고 문을 열면 내가 그에게로 들어가 그와 더불어 먹고 그는 나와 더불어 먹으리라."[계 3:20] 이 안마당을 지나 회랑을 거쳐서 거실과 응접실과 침실 등 여러 방에 이르게 되는데, 가장 구석진 방은 여인들이 사용하고 안쪽의 방은 주로 겨울에 사용하였다. 가구는 오늘날 사용하는 것과 상당히 유사하게 탁자와 장의자, 의자, 촛대, 등잔으로 구성되었으며, 그 가정의 지위와 재산에 따라 가격에서 차이가 나는 것들이었다. 사치품이라면 머리와 팔을 괴는 데 사용하는 값비싼 쿠션이라든가 장식품이 있었고 간혹 그림도 있었다. 목제 핀으로 경첩에 고정시켜 움직이게 만든 문은 목제 빗장으로 잠갔으며 밖에서 열쇠로 열 수 있었다. 식당은 대체로 넓은 편이었고 흔히 응접실로도 사용하였다.

지금까지 우리는 팔레스타인의 도시와 주택의 형태 및 외관에 관해 살펴보았다. 하지만 이러한 외적인 요소만으로는 유대인 가정의 실질적인 모습을 온전히 파악할 수 없다. 속을 들여다보면 모든 것이 매우 특별나다. 우선, 유대인은 할례 예식을 통해 주변 여러 민족 가운데 구별되어 하나님께 속하게 된다. 아침과 저녁에 드리는 개인기도는 하루의 삶을 거룩하게 하며, 가족이 함께하는 종교생활로 가정이 튼튼히 세워진다. 식사 때마다 손을 씻고 기도하며, 식사를 마치면 감사기도를 드린다. 이에 더해 가정이 특별한 축일로 지키는 날이 있었다. 거듭되는 안식일은 일하는 한 주간을 거룩하게 하였다.◉ 안식일은 왕처럼 여겨 기쁨으로 맞거나 신랑처럼 여겨 노래로 맞아야 했다. 또 각 가정에서는 안식일을 거룩한 쉼과 기쁨의 절기로 지켰다. 그런데 랍비주의가 이 모든 일을 단순한 형식주의 수준으로 끌어내렸으며, 일은 무엇이고 기쁨의 원천은 무엇인가에 관한 규정을 끝없이 덧붙임으로써 안식일을 감당하기 버거운 짐으로 변질시켰다. 그 결과 안식일의 성스러운 특성이 완전히 바뀌어 버렸다. 그러나 그 근본이념은 그대로 유지되었는데, 그것은 마치 궁전이 섰던 곳이 어디며 궁전의 장엄한 모습이 어떠했는지를 보여주는 무너진 기둥과 같았다. 안식일을 맞는 저녁에 회당에서 집으로 돌아온 가장은 집 안이 축일에 어울리게 치장된 것을 보게 된다. 안식일 등잔은 밝게 타오르

◉ 안식일을 기억하여 거룩하게 지키라. 엿새 동안은 힘써 네 모든 일을 행할 것이나 일곱째 날은 네 하나님 여호와의 안식일인즉 너나 네 아들이나 네 딸이나 네 남종이나 네 여종이나 네 가축이나 네 문안에 머무는 객이라도 아무 일도 하지 말라. 이는 엿새 동안에 나 여호와가 하늘과 땅과 바다와 그 가운데 모든 것을 만들고 일곱째 날에 쉬었음이라. 그러므로 나 여호와가 안식일을 복되게 하여 그 날을 거룩하게 하였느니라(출 20:8-11).

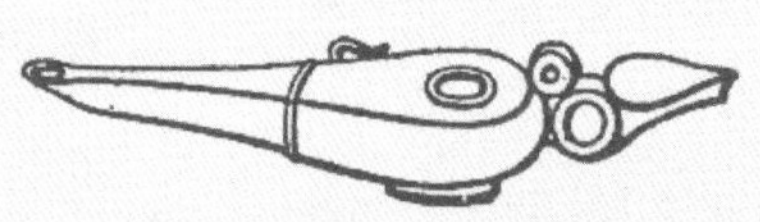
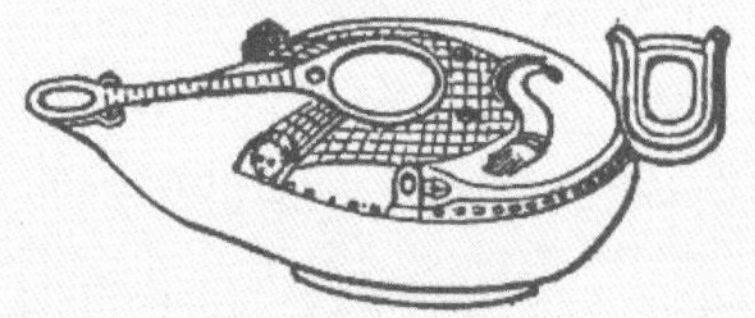

안식일 등잔

안식일 등잔은 밝게 타오르고 식탁은 있는 힘을 다해 최상으로 차려졌다. 가장은 먼저 이스라엘의 복으로 자녀들을 일일이 축복했다. 그리고 다음 날 저녁, 안식일 촛불이 꺼지면 가장은 신성한 날과 일하는 주간을 엄숙하게 구별했다.

고 식탁은 있는 힘을 다해 최상으로 차려졌다. 가장은 먼저 이스라엘의 복으로 자녀들을 일일이 축복했다. 그리고 다음 날 저녁, 안식일 촛불이 꺼지면 가장은 신성한 날과 일하는 주간을 엄숙하게 '구별'하며, 그렇게 해서 다시 한 번 주님의 이름으로 자기 일을 시작했다. 또 나그네와 가난한 사람, 과부, 고아들을 잊어서는 안 되었다. 유대인의 삶과 규례와 실천에 관해 깊이 공부한 사람이라면, 어려운 처지의 사람들이 얼마나 온전히 도움을 받았는지, 도움을 받으면서도 어떻게 부담을 느끼지 않고 특권이라 여기게 되었는지, 그리고 구제는 얼마나 빈틈없이 시행되었는지 잘 알 것이다. 이스라엘 사람은 모두가 형제이며 예루살렘의 시민인 까닭이었다.[6]

그런데 다음으로 살펴볼 내용은 가정생활보다는 오히려 종교적인 삶이라는 면에서 이해해야 할 것들이다. 우선, 여자를 창조할 때 사용한 '여자'라는 호칭에 해당하는 히브리어는 아내가 남편의 동료가 된다는 의미를 담고 있으며, 남편과 아내가 동등하다는 사실을 말해 준다(여성을 뜻하는 '이샤'는 남성을 가리키는 '이쉬'에서 왔다).◉ 유대교와 이교의 차이가 가장 확연하게 드러나는 곳이 남편과 아내, 아이와 부모, 젊은이와 노인의 관계를 살펴볼 때이다. 하나님께서 아버지로서 당신의 백성과 맺는 관계조차도 이 땅 위

6. 독자들은 여기서 말한 사실이 개괄적인 내용일 뿐이라는 점을 기억하기 바란다. 이 주제 전체를 그 함의까지 포함해 온전히 다루기 위해서는 훨씬 더 방대한 저술이 필요하다.

◉ 아담이 이르되 이는 내 뼈 중의 뼈요 살 중의 살이라. 이것을 남자에게서 취하였은즉 여자라 부르리라 하니라(창 2:23).

의 부모와 자식을 묶는 끈에 독특한 힘과 성스러운 속성을 부어 준다. 여기서 꼭 기억해야 할 사실이 있다. 말하자면, 이스라엘이 한 국가로서 품었던 총체적인 목적과 그들 가운데서 메시아가 나타나리라는 희망은, 이스라엘의 빛이 간혹 희미해질 때가 있을지는 몰라도 결코 꺼지지 않는다는 사실을 각 가정마다 깊이 품어야 할 주제로 심어 주었다는 점이다. 그래서 "잡혀간 자를 위하여 슬피 울라. 그는 다시 돌아와 그 고국을 보지 못할 것임이라"렘 22:10와 같은 성경 구절이 자식을 두지 못하고 죽은 사람들에게 적용되었다.모에드 카탄 27 B 이와 유사하게, 자식 없는 사람은 죽은 자와 같다는 말도 있다.◉ 부모와 자식의 관계를 표현하는 속담들이 랍비 문헌에 나오는데, 그런 속담이 잘 적용된 글을 보면서 우리는 신약성경의 저자들이 바로 유대인이었다는 사실을 깨닫게 된다. 성도가 누리는 안전에 대해 "누가 능히 하나님께서 택하신 자들을 고발하리요. 의롭다 하신 이는 하나님이시니"롬 8:33라고 확신에 차서 말하는 구절을 보면서 우리는 이 말을 한 사도 바울이 "아버지가 자기 아들에게 나쁜 증언을 하겠느냐?"아보다 자라 3라는 경구를 잘 알고 있었다고 믿게 된다. 이와 비슷하게 "자기 아들을 미워하는 아버지가 있겠느냐?"라는 질문은 히브리서에서 고난당하는 신자들을 위로하는 말씀인 "너희가 참음은 징계를 받기 위함이라. 하나님이 아들과 같이 너희를 대우하시나니 어찌 아버지가 징계하지 않는 아들이 있으리요"히 12:7를 생각나게 한다.

◉ 보라, 자식들은 여호와의 기업이요 태의 열매는 그의 상급이로다(시 127:3).

부모와 자식의 관계를 설명하는 데 가장 무난한 것이라면, 다섯 번째 계명을 위반하는 것보다 더 큰 죄는 없다는 말을 들 수 있겠다.◉ 탈무드는 으레 그러하듯 꼼꼼하게 따지고 들어가 "아들은 아버지를 공궤供饋하고 옷을 지어 드리며, 보호하고 잘 모셔 출입하게 하며, 얼굴과 손발을 씻겨 드려야 한다"라고 규정한다. 예

◉ 네 부모를 공경하라. 그리하면 네 하나님 여호와가 네게 준 땅에서 네 생명이 길리라(출 20:12).

루살렘 게마라(미쉬나 주석)는 한술 더 떠 아들은 아버지를 위해 구걸이라도 해야 한다고 말한다. 물론 랍비주의에서는 육신의 부모보다는 영적 부모, 아버지보다는 율법을 가르치는 교사를 더 중요하게 여겼던 것도 사실이다. 유대 사회의 일반적인 형편을 보면 부모는 자녀를 사랑으로 보살펴야 하고 자녀는 나이든 부모의 변덕이나 질환에서 생기는 어려움과 고통을 견디면서 부모의 은혜에 보답해야 했다. 부모에 대한 의무를 다하지 않거나 사랑으로 부모를 모시지 않는 일은 유대 사회에서 끔찍한 혐오감을 불러일으켰을 것이다. 부모에게 지은 범죄에 대해서는 하나님의 법에 따라 최고의 벌이 가해졌는데 다행하게도 그런 죄는 거의 알려진 바가 없다.

다른 한편, 랍비들은 부모의 의무에 대해 자세히 규정하고 부모의 권한에도 한계를 정해 놓았다. 그래서 아들은 스스로 생계를 꾸릴 수 있게 되면 독립된 개체로 인정되었으며, 딸은 결혼할 때까지는 아버지의 권위에 종속되었지만 나이가 찬 후에는 딸 자신의 의견이나 자유로운 동의가 없으면 아버지 마음대로 결혼시킬 수 없었다. 아버지가 자녀를 체벌하는 것이 가능했지만 어디까지나 어릴 때만 그렇게 했고, 그럴지라도 자존감을 파괴할 정도가 되어서는 안 되었다. 그러나 어른이 된 아들을 때리는 일은 금지되었으며 위반하면 파문을 당하게 되었다. "아비들아, 너희 자녀를 노엽게 하지 말고"엡 6:4라는 사도의 훈계를 탈무드에서도 문자적으로 거의 일치하는 형태로 볼 수 있다.모에드 카탄 17 A 정확히 말해 유대 율법은 아버지가 자녀를 먹이고 입히고 집을 제공해야 하는 무조건적인 의무를[7] 자녀가 여섯 살까지만 지도록 한정했고, 이후에는 그렇게 하는 것이 사랑의 의무로 권고되었을 뿐 법적으로 강제되지는 않았다.케투보트 49 B, 65 B 부모가 갈라서는 경우 어머니가 딸을

7. 어머니는 그러한 법적 책임에서 자유로웠다.

맡고 아버지가 아들을 맡았지만, 재판관이 자녀의 유익을 위해 필요하다고 판단하면 아들을 어머니에게 맡기기도 하였다.

유대인의 가정생활에 대한 논의를 마치면서 노인을 공경하는 일에 대해 간단하게나마 언급하는 것이 마땅하겠다. 율법이 기록된 돌판의 깨진 조각들이 언약궤 안에 보관되어 있듯이 노인도 비록 정신이나 기억력이 손상되었다 해도 존경하고 고이 모셔야 한다고 주장한 훌륭한 가르침이 있었다.[베라코트 8 B] 물론 이와 같은 해석이 옳은지에 대해 의문을 품는 사람도 있기는 했다. 랍비주의에서는 이 문제를 극단까지 밀고 나가 노인이 율법에 무지한 사람이나 이방인일지라도 존경해야 한다고 가르쳤다. 하지만 이 점과 관련해 의견이 다양하게 갈렸다. "너는 센 머리 앞에서 일어서고 노인의 얼굴을 공경하며"라고 말하는 레위기 19:32은 오직 현자에게만 해당하는 것으로 해석해야 하고 그들만을 노인으로 대접해야 한다는 주장도 있었다. 랍비 요세가 학식 있는 젊은이를 덜 익은 포도를 먹고 새 포도주를 마신 사람에 비유했다면, 랍비 예후다는 "병을 보지 말고 그 병에 담긴 것을 보라. 오랜 포도주를 담은 새 병이 있으며 새 포도주조차 담지 못한 낡은 병이 있다"[아보트 IV. 20]고 가르쳤다. 또 신명기 13:1-2과 18:21-22에서는 예언자가 행한 표적을 보고 그를 판단하라고 사람들에게 가르치고 있으며[◉]—유대인들은 이 가르침을 그릇 적용해서 그리스도를 향해 자신들에게 무슨 표적을 보여주겠느냐고 따져 물었다[요 2:18, 6:30]—이에 반해 신명기 17:10에서는 그저 "여호와께서 택하신 곳에서 그들이 네게 보이는 판결의 뜻대로 네가 행하되"라고 가르치고 있는데, 그렇다면 예언자와 노인의 차이가 무엇이냐는 물음이 제기되었다. 이 물음에 대한 답은 다음과 같았다. 예언자는 대사와 같아서 그가 왕에게서 받은 신임장을 보고 믿게 되지만, 노인은 그런 증

◉ 네가 마음속으로 이르기를 그 말이 여호와께서 이르신 말씀인지 우리가 어떻게 알리요 하리라. 만일 선지자가 있어 여호와의 이름으로 말한 일에 증험도 없고 성취함도 없으면 이는 여호와께서 말씀하신 것이 아니요 그 선지자가 제 마음대로 한 말이니 너는 그를 두려워하지 말지니라(신 18:21-22).

거 없이도 그가 한 말을 신뢰할 수 있는 사람이다. 그리고 노인에게는 적절하고도 분명한 존경의 표시를 보여야 마땅하다고 엄격하게 규정되었다. 나이 많은 사람 앞에서는 일어서야 하고 노인의 자리를 차지해서는 안 되며, 나이든 이에게는 정중하게 대답을 해야 하고 잔치자리에서는 노인에게 윗자리를 양보해야 한다는 것 등이다.

부모와 자식 사이의 의무를 랍비주의가 얼마나 엄격하게 다루었는지 살펴보았으므로, 마지막으로 전통주의에서 하나님의 율법을 문자적으로 숭배하면서 어떻게 그 정신을 파괴했는지 살펴보는 것이 유익하겠다. 여기서는 사례 하나만으로 충분한데, 우리가 살펴볼 것은 신약성경에 나오는 난해한 가르침에 빛을 비추어 주고 전통주의의 실체적 특성을 폭로하는 두 가지 이점을 지닌다. "자기의 아버지나 어머니를 저주하는 자는 반드시 죽일지니라"출 21:17는 계명만큼 율법의 문자 및 정신 모두와 명백하게 합치하는 계명도 없을 것이다. 하지만 우리 주님은 전통주의가 이 계명을 '헛되게' 만들었다고 비난하신다.마 15:4-6◉ 미쉬나에서 인용한 다음의 구절은 신기하게도 우리 주님의 비난이 정당함을 확증해 준다. "어떤 사람이 자기 아버지나 어머니를 저주했더라도 분명하게 여호와의 이름을 빌어 저주하지 않았다면 죄가 아니다."산헤드린 VII. 8 현자들은 어떤 식으로든 그 사람이 죄가 없다고 주장한다. 그런데 랍비들이 곡해한 사례는 이것만이 아니다. 회당의 도덕 체계는 교리적인 가르침과 마찬가지로 인간의 정신에 끔찍한 영향을 끼쳤다. 그런 체계는 세련되게 다듬어진 궤변 덩어리에 불과하며, 우리 구주께서는 "너희의 전통으로 하나님의 말씀을 폐하는도다"마 15:6라는 말씀으로 그 실체를 정확하게 폭로하셨다.

◉ 하나님이 이르셨으되 네 부모를 공경하라 하시고 또 아버지나 어머니를 비방하는 자는 반드시 죽임을 당하리라 하셨거늘 너희는 이르되 누구든지 아버지에게나 어머니에게 말하기를 내가 드려 유익하게 할 것이 하나님께 드림이 되었다고 하기만 하면 그 부모를 공경할 것이 없다 하여 너희의 전통으로 하나님의 말씀을 폐하는도다(마 15:4-6).

07.

자녀 양육

유대인으로 자라나다

유대인 부모와 자녀를 하나로 묶어 주는 다정다감한 끈은 히브리어에서 아이들의 삶을 여러 단계로 구분하는 데 사용하는 그림 같은 표현에서 찾아볼 수 있다. 삶의 새로운 시기를 묘사하는 용어는 '벤'(아들)과 '바트'(딸)라는 일반적인 단어 외에도 최소한 아홉 가지를 볼 수 있다.[1] 그중에서 첫째는 출애굽기 2:3, 6, 8에서 볼 수 있듯이 단순히 갓 태어난 아기를 가리키는 말인 '옐레드'와 그 여성형인 '얄다'이다.◎ 우리는 이 단어가 우리 주님의 탄생을 예언하는 구절인 "이는 한 아기(옐레드)가 우리에게 났고 한 아들(벤)을 우리에게 주신 바 되었는데"사 9:6에서 사용된 것을 안다. 반면에 "그들은……이방 사람의 자손(얄데)과 손을 잡고"라고 말하는 이사야 2:6새번역에서는 이 단어에 새로 비난의 의미가 더해진다. 즉, 이방인의 자손일 뿐만 아니라 그 출생 자체가 부정하다는 의미다. 이사야 29:23, 57:4, 예레미야 31:20, 전도서 4:13, 열왕기상 12:8,

1. Hamburger, *Real-Encycl*, vol. i. p. 642.

◎ 더 숨길 수 없게 되매 그를 위하여 갈대 상자를 가져다가 역청과 나무 진을 칠하고 아기를 거기 담아 나일 강가 갈대 사이에 두고(출 2:3).

열왕기하 2:24, 창세기 42:22 등 여러 구절에서 '옐레드'라는 단어가 그림 같은 시적 표현으로 사용된 것을 살펴보라.◉

◉ 그의 자손은 내 손이 그 가운데에서 행한 것을 볼 때에 내 이름을 거룩하다 하며 야곱의 거룩한 이를 거룩하다 하며 이스라엘의 하나님을 경외할 것이며(사 29:23).

시간의 순서로 따져 어린이를 가리키는 다음 명사는 '요네크'인데 이는 문자적으로 '젖먹이'를 의미하며 때로는 비유로 영어에서 식물의 '순'을 뜻하는 말로 사용되기도 한다. 이사야 53:2은 "그는 주 앞에서 자라나기를 연한 순(요네크) 같고"라고 말하고 있다. 또 이사야 11:8과 시편 8:2에서 '요네크'라는 말이 사용된 예를 볼 수 있다.◉ 반면에 앞의 시편 8:2에서 '어린아이들'로 번역된 표현은 어린이의 삶에서 한 걸음 더 나아간 세 번째 단계를 가리킨다. 이 말은 많은 성경 본문에서 볼 수 있다. '올렐'이라는 단어는 여전히 '젖먹이'라는 의미를 함축하기는 하지만 이제 더 이상 젖으로만 만족하지 않고 '떡을 구하는' 상태를 뜻하는데, "젖먹이(요네크)가 목말라서 혀가 입천장에 붙음이여. 어린아이들(올라임)이 떡을 구하나 떼어 줄 사람이 없도다"라고 말하는 예레미야애가 4:4에서 볼 수 있다.

◉ 여호와 우리 주여, 주의 이름이 온 땅에 어찌 그리 아름다운지요. 주의 영광이 하늘을 덮었나이다. 주의 대적으로 말미암아 어린아이들과 젖먹이들의 입으로 권능을 세우심이여. 이는 원수들과 보복자들을 잠잠하게 하려 하심이니이다(시 8:1-2).

네 번째 표현은 어린아이를 '가물', 곧 '젖 뗀 아이'[시 131:2, 사 11:8, 28:9]라고 부르는데, 이 말은 일차적으로 '완료하다'를 의미하고 이차적으로는 '젖을 떼다'를 뜻하는 동사에서 온 것이다.◉ 알다시피 히브리인의 젖을 떼는 시기는 대체로 두 살 끝 무렵이었으며[케투보트 60] 이때가 되면 잔치를 벌여 축하했다. 이 일이 있은 후에 히브리 부모들은 아이들이 제 엄마 곁을 떠나지 않고 자라 가는 것을 사랑스러운 눈길로 지켜보았을 것이다. 여기서 다섯 번째 표현인 '타프'가 나왔다. 에스더 3:13의 "하루 동안에……어린이(타프), 여인들을 막론하고 죽이고"라는 구절과 예레미야 40:7, 에스겔 9:6에서 볼 수 있다. 여섯 번째 시기는 '엘렘'(여성형은 '알마'로서 이사야 7:14의 '처녀'가 이 단어다)이라는 말로 표기되며 튼튼하고 강하게

◉ 실로 내가 내 영혼으로 고요하고 평온하게 하기를 젖 뗀 아이가 그의 어머니 품에 있음 같게 하였나니 내 영혼이 젖 뗀 아이와 같도다(시 131:2).

자랐음을 뜻한다.◉ 예상할 수 있듯이 그 다음 단계는 청춘을 가리키는 '나아르'로, 이는 문자적으로 '털어버린' 혹은 '자유롭게 일어선' 사람을 뜻한다. 자녀를 가리키는 마지막 말로 '성숙한 자'를 뜻하는 '바후르'가 있다. 이사야 31:8과 예레미야 18:21, 15:8에서는 '장정'이라고 부른다. 자라 가는 자녀를 유심히 살펴보면서 각 단계마다 그림 같은 명칭을 붙여주는 부모라면 분명 깊은 애정으로 자녀를 품었을 것이다.

◉ 그러므로 주께서 친히 징조를 너희에게 주실 것이라. 보라, 처녀가 잉대하여 아들을 낳을 것이요 그의 이름을 임마누엘이라 하리라(사 7:14).

미쉬나의 한 구절을 보면[아보트 V. 21] 인생을 여러 시기로 나누고 그 특성에 따라 이름을 붙이고 있다. 자녀 양육에 관해 살피고 있는 지금 논의에 도움이 되는 만큼만 그 구절을 인용하여 소개한다. 테마의 아들 랍비 예후다는 이렇게 말한다.

다섯 살에는 성경을 읽고, 열 살에는 미쉬나를 배우고, 열세 살에는 계명을 준수하며, 열다섯 살에는 탈무드를 공부하고, 열여덟 살에는 결혼하고, 스무 살에는 장사나 사업(사회생활)에 힘쓰고, 서른 살에는 활력이 충만하며, 마흔 살에는 지성이 무르익고, 쉰 살에는 지혜를 베풀고, 예순 살에는 노년으로 접어들며, 일흔 살에는 황혼에 이르고, 여든 살에는 기력이 쇠하고, 아흔 살에는 허리가 휘고, 백 살에는 죽어서 세상을 떠난 것과 진배없다.

이 구절에서는 어린이가 다섯 살 때 성경을 읽기 시작해야 한다고 말한다. 물론 히브리어 성경을 읽는다. 그러나 이와 다른 견해도 있었다. 일반적으로 그렇게 이른 교육은 건강하고 심지가 굳은 아이의 경우에나 탈 없이 이루어질 수 있는 것으로 여겨졌다. 반면에 평범한 체질의 아이들은 여섯 살이 될 때까지는 정규 공부를 시작해서는 안 되었다. 탈무드에서 "만일 당신의 자녀가 여섯 살이 되기 전에 정규 교육을 시작한다면, 늘 매달려서 뒤치다꺼리를 해야 할 터이고 그런데도 아무것도 얻지 못할 것이다" 케투보트 50라고 말하는 것은 상식이자 건전한 경험을 표현한 것이다. 이 말은 주로 그렇게 일찍이 정신에 부담을 주어 야기되는 건강상의 심각한 위해를 지적한 것이다. 다른 한편으로 아이를 세 살 때부터 가르치기 시작하라는 권고를 듣게 된다면 그것은 성경의 특정 구절이나 독립된 작은 부분, 기도문을 부모가 자기 자녀에게 아주 어린 시절부터 반복하도록 시키는 조기 교육을 가리킨다고 보아야 한다. 뒤에서 살펴보겠지만, 팔레스타인에서 법적으로 부모가 아들을 학교에 보낼 나이는 여섯 살이나 일곱 살 때였다.

그러나 히브리인들 사이에서 자녀 교육이 실질적으로 언제 시작되었는지를 밝히는 일은 쉽지 않아 보인다. 흔히 사람들은 과거를 회상하면서 자기가 가장 소중한 가르침을 얻었던 때는 자신의 의식에서 최초로 생각이 깨었던 일과 겹치는 것으로 생각한다. 아이가 말을 할 수 있기 전, 그러니까 초보적인 언어로나마 배운 것을 이해할 수 있기 전부터, 그리고 가정에서 매주 되풀이 행하는 축일 의식이나 연례 명절 행사에 참여하기 전부터 분명 어린이는 '메주자'MESUSAH에 마음이 끌렸을 것이다. 메주자는 '정결한 방'[2]의 문설주나 유대인만 사는 집의 입구에 부착하였다. 메주자는 집에 다는 일종의 경문곽으로서 사람이 착용하는 경문곽과 같은 용도로 사용되었는데, 이 두 가지는 모두 영적인 의미를 지닌 하나님의 명령을신 6:9, 11:20 문자적으로 잘못 이해하고 적용한 데서 유래한 것이다. 초기에 유대인이 지킨 이 관례에는 이교신앙에 크게 물든 오늘날의 관습 같은 것들이 없었으며[3] 팔레스타인의 많은 집들이 메주자를 달지 않았던 것이 분명해 보인다. 하지만 그리스도께서 활동하시던 시대로 오면, 바리새파를 적극적으로 따르는 가

2. 메주자는 디로스 카보드(*diroth cavod*), 곧 '영예로운 집'이 아닌 곳에는 부착하지 않았다. 따라서 화장실과 욕실, 무두질 공장, 염색집 같은 곳에는 달지 않았다. 메주자는 회당에는 달지 않고 주거지에만 달았다.

3. '마세케트 메주자'는 초기 시대에는 권위 있는 것으로 인정받지 못했다. 그러나 '조하르'조차도 메주자의 근거 없는 효과를 주장하는 이교적인 미신과 유사한 내용을 많이 담고 있다(Kirchheim, *Septem libri Talm. parvi Hieros.* pp.12-16). 메주자와 관계가 있는 후기의 미신으로는 '쿠소 베무흐사스 쿠소'라는 이름(이스라엘의 수호천사 이름으로 추정됨)으로 불린 저술 등이 있다.

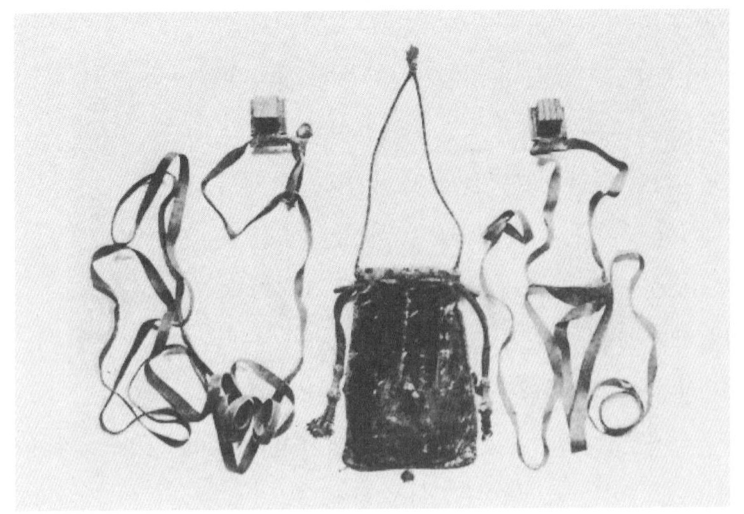

경문곽

메주자는 집에 다는 일종의 경문곽으로서 사람이 착용하는 경문곽과 같은 용도로 사용되었는데, 이 두 가지는 모두 영적인 의미를 지닌 하나님의 명령을 문자적으로 잘못 이해하고 적용한 데서 유래한 것이다.

정에는 어디나 메주자가 있었다.◎ 이른 시기에 나온 이사야 57:8에서 메주자를 암시하는 듯한 내용을 볼 수 있을 뿐만 아니라 요세푸스의 『유대 고대사』와 미쉬나에서도 메주자가 사용된 분명한 증거를 확인할 수 있다.베라코트 III. 3, 메길라 I. 8, 모에드 카탄 III. 4, 메나호트 III. 7

◎ 하나님께서 그들에게 주신 큰 복들을 문에다 새겨 놓아……그것들이 눈에 띄는 모든 곳에서 하나님께서 기꺼이 그들에게 복 주신다는 사실이 드러나게 해야 한다(유대 고대사 4.213).

메주자가 현재와 같은 형태로 유지되어 왔다고 가정한다면, 신명기 6:4-9과 11:13-21 두 본문을 작고 네모난 양피지에 22줄로 기록하여 세로로 둥글게 만 모양이었을 것이다.◎ 그것을 반짝이는 금속 상자에 담아 문설주에 달아 놓았기에 부모가 자녀를 안고 나가거나 들어올 때면 자연스럽게 아이들의 손이 거기에 닿았을 것이다. 게다가 아이는 아버지나 다른 사람들이 엄숙하게 그 상자를 만진 후 손가락에 입을 맞추면서 축복기도를 암송하는 모습을 지켜보았을 것이다. 일찍부터 메주자는 하나님의 보호하심과 밀접한 관계가 있는 것으로 여겼던 까닭에 특히 "여호와께서 너의 출입을 지금부터 영원까지 지키시리로다"시 121:8라는 구절과 함께 사용되었다. 현존하는 고대의 탁월한 문헌 가운데 가장 흥미

◎ 오늘 내가 네게 명하는 이 말씀을 너는 마음에 새기고……또 네 집 문설주와 바깥 문에 기록할지니라(신 6:6, 9).

로운 작품 하나가 '메킬타'MECHILTA이다. 이 문헌은 유대인의 출애굽기 주석으로, 그 내용은 미쉬나보다 오래되었고 늦어도 기원후 2세기 초에 나온 것이다. 메킬타에서는 메주자의 효력을 주장하면서, 죽음의 천사가 문에 언약의 표지가 되어 있는 이스라엘 사람들의 집을 건너뛰었기 때문에 메주자가 큰 가치가 있다는 점과,◉ 메주자는 주님의 이름을 열 번이나 언급하고 있으며 모든 세대에 걸쳐 이스라엘의 집에서 밤낮으로 볼 수 있다는 사실을 근거로 내세운다. 여기서부터 카발라KABBALAH라는 마술적 신비주의로 이어지고 또 만일 한 규빗짜리 메주자 안에 먼지나 티끌을 채운다면 365명이나 되는 악마, 그것도 종류가 아니라 등급에서 차이가 나는 악마가 몰려들 것이라는 식으로 주장하는 현재의 미신으로 이어진다.

◉ 내가 애굽 땅을 칠 때에 그 피가 너희가 사는 집에 있어서 너희를 위하여 표적이 될지라. 내가 피를 볼 때에 너희를 넘어가리니 재앙이 너희에게 내려 멸하지 아니하리라(출 12:13).

다시 본론으로 돌아가자. 어린아이에게 인식 능력이 생긴 후부터는 가족이 혼자 또는 함께 드리는 기도나 안식일이나 명절을 맞아 집에서 지키는 의례들이 아이의 마음에 뚜렷한 인상을 심어 주었을 것이다. 그러한 명절 의례 가운데 어떤 것이 아이의 상상력에 가장 생생한 영향을 주었는지 밝히는 일은 쉽지 않다. 우선 봉헌절인 '하누카'가 있다. 이 명절에는 집집마다 불을 밝히는데, (대개의 경우) 첫날 저녁에 모든 식구들을 위해 촛불 하나를 밝히고 매일 밤마다 숫자를 늘려가 여덟째 밤까지 여덟 개를 밝히게 된다. 다음으로 에스더의 절기인 부림절이 있다. 이 날은 그 기원이 원래 그렇듯 기뻐하며 떠들썩하고 흥겹게 보냈다. 초막절에는 집안에서 가장 어린 사람이 가설 오두막에서 지내야 했다. 그리고 명절 중의 명절인 유월절 주간에는 모든 누룩을 없애고 음식 한 조각까지도 평소와는 다르게 차려서 아이들에게 그 명절이 특별한 날임을 보여주었을 것이다. 아무튼 그 무렵부터 어린이는 교육을 받게 되고 나아가 그 나름으로 여러 예식에 참여할 수 있었으며, 시간이 흐르면서 감동은 점점 더 깊어졌을 것이다.

예루살렘에 있는 여호와의 전 마당에서 예배를 드려 본 아이라면 결코 자기가 목격한 장면과 들었던 말을 잊지 못했을 것이다. 장엄하고 화려한 건물 안으로 들어가 겹겹이 치솟은 정경을 올려다본 아이는 고개를 돌려, 흰옷을 입은 수많은 제사장들이 분주하게 움직이고 번제단에서 희생제물의 연기가 솟아오르는 장면을 경외심에 젖어 놀라운 마음으로 지켜보았을 것이다. 이어서 분향하는 시간이 되자 무리 사이로 침묵이 깃들고 모두가 머리를 숙여 예배에 몰입했다. 곧이어 지성소로 향하는 층계 위에서 제사장이 손을 높이 들어 사람들에게 축복을 선언하고 이어 전제를 붓는 사이에 레위인들의 시편 찬양이 큰 소리로 울려 나왔다. 레위 지파 아이들이 내는 정교한 고음부를 남성들의 깊고 우렁찬 음조가 감싸고 그 뒤를 악기 연주가 따랐다. 유대의 어린이들은 이 노래 가운데 많은 것을 알아들었다. 그 노래들은 아이들이 아주 일찍부터 들어 왔던 것이고 '아기'(타프) 때 어머니 품에 안겨 들었던 최초의 훈계였다.

메노라

황금으로 만든 일곱 가지 촛대로, 성막과 성전을 밝히기 위해 계속 불을 붙여 놓았다.

이제 흰 대리석으로 지어 황금으로 치장하고 푸른빛 하늘을 천장 삼은 여러 방으로 들어선다. 이 모든 것을 배경 삼아 찬양은 마치 딴 세상에서 들려오는 소리 마냥 아이들의 귓가에 울린다. 그에 더해 세 겹 음으로 길게 울리는 제사장의 은나팔 소리가 그들의 마음을 깨운다. 그 소리 역시 딴 세상에서 오는 소리였다. 아버지가 알려 주었을 터이지만 아이가 본 모든 것은 시내 산에서 하나님께서 모세에게 보여주신 천상의 것들을 정확하게 본뜬 것이며, 또 아이가 들은 모든 것은 하나님께서 말씀하신 것으로 주의 종 다윗과 이스라엘의 뛰어난 가수들의 입을 통해 전해진 것이었다. 게다가 이 장소와 집은 하나님께서 택하신 곳이다. 어둠 짙은 지성소—격리된 이곳에는 일 년에 단 한 번, 대제사장이 화려한 황금색 평상복 대신 수수하고 순수한 흰색 옷을 입고 들어갔다—에는 전에 언약궤가 있었다. 언약궤에는 하나님께서 손수 파고 새기신 율법 돌판이 들어 있었으며, 그 위 그룹들(케루빔) 사이에는 여호와께서 구름 가운데 눈에 보이게 임재하시는 보좌가 있었다. 성전과 거기서 이루어지는 예식은 진정 이 땅 위에 허락된 천국이었다.

또한 어린아이가 처음으로 참석한 유월절 만찬의 인상도 쉽사리 잊히지 않았을 것이다. 유월절 만찬이 가리키는 위대한 사건이라든지 예식의 모든 부분과 의례에 관해 율법이 정한 바를 세세히 가르치지 않는다고 해도 그 만찬의 상징과 의례들만으로도 오감을 자극하기에 충분했다. 그날 밤에 이스라엘은 국가로 태어나고 '주의 백성'으로 구속받았기 때문이다. 또 그때 이스라엘의 미래 역사가 하나의 원형으로서 주조되었으며, 전 인류에 대한 이스라엘의 영구한 의미와 중요성이 모범으로 제시되었고, 그와 더불어 하나님의 사랑의 목적과 은혜로운 사역이 예시되었다. 의식을 진행하는 중에 유월절 식탁에 앉은 식구 중 가장 어린 자녀가 자리에서 일어나 이 모든 의식이 뜻하는 바가 무엇이며 또 그 밤이 다른 날 밤과 구별되는 이유가 무엇인지 공식적으로 질문하는 순서가 정해져 있었다.◎ 이 질문에 아버지는 아브라함이 부름받은

◎ 이 후에 너희의 자녀가 묻기를 이 예식이 무슨 뜻이냐 하거든 너희는 이르기를 이는 여호와의 유월절 제사라. 여호와께서 애굽 사람에게 재앙을 내리실 때에 애굽에 있는 이스라엘 자손의 집을 넘으사 우리의 집을 구원하셨느니라 하라(출 12:26-27).

일에서부터 이집트에서 해방되고 율법을 받은 일에 이르기까지 이스라엘 나라의 전체 역사를 아이의 수준에 맞는 말로 들려줌으로써 답하였다. "이 모든 일에 대해 자세히 설명할수록 더 좋다"고 하였다.

이 모든 사실에 비추어 볼 때, 필론PHILON이 유대인은 "요람에 있을 때부터, 곧 거룩한 율법이나 구전 전승을 배우기 전부터 아버지와 선생과 지도자들에게서 하나님을 아버지와 세상의 창조자로 인식하도록 훈련을 받았다"라고 말하고 또 "그들은 아주 어렸을 때부터 율법의 지식을 배웠기 때문에 영혼 속에 계명의 상을 지니고 있었다"라고 말한 것은 과장이 아니다.『가이우스에게 보낸 사절』16, 31 이와 동일하게 요세푸스도 유대인은 "아주 일찍이 의식이 깰 때부터 율법을 배웠던 까닭에 율법이 영혼 깊숙이 새겨지게 되었다"라고 증언하는데,아피온 반박문 2.18 물론 요세푸스가 늘 그렇듯이 자랑스럽게 떠벌이면서 자기가 열네 살 때에 "예루살렘의 대제사장과 유지들이 자주" 그를 찾아와 "율법 사항의 정확한 의미에 관하여" 자문을 구했노라고 주장하는 것은 믿기가 힘들다.자서전 7-12, 유대 고대사 4.31, 아피온 반박문 1.60-68, 2.199-203

하지만 그러한 증언이 없어도 상관없다. 오랜 세월에 걸쳐 계속 우리를 이끌어 준 구약성경과 외경, 신약성경에서도 똑같이 자녀 양육에 신중한 태도를 발견할 수 있다. 성경에 나오는 가장 오랜 이야기 하나를 보면, 하나님께서 아브라함에게 "내가 그로 그 자식과 권속에게 명하여 여호와의 도를 지켜 의와 공도를 행하게 하려고 그를 택하였나니"창 18:19라고 말씀하신다. 말이 나온 김에 그 의미를 밝히면 아브라함의 자손을 육을 따르는 자손과 영을 따르는 자손으로 구분한 것이라고 볼 수 있다.[4] 하나님의 말씀이 가르치는 이 정신이 율법 아래서 얼마나 철저하게 실행되었는지

4. Oehler, *Theol. d. A. Test*. vol. i. p. 91.

는 출애굽기 12:26, 13:8, 14, 신명기 4:9, 10, 6:7, 20, 11:19, 31:13, 시편 78:5, 6과 같은 구절을 비교해 보면 알 수 있다.◉ 이 주제를 깊이 파기 위해서, 아니면 하나님께서 당신의 백성을 다루신 일이 어떻게 부모와 자식의 관계를 위한 기초와 모범으로 여겨졌는지를 밝히기 위해서 괜히 애쓸 필요는 없다. 구약성경 가운데 제대로 연구하기만 하면 옛 율법에 따른 사회생활과 가정생활에 대한 깊은 깨달음을 주는 책이 잠언인데, 자녀 양육에 관한 훈계로 가득 차 있어서 독자들로 하여금 그 책을 읽게 하는 것만으로도 충분하다. 잠언에서 독자들은 여호와를 경외하고 섬기는 가운데 참된 지혜에 이르는 훈련의 가치와 목적을 발견하고 그 반대의 경우에 따르는 위험이 생생하게 기술된 것을 보게 될 것이다. 그 모든 가르침의 실질적인 의미는 어느 시대에나 참된 말씀인 "마땅히 행할 길을 아이에게 가르치라. 그리하면 늙어도 그것을 떠나지 아니하리라"잠 22:6는 구절 속에 잘 요약되어 있다.◉ 그리고 이 구절이 신약성경에 적용된 경우를 "너희 자녀를……오직 주의 교훈과 훈계로 양육하라"엡 6:4는 말씀에서 볼 수 있다.

◉ 오직 너는 스스로 삼가며 네 마음을 힘써 지키라. 그리하여 네가 눈으로 본 그 일을 잊어버리지 말라. 네가 생존하는 날 동안에 그 일들이 네 마음에서 떠나지 않도록 조심하라. 너는 그 일들을 네 아들들과 네 손자들에게 알게 하라(신 4:9).

◉ 의인의 아비는 크게 즐거울 것이요 지혜로운 자식을 낳은 자는 그로 말미암아 즐거울 것이니라(잠 23:24).

이 외에도 잠언은 우리가 관심 가질 만한 다른 측면을 우리 앞에 펼쳐 보인다. 잠언에서는 여성을 온전히 평가하여 그 진정한 존엄성을 밝혀 주고 있으며 여성이 가정생활에서 차지하는 위치와 영향력을 분명하게 한다. 지금 우리가 살펴보는 대로, 자녀를 훈련하는 책무는 일차적으로 아버지에게 있었으며, 하나님의 계명과 랍비들의 규정을 따라 이루어졌다. 그러나 주의 깊은 독자라면, 아버지가 중심을 이루는 이야기에서조차도 모성적 관계를 통해 발휘되는 여성의 영향력이 가정의 삶을 하나님의 말씀에 따라 세워지도록 주도하고 있으며 특히 초기의 자녀 양육에서 그러한 점이 두드러지게 나타난다는 사실을 놓치지 않을 것이다. 사무엘의 어머니와 엘리사를 대접한 경건한 수넴 여인만큼 이와 같은 특성을 아름다운 모습으로 보여주는 사람도 없다. 그런데 잠언을 살펴보면, 군주국가 이스라엘의 초기 시대부터 거룩한 땅의 울타리 밖, 경건한 이스라엘 사람들이 정착한 어느 곳에서나 구약성경에서 묘사하는 특징적인 삶이 이루어졌다는 사실을 알 수 있다. 이 주제는 역사적으로나 종교적으로 매우 흥미롭고 또 어떤 독자들에게는 매우 생소한 것일 수 있기에 여기서 잠깐 곁길로 빠져 살펴보겠다.

거룩한 땅의 경계 밖, 두마 가까운 곳에 맛사라는 지역이 있었다.창 25:14◉ 그곳은 원래 이스마엘 자손의 터전 가운데 하나였다.대상 1:30 이사야 21:11을 통해 우리는 그곳이 세일 산 너머에, 곧 팔레스타인의 동남쪽, 아라비아 북부에 있었다고 추정할 수 있다. 맛사의 이스마엘 자손들이 참 하나님이신 여호와를 알았는지, 맛사에 유대인 식민지가 세워져 주님에 대한 예배가 이루어졌는지,[5] 아니면 히브리인 이주자들의 영향을 받아 그러한 종교적 변화가 이루어졌는지 알 수는 없지만, 분명한 사실은 잠언의 마지막 두 장에서는 맛사의 왕족이 구약성경의 영적 종교에 깊이 감화받은 것으로 소개하고 있으며 국왕의 어머니는 왕위 계승자를 주님을 알고 경외하도록 교육시킨 것으로 밝히고 있다.[6] 이것이 허황된 주장이 아닌 것은 맛사 왕후의 교훈과 두 왕자의 말이 잠언에 삽입되어 구약성경의 영감된 기록의 일부가 되었다는 사실에서 알 수 있다. 가장 신뢰할 만한 비평에 따르면, 잠언 30:1은 다음과 같이 번역되어야 한다. "이것은 맛사를 다스린 여인의 아들 아굴의 말이다. 그가 하나님께 아뢰기를, '나와 함께하신 하나님, 하나님께서 나와 함께하시니 내가 힘을 얻습니다'라고 하였다."[7] 그리고 잠언 31장에는 아굴의 형제가 한 다음과 같은 말이 실려 있다.

◉ 이스마엘의 아들들의 이름은 그 이름과 그 세대대로 이와 같으니라. 이스마엘의 장자는 느바욧이요 그 다음은 게달과 앗브엘과 밉삼과 미스마와 두마와 맛사와 하닷과 데마와 여둘과 나비스와 게드마니(창 25:13-15).

5. 역대상 4:38-43을 근거로 우리는 시므온 족속을 중심으로 그 지역에 식민지가 세워진 것으로 추정할 수 있다. 예언자들의 기록(사 21장, 미 1장) 역시 유대인 개척자들이 널리 퍼져 나갔다는 사실을 말한다. 중세 유대인 저술가들과 아랍 저술가들은 맛사와 두마 지역에 많은 유대인이 거주했다고 주장하였다. Ritter, *Arabien*, p. 406.

6. 흠정역 성경 잠언 30:1, 31:1에서 '예언'(prophecy)이라고 번역된 말은 단순히 '맛사'라는 지역의 이름을 가리키는 것이 확실하다.

7. 또 다른 번역에서는 "그가 하나님께 아뢰기를, '저는 열심히 하나님을 찾았고 이제 낙심하게 되었습니다'"로 옮기고 있다. 물론 여기서는 비판적 논의를 제시하기 어려우며, 단지 델리취와 죄클러, 이발트, 히치히, 베르투 같은 학자들이 공통적으로 제시하는 결론을 따른다는 점만 밝혀 둔다.

"맛사 왕 르무엘이 한 말, 곧 그가 어머니에게서 배운 잠언이다." 만일 두 왕자의 이름이 어머니의 신념을 담아낸 것이라면—아굴은 '포로된'이라는 뜻이며 르무엘은 '하나님을 위한' 또는 '하나님에게 드려진'이라는 의미다—잠언 31:2-9에 나오는 그 어머니의 가르침은 곧 '이스라엘 어머니'의 교훈이라고 말할 수 있다. 이러한 어머니의 가르침에 이어 현숙한 여인의 덕과 헌신에 대한 진지한 서술이 따르는 것도 놀랄 일은 아니다.[잠 31:10-31◉] 그 본문의 각 구절은 시편 119편의 여러 연들처럼 히브리어 알파벳의 글자 순서를 따라 열거되는데,[8] 이는 마치 그녀의 찬양이 세상 언어의 모든 문자를 통해 울려 퍼지게 하는 것과 같다.

◉ 누가 현숙한 여인을 찾아 얻겠느냐. 그의 값은 진주보다 더 하니라(잠 31:10).

8. 히브리어 알파벳은 스물두 글자다.

예상할 수 있듯이 외경[APOCRYPHA]의 책들을 지배하는 기풍은 구약성경 속에서 살아 숨 쉬는 정신과는 전혀 다르다. 하지만 '집회서' 같은 작품을 보면, 비교적 후대의 타락한 시대인데도 종교적인 사고에서는 자녀의 경건한 양육이 가장 비중 있는 자리를 차지했음을 알 수 있다. 그러나 여성이 찬란한 영광의 빛에 싸여 등장하는 일은 신약성경을 헤아릴 때 보게 된다. 여기서 우리는 아버지가 아니라 어머니의 영적인 영향력을 집중적으로 살펴보겠다. "세베대의 아들들의 어머니"[마 27:56]와 예루살렘에 있는 자기 집을 첫 제자들과 혹독한 박해를 겪던 제자들에게 회합 장소와 피난처로 내어 준 요한 마가의 어머니,[행 12:12] 사도 요한과 함께 "진리를 아는 모든 자"가 사랑했던 "택하심을 받은 부녀와 그의 자녀들",[요이 1:1] 그리고 역시 택하심을 받은 그녀의 자매와 자녀들[요이 1:13]을 들 수 있는데, 이외에도 두 가지 뛰어난 사례를 더 살펴보자.

이 중에서 첫째는 어머니의 믿음과 기도와 사랑의 수고를 가장 감동적으로 보여주는 사례로, 후대 역사에서 이에 맞먹는 것으로는 아우구스티누스의 어머니인 모니카 경우뿐이다. 경건한 로이스의 딸인 유니게가 어떻게 이방인과 결혼하게 되었는지는,[9] 그 가정이 애초에 회당조차 없는 루스드라에[행 16:1, 14:6] 정착하게 된 경위에 관해서 만큼이나 알려진 것이 없다. 그 이방 도시에 사는 유대 가정은 기껏해야 둘이나 셋이었다. 로이스와 유니게는 그곳에서 여호와를 섬기는 유일한 사람들이었을지도 모른다. 바울이 처음 루디아를 만났던, 강가의 기도처[행 16:13] 같은 장소에 대한 언급이 전혀 나오지 않기 때문이다. 하지만 그렇게 불운한 처지에서 그리스 사람의 아내로 살았던 유니게는, "그의 자식들은 일어나 감사하며"[잠 31:28] 또 "그 행한 일로 말미암아" 새 예루살렘의 "성문에서 칭찬을 받으리라"[잠 31:31]고 말한 르무엘 왕의 찬사에 딱 어울리는 사람으로 입증되었다. "이는 네 속에 거짓이 없는 믿음이 있음을 생각함이라. 이 믿음은 먼저 네 외조모 로이스와 네 어머니 유니게 속에 있더니"[딤후 1:5]라는 말과 "또 [네가] 어려서부터 성경을 알았나니"[딤후 3:15]라는 사도 바울의 말만큼 진솔하고 감동적으로 경건한 유대 가정의 모습을 그려 낸 묘사도 없을 것이다.[◉]

다시 말해, 루스드라에는 디모데가 안식일마다 말씀을 듣거나 한 주간에 두 번 모세와 예언자들의 글을 읽고 여러 가지 종교 지식을 배울 만한 회당이 없었다. 우리가 아는 한 그곳에는 종교적인 교제도 없었고 어떤 종류의 교육 수단도 없었다. 심지어 아버지로부터 종교적인 모범을 배우는 것도 기대할 수 없었으며 오히려 온통 정반대의 형편이었다. 하지만 최고선을 향해 이끌어 주는, 꾸준하고 변함없으며 가장 강력한 영향력이 있었다. 바로 '이스라엘 어머니'의 감화였다. 디모데가 '타프'로서 어머니에게 매달려 있던 때부터—아니, '가물'과 '올렐', '요네크' 시기가 되기 전부터도—유니게는 주님의 훈계와 말씀으로 아들을 훈련하였다. 여기서 생각나는 구절이 "어려서부터[다시 말해 아기 때부

9. 신약성경의 논지에 따르면 디모데의 아버지는 출생에서뿐만 아니라 평생 동안 그리스 사람이었다. 즉, 유대교로 개종하지 않은 순수한 이방인이었다.

◉ 또 어려서부터 성경을 알았나니 성경은 능히 너로 하여금 그리스도 예수 안에 있는 믿음으로 말미암아 구원에 이르는 지혜가 있게 하느니라(딤후 3:15).

터][10] 성경을 알았나니 성경은 능히 너로 하여금 그리스도 예수 안에 있는 믿음으로 말미암아 구원에 이르는 지혜가 있게 하느니라"는 사도 바울의 힘 있는 말이다.

10. 이 그리스 단어는 문자적으로 '아기'를 뜻하며, 고대 저술가들뿐만 아니라 이 단어를 담고 있는 신약성경의 모든 구절에서도 그러한 의미로 사용된다(눅 1:41, 44, 2:12, 16, 18:15, 행 7:19, 딤후 3:15, 벧전 2:2).

외경과 요세푸스의 글과 탈무드에서 우리는 그 당시 믿음의 어머니들이 성경에 나오는 교육 수단 가운데 어떤 것을 이용할 수 있었는지 확인할 수 있다. 미쉬나에 따르면[베라코트 III. 3] 메주자의 의무는 남성만 아니라 여성도 지켜야 했는데도,◎ 디모데의 아버지 집 같은 곳에는 성경 구절을 담은 경문곽은 물론 메주자도 없었던 것으로 보인다. 이와 같은 메주자 규정에 대해 바빌론 탈무드가[베라코트 20 B] 제시하는 설명은 전혀 만족스럽지 못하다. 유대 율법에서 유니게와 그 아들의 경우와 같은 사례를 다루면서 이민족 간의 결혼을 인정하는 것이 될까 봐 걱정해서 그런 식으로 딱 떨어지게 말하지 못한 것은 아닐까? 이유야 어쨌든 우리는 시리아 박해 시대에 마카베오 가문이 반란을 일으키기 직전, 이스라엘에서는 각 가정이 구약성경의 전부나 일부를 소유하는 것이 일반적인 일이었다는 사실을 안다. 성경을 찾아내 폐기하는 일과[마카베오상 1:56-57] 성경을 소유한 사람을 처형하는 일이[유대 고대사 12.256] 박해의 수단으로 사용되었던 까닭이다.◎ 마카베오 가문이 승리한 후 시작된 종교 부흥기에는 그런 성경 사본들도 당연히 크게 늘어났을 것이다. 부유한 가정만이 양피지나 이집트산 종이에 기록한 완벽한 구약성경 사본을 소유했겠지만, 비록 가난하더라도 경건한 가정이라면 하나님의 말씀 가운데 일부—다섯 권의 율법서나 시편, 또는 한 권이나 그 이상의 예언서 두루마리—를 소중한 보물로 고이 간직했을 것이라고 추정해도 무리가 아니다. 뿐만 아니라 우리는 좀 더 후대에 와서 그리고 그리스도의 시대에도 특별히 어린이용으로 만든 작은 양피지 두루마리가 사용됐다는 사실을 탈무드

◎ 여자와 노예와 미성년자들은 쉐마를 암송하거나 경문곽을 착용하는 일을 면제받는다. 그러나 축복기도를 하거나 메주자에 관한 법을 지키거나 식사 후의 감사기도를 드리는 것은 면제되지 않는다(베라코트 III. 3).

◎ 또 율법서를 찾아내는 대로 없애 버렸으며, 율법서를 소지한 자들도 발견되면 역시 잔인하게 살해하였다(유대 고대사 12.256).

를 통해 알고 있다.[11] 그 두루마리에는 '쉐마'신 6:4-9, 11:13-21, 민 15:37-41 12 와 '할렐',시 113-118편◉ 세상 창조에서 홍수까지의 역사, 레위기 첫 여덟 장이 실려 있었다. 유니게는 아들을 가르치는 데 이런 교육 도구들을 사용했을 것이다.

다음으로, 신약성경에서 이스라엘 어머니의 영향력을 보여주는 훨씬 탁월한 사례를 존경심을 담아 살펴본다. 바로 복되신 우리 주님의 어머니 이야기다. 예수께서 부모에게 순종하고 지혜가 자라고 하나님과 사람에게 사랑을 받았다는 사실은 그분의 자기 겸허라는 심오한 신비에 속하는 부분인 데 반해 그분의 어린 시절 교육에 끼친 영향, 특히 어머니에게서 받은 영향은 복음서 이야기 전체에 걸쳐서 확인된다. 물론 주님의 가정은 경건한 유대인 가정이었다. 그리고 나사렛에는 회당이 있었으며, 나중에 설명하겠지만 그 회당에는 학교가 있었을 것이다. 회당에서는 모세와 예언자들의 글을 읽었고, 후에 주님 자신도 그랬던 것처럼눅 4:16 때때로 토론이나 연설이 이루어졌을 것이다.◉ 이러한 회당 학교에서 가르친 내용과 방법에 대해서는 이 책의 다른 장에서 다룬다. 그러나 예수님이 그런 학교에 다니셨는지의 여부를 떠나, 그분의 정신은 거룩한 성경으로 빈틈없이 채워졌으며 그래서 우리는 그분의 나사렛 가정은 거룩한 책의 사본 전부를 가지고 있었고 그것을 통해 아주 어린 시절부터 '신-인'GOD-MAN의 몸과 피를 다듬었을 것이라고 분명히 추론할 수 있다.

이에 더해 예수님이 글쓰기에도 익숙했다고 볼 수 있는 분명한 증거가 있는데, 그 당시에 글쓰기 능력은 읽는 능력과 마찬가지로 흔한 일이 아니었다. 마태복음5:18과 누가복음16:17에 똑같이 실려 있는 주님의 말씀 역시 우리 주님께서 인용하신 구약성경 사본이 원래의 히브리어에 더해 오늘날 우리가 사용하는 사본처럼

11. Herzfeld, *Gesch. d. Volk. Jes.* vol. 3. p. 267, note.

12. 쉐마—첫 단어인 쉐마("이스라엘아, 들으라")를 따라서 그렇게 부른다—는 정규 기도에 포함되었다. 반면에 할렐("찬양하라")이라는 부분은 특정한 절기에 부르게 되어 있었다.

◉ 할렐루야, 여호와의 종들아 찬양하라. 여호와의 이름을 찬양하라(시 113:1).

◉ 예수께서 그 자라나신 곳 나사렛에 이르사 안식일에 늘 하시던 대로 회당에 들어가사 성경을 읽으려고 서시매(눅 4:16).

이른바 아시리아 문자로 기록된 것이지 고대 히브리-페니키아 문자로 기록된 것은 아니라는 사실을 입증해 준다. 이 사실은 '일점 일획'(one iota or one little hook)이라는 표현—흠정역 성경에서는 'tittle'로 잘못 옮겼다—에서 확인할 수 있는데,◉ 이 표현은 오늘날 히브리 문자에만 적용할 수 있는 말이다. 우리 주님께서 아람어로 가르치셨으며 히브리어로 된 성경을 인용하고 사용하면서 때로는 그것을 대중적인 용도로 아람어로 옮기기도 했다는 사실은[13] 일부 학자들 사이에서 반론이 없는 것은 아니지만 신중하고 공평한 연구자라면 의심 없이 인정하는 사실이다. 미쉬나에서는[메길라 1. 8] 성경을 어떤 언어로 기록해도 된다고 허용한 것이 확실하지만,◉ 가말리엘의 아들 시므온 같은 사람은 그리스어로만 기록할 수 있는 것으로 한정했는데, 이는 분명 그 시대에 널리 퍼졌던 70인역 성경을 염두에 둔 것이었다. 그러나 우리는 또한 그리스어를 배우거나 사용하는 일을 랍비들이 지지한다는 것이 얼마나 어려웠는지, 그에 대해 대중들이 얼마나 편견에 젖어 강하게 비난을 쏟아 냈는지 탈무드를 통해 확인할 수 있다.[14] 사도 바울이 격노한 사람들에게 아람어로 말함으로써 그들을 즉시 호의적으로 바꾸어 놓은 일뿐만 아니라,[행 21:40] 바리새인 및 서기관들과 논쟁할 때는 히브리어 성경에 호소하는 것만이 권위가 있었다거나, 그리스도께서 자주 "읽지 못하였느냐"[마 12:3, 19:5, 21:13, 16, 42, 22:32]라고 따져 물으신 일도 히브리어 성경을 가리킨 것이었다는 사실에서 이와 동일한 느낌을 받게 된다.

이처럼 예수께서 아주 어린 시절부터 히브리 원어로 된 성경과 친숙해진 일은 그분이 어떻게 열두 살 때 "성전에서……선생들 중에 앉으사 그들에게 듣기도 하시며 묻기도"[눅 2:46] 하시는 일이 가능했겠는가 하는 문제에 빛을 비추어 준다. 이로써 우리는

◉ 진실로 너희에게 이르노니 천지가 없어지기 전에는 율법의 일점 일획도 결코 없어지지 아니하고 다 이루리라(마 5:18).

13. 카임(Keim)은 히브리어 본문이 아람어로 각색된 사례로 마태복음 27:46을 제시한다. 필자는 정통적인 견해와 크게 상반되는 카임의 생각을 적극적으로 받아들인다. 그렇기는 하지만 그의 연구는 후대에 특히 프랑스 출판물에서 제기된 다른 이론들에 비해 훨씬 더 신중하고 온건하다고 할 수 있다. 그런 이론을 읽다 보면 그 주장의 강력함에 놀라게 되고 내용에 대해서는 도덕적인 비난을 금할 수가 없다.

◉ [성경의] 책들이 경문곽이나 메주자와 다른 점이 있다면 단 하나, 그 책들은 어떤 언어로든 기록할 수 있지만 경문곽과 메주자는 아시리아 글자[히브리어]로만 기록할 수 있다는 것이다(메길라 1. 8).

14. 복음서 저자들이 70인역 성경을 자주 인용한다는 사실은 우리 주님께서 히브리어 본문을 사용하셨다는 주장에 거의 아무런 영향을 주지 않는다.

납득하기 힘든 이 상황을 해명하고 또 널리 퍼져 있는 잘못된 견해를 수정할 수 있게 된다. 우리 구주께서도 이와 같은 단계를 거치며 자라나 '성년'에 이르렀다고 말할 수 있다. 유대식 표현과 용어로 말하면 '바르 미츠바',BAR MIZVAH 곧 '율법의 아들'이 되었다. 이때부터 젊은이는 종교적 의무와 특권을 부여받고 회중의 구성원이 되는 시기를 시작했다. 하지만 이 시기에 해당하는 법적 연령은 열두 살이 아니라 열세 살이었다.아보트 v. 21◉ 다른 한편으로 랍비 율법에서는요마 82 A 그 나이가 되기 전에라도(2년이나 최소한 1년 전에) 아이들을 성전에 데려가고 절기 예식을 지키도록 해야 한다고 규정했다.[15] 예수님은 이러한 일반화된 관습에 맞추어 때를 따라 성전에 올라가신 것이 분명하다.

또한 우리는 산헤드린 의원들이 평일에는 아침이 끝날 때부터 저녁 희생제사 시간까지 재판정에 참석하고,산헤드린 88 B 안식일과 명절에는 '성전 뜰'로 나와서 공적으로 가르치고 해설하는 것이 관례였으며, 이러한 강의에서는 질문하고 토론하며 반박하고 나아가 지식을 논하는 완전한 자유가 허용되었다는 사실을 안다. 그리스도께서 참석하셨을 때, 이런 토론은 평상시처럼 '모에드 카탄',MOED KATON 곧 유월절 주간의 둘째 날과 마지막 날 사이에 낀 작은 축제일 기간에 이루어졌을 것이다. 한편 요셉과 마리아는 율법이 허용한 대로 유월절 주간 셋째 날에 나사렛으로 돌아갔으며 어린 예수는 홀로 뒤에 남았다. 지금까지 살펴본 사실에서, 그분이 박사들 사이에 끼어든 일이 나이에 비추어 매우 예외적인 것인데도 왜 단번에 주목받지 못했는지가 설명된다. 사실상 학식과 관련해 필요한 자격은 히브리어 성경에 대한 깊은 지식과 올바른 이해면 족했을 것이다.[16]

지금까지 살펴본 사실에서 독자들은 그리스도 시대에 유대

◉ 다섯 살에는 성경을 읽고, 열 살에는 미쉬나를 배우고, 열세 살에는 계명을 준수하며, 열다섯 살에는 탈무드를 공부하고, 열여덟 살에는 결혼하고, 스무 살에는 장사나 사업(사회생활)에 힘쓰고, 서른 살에는 활력이 충만하며, 마흔 살에는 지성이 무르익고, 쉰 살에는 지혜를 베풀고, 예순 살에는 노년으로 접어들며, 일흔 살에는 황혼에 이르고, 여든 살에는 기력이 쇠하고, 아흔 살에는 허리가 휘고, 백 살에는 죽어서 세상을 떠난 것과 진배없다(아보트 v. 21).

15. Altingius, *Academ. Dissert.* p. 336. 그는 이 점과 관련해 옳은 견해를 제시한 유일한 사람이라고 할 수 있다.

16. Lightfoot, *Hora Hebr. in Luc.* ii. 46. 이 주제에 관해 완전히 비현실적이고 그릇된 견해를 주장하는 그는 구주께서 실제로 가르치셨거나 적어도 랍비들의 통상적인 토론과 교수에 참여할 능력이 있었다고 주장한다. 베트슈타인(Wetstein)의 평가(*Nov. Test.* i. p. 668)가 훨씬 더 바른 견해를 보여준다.

인들이 추구하고 목표로 삼았던 교육의 한 축이 종교적인 지식이었다는 점을 알았을 것이다. 그러한 종교적 지식의 내용은 무엇이며 또 가정이나 학교에서 그 지식이 어떻게 전수되었는지는 별개의 주제로 삼아 탐구해야 할 일이다.

08.

교육
가정교육, 교육제도와 교사

오늘날 격렬하게 성경을 공격하는 이들이 있는데, 그런 사람일지라도 고대 그리스나 로마 사회의 실상을 있는 그대로 보여준다면 자기네 의도가 성공하리라는 생각을 접어야 하지 않을까 싶다. 진보 중이거나 진보한 문명을 통제하는 일에서 성경의 종교만큼 능력이 입증된 종교는 없다고 분명하게 말할 수 있기 때문이다. 세상의 모든 문명은 솟구치는 새 물결에 계속해서 휩쓸리고 사라져 버렸다. 이는 역사를 공부한 사람이라면 분명하게 아는 사실이다. 여기서 부정할 수 없는 사실 두 가지를 살펴본다. 이교 세계의 경우 문명이 이루어 낸 모든 진보는 공적 도덕의 지속적인 하락을 낳았고 후대의 국민생활 수준은 언제나 초기 단계보다 뒤떨어졌다는 특성을 나타낸다. 이에 반해, 성경의 종교는 (새 시대뿐만 아니라 옛 시대에도) 비록 공적 도덕을 한결같이 고양시키지는 못했어도 도덕의 기풍과 표준을 꾸준히 높여 온 것이 사실이다. 성경의 종교는 성취하기가 어려울지라도 계속해서 표준을 제시해 왔으며, 또한 공적인 사회생활을 통제하면서 영향을 끼치고 형성하는 능력이 있음을 증명해 왔다.

이상하게 들릴지 모르겠지만 이스라엘의 울타리 밖에서는 우리가 생각하는 온전한 가정생활이나 심지어 가정 자체를 논한다는 것이 거의 불가능하다고 단정할 수 있다. 로마의 역사가 타키투스는 유대인에게서 발견되는 특성을 거론하면서[1] 그들은 자기 자식을 죽이는 일을 죄악으로 여겼다는 점을 지적하고 있는데, 이러한 면모는 고대의 이방 게르만 족에게서만 볼 수 있는 것이었다.[2] 여기서는 문화가 최고로 꽃피었던 시절 고대 그리스와 로마에서 과잉 인구로 말미암은 문제를 해결하고자 저질렀던 영아 유기라든지 기타 여러 가지 죄악상에 대해서는 논하지 않겠다. 고대의 고전 문화를 열심히 찬양하는 사람치고 당시 사회생활에서 여성의 지위나 양성 관계, 노예제도, 어린이 교육, 어린이와 부모의 관계, 사회도덕의 상태 등이 어떤 형편에 있었는지 제대로 간파하는 사람은 보기가 힘들다. 더군다나 이 모든 특성을 하나의 그림으로 종합해 낸 사람, 그것도 하층계급과 아울러 상류층이 생각했던 그대로, 더 나아가 고대의 사상가나 현자, 시인, 역사가, 정치가들처럼 대대로 이름을 빛낸 인물들이 품고 생각했던 실상대로 그려 낸 사람은 훨씬 더 찾아보기가 힘들다. 사도 바울이 로마서 1장과 2장에서 묘사하는 고대 세계의 실상도 그 세상 속에 살던 사람들에게는 신성한 것으로 여겨지고 그들 나름의 친절과 우아함과 자비에 해당하는 것으로 생각되었을 터이다.◉ 그 모든 실체를 빛 가운데 드러내 온전히 파악하는 일은 아예 불가능했을 것이다. 그런 세상에 남은 것은 오직 하나, 소돔의 심판이냐 아니면 복음의 자비와 십자가의 치유냐 사이에서 선택하는 일뿐이었다.[3]

1. Tacitus, *Hist*. v. 5. 대체로 이 5권이 가장 흥미로운데, 여기서 우리는 사실과 오류가 기이하게 뒤섞여 있으며 타키투스 같은 사람조차도 유대인에 대한 격한 증오심을 드러내고 있는 것을 볼 수 있다.

2. Tacitus, *De Germania*, xix.

◉ 이는 그들이 하나님의 진리를 거짓 것으로 바꾸어 피조물을 조물주보다 더 경배하고 섬김이라. 주는 곧 영원히 찬송할 이시로다. 아멘 (롬 1:25).

3. 과장이 아니길 바라고, 조금이라도 과장하는 잘못을 저질렀다고 생각하지 않기를 바란다. 진실을 말하면서도 그것을 온건한 용어로 표현하는 일은 쉽지 않다. 기독교가 그런 사회 속에서 터전을 다지고 탁월한 순교자와 참된 신자들을 세워 가면서 그 사회를 정복하여 개혁했다는 사실은, 유대인들 가운데서 막힌 담을 무너뜨리고 그들의 정신과 마음을 자기 의로움과 형식주의에서 벗어나도록 영적으로 변화시킨 일 못지않게 위대한 기적이다. 역사학도들이 볼 때 이 두 가지 일은 죽음에서 살아나는 것보다 훨씬 큰 기적이라고 할 수 있다. 이교신앙의 실상에 대해 좀 더 자세히 알기 원하는 독자는 다음을 참조하라. Döllinger, *Heidenthum u. Judenth*. pp. 679-728.

우리가 이교 세상을 벗어나 이스라엘 가정 속으로 들어서게 되면 그 가정들의 배타성조차도 일단은 탁월함으로 느껴진다. 그것은 마치 사람의 기운을 빼앗아 버리는 열대의 뜨거운 더위를 피해 어두운 방으로 들어가는 것과 같다. 그 서늘함이 고맙기에 그곳이 지나치게 어둡고 또 낮이 지나면 시원함도 끝이라는 사실을 잠시 동안 잊게 되는 것이다. 이러한 배타성, 곧 모든 것을 외부와 완전히 차단하는 일은 이스라엘의 종교와 사회, 가정생활뿐만 아니라 지식에서도 나타났다. 그리스도가 활동하던 당시 경건한 유대인은 하나님의 율법에 대한 지식 외에는 아무런 지식도 알지 못했으며, 다른 지식을 추구하거나 좋아하지도 않았다.◉ 사실은 그런 지식을 경멸했다. 여기서 기억해야 할 사실은, 이교 세상에서는 신학, 좀 더 정확히 말해 신화론이 사고나 삶에 아무런 영향을 끼치지 못했으며 오히려 거기에 휩쓸려 버렸다는 점이다. 그에 반해 경건한 유대인에게는 하나님에 관한 지식이 전부였다. 그리고 그러한 지식을 쌓거나 나누어 주는 것이 교육의 요체이자 유일한 목표였다. 이것이 유대인의 영적인 삶이었으며 훨씬 더 좋고 유일하게 참된 삶이었다. 이에 비하면 육신의 삶을 포함한 나머지 모든 것은 부차적인 것이요 목적을 이루는 수단일 뿐이었다.

◉ 하나님이 솔로몬에게 이르시되 이런 마음이 네게 있어서 부나 재물이나 영광이나 원수의 생명 멸하기를 구하지 아니하며 장수도 구하지 아니하고 오직 내가 네게 다스리게 한 내 백성을 재판하기 위하여 지혜와 지식을 구하였으니 그러므로 내가 네게 지혜와 지식을 주고 (대하 1:11-12).

유대인의 종교는 두 가지 요소로 이루어졌다. 첫째는 하나님에 대한 지식인데, 이 지식은 일련의 순차적인 추론을 거쳐 결국에는 신학으로 귀결된다. 둘째는 봉사인데, 봉사는 다시 하나님께서 명하신 모든 것을 바르게 준수하는 일과 사람들을 향한 사랑의 행위로 구분된다. 그리고 이 사랑의 행위는 엄격한 의무인 호보트*CHOVOTH*의 수준을 넘어 특별한 공로인 '의로움', 곧 체다카*ZEDAKAH*로 이어진다. 그런데 지식을 바탕으로 봉사가 이루어지듯이 신학은 모든 일의 토대이자 모든 것의 왕관이며 가장 큰 공로를 낳는 것이었다. 유대 문헌의 수많은 구절들이 이 사실을 언급하고 증언한다. 여기서는 오늘날도 모든 유대인이 아침에 기도할 때마다 외우는 구절 가운데서 합리성이 두드러진 것 하나를 살펴본다.

사람이 이 세상에서는 그 열매를 즐기며 장차 이를 세상에서는 원금을 얻게 되는 일[4]로는 다음과 같은 것들이 있다. 부모 공경, 경건한 선행, 사람들 사이에 평화를 이루는 일, 율법 공부인데 율법 공부는 앞에 나오는 모두를 합한 것과 맞먹는다.[페아 I. 1]

4. 이를테면 최종 상급과 같은 것이다.

유대인에게 율법 공부는 말 그대로 "모두를 합한 것과 맞먹는" 것이었다. 그 시대의 형편으로 인해 유대인들도 어쩔 수 없이 그리스어와 나아가 라틴어까지 배워야 했는데, 교류에 필요한 까닭이었다. 게다가 성경을 그리스어로 번역하는 것을 인정하고, 날마다 드리는 쉐마 기도와 18개 축복기도와 식후 감사기도에[5] 다른 언어를 사용하는 것을 용납할 수밖에 없었다. 그러나 제사장의 축복은 히브리어 외에 다른 언어로는 말할 수 없었으며, 경문곽이나 메주자도 다른 말로 기록할 수 없었다.[메길라 I. 8, 소타 VII. 1-2] 그와 동시에 이방의 학문이나 문학도 철저히 금지되었다. 사람들로 하여금 자기 아들에게 그리스어를 가르치지 못하게 한 금지령은 티투스 황제 시대까지 거슬러 올라가는 것으로서,[소타 IX. 14] 이런 특별한 일에만 한정된 것이지 단순히 일상생활에서 어쩔 수 없이 사용하는 그리스어를 배우는 데는 적용되지 않았다. 이 점을 슬기롭게 설명한 예를 탈무드에서[메나호트 99 B] 볼 수 있다. 어떤 젊은 랍비가 자기 숙부에게 토라(율법)를 전부 안다면 '그리스의 지혜'를 공부해도 좋겠느냐고 묻자 이에 답하여 숙부는 "주야로 그것을 묵상하여"[수 1:8]라는 말씀을 상기시켰다. 나이든 랍비는 말했다. "한번 생각해 보아

5. 이것은 유대인의 예전을 구성하는 가장 오래된 요소들이다.

라. 낮도 아니고 밤도 아닌 시간이 언제인지. 그런 시간이라면 네가 그리스의 지혜를 공부해도 좋다." 그런데 이것은 위험 요소 가운데 하나를 차단한 것뿐이다. 당시 유대인이라면 누구나 일상생활을 위해 직업이나 사업 관련 일을 배워야 했다.

그렇다고 해서 유대인이 학문을 멀리해도 되는 것은 아니었다. 사실은 정반대다. 자신의 학문을 이득이든 명예든 세속적인 목적을 위해 사용하는 것은 신성모독으로 간주되거나 적어도 그럴 소지가 다분한 것으로 여겨졌다.[6] 이에 대하여 위대한 힐렐은 "이 왕관(토라)을 자기 유익을 위해 이용하는 자는 멸망할 것이다" 아보트 I. 13라고 말했다.◉ 이에 더해 랍비 사독은 "공부가 자랑거리 왕관이나 땅 파는 삽이 되게 해서는 안 된다"는 경고를 덧붙였으며, 미쉬나에서는 그런 일을 꾀하다가는 수명을 단축하는 결과를 낳을 뿐이라고 결론짓는다.아보트 IV. 5 모든 것이 하나의 원대한 목적에 종속되는데, 앞쪽의 모든 것은 유한하며 뒤쪽에서 말하는 목적은 영원하다. 앞엣것은 몸에 속한 것이며 뒤엣것은 영혼에 속한 것이다.[7] 그리고 그 모든 것의 용도는 몸을 떠받치는 데 있으며 그래서 영혼이 위를 향해 나아가는 길이 막히지 않도록 열어 주는 일을 한다. 또 모든 학문은 신학 속에서 하나로 융합된다. 어떤 학문, 예를 들어 의학과 외과술 같은 것은 학문이라기보다는 생계 수단이었다. 다른 학문들은 신학의 하녀에 불과했다. 법률학이라는 것은 사실상 교회법이었다. 수학과 천문학은 유대 역법의 도구였다. 문학이라는 것은 신학 연구 내에 포함되었다. 그리고 역사와 지리학과 자연학에 대해 말하자면—자연학의 경우 종종 직관적인 진리로 이끄는 날카로운 연구를 낳기도 하지만—대체로 이 학문들은 심각한 무지와 커다란 오류와 허구로 학생을 에워싸고 그 결과 랍비들이 가르치는 지식에 대한 신뢰를 잃어버리게 만든다.

6. 이것이 공적으로 선언된 생각이었다. 우려스러운 일은, 신약성경 독자들이 마가복음 12:40과 누가복음 16:14, 20:47에서 추측할 수 있듯이 흔히 실제의 모습은 매우 달랐다는 점이다.

◉ 이 왕관을 속되게 이용하는 자는 멸망에 이르게 된다고 힐렐은 말했다. 그래서 당신은, 율법의 말씀을 이용해 이득을 취하는 것은 세상에서 자기 생명을 끊어 내는 것이라는 사실을 배우게 된다(아보트 IV. 5).

긴 옷을 입고 다니는 것을 원하며 시장에서 문안 받는 것과 회당의 높은 자리와 잔치의 윗자리를 좋아하는 서기관들을 삼가라(눅 20:46).

7. 이 점을 가장 잘 밝혀 주는 구절을 미쉬나 「키두쉰」 iv. 14에서 볼 수 있다.

지금까지 살펴본 사실들에서 신약성경 연구와 관련해 매우 중요한 세 가지 사실을 추론할 수 있다. 첫째, 단순한 율법 지식이 어떻게 절대적으로 중요한 지위로 높여져 율법의 성공적인 실행이 거의 모든 것으로 여겨지는 형편에 이르게 되었는지 알 수 있다. 둘째, 신학을 공부하는 교사와 학생이 어떻게 그처럼 큰 존경을 받게 되었는지[마 23:6-7, 막 12:38-39, 눅 11:43, 20:46] 이제 어렵지 않게 납득할 수 있다. 오래전 옹켈로스가 성경을 의역한 '타르굼'이나 미쉬나와 두 권의 탈무드 주해서 속에서 이와 동일하면서도 극도로 과장된 주장을 볼 수 있다. 랍비들이 기적을 행한 이야기가 당연하게 받아들여졌는가 하면, 천상의 학교에서 전능자와 천사들이 율법 문제 하나로 의견이 갈리자 그 주제에 관한 지식이 뛰어났던 한 랍비가 죽음의 천사에게 소환되어 그 문제를 해결했다는 이야기까지 나왔다.[바바 메치아 86 A] 이 이야기는 세부적인 면에서 지나치게 불경스럽고 전체 주제도 너무 폭이 넓어 여기서 다루기에는 합당하지 않다. 랍비의 지위가 이처럼 존귀하였기에 아버지와 랍비가 동시에 곤경에 처하거나 포로가 되었을 때 스승을 먼저 구해야 한다는 미쉬나의 가르침이 당연한 것으로 받아들여졌다. 아버지에게는 이 세상의 생명을 빚졌지만 스승에게는 장차 이르게 될 세상의 생명을 빚졌기 때문이라는 것이 그 근거였다.[바바 메치아 II. 11] 기이하게도 이런 점에서 로마가톨릭과 바리새파가 완전히 동일한 결론에 도달했다. 13세기에 활약하며 유대인 사이에서 거의 절대적인 권위를 지녔던 유명한 랍비가 남긴 다음과 같은 말이 그에 대한 증거가 된다. 그는 신명기 17:11에 대해 다음과 같이 설명했다.[◉] "랍비가 네게 왼손이 오른손이요 오른손은 왼손이라고 가르친다 해도 그대로 믿고 따라야 한다."

◉ 곧 그들이 네게 가르치는 율법의 뜻대로, 그들이 네게 말하는 판결대로 행할 것이요 그들이 네게 보이는 판결을 어겨 좌로나 우로나 치우치지 말 것이니라(신 17:11).

독자들이 추론할 수 있는 세 번째 사실은, 율법 지식에 관한 사고방식이 가정과 학교 양쪽에서 이루어지는 교육에 끼친 영향에 관한 것이다. 지금까지도 어린아이의 할례 예식에 참석한 사람들이, 또는 맏아들을 대속하는 예식에서 제사장이 "이 아이가 언약에 속한 것처럼(경우에 따라서는 '이 구속에 이른 것처럼') 또한 '토라'와 '후파'*CHUPPAH* [8]와 선행에도 이르기를"이라고 말하는 것은 아주 오래전부터 부모를 축복하는 양식을 따른 것이 확실하다. 이렇게 표현된 소망에서는 현재의 삶과 비교해 장차 맞게 될 삶을 이중으로 강조하고 있다. 이것은 요세푸스의 설명과도 크게 일치하는데, 요세푸스는 이방인이 아이의 출생 때 베푸는 잔치와 유대인이 어린이들을 아주 어린 시절부터 하나님의 율법 안에서 양육하도록 정한 규정을 대조한다.[아피온 반박문 1.38-68, 2.173-205◉]

어린아이가 받은 최초의 훈련은 어머니를 통해 이루어진 것이 당연하지만, 모세의 율법에 의하면 자녀의 초기 교육은 아버지가 담당했음이 분명하다.[신 11:19] 아버지가 초보적인 교육을 감당할 능력이 없으면 다른 사람을 고용했을 것이다. 구약성경 시대를 지나 그리스도 시대에 와서는 가정 학습이 대체로 아이가 세 살 때쯤 시작되었다고 추정할 수 있다. 이 나이에 이르기 전부터도, 유대 민족의 정신적 특질로 지금까지 인정되는 철저한 기억력 훈련이 시작되었다고 믿을 만한 근거가 있다.[9] 성경 구절과 축복기도문, 격언 같은 것들이 아이의 마음속 깊이 심어졌으며 그렇게 배운 것을 잊지 않도록 하기 위해 기억술이 고안되었다. 전승의 말씀을 정확하게 보존하는 일이 종교적으로 중요한 과제였는데, 여기서 이런 현상이 비롯되었다고 볼 수 있다. 탈무드에서는 학생의 최고 이상을 설명하면서 물 한 방울 새지 않도록 빈틈없이 만들어진 저수조에 비교한다. 미쉬나에 따르면, 게을러서 "공부한 미쉬나 가운데 하나라도 잊어버리는 사람을 성경은 자기 생명

8. '후파'란 결혼식 차양으로, 그 아래서 결혼 예식이 이루어졌다.

◉ 율법에서는 우리 자녀가 출생했을 때 큰 잔치를 열어서 지나치게 술을 마시게 되는 일을 허용하지 않는다. 오히려 처음 자녀를 교육할 때부터 온전한 정신으로 이루어지도록 정하고 있다. 또 율법에서는 학습을 통해 자녀를 양육하고, 율법을 따라 훈련시키며, 조상들의 행실을 익혀서 그들을 본받게 하도록 명령한다. 아이들을 어릴 때부터 율법으로 양육하여 율법을 어기는 일이 없도록 하고 또 율법을 알지 못해서라고 핑계를 대지 못하도록 하려는 것이다(아피온 반박문 2.204).

9. Gfrörer, *Jahrh. d. Heils*, vol. i. p. 170. 그는 학식 있는 랍비 열두 명만 있으면 기억을 더듬어 모든 탈무드를 문자 그대로 복원할 수 있다는 것을 입증하기 위해 탈무드 사본 전부를 파괴해 보자는 기이한 시험을 제안하였다.

을 잃어버린 사람처럼" 여긴다. 여기서 근거가 되는 말씀이 신명기 4:9이다.[아보트 III 10◉] 그래서 우리는 요세푸스가 자신의 탁월한 기억력에 대해 허풍스럽게 떠드는 것을 보고서도[자서전 2.8] 어느 정도는 신뢰하게 된다.[◉]

◉ 오직 너는 스스로 삼가며 네 마음을 힘써 지키라. 그리하여 네가 눈으로 본 그 일을 잊어버리지 말라. 네가 생존하는 날 동안에 그 일들이 네 마음에서 떠나지 않도록 조심하라. 너는 그 일들을 네 아들들과 네 손자들에게 알게 하라(신 4:9).

◉ 나는 놀라울 정도로 학문의 발전을 이루었으며 기억력과 이해력에서 탁월함을 입증하였다(요세푸스 자서전 2.8).

읽기를 가르칠 때는 알파벳을 알려 주고 아이가 익숙해질 때까지 판자 위에 글자를 쓰도록 시켰다. 다음으로 교사는 학생들이 집중하도록 손가락이나 철필로 원고를 가리키며 읽었을 것이다. 바르게 교정된 사본만 사용했는데, 당연한 것이 어린 정신에 각인된 착오는 나중에 쉽게 고쳐지지 않았기 때문이다. 아이들은 유창한 수준에 이를 때까지 큰 소리를 내어 읽어야 했다. 특히 바른 언어를 익히는 일에 큰 관심을 기울였으며, 이 점에서는 우리가 알다시피 유대 주민들이 갈릴리 사람들보다 훨씬 뛰어났다. 갈릴리 사람들은 어법뿐만 아니라 발음에서조차 상당히 수준이 떨어졌다. 다섯 살이 되면 히브리어 성경을 공부하기 시작했는데 창세기가 아니라 레위기부터 시작했다. 그렇게 한 이유는 아이에게 죄책과 의롭게 될 필요성을 가르치려는 것이 아니라, 레위기가 유대인이라면 가능한 한 일찍 알아야 할 규정들을 담고 있기 때문이었다.[10] 이스라엘의 역사는 오래전부터 입에서 입으로 전해지면서 회당 모임이나 명절 때마다 암송되었다.

10. Altingius, *Academ. Dissert*. p. 335.

앞에서 우리는 글쓰기가 읽기만큼 널리 퍼진 소양은 아니었다는 사실을 살펴보았다. 이스라엘 백성이 이집트에서 글쓰기 능력을 배웠을지의 문제와는 별개로 그들은 아주 오래전부터 글쓰기에 익숙했음이 분명하다. 우리는 대제사장의 흉패에 달린 보석에 글자가 새겨졌고, 지파들의 여러 계보가 글로 기록된 것을 안다. 그리고 신명기 6:9, 11:20, 24:1, 3과 같은 구절을 통해 글쓰기 능력이 제사장직에만[민 5:23] 한정된 것이 아니라 많은 사람들 사이에서 널리 활용되었다는 사실을 추론할 수 있다. 또 율법서의 '사본'신 17:18, 28:58이라는 말이 나오는가 하면[●] 여호수아 10:13에서는 '야살의 책'이라는 저술이 언급되고 있다. 여호수아 18:9에서는 팔레스타인 땅의 형편을 책에 기록했다는 말을 볼 수 있으며, 24:26에서는 여호수아가 "하나님의 율법책에 기록"했다고 말하는 것을 본다. 사사기 8:14에서는 기드온 시대에 글쓰기 기술이 널리 퍼졌었다는 사실을 확인할 수 있다. 이 외에도 구약성경 독자들은 수많은 사례와 관련 사항들을 통해서 글쓰기 기술이 발전한 과정을 확인할 수 있다. 지금 여기는 이 주제를 깊이 추적하거나 당시에 사용된 다양한 주제와 글쓰기 양식을 논할 자리가 아니다. 훨씬 후대에 와서 '서기관'이라는 말이 빈번하게 언급된 것을 보면서 당시에 그런 계급의 사람들이 널리 필요했다는 사실을 알게 된다. 우리는 동방의 지성인들이 수수께끼 방식의 글쓰기를 즐겼다는 사실을 잘 안다. 즉, 그들은 어떤 표현에다가 평범한 사람은 놓치기 쉬운 의미, 그래서 통찰력을 지닌 사람에게 그 해명을 맡겨야 하는 의미를 담아서 초보자에게 전달하는 방식을 사용했다. 또 어떤 단어를 그 첫 글자를 이용해 표현하는 관례를 이 서기관 계급에게서 부분적으로나마 확인할 수 있다. 이와 같이 글쓰기 활동은 아주 일찍부터 이루어졌으며, 매우 흥미로운 사항을 포함하고 있는 주제다.

● 그가 왕위에 오르거든 이 율법서의 등사본을 레위 사람 제사장 앞에서 책에 기록하여(신 17:18).

좀 더 큰 관심을 기울일 만한 문제가 있다. 서명과 문서를 위조하는 일이 얼마나 널리 퍼졌는지는 쉽게 확인이 안 된다. 요세푸스가 이 문제에 대해 언급했으며,유대 고대사 16.317-319[●] 사도 바울도 데살로니가 교인들에게 이런 문제를 조심하라고 경계하였고살후 2:2 마침내는 자신이 보내는 편지마다 서명을 하는 조처를 취했다. 고대 랍비 문헌 가운데서는 후대의 저자들이 글을 끼워 넣지 않은

● 이 문서가 제시되자 헤롯은 아들들이 자신을 배신하려 한다고 확신하게 되었다. 그러나 알렉산더는 안티파테르가 악의적으로 문서를 꾸며 내면서 서기관 디오판투스가 자기 필적을 흉내 낸 것이라고 말했다. 디오판투스는 그런 기술에 뛰어난 인물이었으며, 나중에 다른 문서들을 위조한 죄로 유죄 판결을 받고 처형당했다(유대 고대사 16.319).

양피지 두루마리

양피지는 세 종류가 있었는데, 가죽 전체를 사용했는지 아니면 갈라서 겉가죽이나 속가죽을 사용했는지에 따라 구분되었다. 마지막 것은 메주자용으로 사용했다.

것, 우리 식으로 완곡하게 말해 개작되거나 편집되지 않은 것을 찾아보기가 거의 힘들다. 그렇게 첨가된 내용을 찾아내기는 그리 어렵지 않다. 물론 이 일에는 성급하고 무분별한 추론을 방지하기 위해 비판적인 학자의 신중함과 예리함이 필요하기는 하다.

그러나 독자들 편에서는 이런 문제를 다루는 것보다 신약성경 시대에 어떤 재료가 글쓰기에 사용되었는지 아는 일이 흥미로울 것이다. 이집트에서는 붉은 잉크가 사용되었던 것으로 보이지만 신약성경에서 언급된 잉크는 그 용어[MELAN] 자체가 말하듯이[고후 3:3, 요이 1:12, 요삼 1:13] 분명 검은색이었다.◉ 요세푸스는 황금색으로 글을 썼던 일에 관해 말하며,[유대 고대사 12.324-329] 미쉬나에서는 혼합된 색깔과 붉은 잉크, 은현[隱顯] 잉크, 화학적 혼합물에 대해 언급하고 있다.[메길라 II. 2] 요한3서 1:13에서는 갈대 펜에 대해 말한다. 최상품의 갈대 펜은 이집트에서 만든 것이었으며, 당연히 펜을 깎는 칼은 필수품이었다. 종이(이집트산 파피루스)는 요한2서 1:12에서 언급하며, 양피지는 디모데후서 4:13에 나온다. 양피지는 세 종류가 있었는데, 가죽 전체를 사용했는지 아니면 갈라서 겉가죽이나 속가죽을 사용했는지에 따라 구분되었다. 마지막 것은 메주자용으로 사용했다. 훨씬 짧은 기록은 서판에 쓰기도 했는데, 미쉬나에[샤바트 XII. 4]

◉ 내가 네게 쓸 것이 많으나 먹과 붓으로 쓰기를 원하지 아니하고(요삼 1:13).

언급된 이 서판은 누가복음 1:63에 같은 이름으로 나온다.

초등학교에 관해 살펴보기 전에, 랍비들은 여자아이들이 사내아이와 동일한 교육을 받는 데 찬성하지 않았다는 점을 밝혀 둔다. 구체적으로 말해 랍비들은 여성이 율법 연구에 참여하는 것을 허용하지 않았는데, 그 이유는 우선 여성의 사명과 의무는 다른 쪽에 있다고 생각했기 때문이며, 여성에게는 그런 연구 주제들이 언제나 꼭 어울리는 것은 아니라고 보았기 때문이다. 게다가 그러다 보면 어쩔 수 없이 이성 간에 친밀한 접촉이 이루어지기 때문이며, 마지막으로—이렇게까지 말해야 할지 모르겠지만—랍비들은 여성의 정신이 그러한 탐구에는 어울리지 않는다고 여겼기 때문이다. 이와 관련된 랍비의 말 가운데 가장 고약한 것을 들자면, 흔히 논쟁에서 동의할 수 없는 주제를 끝장내려는 의도로 농담조로 사용된 말이기는 하지만 "여자들은 경박한 정신을 지녔다"는 표현이다. 하지만 랍비 못지않게 풍부한 학식을 지닌 여성도 있었다. 그런 여성들의 성경 지식과 그들이 끼친 종교적인 영향력이 어느 정도였는지를 랍비들의 글과 신약성경을 통해서 확인할 수 있다. 여성들도 회당에 출석하고 가정의 축일이나 사회의 명절에 참여했으며 랍비들이 정한 여러 규정과 관례를 준수해야 했는데, 이 사실에서 적지 않은 여성이 비록 율법에 조예가 깊지는 못해도 로이스나 유니게처럼 자녀를 성경 지식으로 양육하고 브리스길라처럼 아볼로 같은 사람에게 하나님의 도를 온전히 설명해 줄 능력을 갖추고 있었다고 추정할 수 있다.◉

◉ 그[아볼로]가 일찍이 주의 도를 배워 열심으로 예수에 관한 것을 자세히 말하며 가르치나 요한의 세례만 알 따름이라. 그가 회당에서 담대히 말하기 시작하거늘 브리스길라와 아굴라가 듣고 데려다가 하나님의 도를 더 정확하게 풀어 이르더라(행 18:25-26).

추정컨대 아이들은 이렇게 가정에서 양육받고 이어서 계명과 규례를 배웠으며, 나아가 탈무드에서 말하는 것처럼 기도문을 큰 소리로 암송하도록 훈련받아서 그 일에 익숙해졌을 것이다. 아이가 여섯 살이 되면 학교에 보냈을 것이다. 물론 전문 교육기관인 '벧 하미드라쉬'는 아니었다. 이 교육기관에는 총기 있고 장래성이 입증된 아이들만 들어갈 수 있었다. 또 저명한 랍비의 학급이나 산헤드린의 토론반은 더더욱 아니었다. 이 기관들은 매우 수준 높은 교육 단계에 속했다. 여기서는 초등학교, 곧 우리 주님 시대에 이 나라 모든 회당에 딸려 있던 초급 교육기관에 대해서만 살펴본다.

학교와 관련해 성경에서 구체적으로 말하거나 그렇게 추정할 수 있는 언급들은 건너뛰고 성전 파괴 무렵의 시기에만 국한해서 볼 때, 우리는 우선 탈무드에서[바바 바트라 21 B] 교사로 뽑힌 사람은 누구나 어디서든지 개교를 허용해야 하며 먼저 그곳에 터를 잡은 사람들이 그를 방해해서는 안 된다는 규정이 에스라의 이름으로 공표된 것을 보게 된다. 이 규정을 문자 그대로 받아들여서는 안 되며, 에스라와 그 후계자들이 학교와 교육을 장려하는 데 큰 관심을 기울였다는 뜻으로 이해해야 할 것이다. 사악한 대제사장 야손이 예루살렘에 도입하고자 했던 그리스식 학교[마카베오하 4:12-13]에 대해서는 언급하지 않겠다. 그 교육기관들은 유대의 정신과 상반된 것이었기 때문이다. 그래서 랍비들은 울타리를 둘러쌓고자 운동경기 활동을 철저히 금지하기까지 했다. 유대 학교의 계속된 역사와 발전에 관해서는 다음의 탈무드 구절에서 확인할 수 있다.

공로가 커서 그 이름을 잊지 말아야 할 사람이 있다면 그는 바로 가말리엘의 아들 여호수아다. 그가 없었다면 율법은 이스라엘에서 사라졌을 것이다. 이스라엘 사람들은 "그것을 너희의 자녀에게 가르치며"[신 11:19]라는 율법의 가르침을 토대로 삼았던 까닭이다. 그 후 '율법이 시온에서부터 나올 것이요'[사 2:3]라고 기록된 대로 젊은 이들을 교육하고자 예루살렘에 선생들을 두도록 규정을 세웠다.

그랬는데도 그 방책이 효과를 보지 못하고, 아버지가 있는 아이들만 학교에 가고 나머지 아이들은 방치되었다. 그래서 모든 지역에 랍비들을 배치하고, 16세나 17세 된 자녀들을 학교에 보내도록 원칙을 정했다. 그러나 이 제도도 실패하고 말았는데 선생이 벌하려고 하면 모두 도망갔기 때문이다. 마침내 가말리엘의 아들 여호수아가 나서서 모든 지방과 읍에 교사를 배치하고 6세에서 7세 사이의 사내아이들을 책임지도록 하는 규정을 정하였다.바바 바트라 21 A

덧붙여 말하면, 여기서 언급한 여호수아가 성전이 파괴되기 전에 같은 이름으로 활약했던 그 대제사장이며, 이렇게 형성된 조직이 초기 시대에 존재했던 초등학교가 분명하다고 추정할 수 있다.

학령기에 속한 소년이 25명이 되거나 혹은 마이모니데스의 말대로 가정 수가 120개가 되는 모든 곳에는 초등 교사를 배치해야 했다. 교사는 25명이 넘는 학생을 한 학급으로 편성해 가르칠 수 없었다. 학생이 40명일 경우 보조 교사를 두어야 했으며, 50명일 경우에는 회당 책임자가 두 명의 교사를 임명하였다. 이 사실에서 우리는 예루살렘이 함락될 당시 그 도시에 480개에 이르는 학교가 있었다는, 크게 과장된 것이 분명한 주장을 납득할 수 있다. 유대 국가의 멸망을 어린이 교육을 게을리한 탓으로 돌리는 다른 구절에서 우리는, 대중이 교육을 얼마나 중요하게 여겼는지 알 수 있다. 정말이지 유대인에게 어린이의 삶은 매우 거룩한 것이었으며, 또 어린이의 삶을 하나님에 관한 생각으로 채우는 의무는 매우 신성한 것이었다. 마치 그 시대 사람들은 아이들의 천사들이 하늘에 계신 아버지의 얼굴을 항상 뵈옵는다고 말한 우리 주님의 말씀을 그대로 본받아 따르고 있었던 것처럼 보인다.◉

◉ 삼가 이 작은 자 중의 하나도 업신여기지 말라. 너희에게 말하노니 그들의 천사들이 하늘에서 하늘에 계신 내 아버지의 얼굴을 항상 뵈옵느니라(마 18:10).

이렇게 해서 종교적인 돌봄은 교육과 연계되었다. 교사의 주된 목적은 지적인 훈련만이 아니라 도덕적인 훈련에도 있었다. 교사가 따라야 할 규칙을 몇 가지 살펴보면 다음과 같다. 아이들이 악한 사람과 어울리지 못하도록 지켜야 하고, 아이들이 쓰라린 감정을 겪지 않도록 그 부모에게 위해를 가해서라도 보호해야 한다.[11] 실제로 저지른 나쁜 행동은 벌해야 하고, 한 아이를 다른 아이보다 더 좋아해서는 안 되며, 아이가 죄를 지었을 경우 이 세상이나 저 세상에서 어떤 벌을 받게 되는지 떠들어 대서 아이를 낙심시킬 것이 아니라 죄의 참혹한 실상을 가르쳐 주어야 한다.[12] 교사라면 자기가 실천하지 못할 일은 어떠한 것이라도 아이에게 약속해서는 안 되는데, 아이의 마음이 거짓에 익숙해지는 일이 없도록 하기 위해서다. 불쾌하거나 상스러운 생각을 불러일으킬 수 있는 일은 어느 것이든 철저하게 제거해야 했다. 교사는 학생이 쉽게 이해하지 못한다고 포기해서는 안 되며 오히려 좀 더 쉽게 가르쳐야 한다. 필요한 경우 교사는 벌을 줄 수 있으며 또 마땅히 벌을 주어야 한다. 어떤 랍비가 말했듯이, 시간이 흐르면서 더 많은 짐을 지게 되는 어린 암소처럼 아이들을 대해야 한다. 하지만 지나치게 엄격해서도 안 되었는데, 우리는 이 문제 때문에 실제로 자리에서 쫓겨난 교사의 이야기를 알고 있다. 할 수 있는 한 친절하게 대해야 하고 벌이 필요한 경우에는 아이를 가죽끈으로 때리고 결코 몽둥이를 들어서는 안 된다.

어린이가 열 살이 되면 미쉬나 공부를 시작하고, 열다섯 살이 되면 상급 학교에서 다루게 될 탈무드 공부를 준비해야 했다. 공부를 시작한 지 3년 혹은 길게 잡아 5년이 지나도 아이가 분명한 진전을 이루지 못하면 탁월함에 도달할 희망이 거의 없는 것으로 보았다. 성경을 공부할 때 학생들은 레위기에서부터 시작해 나

11. 오늘날까지 유대인이 사용하는 예전에는 다음과 같은 아름다운 기도문이 있다. "저주하는 사람들에 대해서는 내 영혼이 침묵하게 하소서. 그렇습니다. 그 모든 것에 대해 내 영혼이 티끌 같게 하소서."

12. 『유대 민족의 역사』 p. 298를 참조하라. 이러한 사례는 일일이 언급하기 힘들 정도로 많다. Hamburger, *Real. Enc.* vol. 1. p. 340; Ehrmann, *Beitr. zur Gesch. d. Schulen*.

머지 모세오경으로 나아가며 그 다음에 예언서, 마지막으로 성문서를 공부했다. 이 규칙은 랍비들이 성경의 가치를 그러한 등급으로 구분한 데 따른 것이었다.[13] 상급 과정 학생들의 경우 하루를 여러 부분으로 나누어, 한 부분은 성경 공부에 할애하고 다른 부분은 미쉬나와 탈무드를 공부하는 데 사용했다. 또 자기 자녀에게 수영을 가르치도록 모든 부모에게 권장되었다.

13. 이 점에 대해 자세히 설명하기 위해서는 별도의 큰 책이 필요하다.

학교는 대체로 회당에 부속되었다는 사실은 이미 언급했다. 그곳의 교사는 일반적으로 핫잔, 곧 '관리자'(개역개정 성경에서는 '맡은 자'라고 옮겼다)[눅 4:20] 가 담당했는데, 이 용어를 우리는 영적인 직책이 아니라 교구 관리 직원과 같은 직책으로 이해할 수 있다. 이 직원에게는 회중 공동체가 봉급을 주었고 학생에게서는 사례금을 받는 것이 금지되었는데, 부잣집 자식들을 편애하지 못하도록 하기 위해서였다. 경비는 자발적으로 내는 자선기금으로 충당했으며, 재정이 부족할 때는 저명한 랍비들이 선뜻 나서 순회하며 부자들로부터 기부금을 거두었다. 저학년생이 학교에 있는 시간은 제한되었다. 하루 중 무더운 시간에는 교실의 공기가 탁해져 몸에 해로운 까닭에 오전 10시에서 오후 3시 사이에는 수업이 잠시 중단되었다. 이와 비슷한 이유로, 담무스월 17일부터 아브월 9일 사이(대략 7월과 8월)에는 네 시간만 수업하도록 정해졌으며, 이 기간에는 교사가 학생을 벌하는 것도 금지되었다. 교사 직책은 훌륭하게 수행하기만 하면 최고의 영예와 대우가 보장되었다. 지식이나 교수법이 미달하는 일은 교사를 해임하기에 족한 사유가 되었다. 그러나 단순한 학식보다는 경험이 언제나 더 나은 자격으로 여겨졌다. 결혼하지 않은 남성은 교사가 될 수 없었다. 건전하지 못한 경쟁을 막고 일반적인 교육 표준을 세우기 위해, 부모는 자녀를 자기 마을 이외의 다른 곳에 있는 학교에 보낼 수 없었다.

가난한 집 아이와 고아를 보살핀 일에서 특히 아름다운 모습을 볼 수 있다. 성전 안에는 '은밀하게' 기부금을 모으는 특별한 통이 있었다. 그 기금은 독실하지만 가난한 가정의 자녀들을 교육하는 일에 조용히 사용되었다. 고아를 맡아 양육하는 일은 특히 선한 행실로 인정받았다. 여기서 우리는 사도 바울이 "과부로 명부에 올릴 자"의 조건으로 "선한 행실의 증거가 있어 혹은 자녀를 양육하며 혹은 나그네를 대접하며 혹은 성도들의 발을 씻으며 혹은 환난 당한 자들을 구제하며 혹은 모든 선한 일을 행한 자"딤전 5:9-10라고 말한 것을 떠올리게 된다. 고아는 회중 공동체 전체가 특별히 책임을 지고 맡아야 했으며, 여자 고아들을 위해서는 지역의 지도자들이 정해진 결혼 지참금을 제공할 책임까지 있었다.

지금까지 살펴본 것이 바로 나사렛 예수께서 사람들과 어울려 걷고 살았던 그 당시의 모습이자 사회 형편이었다.

09.

여성
어머니, 딸, 아내

이스라엘에서 여성의 지위가 어떠했는지를 정확하게 이해하기 위해서는 신약성경을 주의 깊게 살펴보기만 하면 된다. 신약성경이 증언하는 사회 생활상은 이스라엘 여성이 사생활과 공생활에서 차지했던 자리를 온전히 보여준다. 신약성경에서 우리는 동방의 어느 시대에나 흔히 나타났던 여성 격리 현상을 볼 수 없으며, 오히려 집이나 밖에서 여성들이 자유롭게 다른 사람들과 어울리는 모습을 만나게 된다. 여성은 사회적 열등이라는 짐을 지고 고통을 당하기는커녕 모든 활동, 특히 종교적인 활동에서 영향력을 발휘하고 때로는 주도적인 역할을 맡기도 했다. 무엇보다도 우리는 오늘날 고전 문학을 가득 채우고 있는 사적이고 공적인 부도덕 행위와 추잡한 일을 전혀 볼 수 없다. 이스라엘 사회에서 여성은 순결하며 가정은 행복하고 가족은 성결했는데, 이는 공적 예배로 구현될 뿐만 아니라 일상생활 속으로 파고들어 모든 식구를 품어 순종

이스라엘 여성들의 복장

옷감과 색상과 마름질이 착용자의 신분 차이를 나타냈다. 가난한 사람들은 겉옷을 밤에 덮는 용도로 사용한 데 반해 상류층은 수놓은 최고급 흰색 옷이나 심지어 자줏빛 옷에다 정교하게 세공한 비단 허리띠를 갖추어 입었다.

하게 하는 종교로 말미암은 것이다. 이것이 신약성경 시대뿐만 아니라 이스라엘 모든 시대의 모습이었다. "하나님께 소망을 두었던 거룩한 부녀들"벧전 3:5이라고 말한 사도 베드로의 지적은 탈무드의 견해와도 완전히 일치한다. 베드로가 창세기 18:12을 인용해◉ "사라가 아브라함을 주라 칭하여 순종한 것같이"벧전 3:6라고 한 말도 랍비 문헌에서 정확히 동일한 형태로 나오는데,탄후마 28, 6 이 문헌에서는 순종하고 존중하는 사라의 태도를 그녀의 딸들이 따라야 할 모범으로 제시한다.[1]

여러 주장을 펴기보다는 구체적인 사항을 살펴보는 것이 이 문제를 설명하는 데 도움이 될 듯싶다. 아담의 갈빗대로 여자를 지으신 일을 두고 "그것은 아담이 한 바구니 흙을 귀중한 보석과 바꾼 일과 같다"고 하는 말이 있다.[2] 물론 이에 대해 "하나님께서 여자를 저주하셨는데 온 세상이 그녀를 따르고, 땅을 저주하셨는데 온 세상이 거기에 의지해 산다"라고 신랄하게 비꼰 말도 있

◉ 사라가 속으로 웃고 이르되 내가 노쇠하였고 내 주인도 늙었으니 내게 무슨 즐거움이 있으리요(창 18:12).

1. 다음과 같은 이야기도 나온다. 어떤 현명한 여인이 결혼을 앞둔 딸에게 이렇게 말했다. "얘야, 네 남편 앞에서 자신을 낮춰 섬기도록 해라. 네가 만일 남편의 여종처럼 행하면 그는 네 종이 되고 너를 자기 여주인처럼 존중하게 될 것이다. 반대로 남편에 맞서 너를 내세우면 그는 네 주인이 될 것이고 너를 하찮게 보아 여종과 같이 여길 것이다."

2. 바빌론 탈무드 「샤바트」 23.

다. 랍비들이 '네 명의 어머니'로 선정한 사라와 리브가, 레아, 라헬이 어떤 존경을 받았는지, 또 그 여인들이 족장의 역사에서 어떤 영향을 끼쳤는지는 성경을 신중하게 읽는 사람이라면 결코 놓치지 않을 것이다. 계속해서 성경 이야기를 살펴보면, 일찍이 모세의 생명을 구했던 미리암은 홍해 바다를 건넌 후에는 구원의 노래를 부르며 앞장서 나갔으며, 늘 좋은 일만 있었던 것은 아니지만 죽을 때까지 영향력을 행사했다.미 6:4◉ "마음에 감동을 받아 슬기로운 모든 여인은"출 35:26 회막을 세우는 일에 예물을 드렸고,[3] 드보라는 이스라엘 백성을 구원하고 재판하였으며, 마노아의 아내는 남편 못지않게 신앙이 좋았고 오히려 지혜에서는 더 뛰어났다.삿 13:23 사무엘의 어머니 한나 역시 그랬다.

왕들이 다스리는 시대에 와서는, 이스라엘의 처녀들이 찬양으로 사울의 질투심에 불을 질렀으며, 아비가일은 자기 남편이 어리석어 자초한 위험을 막아냈고,◉ 드고아의 지혜로운 여인은 다윗 왕을 설득해 왕의 깨어진 가정을 회복시키는 일을 해냈다. 그리고 한 여인은 "지혜를 가지고"삼하 20:22 행함으로 세바의 반역을 막아냈다. 다음으로, 왕의 어머니들이 거듭 언급되고 있는데 그들이 지속적으로 나랏일에 간섭한 일을 통해 그 지위가 어떠했는지 알 수 있다. 여예언자 훌다라든지 수넴 여인의 멋진 이야기는 사람들의 기억 속에 생생하게 남아 있다. 한 여인의 헌신을 다룬 이야기는 룻기의 주제가 되었고, 아가서에서는 여인의 순수하고 신실한 사랑을 주제로 삼아 이야기를 펼친다. 한 여인의 용기와 헌신을 다룬 이야기가 에스더서의 기초가 된다. 그리고 잠언의 마지막 장에서는 여인의 미덕과 가치가 아름답게 열거된다. 이어서 예언자들의 언어를 살펴보면 하나님의 백성을 '딸'과 '처녀 딸 시온', '딸 예루살렘', '딸 유다' 등으로 부르고 있다. 이스라엘 백성

◉ 내가 너를 애굽 땅에서 인도해 내어 종노릇 하는 집에서 속량하였고 모세와 아론과 미리암을 네 앞에 보냈느니라(미 6:4).

3. 유대 전승에 의하면, 이 여인들은 회막을 세우는 일에는 예물을 드렸지만 금송아지를 만드는 일에는 드리기를 거부하였다. 이것은 출애굽기 32:2의 이야기를 3절과 비교해 추론한 것이다.

◉ 다윗이 아비가일에게 이르되 오늘 너를 보내어 나를 영접하게 하신 이스라엘의 하나님 여호와를 찬송할지로다(삼상 25:32).

과 하나님과의 관계는 결혼에 비유된다. 구약성경에서 여성을 가리키는 용어 자체도 중요하다. 남자가 이쉬[ISH]라면 그의 아내는 이샤[ISHAH]로서 서로 대등한 위치에 있다. 남편이 게베르,[GEVER] 곧 다스리는 자라면 여성도 자기 나름의 영역에서 게비라[GEVIRAH]와 게베레스,[GEVERETH] 곧 여주인(사라 이야기와 여러 구절에서 자주 그렇게 불린다)이나 집을 돌보는 여자[NEVATH BAYITH, 시 68:12]가 된다.[4]◉

신약성경 시대에도 다르지 않았다. 우리 복되신 주님을 섬기고 교회 안에서 큰일을 감당했던 여인들의 이야기는 거의 속담이 될 정도로 잘 알려져 있다. 신약시대 때 여성의 지위는 구약성경의 이념을 향상시킨 정도가 아니라 정말 완벽하게 성취한 것이라고 할 수 있다. 다른 식으로 말해, 고대에 정통한 사람이라면 누구나 도르가나 마가의 어머니, 루디아, 브리스길라, 뵈뵈, 로이스, 유니게 같은 여인들을 보면서 그 당시 그리스 및 로마의 고귀한 여성들과 비교할 수밖에 없을 것이다.◉

물론 이 모든 일과 상충하는 것으로 우리 주님 시대에 널리 용인되었던 일부다처제와 손쉽게 이루어졌던 이혼 문제를 지적할 수 있을 것이다. 하지만 이 두 문제와 관련해 염두에 두어야 할 사실은 그런 관례들이 사람의 마음이 무정한 까닭에 일시적으로 용인되었던 일이라는 점이다. 그 시대의 형편과 유대 및 인접 국가들의 도덕 상태를 고려해야 하며 또한 문화 수준이 점진적으로 발전해 나가는 과정이었다는 점을 인정해야 한다. 만일 이러한 사실을 고려하지 않고 판단한다면 구약성경의 종교는 인간 본성에 어긋나는 것이요 결코 신뢰할 수 없는 것이 되어 버렸을 것이다. 지금으로서는 처음부터 그랬던 것은 아니며 궁극적으로 바라는 이상도 그것이 아니었다고만 말해 두자. 따라서 처음과 마지막 사이의 중간 시대는 완전한 이상에서 출발해 완전한 실현을 향해 점진

4. 이와 비슷한 표현으로 사라(*Sarah*)와 쉿다(*Shiddah*)라는 말이 있다. 이 두 단어는 '다스린다'는 뜻을 지닌 어근에서 왔다. 또 이러한 용법은 '결혼하다'를 뜻하는 바알과 '결혼한 사람'을 뜻하는 쁠라와도 조화되는데, 이 두 단어는 '주인'을 뜻하는 바알에서 온 것으로 사라가 "아브라함을 주라 칭하여"(벧전 3:6), 그리고 아비멜렉이 데려간 여인을 가리켜 쁠라라고 말하는(창 20:3) 데서 볼 수 있다. 물론 이 용어들이 여성을 가리키는 단어 전부라는 뜻은 아니다.

◉ 주께서 말씀을 주시니 소식을 공포하는 여자들은 큰 무리라. 여러 군대의 왕들이 도망하고 도망하니 집에 있던 여자들도 탈취물을 나누도다(시 68:11-12).

◉ 욥바에 다비다라 하는 여제자가 있으니 그 이름을 번역하면 도르가라. 선행과 구제하는 일이 심히 많더니(행 9:36).

이는 네 속에 거짓이 없는 믿음이 있음을 생각함이라. 이 믿음은 먼저 네 외조모 로이스와 네 어머니 유니게 속에 있더니 네 속에도 있는 줄을 확신하노라(딤후 1:5).

적으로 진보하는 기간이 된다. 게다가 구약성경과 특히 신약성경을 정신 차리고 읽는다면 일부다처제가 백성들 사이에서 일반화된 관례가 아니라 드문 예외사항이었다는 사실을 확인하게 된다. 이혼의 경우도 실제로는 훨씬 더 방종하게 이루어진 것이 분명하지만 랍비들이 나서서 이혼 둘레에 많은 안전장치를 마련해 놓았기에 그리 쉽사리 이루어지기는 힘들었을 것이다.

일반적으로 모세 율법뿐만 아니라 후대 랍비들의 규례는 분명하게 여성의 권리를 존중하는 특성을 보이는데, 노예들에게까지 관심을 기울일 만큼 면밀하고 여성의 가장 예민한 감정을 보호할 만큼 섬세했다. 분란이 일어날 경우 율법은 대체로 여성을 편들었다고 말해도 지나치지 않다. 이혼에 관해서는 나중에 자세히 살펴보겠다. 그러나 말라기 시대에 이혼과 일부다처제에 대한 종교적인 견해와 감정이 어떠했는지는, 어려서 맞이한 아내이며 짝이자 서약한 아내에게 거짓을 행하므로 그가 흘리는 눈물이 여호와의 제단을 가렸다고 말하는 격정적인 묘사에서 확인할 수 있다.[말 2:13-14◉] 그 내용 전체를 랍비들이 매우 아름답게 의역하였기에 여기에 덧붙인다.[5]

만일 죽음이 네게서 젊은 시절에 얻은 아내를 앗아 간다면
그것은 마치 네가 순례길에 오른 날에
성스러운 도성과 성전이 더럽혀지고
파괴되어 티끌로 변하는 것과 같다.
자기가 처음 구애하여 얻은 아내, 젊은 날에 맞은 아내를
냉혹하게 저버리는 남자는,
주님께서 그에게 주신 제단을
쓰라린 통한의 눈물로 뒤덮이게 만드는 것과 같다.

◉ 너희는 이르기를 어찌 됨이니이까 하는도다. 이는 너와 네가 어려서 맞이한 아내 사이에 여호와께서 증인이 되시기 때문이라. 그는 네 짝이요 너와 서약한 아내로되 네가 그에게 거짓을 행하였도다(말 2:14).

5. Dr. Sachs, *Stimmen vom Jordan u. Euphrat*. p. 347. 유대인의 부부 사랑과 여성에 대한 존중을 시적으로 그려 내는 많은 글을 제시할 수 있겠지만 여기서 이 글을 선택했다.

이성 간의 사회적 교류가 거의 오늘날처럼 자유로운 형편에서, 동방의 예법에 어긋나지 않는 한 젊은 남자가 직접 자기 신부를 선택하는 것이 당연했을 것이다. 이에 대해 성경은 많은 증거를 보여준다.◉ 하지만 여성도 약혼이나 결혼 문제에서 스스로 자유롭고 분명한 동의를 표시할 수 있었으며 이러한 동의가 없으면 결혼은 무효였다. 미성년자—여자아이의 경우는 열두 살하고 하루까지였다—는 아버지가 약혼을 시키거나 마음대로 처리할 수 있었다. 하지만 이런 경우 나중에 여성이 이혼을 요구할 권리가 있었다. 물론 이렇게 말한다고 해서 여성이 신약성경에서 가르치는 것 같은 온전한 지위에 올랐다는 의미는 아니다. 단지 대체적인 사회 관계 및 실상에 대해 밝힐 수 있는 것을 지적했을 뿐이다. 하지만 신약성경과 본질적으로 동일한 구약성경의 정신이 이러한 면에서 이스라엘의 삶에 얼마나 깊숙이 깃들어 있는지 눈여겨볼 필요가 있다.

◉ [삼손이] 올라와서 자기 부모에게 말하여 이르되 내가 딤나에서 블레셋 사람의 딸들 중에서 한 여자를 보았사오니 이제 그를 맞이하여 내 아내로 삼게 하소서 하매(삿 14:2).

"믿지 않는 자와 멍에를 함께 메지 말라"고후 6:14는 사도 바울의 경고는 레위기 19:19과 신명기 22:10을 우의적으로 적용한 구절인데,◉ 신비주의 랍비 문헌들 속에서도 그에 상응하는 내용을 볼 수 있다.[6] 그 문헌들 속에서는 앞의 구절을 영적으로 다른 사람 사이의 결혼에 분명하게 적용한다. '주 안에서만' 결혼해야 한다고 가르치는 고린도전서 7:39을 보면서 우리는 많은 랍비들이 가르친 유사한 교훈을 떠올리게 된다. 그중에서 가장 인상적인 것을 살펴보자. 남자는 흔히 네 가지 동기 가운데 하나로 결혼하는데, 그 네 가지란 정욕, 재산, 영예, 그리고 하나님의 영광이라고 한다.[7] 첫째, 정욕을 목적으로 한 결혼에서는 그 결과가 '완악하고 패역한' 아들로 나타난다고 보았으며, 신명기 21:11 이하의 본문에서 그러한 경우를 볼 수 있다. 재산을 목적으로 한 결혼과 관련해

◉ 너희는 내 규례를 지킬지어다. 네 가축을 다른 종류와 교미시키지 말며 네 밭에 두 종자를 섞어 뿌리지 말며 두 재료로 직조한 옷을 입지 말지며(레 19:19).

6. Philo, *De Creat. Princ*(ed. Francof.), pp. 730-731을 보면 레위기 19:19과 유사한 언급이 나오는데, 이것은 레위기 본문과 완전히 일치하지는 않는다.

7. 신명기 21:15에 대한 얄쿠트(Yalkut).

서는 엘리의 아들들에게서 교훈을 배우게 된다. 이들은 그런 방식으로 부자가 되려고 했지만, 말씀은 그들의 후손에 대해 "은 한 조각과 떡 한 덩이를 위하여……엎드려" 굽실거려야 했다고 말한다.[삼상 2:36] 연줄과 명예와 세력을 목적으로 삼은 결혼에 관해서는, 아합 왕의 사위가 된 여호람 왕에게서 교훈을 배운다. 여호람에게는 70명의 후손이 있었는데 왕이 죽은 후 그의 아내 아달랴가 "일어나 왕의 자손을 모두 멸절"하였다.[왕하 11:1] 그러나 '하늘의 이름으로' 결혼하는 경우는 전혀 다르다. 그러한 결혼은 '이스라엘을 보존하는' 자식들을 열매로 얻게 된다. 사실 '하늘의 이름으로'나 '하나님의 이름을 위해'(하나님 안에서 하나님을 위해) 결혼하는 것에 대해 랍비들은 자주 힘주어 언급했으며, 그래서 바울도 이렇게 친숙해진 사상을 받아 말했을 것이다.

또한 고린도전서 7장에서 결혼생활에 관해 언급하는 많은 내용이 탈무드 문헌에서도 상당히 유사한 형태로 발견된다.◉ 여기서는 "그렇지 아니하면 너희 자녀도 깨끗하지 못하니라. 그러나 이제 거룩하니라"는 구절을 한 예로 살펴본다. 랍비들도 바로 이와 동일한 구별을 개종자들에게 적용하는데, 만일 개종자의 자녀들이 부모가 유대교로 개종하기 전에 태어났다면 '부정한' 것으로 여겼으며 개종 후에 태어났다면 '거룩하게' 출생한 것으로 보았다. 하지만 유대인에게는 부모가 모두 유대교를 믿기를 요구하였다. 반면에 사도 바울은 전혀 상반된 쪽으로 밀고 나가 그저 어떤 외형적인 의례로 취할 수 있는 것과는 전혀 다른 경건성을 주장하였다.

◉ 믿지 아니하는 남편이 아내로 말미암아 거룩하게 되고 믿지 아니하는 아내가 남편으로 말미암아 거룩하게 되나니 그렇지 아니하면 너희 자녀도 깨끗하지 못하니라. 그러나 이제 거룩하니라(고전 7:14).

이 외에도 몇 가지 임의로 뽑은 사례들을 통해 지금 다루는 주제와 유대인의 가정생활을 엿볼 수 있다. 거의 발음이 같은 두 가지 동사가 불손한 듯하지만 해학거리로 종종 이용되어 결혼에 대한 상반된 체험을 표현하는 것을 볼 수 있다. 갓 결혼한 신랑에게 사람들은 "마짜*MAZA*냐 모쩨*MOZE*냐?"라고 묻곤 했다. 첫 번째 표현은 잠언 18:22에 나오는 것으로 '얻다'라는 의미이며,◉ 두 번째 표현은 전도서 7:26에 나오는 것으로 '알아내다'라는 뜻이다. 탈무드에는 또 다른 정서를 보여주는 구절도 있는데, 어렵지 않게 에베소서 5:28과 유사함을 알 수 있는 그 구절은 이렇다.◉ "아내를 제 몸처럼 사랑하고 자신보다 더 존중하는 사람은 자녀들을 바르게 양육하며 온전하게 될 때까지 인도한다. 그런 사람을 가리켜 성경은 '네가 네 장막의 평안함을 알고'욥 5:24라고 말한다."예바모트 62 B, 산헤드린 76 B 여성의 성품으로서 가장 바람직한 것은 온유함과 겸손과 정숙이었다. 다투거나 거리에서 수다를 떨거나 드러내 놓고 헤픈 태도는 이혼당하기에 충분한 사유가 되었다. 회당에서 유대 여성이 가르치는 것은 엄두도 내지 못할 일이었으며, 앉는 자리도 남자들과 격리되었다. 랍비들의 공부가 남성에게는 가치 있는지 몰라도 여성에게는 허용되지 않았다. 게다가 "여자가……남자를 주관하는 것을 허락하지 아니하노니"딤전 2:12라는 사도 바울의 가르침과 유사한 내용을 "자기 아내에게 끌려다니는 사람은 제아무리 큰 소리를 쳐도 아무도 돌아보지 않는다"라는 랍비의 글에서 볼 수 있다.

◉ 아내를 얻는 자는 복을 얻고 여호와께 은총을 받는 자니라(잠 18:22).

마음은 올무와 그물 같고 손은 포승 같은 여인은 사망보다 더 쓰다는 사실을 내가 알아내었도다(전 7:26).

◉ 이와 같이 남편들도 자기 아내 사랑하기를 자기 자신과 같이 할지니 자기 아내를 사랑하는 자는 자기를 사랑하는 것이라(엡 5:28).

이와 비슷한 근거에서 랍비들은 남자가 여자를 찾아야지 여자가 남자를 찾아서는 안 된다고 주장하는데, 그 유일한 이유로 제시하는 것이 참 기이하다. 랍비들은 말하기를, 남자는 흙으로 지어졌고 여자는 남자의 갈빗대로 지어졌기에 남자만이 아내를 구하는 중에 자기가 잃어버린 것을 찾게 된다고 한다. 이렇게 남자는 부드러운 흙으로 지어지고 여자는 딱딱한 뼈로 만들어졌다는 사실 역시 왜 남자가 여자보다 훨씬 더 쉽게 조화를 이룰 수 있는

지를 설명하는 근거로 사용된다. 이와 비슷하게 하나님께서는 여자가 교만해지지 않도록 머리로 짓지 않으셨고, 정욕에 빠지지 않도록 눈으로 짓지 않으셨으며, 호기심에 빠지지 않도록 귀로 만들지 않으셨고, 수다스럽지 않도록 입으로 짓지 않으셨으며, 질투하지 않도록 심장으로 짓지 않으셨고, 탐욕스럽지 않도록 손으로 짓지 않으셨으며, 오지랖이 넓지 않도록 발로 만들지 않으셨고, 오히려 갈빗대로 지어서 언제나 덮여 있게 하셨다는 말이 있다.

따라서 겸손이 최고의 덕목이었다. 여성이 랍비의 공부에 참여하지 못하도록 금지한 것은 주로 이 겸손에 대한 민감한 고려 때문인 것이 분명하다. 베루리아(랍비 메이어의 아내)처럼 최고로 지혜로웠던 여성조차도 겸손과 관련한 문제로 극히 위험한 처지로 내몰렸다는 이야기가 있다. 여성이 적극적인 모든 의무(하지 말아야 할 것이 아니라 해야 할 것들) 가운데서, 일반적으로 지켜야 할 것[키두쉰 I. 7-8◉]이 아닌 특정 기간에만 지켜야 할 의무를 (예를 들어 경문곽을 착용하는 의무) 면제받은 이유는, 여성들이 자기 삶의 주인이 아니라 다른 사람에게 종속된다고 보았고 또 남편과 아내를 한 몸으로 여겨 남편의 공로와 기도가 그대로 부인에게도 돌아간다고 보았다는 사실을 염두에 둘 때에야 비로소 설명이 된다. 이렇게 남편의 공로와 기도가 부인에게도 돌아간다는 생각은, 특히 남성이 율법에 헌신함으로써 공로를 쌓게 된다는 생각과 얽히면서 널리 퍼지게 되었으며, 그래서 아내는 남편이 율법 공부에 최선을 다하도록 격려해야 마땅하다고 여겨졌다.

◉ 제물에 손을 얹거나, 소제물을 흔들고 가까이 가져가 한 줌 쥐어 불태우거나, 번제로 드린 새의 머리를 비틀어 끊고 피를 받아 뿌리는 것 같은 예식은 여자가 아니라 남자가 했으며, 예외로 간음죄로 의심받는 여자와 여자 나실인이 드리는 소제는 여성들이 직접 흔들었다(키두쉰 I. 8).

우리는 메시아가 오시기 이전 시대에 결혼이 어떻게 종교적 의무로 생각되어 왔는지 잘 알고 있다. 많은 성경 구절에서 이와 같은 사고를 확인할 수 있다. 대체로 젊은 남자는 (마이모니데스에 따르면) 16세나 17세에 결혼을 하는 것으로 생각했다. 결혼생활의 의무를 감당하지 못할 만큼 공부에 시간과 노력을 쏟아야 할 경우가 아니라면 적어도 스무 살까지는 결혼을 해야 하는 것으로 보았다. 홀몸으로 지내기보다는 학업을 멀리하는 것이 훨씬 더 낫다고 보았다. 하지만 아내와 자식을 돌보는 데는 커다란 돈 걱정이 따른다. 우리 주님께서 전혀 다른 의미에서 작은 자를 실족하게 하는 것이라고[눅 17:2] 지적하신 문제가 아내와 자식들에게 그대로 적용되었다. 이런 걱정거리를 가리켜 랍비들은 '목에 매단 연자맷돌'이라고 불렀다.[키두쉰 29 B] 이 표현은 신약성경에 편입된 다른 많은 구절들처럼 경구같이 사용되었던 것으로 보인다.

우리는 복음서에서 예수의 어머니 마리아가 "요셉과 약혼하고 동거하기 전에 성령으로 잉태된 것이 나타났더니 그의 남편 요셉은 의로운 사람이라. 그를 드러내지 아니하고 가만히 끊고자 하여"[마 1:18-19]라고 말하는 것을 본다. 이 이야기는 **약혼**과 **결혼**이 구별되었음을 말해 준다. 즉, 요셉은 그때 마리아와 실제 결혼한 것이 아니라 약혼한 상태였다. 구약성경에서도 약혼과 결혼을 구분했다. 약혼은 결혼 선물(모하르)에 의해 정해졌는데,[창 34:12, 출 22:17, 삼상 18:25◉] 특별한 형편에서는 신부의 아버지가 그 선물을 면제해 주기도 했다. 여자는 약혼하는 순간부터 실제로 결혼한 것처럼 대접받았다. 이 결합은 합법적인 파혼에 의하지 않고서는 무효화할 수 없었다. 신의를 위배하는 일은 간음과 같이 여겨졌다. 여자의 소유는 그녀의 약혼자가 권리를 분명하게 포기하지 않는 한 실질적으로 그 남자의 소유가 되었다.[키두쉰 IX. 1] 그리고 권리를 포기할 경우라도 남자는 당연히 여자의 상속자가 되었다. 여기서는 세부적인 법률 조항, 예를 들어 약혼이나 결혼 후에 여성 몫으로 돌아오는 재산과 돈에 관한 조항을 구체적으로 논하지는 않겠다. 율법이 남편에게 이러한 결정을 내리기는 했지만 거기에는 많은 제한이 따

◉ 이 소녀만 내게 주어 아내가 되게 하라. 아무리 큰 혼수와 예물을 청할지라도 너희가 내게 말한 대로 주리라(창 34:12).

랐으며, 율법에서는 힘 있는 자의 권리를 인정하길 꺼리기나 하듯 여성을 한없이 신중하게 대우하였다.키두쉰 VIII. 1

미쉬나에서바바 바트라 X. 4 우리는 또 공식 약혼문서인 쉬트레 에루신*SHITRE ERUSIN*이 권위 있는 인물의 중재로 작성되는 것을 본다(비용은 신랑이 지불했다).◉ 이 문서에는 쌍방의 의무와 지참금과 기타 당사자들이 동의한 여러 가지 사항을 기록했다. 쉬트레 에루신은 통상적인 케투바,*CHETHUBAH* 곧 혼인계약서와는 달랐는데, 랍비들은 케투바가 없으면 결혼이 합법적인 축첩관계에 불과한 것으로 보았다.케투보트 V. 1 케투바에는 신부가 처녀인 경우 최소한 200데나리온, 과부인 경우 100데나리온을 주도록 정하였으며, 제사장의 딸인 경우 예루살렘에 있는 제사장 회의에서 400데나리온으로 정하였다. 이 액수는 법으로 정한 최소 금액을 가리켰을 뿐이고 사정에 따라 임의로 증액되었을 것이다. 물론 약혼에 한해서는 법적으로 어느 정도나 많은 금액을 주어야 할지 의견이 달랐다. 현재 유대인이 사용하는 케투바 양식을 보면, 신랑은 "모세와 이스라엘의 율법을 따라" 신부에게 장가들고 "이스라엘 남성의 관례대로 신부를 즐겁게 하고 존경하고 먹이며 돌볼 것"을 약속한다는 내용을 담고 있으며 여기에 여성이 동의하고 두 증인이 서명한 문서로 이루어진다. 아마도 이것이 오래전부터 실제로 사용된 양식일 것이다. 예루살렘과 갈릴리에서는 홀로 남은 과부가 자기 남편의 집에서 살 권리를 주장할 수 있었다. 전해지는 말에 의하면, 예루살렘과 갈릴리 남성들은 결혼 상대를 선택할 때 '상당한 지체'를 중요하게 여겼으며 반면에 나머지 유대 지역 남성들은 많은 돈을 바랐다고 한다.

다른 한편, 신부의 아버지는 딸에게 신분에 어울리는 지참금(네단, 네다냐)을 줄 의무가 있었다. 그리고 둘째 딸은 언니가 받

◉ 양쪽 집안이 모두 동의하지 않으면 약혼이나 결혼 증서에 서명해서는 안 된다. 그리고 신랑은 비용을 지불해야 한다(바바 바트라 X. 4).

티베리우스 황제 시대의 데나리온

노동자는 밭이나 포도원에서 하루 일한 대가로 한 데나리온을 받았으며, 착한 사마리아인이 다친 사람을 여관에 맡길 때에 비용으로 단 두 데나리온을 지불했다.

은 지참금과 동일한 액수나 아니면 전체 부동산의 십분의 일을 요구할 수 있었다. 아버지가 죽었을 때는, 유대 율법에 따라 재산을 독점하여 물려받는 아들들이 누이들을 부양하고 (이 책임은 흔히 공공 자선기금으로 전가되기도 했다) 누이들에게 유산의 십분의 일씩 나누어 줄 책임이 있었다. 돈이나 부동산, 보석으로 이루어진 지참금은 결혼 계약에 포함되었으며 사실상 아내의 소유가 되었는데, 남편은 지참금이 돈이나 금전적인 가치가 있는 것일 경우 거기다 절반을 더하고 보석 등일 경우에는 그 가치의 오분의 사를 아내에게 더해 주어야 했다. 별거할 경우(이혼이 아니라) 남편은 아내에게 필요한 양식을 제공해야 했으며 안식일 저녁에는 아내가 그의 집과 식탁에 참석하도록 허용해야 했다. 아내는 자신의 지참금에서 십분의 일을 용돈으로 받을 권리가 있었다. 만일 아버지가 딸을 시집보내면서 지참금에 대해 구체적인 언급을 하지 않았다면 최소한 50주즈SUS, ZUS를 딸에게 주어야 했으며, ('주즈'는 바르 코크바 혁명기에 주조된 화폐 단위로, 1주즈는 1데나리온이었다.—옮긴이) 신부에게 지참금이 한 푼도 없다는 사실이 명기되었을 경우에는 신랑이 **결혼하기 전에** 신부에게 혼수를 갖추는 데 필요한 만큼 주어야 했다.

고아일 경우에는 지역의 당국자들이 지참금으로 최소한 50주즈를 지원해 주었다. 남편은 아내에게 거룩한 땅이나 예루살렘을 떠나라고 강요할 수 없었으며, 또한 도시에서 시골로 아니면 그 반대로 거주지를 옮기라거나 좋은 집을 나쁜 집으로 바꾸라고 강요할 수 없었다.

지금까지 살펴본 규정들은 율법이 여성의 권리를 얼마나 신중하게 보호했는지를 보여주는 몇 가지 사례일 뿐이다. 더 이상의 세부 사항을 언급하는 것은 우리가 이 책에서 다루는 목적을 벗어나는 일이다. 이 모든 것들은 약혼에서 확고히 정해졌으며, 적어도 유대 지역에서는 잔치를 벌여 약혼을 축하했던 것으로 보인다. 이렇게 합의한 사항이 신뢰를 깨뜨린 것으로 드러날 경우, 다시 말해 의도적으로 속인 경우에 한해서 이미 맺은 계약을 정당하게 무효화할 수 있었다. 그 외의 경우에는 앞서 언급한 대로 법에 따라 파혼 절차를 밟아야 했다.

랍비들의 법에 따르면, 약혼을 법적으로 확정 짓기 위해서는 일정한 절차가 필요했다. 이 절차는 여성에게 직접 혹은 전달자를 통해 약간의 돈이나 편지를 보내는 것으로 이루어졌는데[8] 어떤 형태로 이루어지든 남자는 여자를 자기 아내로 맞아들인다는 사실을 증인들 앞에서 분명하게 밝혀야 했다. 그 후 어느 정도 기간이 지난 후에 결혼이 이루어졌으며, 이 기간의 한도는 법으로 정해졌다. 결혼식은 신부를 신랑의 집으로 인도하는 것을 비롯해 옛날부터 이어져 온 여러 절차로 이루어졌다. 처녀와의 결혼은 보통 수요일 오후에 거행되었는데, 그럼으로써 한 주간의 초반 며칠을 준비 기간으로 이용할 수 있었고 또 신랑이 신부의 순결 문제로 이의를 제기할 것이 있으면 매주 목요일에 열리는 지역 산헤드린에다 호소할 수 있었다. 한편 과부와의 결혼은 목요일 오후에 거행

8. 약혼을 하는 세 번째 형식으로서 간단히 동거하는 일도 있었지만 이 일은 랍비들이 강하게 비난했다.

되었는데, 그렇게 함으로써 "신부와 함께하는 기쁨"을 위해 3일을 할애할 수 있었다.

이 사실에 근거하여 우리는 가나의 결혼식[요 2:1] 전에 일어난 사건들의 날짜를 비교적 확실하게 정할 수 있다. 결혼 잔치로 미루어 그것이 처녀의 결혼식이었으며 따라서 수요일에 치러졌다는 사실을 놓고 볼 때 우리는 다음과 같은 순서로 사건이 일어났음을 알 수 있다. 목요일(유대의 모든 날이 그렇듯이 전날 저녁부터 시작한다)에[요 1:19] 세례 요한은 예루살렘에서 파견한 산헤드린 사람들에게 증언한다. 금요일에는[요 1:29] "요한이 예수께서 자기에게 나아오심을 보고" 첫 번째 설교로 "세상 죄를 지고 가는 하나님의 어린양이로다"라고 분명하게 선포했다. 토요일에는[요 1:35] 세례 요한이 같은 내용으로 두 번째 설교를 했고 그 결과 요한과 안드레가 예수께로 돌아섰으며, 베드로가 예수께 부름받았다. 일요일에는[요 1:43] 우리 주님께서 첫 번째 메시아 설교를 했으며 빌립과 나다나엘을 제자로 부르셨다. 그 후 "사흘째 되던 날"인 수요일에[요 2:1] 갈릴리 가나에서 결혼식이 열렸다. 이러한 날짜의 중요성은 우리 주님의 고난주간 날짜들과 비교할 때 매우 분명하게 드러난다.

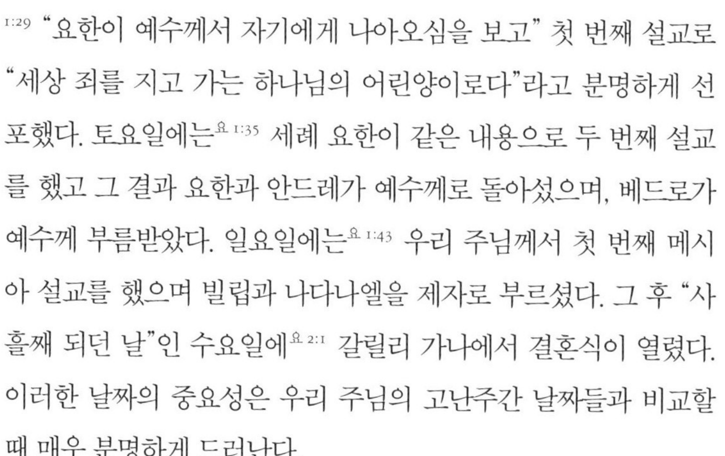

이스라엘의 신부

신부의 면사포 관습은 고대로부터 시작되었다. 예루살렘이 멸망한 후에는 랍비들이 한동안 그것을 금지시켰다. 훨씬 더 오래된 관습으로 왕관을 쓰는 일도 있었는데 이것 역시 마지막 유대 전쟁이 끝난 후에 금지되었다.

그러나 이것이 가나의 결혼식 이야기에서 알 수 있는 전부가 아니다. 언제나 그렇듯 그 결혼식에도 '혼인 잔치'가 이어졌다. 이러한 이유로 결혼식은 안식일이나 그 전날 혹은 다음 날에는 이루어지지 않았다. 안식일의 쉼을 위태롭게 해서는 안 되었기 때문이다. 또 세 가지 연례 명절에 결혼하는 것도 법에 어긋나는 일이었는데, 랍비들의 말대로 "한 가지 기쁨(결혼의 기쁨)과 다른 즐거움(명절의 기쁨)이 섞이지 않도록 하기 위해서"였다. 갓 결혼한 부부를 즐겁게 하는 것이 종교적인 의무로 여겨졌으며 랍비들이 엄격하게 규정한 한도 너머까지 흥겨움이 커지는 경우가 흔했다. 그래서 어떤 사람은 분위기를 엄숙하게 되돌리고자 25파운드나 되는 값비싼 꽃병을 깨뜨렸다고 한다. 자기 아들의 결혼식에서 값비싼 잔을 깨뜨렸다는 사람도 있다. 또 다른 사람은 노래 부르라는 청을 받고서 "화로다, 우리는 모두 죽을 인생이로다!"라고 외쳤다고 한다. 이와 관련해 다음과 같은 이야기가 있다.

사람은 이 세상(세대)에서 자기 입에 웃음을 담아서는 안 된다. 그 까닭은 "그 때에 우리 입에는 웃음이 가득하고 우리 혀에는 찬양이 찼었도다"시 126:2라고 기록된 때문이다. 그러면 언제 웃을 수 있는가? "여호와께서 우리를 위하여 큰 일을 행하셨으니 우리는 기쁘도다"시 126:3라고 노래하게 될 때이다.베라코트 31 A

가나의 결혼식에서 눈여겨볼 사실은 '신랑의 친구들', 곧 우리 식으로 말해 신랑 들러리에 대한 언급이 없다는 점이다. 이것은 신랑 들러리라는 유대인의 풍습이 갈릴리 지역이 아니라 유대 지역의 관습이었다는 사실과 완전히 일치한다.케투보트 25 A 이것은 또 '신랑의 친구'라는 말이 나오는 요한복음 3:29이 어떤 지역을 배경으로 한 것인지 밝혀 준다.◎ 그러나 이 표현은 마태복음 9:15에 나오는 '혼인집 손님들'이라는 말과는 전혀 다른 것인데, 이 본문의 배경은 갈릴리다.◎ '혼인집 손님들'이라는 표현은 랍비들의 '베네 후파'*BENE CHUPPAH*라는 말을 옮긴 것으로서, 결혼식에 초대받은 손님을 가리킨다. 유대 지역에서는 모든 결혼식에 두 명의 신랑

◎ 신부를 취하는 자는 신랑이나 서서 신랑의 음성을 듣는 친구가 크게 기뻐하나니 나는 이러한 기쁨으로 충만하였노라(요 3:29).

◎ 예수께서 그들에게 이르시되 혼인집 손님들이 신랑과 함께 있을 동안에 슬퍼할 수 있느냐. 그러나 신랑을 빼앗길 날이 이르리니 그때에는 금식할 것이니라(마 9:15).

들러리, 곧 '신랑의 친구들'을 세웠는데, 한 명은 신랑을 위해 다른 한 명은 신부를 위해서였다. 이들은 신랑 신부가 결혼하기 전에 둘 사이에서 일종의 중재자 역할을 하였다. 또 결혼식에서는 선물을 전달하고 신랑과 신부의 수발을 들고 두 사람을 결혼 장소로 인도했으며, 나아가 이른바 신부의 '순결'에 대한 보증인 역할을 하였다. 그러므로 사도 바울이 고린도 교인들에게 "내가 하나님의 열심으로 너희를 위하여 열심을 내노니 내가 너희를 정결한 처녀로 한 남편인 그리스도께 드리려고 중매함이로다"[고후 11:2]라고 말할 때, 그는 이를테면 들러리, 곧 '신랑의 친구' 역을 맡아 그리스도와 고린도 교회의 영적 결합을 중재하고 있는 것이다. 또한 우리는 신랑에게 신부를 넘겨주는 것이 신랑의 친구들이 맡았던 특별한 의무였다는 사실도 안다. 이와 마찬가지로 결혼 후에는 신랑과 신부의 관계를 잘 유지시키고, 좀 더 구체적으로는 모든 험담에 맞서 신부의 평판을 호의적으로 지키는 것도 그들의 의무였다.

흥미로운 사실은 이 관습 역시 가장 높으신 분에게서 유래한 것으로 설명된다는 데 있다. 이스라엘과 하나님의 영적 결합에서 모세는 '신랑의 친구' 역을 맡아서 신부를 인도하고 있으며[출 19:17◉] 신랑이신 여호와는 시내 산에서 당신의 교회를 맞아들이는 것으로 그려지고 있다.[시 68:7, *Pirke di R. El.* 41] 뿐만 아니라 몇몇 신비주의 문헌에서는 에덴동산에서 인간 최초의 부모가 만났을 때 하나님께서 '신랑의 친구' 역할을 하셨던 것으로 묘사하고 있다. 이와 같은 장면을 시가로 노래하는 에스겔 28:13을 보면,◉ 천사들이 합창단을 지휘하며 또 신방을 장식하고 지켜보는 것으로 묘사하고 있다.[*Ab. de R. Nathan* iv, xii] 다른 고대 랍비 주석을 보면,[베레쉬트 랍바 viii] 인간 최초의 부모가 천국에서 결혼할 때 미가엘과 가브리엘이 '신랑의 친구들' 역을 맡았으며 전능자 하나님께서 친히 잔을 들어 축복기

◉ 모세가 하나님을 맞으려고 백성을 거느리고 진에서 나오매 그들이 산기슭에 서 있는데(출 19:17).

◉ 네가 옛적에 하나님의 동산 에덴에 있어서 각종 보석 곧 홍보석과 황보석과 금강석과 황옥과 홍마노와 창옥과 청보석과 남보석과 홍옥과 황금으로 단장하였음이여. 네가 지음을 받던 날에 너를 위하여 소고와 비파가 준비되었도다(겔 28:13).

도를 하신 것으로 기록하고 있다.

이러한 축복기도가 있기 전에 신부를 신랑에게 넘겨주는 간단한 예식을 행하고토비트 7:13 이어서 축복기도로 결혼 잔치가 시작되었다.[9] 그렇게 해서 부부는 혼인실(헤데르)과 신방(후파)으로 인도되었다.[10] 신부는 머리를 가린 것을 벗지 않고 들어갔다. 대체로 여자는 머리와 머리카락을 꼼꼼히 가리도록 엄하게 규정되었다. 이 사실이 고린도전서 11:1-10의 난해한 구절에 일부분 빛을 비추어 준다.[◉] 여기서 사도 바울은 유대인을 대상으로 논쟁하고 있는 것이요, 유대인의 토대 위에서 그들의 견해와 습관과 전설을 지적함으로써 자신이 주장한 관례가 타당하다는 사실을 납득시키고 있다는 점을 기억할 필요가 있다. 이러한 면에서 볼 때 여성이 자신의 머리를 가리는 행위는 예의범절로 따져 문제가 될 수 없다. 유대인에게는 그 반대가 천박한 일이었다. 여자가 머리를 깎거나 미는 것은 간음죄를 지었을 경우에나 행하는 관습이었으며, 그때에는 "너는 머리를 가려야 하는 이스라엘의 딸들의 예법에서 떠났으니……네가 택한 일이 네게로 돌아가리라"는 법칙이 적용되었다. 이것이 고린도전서 11:5-6의 의미를 분명하게 밝혀 준다. 10절에서 여성의 머리에 적용된 '권세'라는 표현은 이렇게 가리는 일을 말하는 것으로 보이며, 실제로 그랬듯이 여자가 자기 남편의 권세 아래 있다는 점을 지적하는 것으로 보인다. 반면에 '천사들로 말미암아'라는 매우 난해한 표현은 천사의 존재 및 그 천사들이 우리의 행위에 의해 감정을 상하거나 슬퍼하게 되며 또 하나님의 보좌 앞으로 슬픈 소식을 가져간다고 보는 널리 퍼진 유대인의 생각을 가리키거나 아니면 악한 영들이 머리 민 여인을 지배한다고 보는 유대인의 오래된 믿음을 가리키는 것일 수도 있다.

신부의 면사포 관습—신부만 쓰거나 신랑 신부를 다 덮었

9. 랍비들이 형태를 다듬은 이 축복기도와 약혼식의 축복기도가 초기부터 있었는지는 의문의 여지가 있다. 아름답기는 하지만 그렇게 판단하기에는 지나치게 정교하다.

10. 이 구분은 요엘 2:16에서 확인할 수 있다. '후파'는 시편 19:5에서도 언급한다.

◉ 무릇 여자로서 머리에 쓴 것을 벗고 기도나 예언을 하는 자는 그 머리를 욕되게 하는 것이니 이는 머리를 민 것과 다름이 없음이라. 만일 여자가 머리를 가리지 않거든 깎을 것이요 만일 깎거나 미는 것이 여자에게 부끄러움이 되거든 가릴지니라……그러므로 여자는 천사들로 말미암아 권세 아래에 있는 표를 그 머리 위에 둘지니라(고전 11:5-6, 10).

다—은 고대로부터 시작되었다. 예루살렘이 멸망한 후에는 랍비들이 한동안 그것을 금지시켰다. 훨씬 더 오래된 관습으로 왕관을 쓰는 일도 있었는데[아 3:11, 사 61:10, 겔 16:12] 이것 역시 마지막 유대 전쟁이 끝난 후에 금지되었다.◉ 종려나무와 화석류나무 가지를 신랑 신부 앞에 세우고 주위로 곡식이나 돈을 뿌리고 음악을 연주하며 행렬이 나갔는데, 이 행렬을 만나는 사람은 누구나 거기에 참여하는 것이 종교적인 의무였다.[11] 등을 들고 신랑을 맞으러 나간 열 처녀의 비유는[마 25:1] 유대인의 관습에서 사실로 확인할 수 있다. 권위 있는 랍비에 의하면, 그런 등은 흔히 막대기 끝에 매달아 사용했으며, 열이라는 숫자는 언제나 공적이고 엄숙한 의례[12]와 연관해서 언급된다. 혼인 잔치는 대체로 한 주간 계속되었고 신혼 기간은 한 달이 넘도록 이어졌다.[13]

지금까지 결혼이라는 주제를 자세히 다루었는데, 덧붙여 몇 가지 흥미로운 세부 사항을 살펴본다. 성경에 나오는 결혼 금지 조항은 잘 알려져 있다. 랍비들은 여기다 다른 금지 조항들을 덧붙였는데, 그것은 두 가지 큰 표제로 정리되었다. 친족에 관한 율법을 (3촌에 해당하는 친족까지로) 확대한 조항과 도덕을 보호하기 위한 조항이다. 앞의 금지 조항은, 직계의 경우에는 금지된 친족의 전체 가계까지 확대되었으며, 직계가 아닌 경우는 한 단계 넘어서까지, 예를 들어 외삼촌의 아내나 아내의 계모에게까지 확대되었다. 도덕의 보호라는 범주에는 이혼당한 여자는 자기를 유혹한 남자와 결혼해서는 안 된다는 금지 조항이 포함된다. 또한 남자는 자기가 이혼증서를 전달해 준 여자라든지, 증인으로 나섰던 이혼 사건의 당사자인 여자와 결혼해서는 안 된다. 또는 정신이 온전하지 않거나 술 취한 상태에 있는 사람과 결혼하는 것이 금지되었으며, 미성년자의 결혼이나 사기 결혼 등도 금지되었다. 재혼을 하는

◉ 내가 여호와로 말미암아 크게 기뻐하며 내 영혼이 나의 하나님으로 말미암아 즐거워하리니 이는 그가 구원의 옷을 내게 입히시며 공의의 겉옷을 내게 더하심이 신랑이 사모를 쓰며 신부가 자기 보석으로 단장함 같게 하셨음이라(사 61:10).

11. Edersheim, "Marriage" in Cassell's *The Bible Educator*, vol iv. pp. 267-270.

12. 랍비 시몬에 따르면 (「켈림」 ii. 8에 관한 글), 신부를 미래의 집으로 인도할 때 "사람들이 행렬 앞에서" 그런 등을 "열개 정도 들고" 가는 것이 관습이었다.

13. 결혼하고 일 년 동안 아내를 신부라고 부르는 관례는 신명기 24:5에 근거한 것으로 보인다.

경우 홀아비는 명절이 세 번 지날 때까지 기다려야 하고 과부는 3개월을 기다려야 하며 만일 여인에게 어린애나 젖먹이가 있다면 2년을 기다려야 했다. 여자는 세 번 결혼할 수 없으며, 가까운 친척이 죽은 후 30일 이내나 안식일, 명절에는 결혼할 수 없었다. 남편이 죽고 자식이 없는 경우, 남편의 형제(또는 가장 가까운 친척)와 결혼하는 일에 대해서는 여기서 논할 필요가 없다. 비록 미쉬나가 소논문 「예바모트」를 온전히 할애하여 이 문제를 다루고 있고 그리스도의 시대에도 이 관습이 실행된 것이 분명하기는 하지만 막 12:19◉ 이는 토지의 소유와 관련되어 다루어졌고 유대 나라가 멸망하면서 중단되었기 때문이다.베호로트 1. 7 제사장은 아내로 맞을 여자의 법적 혈통을 따져야 했다(제사장의 딸이면 위로 네 대까지, 그렇지 않으면 다섯 대까지). 단, 신부의 아버지가 현직에 있는 제사장이거나 산헤드린 회원인 경우는 예외였다. 대제사장의 신부는 나이가 결혼 적령기를 6개월 이상 넘기지 않은 처녀여야 했다.

◉ 선생님이여, 모세가 우리에게 써 주기를 어떤 사람의 형이 자식이 없이 아내를 두고 죽으면 그 동생이 그 아내를 취하여 형을 위하여 상속자를 세울지니라 하였나이다(막 12:19).

이혼이 흔한 일이었으며 매우 쉽게 이루어졌다는 사실은 바리새인들이 그리스도께 "사람이 어떤 이유가 있으면 그 아내를 버리는 것이 옳으니이까"마 19:3 [14]라고 물었던 질문과 이에 대한 주님의 대답을 듣고 놀라는 제자들의 반응마 19:10에서 분명하게 확인할 수 있다. 이때 주님께서 하신 대답은 전에 산상수훈에서 가르쳤던 것마 5:32보다 훨씬 더 폭이 넓다.[15]◉ 이와 같은 주님의 가르침에 대해 유대인들은 그 윤리가 삼마이 학파가 주장한 최고의 엄격한 기준을 넘어서는데도 아무런 반론을 제기하지 못했다. 삼마이 학파에 비해 힐렐 학파나 랍비 아키바의 가르침은 정반대로 가장 느슨한 기준을 제시하였다. 우리 주님께서 바리새인들에게 하신 대답을 보면 가장 엄격했던 삼마이 학파조차도 용인할 수 없는 토대 위에서 문제 전체를 다루신다. 삼마이파에서 내세웠던 최대 조건

14. 다른 해석에서는 이 본문을 "어떤 죄가 있으면"으로 옮길 것을 제안한다. 이 해석이 우리가 사용하는 공인 본문(*textus receptus*)의 해석보다 바리새인의 정신에 더 부합한다.

15. 랍비 규정에서는 모세의 율법을 간음한 여자에 한정해 적용했던 까닭에 재판과 형벌은 극히 드물게 행해졌을 것이다. 여기서는 이러한 율법과 규정에 관해 논하지 않았다.

◉ 나는 너희에게 이르노니 누구든지 음행한 이유 없이 아내를 버리면 이는 그로 간음하게 함이요 또 누구든지 버림받은 여자에게 장가 드는 자도 간음함이니라(마 5:32).

은 이혼의 사유를 "수치되는 일"신 24:1에 한정하는 것이었는데, 그들은 이 수치되는 일에 결혼 서약을 깨뜨리는 일뿐 아니라 그 땅의 율법과 관습을 깨는 일까지 포함했던 것으로 보이기 때문이다. 사실 여기에는 온갖 종류의 단정치 못한 행동이 포함되었다는 것을 우리는 안다. 예를 들어, 머리를 푼 채로 거리를 돌아다니는 일, 거리에서 베를 짜는 일, 뭇 남자들과 다정스레 말을 나누는 일, 남편 앞에서 시부모를 험담하는 일, "남편에게 하는 말이 야단스러워 이웃집 사람들에게까지 들릴 정도로" 시끄러운 일,케투보트 VII. 6 널리 안 좋은 소문이 나는 일, 결혼하기 전에 속인 일 등이다. 반면에 아내는 자기 남편이 나병 환자거나 코의 용종 질환에 걸렸거나, 또는 가죽 제조나 구리 세공처럼 더럽거나 받아들이기 힘든 직업을 가질 경우 이혼을 요구할 수 있었다. 반드시 이혼해야 하는 때도 있었는데, 부부 중 어느 한쪽이라도 이교에 빠지거나 유대교 신앙을 버렸을 경우가 그렇다. 이러한 형편에서도 불법이 널리 퍼지는 위험을 막고자 최소한의 장치가 마련되었다. 아내에게 그녀 몫의 지참금을 주어야 하는 의무라든지 세세하게 규정된 이혼증서 같은 것을 예로 들 수 있다. 이혼증서가 없으면 이혼은 결코 합법적인 것이 아니었으며[16] 이때 이혼증서는 명확한 조건을 자세히 기록하여 두 명의 증인 앞에서 여성에게 직접 전달해야 했다.

유대 율법에 따르면, 아내가 남편에게 지는 의무는 네 가지고 남편이 감당해야 하는 의무는 열 가지였다. 남편의 의무에 관해 말하자면, 출애굽기 21:9-10에 세 가지가 나오며 나머지 일곱 가지는 다음과 같다.◉ 아내의 안정된 생활을 보장하고, 병이 나면 치료하고, 사로잡히면 구속하고, 품위 있는 장례식을 치러 주고, 과부가 되고서 지참금을 받지 못한 때는 남편의 집에서 공궤하고, 여자의 딸들이 결혼할 때까지 부양하고, 여자의 아들들이 아버지

16. 유대인은 여자가 "남편의 법에서 벗어나는" 길은 오직 두 가지, 죽음 아니면 이혼증서뿐이라고 말한다. 로마서 7:2-3을 보라.

◉ 만일 그를 자기 아들에게 주기로 하였으면 그를 딸 같이 대우할 것이요 만일 상전이 다른 여자에게 장가 들지라도 그 여자의 음식과 의복과 동침하는 것은 끊지 말 것이요(출 21:9-10).

의 유산을 받지 못한 때에는 여자에게 돌아갈 몫에서 나누어 받게 해야 한다. 아내에게 부과된 의무는 다음과 같다. 결혼 후 상속으로 그녀에게 돌아온 몫을 비롯해서 그녀가 얻은 모든 수익은 남편에게 속했다. 남편은 부인의 지참금과 그것을 운용하여 거둔 이득을 이용할 권리가 있었다. 단, 이 경우에 남편은 모든 손실에 대해 책임을 져야 했다. 그리고 남편을 여자의 법적 상속인으로 인정해야 했다.[17]

17. 여기서는 랍비들이 길게 논한 법적 조항을 다루지 않았다.

이스라엘의 경건한 가정의 생활이 어떤 모습이었는지, 가정의 품격은 얼마나 고결하고 대화는 얼마나 사랑이 넘쳤는지, 어머니와 딸들은 얼마나 헌신적이었는지에 대해서는 복음서 이야기와 사도행전의 기록, 사도들의 편지를 보면 분명하게 확인할 수 있다. 예수의 어머니 마리아, 엘리사벳, 안나를 비롯해 주님을 섬기는 특권을 누리거나 주님이 죽으신 후 그 시신을 돌보고 지킨 여성들의 존재는 팔레스타인에서 결코 예외적인 현상이 아니었다. 또 우리는 도르가, 루디아, 뵈뵈 같은 여인들이나, 사도 바울이 빌립보서 4:3에서 언급하고 디모데와 디도에게 보낸 편지에서 묘사하는 여인들에게서도 그런 탁월한 여성의 모습을 볼 수 있다.◉ 브리스길라 같은 부인들, 세베데의 아들들의 어머니나 마가의 어머니, 사도 요한이 말하는 "택하심을 받은 부녀",요이 1:1 로이스와 유니게 같은 여인들은 도덕적인 환경을 순수하고 온건하게 지켜 내고, 이교의 물결로 뼛속까지 타락한 가정과 사회에 고귀한 빛을 비추었음이 분명하다. 참으로 어려운 환경 속에서 그들이 가족을 어떻게 그리고 무엇으로 가르쳤는지는 디모데의 이야기에서 확인할 수 있다.

◉ 또 참으로 나와 멍에를 같이한 네게 구하노니 복음에 나와 함께 힘쓰던 저 여인들을 돕고 또한 글레멘드와 그 외에 나의 동역자들을 도우라. 그 이름들이 생명책에 있느니라(빌 4:3).

물론 여성들이 교육과 관련해 오늘날 우리처럼 많은 혜택을 누리지는 못했지만, 당시에는 손쉽게 가정에서 이루어지는 종교적인 관례가 있었다. 그 관례는 정해진 기도문을 뛰어넘어 자녀들이 아주 어린 때부터 하나님의 말씀과 일상의 신앙 및 삶을 통합하도록 교육하는 수단이 되었다. 그 관례란 아이의 히브리 이름과 동일한 문자로 시작하거나 끝나는 성경 구절들을 아이에게 가르치고, 아이가 날마다 기도할 때 생일 성구나 수호 언약을 기도에 포함하게 하는 것이었다.[18] 아주 어린 시절부터 아이의 마음에 심겨 기분 좋게 기억되고 친숙해진 이런 수호 성구들은 젊은 시절 유혹에 휩쓸릴 때 생생한 힘을 발휘하였고 성년이 되어 격렬한 삶의 전쟁터로 들어설 때 다시 솟구치게 되었다. 이와 같은 교육과 훈련을 받으며 자라나는 유대 어린이들에게 딱 어울리는 말씀이 있다.[◉] "삼가 이 작은 자 중의 하나도 업신여기지 말라. 너희에게 말하노니 그들의 천사들이 하늘에서 하늘에 계신 내 아버지의 얼굴을 항상 뵈옵느니라."마 18:10

18. R. El. Soloweycyk, *Kol Kore*. p. 184. 그리고 바빌론 탈무드 「타니트」 9 a를 참조하라.

◉ 예수께서 한 어린아이를 불러 그들 가운데 세우시고 이르시되 진실로 너희에게 이르노니 너희가 돌이켜 어린아이들과 같이 되지 아니하면 결단코 천국에 들어가지 못하리라. 그러므로 누구든지 이 어린아이와 같이 자기를 낮추는 사람이 천국에서 큰 자니라(마 18:2-4).

10.

죽음과 그 너머
유대인의 생로병사

성전이 파괴되기 직전에 '이스라엘의 빛'이었으며 2년 동안 산헤드린 의장을 지냈던, 자카이의 아들 랍비 요하난의 임종만큼 그림으로 그려 내기에 서글픈 모습도 없을 듯하다. 죽음을 맞아 침상에 누운 그를 보고자 제자들이 찾아왔을 때 눈물을 쏟아 내던 그의 모습이 탈무드에[베라코트 28 B] 기록되어 있다.◉ 제자들이 놀라서 "이스라엘의 빛이요 성전의 오른쪽 기둥이자 강력한 망치"인 분이 왜 그렇게 두려워하는 모습을 드러내는지 의아해하자 그가 이렇게 답했다.

◉ 예수께서 이르시되 나는 부활이요 생명이니 나를 믿는 자는 죽어도 살겠고 무릇 살아서 나를 믿는 자는 영원히 죽지 아니하리니 이것을 네가 믿느냐(요 11:25-26).

내가 지금 이 세상의 왕 앞에 끌려간다면 어떨까? 그 왕은 지금 살아 있으나 내일은 죽을 사람이요, 그의 분노와 속박은 결코 영원한 게 못되고, 그가 내리는 사형선고도 영원한 죽음에 이르게 못하며, 그 역시 논증에 설복되거나 돈으로 매수당하는 사람에 불과하지만 나는 그 앞에서 두려워 떨며 울 수밖에 없을 것이다. 하물며 이제 왕 중의 왕이신 분 앞에 서게 될 때에야 더욱 그렇지 않겠는가? 거룩하시고 복되신 그분은 영원하시며 그의 굴레는 영구하고 그분이 내리는 사형선고는 영원한 죽음에 떨어지게 하는데, 그분은 내가 말로 설득하거나 돈으로 매수할 수 없는 분 아닌가! 그뿐 아니라 내 앞에는 두 갈래 길이 놓여 있다네. 하나는 천국 가는 길이고 다른 하나는 지옥에 이르는 길이지. 그런데 나로서는 두 길 중에서 어느 길로 가게 될지 알지 못하네. 천국일까 아니면 지옥일까? 그러니 어찌 내가 울지 않을 수 있겠는가?

이와 나란히 우리는, '거룩한 사람'이라고 불렸던 랍비 예후다의 상반된 말을 보게 된다. 랍비 예후다는 죽음에 임박해서 하늘을 향해 양손을 쳐들고는 열 손가락 가운데서 어느 하나도 하나님의 율법을 어기지 않았노라고 항변했다. 두 사람의 말 중에서 어느 쪽이 복음의 빛과 자유에 더 어긋나는 것인지, 극도의 절망을 쏟아 놓는 앞엣것인지 아니면 노골적으로 무례함을 드러내는 뒤엣것인지 말하기가 쉽지 않다.

그런데 이 두 가지 말을 생각하면서 떠올리게 되는 복음서 이야기가 있다.[◉] 복음서에서도 우리는 두 가지 길, 곧 천국에 이르는 길과 멸망에 이르는 길에 관해 읽고 또 몸을 죽이는 자들을 두려워 말고 몸을 죽일 뿐만 아니라 지옥에 던지는 분을 두려워하라는 말씀을 읽는다. 다른 한편, 스데반과 야고보와 사도 바울도 비록 전혀 다른 근거에서 아주 다른 방식으로 말하기는 하지만 랍비 예후다 못지않게 확신에 찬 주장을 하는 것을 본다. 죄와 질병, 죽음, 내세 같은 인간의 거대한 문제를 다룰 때만큼 랍비들의 주장이 터무니없거나 모순되고 만족스럽지 못한 경우도 없다. 가말리

◉ 좁은 문으로 들어가라. 멸망으로 인도하는 문은 크고 그 길이 넓어 그리로 들어가는 자가 많고 생명으로 인도하는 문은 좁고 길이 협착하여 찾는 자가 적음이라(마 7:13-14).

엘의 문하에서 선조들의 모든 전승과 지혜를 배운 사도 바울은 기독교 스승들의 심오한 신념을 분명하게 대변했는데, 오직 우리 구주 예수 그리스도만이 "복음으로써 생명과 썩지 아니할 것을 드러내"셨다는 것이다.[딤후 1:10]

제자들이 "날 때부터 맹인 된 사람"을 가리키며 주님께 "랍비여, 이 사람이 맹인으로 난 것이 누구의 죄로 인함이니이까. 자기니이까 그의 부모니이까"[요 9:1-2]라고 물었는데, 여기서 우리는 엄밀한 유대식 질문을 만나게 된다. 이 질문은 당연히 제기될 만한 것이었으며 유대적 신념을 정확하게 담아낸 것이었다. 부모의 영적인 상태에 따라 자녀가 복을 받기도 하고 고난당하기도 한다는 것이 유대인들 사이에서 널리 통하는 교리였다. 게다가 유대인은 아직 태어나지 않은 아이도 죄에 물들어 있을 수 있다고 주장했는데, 그 이유는 처음 형성될 때부터 존재하는 예체르 하라,[*YEZER HA-RA*] 곧 악한 성향이 그때에도 외부의 환경에 의해 작동될 수 있기 때문이라는 것이었다. 그리고 질병은 죄에 대한 형벌이자 속죄로 생각되었다.

그러나 우리는 또한 히브리서 12:5, 9의 가르침을 생각나게 하는 진술들도 만난다.[◉] 앞의 구절은 잠언 3장에서 인용한 것으로, 탈무드에서도[베라코트 5 A] 정확히 동일한 목적으로 사용되는데, 그 정신이 얼마나 다른지는 다음과 같은 간단한 내용을 통해 확인할 수 있다. 랍비 두 사람이 '사랑의 체벌'이 무엇인지에 대해 토론하면서, 한 랍비는 시편 94:12을 근거로 사랑의 체벌이란 공부를 방해해서는 안 되는 것이라고 주장하고 다른 랍비는 시편 66:20을 근거로 체벌은 기도를 방해해서는 안 되는 것이라고 주장하였다.[◉] 권위 있는 손위 랍비가 나서서 판정하기를 두 가지 모두 '사랑의 체벌'이 된다고 하면서 시편 94편을 "주의 법으로 교훈하심을 받

◉ 또 아들들에게 권하는 것 같이 너희에게 권면하신 말씀도 잊었도다. 일렀으되 내 아들아, 주의 징계하심을 경히 여기지 말며 그에게 꾸지람을 받을 때에 낙심하지 말라……또 우리 육신의 아버지가 우리를 징계하여도 공경하였거든 하물며 모든 영의 아버지께 더욱 복종하며 살려 하지 않겠느냐(히 12:5, 9).

◉ 여호와여, 주로부터 징벌을 받으며 주의 법으로 교훈하심을 받는 자가 복이 있나니(시 94:12).

하나님을 찬송하리로다. 그가 내 기도를 물리치지 아니하시고 그의 인자하심을 내게서 거두지도 아니하셨도다(시 66:20).

는 자"가 아니라 "주의 법으로 교훈하심을 받는 우리"라고 읽어야 한다고 답했다. 그런데 체벌에 큰 유익이 있다는 율법의 가르침은 다음과 같은 의미로 이해할 수 있다. 출애굽기 21:26-27의 말처럼 노예가 자기 주인에게 벌—신체 가운데 한 부분만 해를 당하는 벌—을 받아 자유를 얻게 된다면 사람의 몸 전체를 다스리는 체벌은 얼마나 더 많은 유익을 주겠는가? 또 다른 랍비에 따르면, '언약'은 소금에 빗대어 언급되듯이[레 2:13] 체벌과도 연관 지어 언급된다. 언약은 고기의 맛을 더해 주는 소금과 같듯이 또한 사람의 모든 죄를 씻어 주는 체벌과 같은 것으로도 볼 수 있다. 세 번째 다른 랍비는 이렇게 말했다. "이름이 복되신 분, 거룩하신 이께서 세 가지 좋은 선물을 이스라엘에게 주셨는데, 그것들은 모두 고난을 통해 온다. 그 세 가지는 율법, 이스라엘 땅, 그리고 장차 이를 세상이다."[◉] 율법은 시편 94:12에서, 땅은 신명기 8:5, 7에서, 장차 이를 세상은 잠언 6:23에서 언급된다.

◉ 너는 사람이 그 아들을 징계함 같이 네 하나님 여호와께서 너를 징계하시는 줄 마음에 생각하고……네 하나님 여호와께서 너를 아름다운 땅에 이르게 하시나니 그곳은 골짜기든지 산지든지 시내와 분천과 샘이 흐르고(신 8:5, 7).

대저 명령은 등불이요 법은 빛이요 훈계의 책망은 곧 생명의 길이라(잠 6:23).

랍비들은 다른 많은 규례들처럼 건강에 관한 율법도 철저하고 정확하게 준수하였으며, 그들이 세운 규례는 현대의 관례를 훨씬 능가할 때가 많다. 구약성경의 많은 구절을 근거로 우리는, 질병마다 그에 해당하는 의사가 있을 정도로 크게 발전한 이집트의 의술이 이스라엘에서도 사용되었으리라고 추정한다. 예를 들어, 아사는 이 땅의 의사들을 지나치게 신뢰하는 죄를 지어 크게 책망받았다.[대하 16:12◉] 신약성경 시대로 들어와 우리는 전 재산을 허비하고 의사의 손에 많은 괴로움을 당한 여인에 관한 이야기를 읽는다.[막 5:26] 상처를 치유하는 데는 기름과 포도주 같은 약제가 널리 사용되었던 것으로 보인다.[눅 10:34] 누가는 의사였으며,[골 4:14] 성전의 정규 직책 가운데는 의사가 있었는데 그의 직무는 맨발로 일해서 특정 질병에 잘 걸리는 제사장들을 돌보는 일이었다. 랍비들의 규

◉ 아사가 왕이 된 지 삼십구 년에 그의 발이 병들어 매우 위독했으나 병이 있을 때에 그가 여호와께 구하지 아니하고 의원들에게 구하였더라(대하 16:12).

정에 따르면, 모든 도시에는 최소한 외과수술까지 할 수 있는 의사 한 명이나 아니면 내과의 한 명과 외과의 한 명을 두어야 했다. 랍비 가운데 직접 의술을 행한 사람도 있었으며, 적어도 이론상으로는 모든 의료인이 면허를 취득해야 했다. 필요한 경우 이방인 의사를 불러올 수는 있었지만 이교도나 유대계 기독교인을 채용하는 것은 엄격히 금지되었다. 그런데 의사들은 의료 분야에 끼친 공헌에도 불구하고 신랄한 비난을 당하기도 했다. "의사야, 너 자신을 고치라"는 말은 원래 유대인의 속담이다. "의사가 머리가 되는 도시에는 살지 말라"는 말은 그가 공무로 분주하여 환자를 돌보는 일에 게으른 것을 지적한 말이다. "최고의 의사를 기다리는 것은 지옥(게헨나)이다"라는 말은 어떤 환자는 대충 치료하고 다른 이들은 무시하는 그들의 태도를 지적한 말이다.

당시 이루어진 병증에 대한 처방을 미루어 보건대 복음서에 나오는 가난한 여인이 전혀 도움을 얻지 못하고 오히려 병이 악화되었다는 사실이[막 5:26] 이상할 것도 없지만 그때 이루어진 치유법을 따지고 드는 것은 온당치 못할 듯싶다. 권고된 치유법은 대체로 위생적인 방법이거나 아니면 약제만 사용하거나 심리적인 방법을 사용했으며 심지어는 마술적인 방법도 있었다. 처방된 약제는 단일 성분이나 혼합 물질로 이루어졌으며, 광물질보다는 식물이 훨씬 많이 사용되었다. 찬물 찜질, 기름과 포도주를 바르거나 복용하기, 목욕(목욕물에 약재를 섞기도 했다), 일정한 식이요법이 질병의 특성에 따라 신중하게 처방되었다. 소모성 질환이 수반된 질병에는 염소젖과 보리죽이 처방되었다. 유대의 외과의사들은 백내장을 수술하는 법까지도 알았던 것으로 보인다.

대체로 기대수명은 길었던 것으로 보이며, 죽음은 죄에 대한 형벌이자 속죄라고 여겨졌다. 쉰 살에 못 미쳐 죽는 것은 일찍 죽는 것이었으며, 쉰 두 살에 이르지 못하고 죽는 것은 예언자 사무엘의 죽음을 죽는 것이고, 예순 살에 죽는 것은 하늘의 품 안에서 죽는 것으로 생각되었으며, 일흔 살에 죽는 것은 노인의 죽음을 맞는 것이요, 여든 살에 죽는 것은 용사의 죽음으로 여겨졌다. 사람이 다 자라지 못하고 죽는 것은 과일이 설익어 떨어지는 것이나 촛불이 꺼지는 것처럼 여겼다. 아들을 두지 못하고 세상을 하직하는 것은 죽는 것이요, 그렇지 않은 경우는 잠드는 것이었다. 다윗은 뒤쪽의 경우에 속하며 요압은 앞쪽의 경우에 속하는 것이라고 보았다.

만일 어떤 사람이 자신의 일을 다 마쳤다면 그는 의로운 자의 죽음을 맞은 것이요, 자기 조상들 곁에 있게 된다고 보았다. 전승에서는[베라코트 8 A] 랍비들의 특이한 주석 방식에 따라 시편 62:12의 말씀에서 죽음에는 903가지의 다양한 형태가 있다는 결론을 끌어냈다.◉ 그중에서 최악은 후두염에 의한 죽음으로, 모직물에서 홑실을 떼어 내는 것에 비교되었다. 반면에 가장 행복하고 편한 죽음은 우유에서 머리카락을 건져 내는 것에 비교되었으며 '입맞춤에 의한 죽음'이라고 불렸다. 이 표현은 민수기 33:38과 신명기 34:5에서 유래하였는데, 그곳에서는 아론과 모세가 모두 말씀을 따라서—문자적으로는 "여호와의 입으로"—죽었다고 말한다. 전해져 오는 이야기에 따르면, 죽음의 천사[1]가 여섯 사람에게는 전혀 힘을 쓰지 못했다고 한다. 아브라함과 이삭과 야곱은 자신들의 일이 완수되는 것을 보았기 때문이며, 미리암과 아론과 모세는 '하나님의 입맞춤'에 의해 죽었기 때문이다. 사람이 다 자라지 못하고 죽는 것은 죄에 따른 형벌인 데 반해 의로운 사람이 죽는 것은 다른 사람이 그의 일을 이어받았기 때문이라고 보았다. 여호수아가 모세의 일을, 솔로몬이 다윗의 일을 이어받은 것이 그 예이다. 그러

◉ 주여, 인자함은 주께 속하오니 주께서 각 사람이 행한 대로 갚으심이니이다(시 62:12).

이에 여호와의 종 모세가 여호와의 말씀대로 모압 땅에서 죽어(신 34:5).

1. 여기서는 '죽음의 천사'에 관한 랍비들의 견해를 논하지 않겠다. 하지만 바빌론 탈무드에 보면 죽음을 맞은 사람의 눈에 기름을 붓는다고 말하는 기이한 구절이 나온다.

나 죽음의 때가 이르면 모든 것이 죽음을 끌어들이는 쪽으로 작동하게 되는데, 이에 대해 랍비들은 다음과 같이 말했다. "오, 주님, 이 모든 것이 다 당신의 종입니다." "사람이 가도록 정해진 곳이 어디든 그의 발이 그곳으로 이끌어 간다."

죽음의 시기와 형태도 몇 가지 징조로 구분했다. 갑작스런 죽음은 '빨려 들어가는' 것이라고 불렀으며, 하루 동안 아프고 죽는 것은 거절의 죽음으로, 이틀을 아프고 죽는 것은 절망의 죽음으로, 나흘을 아프고 죽는 것은 책망의 죽음으로, 닷새를 아프고 죽는 것은 자연스러운 죽음으로 불렀다. 이와 비슷하게 임종의 자세도 신중하게 구분했다. 행복한 미소를 지으며 죽거나 최소한 밝은 표정으로 또는 위를 바라보면서 죽는 것은 좋은 조짐이었다. 아래를 바라보거나 혼란스런 모습을 보이거나 울거나 심지어 벽을 향해 드러눕는 것은 나쁜 조짐이었다.[2] 병에서 회복되었을 때는 특별히 감사하는 마음을 표해야 했다. 만일 어떤 사람이 병에 걸린 첫날에 자기가 아픈 것을 밝히면 병이 더 심하게 되며, 그래서 둘째 날이 되어서야 그를 위해 기도해야 한다고 보는 이상한 미신이 있었다.[베라코트 55 B] 야고보가 언급한 관례에[약 5:14] 빛을 비추어 주는 것으로,[◉] 기름과 포도주와 물을 섞어 병자에게 바르는 관습이 있었는데, 그 약제를 준비하는 일은 안식일에도 허용되었다.[예. 베라코트 II. 2]

우리 주님께서 자신을 따르는 사람들에게 병자를 돌본 일이 심판 때에 시험을 통과하는 증거가 된다고 말씀하셨는데,[마 25:36◉] 이것은 유대인들 사이에 널리 퍼진 원칙을 강조한 것이었다. 위대한 유대인 의사인 마이모니데스는 병자를 돌보는 의무가 다른 모든 선행보다 우선한다고 말했으며, 탈무드는 한 걸음 더 나아가 환자를 방문하는 사람은 누구나 게헨나(지옥)에서 구원받게 된다고 주장하였다.[네다림 40 A] 그래서 어떤 랍비는 "너희는 너희의 하나

2. 죽음에 임박한 사람의 집을 정리하는 관례(삼하 17:23, 왕하 20:1)에 대해 논하는 것은 이 책의 목적에서 벗어난 것이기에 다루지 않는다.

◉ 너희 중에 병든 자가 있느냐. 그는 교회의 장로들을 청할 것이요 그들은 주의 이름으로 기름을 바르며 그를 위하여 기도할지니라(약 5:14).

◉ 내가……병들었을 때에 돌보았고 옥에 갇혔을 때에 와서 보았느니라(마 25:35-36).

님 여호와를 따르며"[신 13:4]라는 구절을 설명하면서 병든 자를 돌보는 것이 성경에 기록된 그분의 행위를 본받는 것이라고 결론지었다. 하나님께서 헐벗은 자를 입히셨기에[창 3:21] 우리도 역시 그래야 한다. 하나님께서는 병든 자를 찾아 주시고,[창 18:1] 슬퍼하는 자를 위로하시고,[창 25:11] 죽은 자를 장사 지내셨으며,[신 34:6] 이 모든 일을 통해 우리에게 그분의 발자취를 따를 모범을 보이셨다.[소타 14 A] 병든 자를 방문하는 사람은 그 환자가 당하는 고통을 육십분의 일 줄여 준다는 말이 있는데,[네다림 39 B] 이는 그러한 의무를 강조하거나 아니면 병든 사람과 마음을 나누는 데서 오는 좋은 효과를 지적한 것으로 보인다. 사랑의 봉사는 여기서 멈추지 않는다. 앞서 살펴보았듯이 죽은 자를 장사 지내는 일은 병든 자를 돌보는 일 못지않게 긴요한 의무였다. 장례 행렬이 지나갈 때면 특별한 사정이 없는 한 모든 사람이 그 무리에 가담해야 했다. 랍비들은 이러한 권고를 따르는 사람에게 잠언 14:32과 19:17을 적용했으며 무시하는 사람에게는 잠언 17:5을 적용했다.[베라코트 18 A]◉ 이와 유사하게 고인의 유족에게는 힘껏 예의를 표하였고, 매장지에서는 불경스러운 행동을 일절 피하였으며 심지어 가벼운 대화조차 삼갔다.

대체로 사후 매장은 가능한 한 신속하게 이루어졌는데[마 9:23, 행 5:6, 10, 8:2] 그 이유 중 하나는 위생 문제 때문이었다.◉ 하지만 특별한 사정이 있을 때나[행 9:37, 39] 부모님의 장례인 경우에는 여러 날 미룰 수 있었다. 복음서에서 우리 주님의 매장을 위한 준비물로 언급된 것들—주님의 장례를 위한 향유,[마 26:12] 향품과 향유,[눅 23:56] 몰약과 침향을 섞은 것[요 19:39]—은 그 시대의 풍속에 대해 랍비들이 기록한 글에서 정확히 일치하는 내용을 볼 수 있다.[베라코트 53 A] 한때 장례식에 드는 비용이 너무 과도해서 이웃의 수준에 맞출 수 없는 가난한 사람들이 큰 곤경에 처하기도 했다. 장례식을 치르고 무덤에

◉ 가난한 자를 불쌍히 여기는 것은 여호와께 꾸어 드리는 것이니 그의 선행을 그에게 갚아 주시리라(잠 19:17).

가난한 자를 조롱하는 자는 그를 지으신 주를 멸시하는 자요 사람의 재앙을 기뻐하는 자는 형벌을 면하지 못할 자니라(잠 17:5).

◉ 곧 그가 베드로의 발 앞에 엎드러져 혼이 떠나는지라. 젊은 사람들이 들어와 죽은 것을 보고 메어다가 그의 남편 곁에 장사하니(행 5:10).

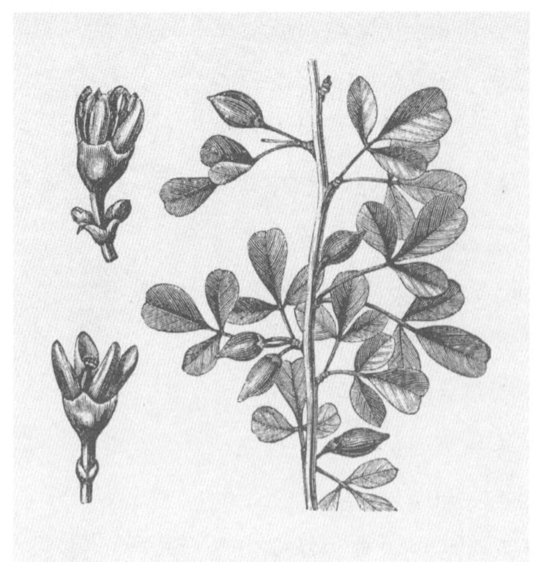

몰약나무

예수의 매장을 위한 준비물로 언급된 향유, 향품과 향유, 몰약과 침향을 섞은 것들은 그 시대의 풍속에 대해 랍비들이 기록한 글에서 정확히 일치하는 내용을 볼 수 있다.

향을 피우고 묘실 안에 돈과 귀중품을 넣는 일뿐만 아니라 고급 수의로 시신을 싸는 일에 이르기까지 어처구니없는 금액이 필요했다. 꼭 필요한 개혁이 마침내 랍비 가말리엘에 의해 이루어졌다. 그는 자기가 죽으면 수수한 삼베에 싸서 묻으라는 유언을 남겼다. 이에 대한 보답으로 오늘날까지 장례 음식을 차릴 때면 그를 기념하는 빈 컵이 하나 놓인다. 가말리엘의 손자는 한 걸음 더 나아가 수의를 한 벌로 제한하기까지 했다. 수의는 가장 저렴한 삼베로 만들고 거기에다 '수의'(타크리킨)나 '여행 옷'이라고 써넣었다. 오늘날에는 수의가 모두 흰색이지만, 예전에는 얼마든지 다른 색을 택할 수 있었고 이에 대한 기이한 사례들이 알려져 있다. 예를 들어 어떤 랍비는 자기가 기뻐하는 사람처럼 보이지 않도록 흰색 수의에 싸지 말며 또 슬퍼하는 사람처럼 보이지 않도록 검은색 수의에 싸지도 말고 차라리 붉은색 수의에 싸서 묻어 달라고 하였다. 다른 랍비는 자신이 한 일에 부끄러움이 없다는 점을 보이고자 흰색 수의를 입혀 달라고 요구했다. 또 어떤 랍비는 부활에 대비해야 하므로 신발과 양말과 지팡이를 함께 묻어 달라고 하였다. 복음서에서 확인할 수 있듯이 시신은 세마포로 감싸고 얼굴은 수건으로 쌌다.[요 11:44, 20:5, 7]

복음서에 기록된 대로, 시신을 적절하게 처리하고 나서 장례식이 진행되었다. 생명이신 주님의 발을 멈추게 했던 나인 성 장례 행렬 이야기로부터[눅 7:11-15] 흥미로운 세부 사항들을 확인할 수 있다.◉ 첫째, 매장지는 언제나 도시 밖에 있었다.[마 8:28, 27:7, 52-53, 요 11:30, 31] 또 수로나 공공 도로는 매장지를 통과하지 못하며, 거기서는 양떼가 풀을 뜯게 할 수 없었다. 공동묘지나 개인 매장지에 관해서도 알 수 있는데, 후자는 주로 동산이나 동굴에 있었다. 무덤을 찾아가 애곡하거나 기도하는 것이 관례였다.[요 11:31] 무덤 사이에서 먹고 마시거나 글을 읽는 것, 심지어 경박하게 걷는 것조차도 법에 어긋나는 일이었다. 화장은 구약성경의 가르침과 완전히 상충하는 이교도의 관습으로 여겨져 배척되었다. 둘째, 나인 성 장례 행렬에서 볼 수 있듯이 시신은 대체로 들것 위에 노출된 채로 또는 관에 담아 뚜껑을 연 채로 운반하였고 상여 메는 자들을 빈번하게 교체하였는데, 많은 사람들에게 큰 덕을 쌓는 일에 참여할 기회를 나누어 주기 위해서였다. 들판이나 야외에 있는 무덤은 묘비를 세워 표시하곤 했다. 태어난 지 한 달이 안되어 죽은 아이들은 어머니가 매장지로 옮겼다. 12개월 아래의 아이들은 침상이나 들것에 실어 옮겼다.

◉ 그 후에 예수께서 나인이란 성으로 가실새 제자와 많은 무리가 동행하더니 성문에 가까이 이르실 때에 사람들이 한 죽은 자를 메고 나오니 이는 한 어머니의 독자요 그의 어머니는 과부라. 그 성의 많은 사람도 그와 함께 나오거늘 주께서 과부를 보시고 불쌍히 여기사 울지 말라 하시고 가까이 가서 그 관에 손을 대시니 멘 자들이 서는지라. 예수께서 이르시되 청년아, 내가 네게 말하노니 일어나라 하시매 죽었던 자가 일어나 앉고 말도 하거늘 예수께서 그를 어머니에게 주시니(눅 7:11-15).

마지막으로, 나인 성을 휘돌아 나왔을 그 장례 행렬의 순서는 우리가 그때 그곳의 관습으로 알고 있는 사실과 정확히 일치한다. 제자들을 거느린 주님께서 그 슬퍼하는 행렬을 만난 곳은 성문 밖이었다. 유대 지역에서라면 고용되어 곡하는 사람들과 연주

장례 행렬

유대 지역에서라면 고용되어 곡하는 사람들과 연주자들이 상여 앞에서 행진했을 것이다. 갈릴리에서는 그 사람들을 상여 뒤에 따르게 했다. 여자들이 제일 앞에서 걸었는데, 옛날 유대의 한 주석에 따르면 이 세상 속에 죽음을 끌어들인 여자가 장례 행렬에서 길을 안내하는 것이 마땅했다.

자들이 상여 앞에서 행진했을 것이다. 갈릴리에서는 그 사람들을 상여 뒤에 따르게 했다. 여자들이 제일 앞에서 걸었는데, 옛날 유대의 한 주석에 따르면 이 세상 속에 죽음을 끌어들인 여자가 장례 행렬에서 길을 안내하는 것이 마땅했다. 우리 주님은 그 여자들 가운데서 자신의 유일한 보물을 영원히 잃어버리고 홀로 남겨진 어머니를 어렵지 않게 알아보셨다. 상여 뒤로는 유대의 율법과 관습대로 "그 성의 많은 사람"이 따랐다. 어머니의 슬퍼하는 모습은 사람의 아들SON OF MAN의 심금을 울렸으며, 죽음이라는 현실은 하나님의 아들SON OF GOD의 권세를 불러냈다. 주님께서 그 과부에게 하신 말씀은, 주님의 무덤 곁에서 미처 죽음이 정복된 것을 알지 못해 눈물 흘리던 여인에게 질문하셨던 것, 그리고 지금도 하늘에서 우리에게 말씀하시는 것, 곧 "울지 말라"는 말씀이 전부였다. 주님은 장례 행렬을 세우라고 명령하는 대신 가까이 다가가 관에 손을 대셨고 그러자 사람들이 멈추어 섰다. 이것이 나인 성 성문 밖에서 일어난 놀라운 장면이었다. 우리 주님과 제자들은 정중하게 장례 행렬에 끼어들었다. 그리고 그 행렬을 멈춰 세웠다. 권세 있는 한마디 말씀으로 음부(하데스)의 문을 열어젖히고 생명의 물결이 다시 한 번 흘러넘치게 하셨다. "죽었던 자가 일어나 앉고 말도 하거늘", 우리로서는 들어 본 적이 없는 참으로 놀라운 말이다. 청년에게 그 일은 의식 속에 희미한 꿈의 흔적조차 남기지 않은 채 돌연히 잠에서 깨어난 것과 같았을 것이다. 청년은 자기가 저 세상에 있었다는 것을 알았지만 그의 입에서 나온 말은 그 세상에 관한 것이 아니라 이 땅에 관한 것이었을 터이다. 저 세상의 찬란한 빛은 이 세상을 비추는 태양빛을 심히 어둡게 만들어, 청년에게 그날 이후의 삶은 마치 관 위에 앉아 있는 것 같고 세상 사람들의 얼굴과 목소리는 자기 관을 뒤따르던 무리의 모습과 같아 보였을 것이다.

장례 행렬은 도중에 여러 차례 멈춰 서고 그때마다 짧은 설교가 따랐으며, 무덤에 이르러서도 장례식 설교를 했다. 만일 장지가 공동묘지였다면 각 무덤 사이의 거리는 적어도 45cm가 되었을 것이다. 동굴, 곧 돌을 파서 만든 무덤에는 관을 두는 전실이 있고 그 안쪽으로 좀 더 낮은 굴이 있어서 그곳의 벽감에다 시신을 누운 자세로 안치했다. 탈무드에 따르면, 시신을 안장하는 이 방은 대체로 길이가 180cm, 폭이 270cm, 높이가 300cm였다. 이 방에는 시신을 안치하는 벽감이 여덟 개가 있었다. 입구의 양쪽으로 세 개씩, 그리고 입구 맞은편에 두 개였다. 더 큰 무덤에는 13구의 시신이 들어갔다. 무덤의 입구는 커다란 돌이나 문으로 막아 놓았다.[마 27:66, 막 15:46, 요 11:38-39◉]

◉ 요셉이 세마포를 사서 예수를 내려다가 그것으로 싸서 바위 속에 판 무덤에 넣어 두고 돌을 굴려 무덤 문에 놓으매(막 15:46).

이러한 무덤 구조에서 우리 주님의 매장과 연관된 특별한 내용 몇 가지를 확인할 수 있다. 아침 일찍 무덤을 찾은 여자들이 심히 큰 돌이 굴려져 있는 것을 보고 당황하고, 이어서 바깥쪽 굴로 들어가서는 "흰옷을 입은 한 청년이 우편에 앉은 것"을 보고 놀라게 된 정황이 어찌된 일인지 분명해진다.[막 16:4-5] 이와 같은 무덤 구조는 또한 요한복음 20:1-12에 기록된 일의 정황을 설명해 준다.[◉] 막달라 마리아는 "아직 어두울 때에" 무덤을 찾아왔으며 어둠 속에서 직감적으로 돌이 굴려진 것을 깨닫고는 제자들에게 달려가서 사람들이 무덤에서 주님을 훔쳐 간 것이 분명하다고 말한다. 만일 마리아가 무덤이 돌로 봉인되고 로마 병사들이 지키고 있다는 것을 알았다면, 증오심에 찬 자들이라도 사랑하는 주님의 몸을 강탈해 갈 수는 없을 것이라고 생각했을 것이 분명하다.

◉ 안식 후 첫날 일찍이 아직 어두울 때에 막달라 마리아가 무덤에 와서 돌이 무덤에서 옮겨진 것을 보고 시몬 베드로와 예수께서 사랑하시던 그 다른 제자에게 달려가서 말하되 사람들이 주님을 무덤에서 가져다가 어디 두었는지 우리가 알지 못하겠다 하니(요 20:1-2).

그런데 이 모든 과정에서 제자들도 겉으로 드러내지는 못해도 마음속에 굳게 소망을 품고 있었다. 주님께서 이 땅에서 행하신 모든 일을 지켜보았으며 가야바의 궁정에서 주님께서 수치를 당하실 때도 함께했던 두 제자도 비록 마리아처럼 무덤 곁이 아니라 집에서이기는 했지만 역시 날이 밝기를 기다렸다. 그래서 이제 "둘이 같이 달음질"하였다. 그러나 그 배신의 밤에서 멀지 않은 이날 아침에는 "그 다른 제자가 베드로보다 더 빨리 달려" 앞서 갔다.[요 20:4] 이른 봄날의 흐릿한 빛이 짙은 구름과 안개를 걷어낸 지평선 위로, 황금빛으로 빛나는 태양이 솟아오르고 있었다. 동산은 조용했으며, 어두운 밤사이 무덤을 지켜보았을 나무들을 아침 공기가 흔들고 있었다. 커다란 돌이 옆으로 굴려지고 경비병이 사라진 입구에 도달한 요한이 동굴 안에서 "구부려 세마포 놓인 것을" 보았다.[5절] "시몬 베드로는 따라와서" 바깥 굴을 통과해 무덤 안으로 들어갔다.[6절] 그제야 요한도 따라 들어갔다. 그 빈 무덤은 주의 깊게 살펴볼 장소가 아니라 뛰어들고 믿어야 할 장소였

무덤과 입구의 바위

동굴, 곧 돌을 파서 만든 무덤에는 관을 두는 전실이 있고 그 안쪽으로 좀 더 낮은 굴이 있어서 그곳의 벽감에다 시신을 누운 자세로 안치했다. 무덤의 입구는 커다란 돌이나 문으로 막아 놓았다.

다. 그날 아침에 많은 이적이 있었다. 그 이적들은 막달라 마리아로 하여금 훨씬 더 큰 이적, 곧 이적 중의 이적인 우리 주님을 소망하게 만들었다. 그녀는 결코 낙심하지 않았다. 그녀의 물음에 유일하고 완전한 답을 주시고 그녀의 눈물을 씻겨 주실 수 있는 그분께서 그토록 사랑 깊은 그녀에게 가장 먼저 말씀하셨다.

이처럼 우리의 복되신 주님께서는 유대 율법과 전통에서 크게 강조했던 일, 곧 상을 당해 애통해하는 사람들을 위로하는 일을[약 1:27] 가장 온전하게 실천하셨다.[◉] 전승에 따르면, 성전에는 상을 당해 슬퍼하는 이들이 들어가는 특별한 문을 만들어 놓았으며 그래서 사람들은 누구나 그들과 마주칠 때 이런 사랑의 의무를 실천할 수 있었다. 또 그렇게 슬픔에 젖은 이들을 말로 고통스럽게 해서는 안 되며, 그들이 먼저 말을 꺼내기까지는 침묵해야 한다는 관습을 누구나 지켜야 했다. 그리고 사리에 어긋난 말을 방지하고자 한 가지 규정이 정해졌다. 그 규정에 의하면, 회당에서는 회중의 지도자가 그리고 가정에서는 누군가 한 사람이 "이 애통한 일

◉ 하나님 아버지 앞에서 정결하고 더러움이 없는 경건은 곧 고아와 과부를 그 환난 중에 돌보고 또 자기를 지켜 세속에 물들지 아니하는 그것이니라(약 1:27).

을 당한 이유에 대해 살펴봅시다"라고 말하였다. 이 말에 응하여 참석자 중 한 사람이(가능하면 랍비가) "하나님은 의로운 심판자이십니다"라고 답하였다. 이 답의 의미는 하나님께서 가까운 친척을 옮기셨다는 것이다. 그 다음으로, 회당에서는 정해진 위로의 문구가 뒤따랐으며 가정에서는 따뜻한 위로의 말이 이어졌다.

랍비들은 오넨(슬퍼하는 자 또는 고통당하는 자)과 아벨(낙심한 자 또는 상을 당한 자)로 나누어 구분했다. 앞의 표현은 장례식 날에만 적용했고 뒤의 말은 그 후 계속 이어지는 기간에 적용했다. 하나님의 법에서는 애곡하는 일을 첫날, 곧 죽음과 매장이 이루지는 날에만 하는 것으로 정했으며,[레 22:4, 6] 그날 이후의 긴 애도 기간은 장로들이 정한 것이라고 말해진다. 시신이 집 안에 있는 동안에는 고기를 먹거나 포도주를 마실 수 없었고, 경문곽을 착용하거나 공부하는 일도 금지되었다. 필요한 음식은 모두 집 밖에서 준비해야 했고 할 수 있는 한 시신 앞에서 음식을 먹지 말아야 했다. 첫 번째 할 일은 자신의 옷을 찢는 일이었는데, 이것은 겉옷이 아니라 속옷을 하나나 그 이상 찢는 것으로 이루어졌을 것이다. 찢어진 부분을 항상 앞으로 드러나게 했는데, 그 길이는 한 뼘 정도였다. 부모님의 상일 경우에는 찢어진 것을 다시 꿰매지 않았지만 다른 사람의 상일 때에는 30일이 지난 후에 수선했다.

시신이 집에서 나온 후에는 즉시 모든 의자와 장의자를 뒤집어 놓았으며 곡하는 사람들은 땅바닥이나 낮은 걸상에 앉았다(안식일에는 예외였으며 금요일에는 한 시간 동안만 그랬다). 여기서 세 가지 구분이 이루어졌다. 깊은 애도 기간이 7일간 이어졌으며 그 중 처음 3일은 '애곡'하는 날이었다. 이 7일 동안에는 특히 씻고 기름을 바르고 신을 신고 공부하거나 일체의 사업에 관여하는 일이 금지되었다. 그 후에는 30일간의 가벼운 애도 기간이 이어졌다. 자녀들은 부모를 위해 일 년을 꼬박 애도해야 했으며, '죽은 이를 위한 기도'를 11개월 동안(부모가 일 년 내내 연옥에 있어야 할 사람이라는 암시를 피하기 위해) 드려야 했다. 하지만 이 기도에 죽은 자를 위한 중보기도는 전혀 포함되지 않았다. 그리고 매년 기일을 기념했다. 유대교 신앙을 버린 사람을 위해서는 애곡할 수 없었다. 실은 정반대로, 그런 사람이 죽으면 흰옷을 입고 이 모양 저 모양으로 기쁨을 표시했다. 특별한 형편에서는 대제사장과 제사장도 죽은 자를 위해 애곡할 수 있었다는 사실은 잘 알려져 있다.[레 21:1-4, 10-11◉] 대제사장을 위로할 때 사람들은 그에게 "우리가 당신을 위해 속죄합니다"("당신이 겪어야 할 일을 우리가 담당하겠습니다")라고 말하고, 이에 답하여 대제사장은 "하늘의 복이 여러분에게 있기를 빕니다"라고 말하는 것이 관례였다.[산헤드린 II. 1] 대제사장에게 이렇게 말하는 것은 자신들의 애정이 얼마나 큰지를 보이는 표시였다고 한다. 뛰어난 학자인 오토[OTHO]는, 사도 바울이 자기 형제들을 위해서라면 얼마든지 저주를 받아도 좋다고 말했을 때[롬 9:3◉] 그의 마음속에 있었던 것이 바로 이런 관례였을 것이라고 주장한다.[3]

◉ 자기의 형제 중 관유로 부음을 받고 위임되어 그 예복을 입은 대제사장은 그의 머리를 풀지 말며 그의 옷을 찢지 말며 어떤 시체에든지 가까이 하지 말지니 그의 부모로 말미암아서도 더러워지게 하지 말며(레 21:10-11).

◉ 나의 형제 곧 골육의 친척을 위하여 내 자신이 저주를 받아 그리스도에게서 끊어질지라도 원하는 바로라(롬 9:3).

3. *Lexic. Rabb.* p. 343.

장지에서 돌아오면 친구나 이웃들이 유족을 위해 음식을 마련하였다. 죽음을 향해 굴러가는 인생처럼 둥글다는 표시로 빵과 삶은 계란, 렌즈콩처럼 둥글고 조촐한 음식을 차렸다. 음식은 질그릇에 담아냈다. 유족의 친구들도 장례 식사를 함께 나누었으며, 이때 포도주는 열 잔만 마셔야 했는데, 식사 전에 두 잔, 식사 때 다섯 잔, 식후에 세 잔 마셨다.[예. 베라코트 III. 1] 오늘날에는 임종하는 사람과 시신과 유족을 돌보는 종교적 의무가 '거룩한 친구들'(헤브라 카디샤)이라는 조직을 통해 이루어지고 있으며, 많은 신실한 유대인들이 이 조직에 참여함으로써 자신들에게 부여된 거룩한 사역을 담당하고 있다.

몇 가지 흥미로운 사실을 더 살펴보자. 안식일과 명절에라도 죽은 자를 위해 필요한 일을 하기 위해서라면 안식일 규정이 정한 한도 너머까지 걸어갈 수 있다고 분명하게 허용되었다.[예. 베라코트 III. 1] 이 사실에 비추어 유월절 전날 저녁에 예수님의 시신을 처리한 일을 기록하고 있는 복음서의 내용을 새롭게 이해할 수 있다. 안식일과 명절에는 중요한 애도 의례들이 중단되었다.◉ 성경 밖의 초기 히브리어 기록으로서 매우 흥미로운 문서인 '메길라트 타니트'(금식 두루마리)를 보면, 애곡이 금지되고 기쁨으로 지켜야 하는 여러 가지 연례 기념일을 언급하고 있다. 미쉬나에서도 크고 작은 명절에 애곡하는 의례를 제한하는 규례를 볼 수 있는데,[모에드 카탄 III. 5-9] 랍비들의 궤변 외에는 흥미를 끌 만한 것이 별로 없기에 여기서는 다루지 않겠다. 종들이 죽었을 때는 애곡하지 않았다.

◉ 사망을 영원히 멸하실 것이라. 주 여호와께서 모든 얼굴에서 눈물을 씻기시며 자기 백성의 수치를 온 천하에서 제하시리라. 여호와께서 이같이 말씀하셨느니라(사 25:8).

그러면 죽은 후와 심판 때에는 어떤 일이 있게 되는가? 또 죽음과 심판에 이르게 하고 죽음과 심판을 그토록 끔찍하게 만드는 것, 곧 죄란 무엇인가? 랍비들의 가르침은 제각각이고 서로 상충하기도 하며 일부는 우의적인 해석으로 볼 수 있는 것도 있는데, 여기서 그 내용을 상세히 다루는 일은 무의미하고 고역스러울 뿐이다. 신약성경 연구자에게 유용한 것만 간단하게 요약하고자 한다. 탈무드와[페사힘 54 A, 네다림 39 B] 타르굼은 모두 천국과 지옥이 이 세상보다 먼저 창조되었다고 가르친다. 예루살렘 타르굼[창 3:24]에서 인용한 한 구절이 이 점을 충분히 입증해 줄 뿐만 아니라 유대교 가르침의 전반적인 흐름을 보여준다.◉

◉ 이같이 하나님이 그 사람을 쫓아내시고 에덴동산 동쪽에 그룹들과 두루 도는 불칼을 두어 생명나무의 길을 지키게 하시니라(창 3:24).

하나님은 이 세상을 창조하기 2,000년 전에 율법과 게헨나와 에덴동산을 지으셨다. 하나님께서는 의로운 사람을 위해 에덴동산을 만드셨는데, 그들은 이 세상에서 율법의 계명을 지킨 까닭에 그곳에서 나는 열매를 먹고 즐거움을 누릴 수 있다. 그러나 악한 자를 위해서는 날카롭고 파괴적인 양날검 같은 게헨나를 지으셨다. 하나님은 이 세상에서 율법의 계명을 지키지 않은 악한 자들을 장차 이를 세상에서 벌하시기 위해 그 안에 불붙은 숯을 두어 활활 타오르게 하셨다. 율법은 생명나무다. 율법을 지키는 자는 누구나 생명나무처럼 살고 굳게 설 것이다.[4]

천국과 지옥은 아주 가까이 있어 한 뼘 거리밖에 떨어져 있지 않은 것으로 (우의적으로 이해하여) 보았다. 여기서 누가복음 16장의 부자와 나사로 이야기가 묘사하는 거리 감각과 어느 정도 유사한 점을 발견할 수 있기는 하지만,[◉] 그 시대의 신학적 사고에 정통한 사람만이 이 복음서 이야기와 당대의 문헌이 그려 내는 그림이 얼마나 큰 차이가 있는지를 제대로 판단할 수 있다. 다음으로 에녹서를 볼 필요가 있다. 위경과 랍비 문헌의 많은 구절들처럼 에녹서 22장도 오늘날의 저술가들에 의해 기독교를 공격하려는 목적으로 왜곡되고 그릇 사용되었다.[5] 랍비들은 하늘이 여럿이라고 믿었던 것으로 보이는데, 대체로 하늘은 일곱 개요, 그처럼 천국에도 일곱 개의 구역이 있고 지옥도 마찬가지라고 주장했다. 또 모든 인간의 영혼이 세상에 나타나기 전에 선재한다는 생각과 심지어 '영혼의 이동' 이론까지 주장했던 것으로 보인다. 하지만 이 두 이론은 유대교 고유의 것이 아니라 외국에서 들어온 사변적인 견해라고 볼 수 있다.

그런데 지금까지 살펴본 모든 내용은 서론적이고 부차적인 것으로서, 죄와 구원 같은 인간 영혼의 큰 주제들을 간접적으로만 다룬다. 지금 여기서는, 신약성경을 떠받치는 상황과 언어와 전체 배경이 우리 주님 사셨던 그 시대 팔레스타인의 것이었다는 사실

4. 어떤 랍비들은 세상이 지어지기 전에 일곱 가지가 존재했다고 말한다. 율법, 회개, 천국, 지옥, 왕의 보좌, 메시아의 이름, 성전이 그것이다. 독자들은 본문에서 언급한 타르굼 인용 구절이 창세기 3:24의 이야기를 우의적으로, 곧 합리화해서 해석하고 있다는 사실을 알아챌 것이다.

◉ 아브라함이 이르되 얘, 너는 살았을 때에 좋은 것을 받았고 나사로는 고난을 받았으니 이것을 기억하라. 이제 그는 여기서 위로를 받고 너는 괴로움을 받느니라. 그뿐 아니라 너희와 우리 사이에 큰 구렁텅이가 놓여 있어 여기서 너희에게 건너가고자 하되 갈 수 없고 거기서 우리에게 건너올 수도 없게 하였느니라(눅 16:25-26).

5. 이 자리를 빌어서, 오랫동안 여러 저술가들에게 주요한 지식의 보고로 인정받아 온 책이면서 또한 인용문의 엄밀성을 확실하게 지켜야 할 사람들이 너무 부주의하게 절대적인 권위가 있는 것으로 주장해 온 한 책을 밝혀 둔다. Gfrörer, *Gesch. d. Urchrist*. 이 책에서는 에녹서 22장이 분명 잘못 인용되고 있다.

을 분명히 확인할수록 오히려 그리스도와 제자들의 교리적 가르침과 랍비들의 가르침 사이에 차이점이 더 확연하게 드러난다는 점만 밝혀 둔다. 간단히 말해, 그 시대의 랍비 문헌에서는 신약성경에서 원죄 및 그 결과에 관해 가르치는 내용과 유사한 것을 볼 수 없다. 구원의 방식을 설명하는 랍비들의 이론은 넓게 보아 '행위를 통한 의'WORK-RIGHTEOUSNESS라는 말로 정리할 수 있다.

이러한 점에서 볼 때, 랍비들이 보편적이고 즉각적인 회개를 힘주어 강조하면서 동시에 저 세상을 위해 준비하고 죄를 고백해야 한다고 주장하는 것은 논리상 앞뒤가 맞지 않는다. 모든 사람이 스스로 공로를 쌓아서 들어갈 수 있고 다른 한편으로는 회개나 그와 유사한 수단을 통해서나 연옥과 같은 것을 거친 후에야 도달할 수 있는 천국이라는 것은 랍비주의 종교에 심각한 도덕적 부담이 되기 때문이다. 하지만 그런 모순점들이라도 달리 보면 회당을 성경적인 진리 쪽으로 이끌어 준다는 점에서 환영할 만하다. 우리가 흔히 마주치는 많은 가르침들이 전혀 다른 형편에서이기는 하지만 신약성경 속에도 등장한다. 그래서 우리 주님께서 의인의 영생에 관해 가르치신 내용이 바리새인의 가르침과 크게 일치하는 것을 볼 수 있다. 바리새파 역시 성경에서는 죽은 성도들이 '살아 있는'베라코트 18 A 사람들로 불린다는 주장을 폈다.[6] 이와 비슷하게, 바리새인들은 "장차 이를 세상에서는 먹거나 마시는 일이 없고 자식을 낳거나 가업을 키우는 일도 없으며, 직업이나 사업도 없고 시기나 증오나 다툼도 없이 다만 '하나님을 뵙고 먹고 마셨더라'출 24:11는 말씀대로 의로운 자들이 왕관을 쓰고 앉아서 쉐키나의 영광을 즐거워하게 된다"베라코트 17 A고 가르쳤는데, 이것은 우리 주님의 가르침과마 22:30 완전히 일치하지는 않아도 상당히 유사하다.◉ 혼인 잔치에 초대받은 손님들과 예복을 입지 않은 사람의 비

6. 외람스럽지만 여기서 『성경 교사』 4권, pp. 330-333에 실린 필자의 논문 '질병과 죽음'을 간단히 언급한다. 바빌론 탈무드 「산헤드린」 90 b, 91 a, b를 보면, 주로 사두개파 및 이방인들과 논쟁하면서 율법서와 예언서, 성문서를 근거로 영생과 부활 교리를 증명하는 긴 논쟁이 나온다. 인용된 구절은 신 31:6, 11:21, 4:4, 민 18:28, 출 6:4, 민 15:31, 출 15:1, 신 32:39, 사 26:19, 52:8, 아 7:9, 시 72:16, 84:7이다(여기에서 시제는 다른 인용문들에서처럼 미래다. '메킬타'에서는 출 15:1을 "이때 모세가 노래하니"로 옮겼다). 이 주제에 대한 비슷한 논의를 바빌론 탈무드 「아보다 자라」 18 a, 「페사힘」 68 a, 「산헤드린」 92 b와 그 외의 많은 미드라쉬에서 볼 수 있다.

◉ 부활 때에는 장가도 아니 가고 시집도 아니 가고 하늘에 있는 천사들과 같으니라(마 22:30).

유와[마 22:1-14] 형태가 매우 비슷하면서도 전혀 다른 정신을 담고 있는 다음과 같은 이야기가 있다.◉

자카이의 아들 랍비 요하난이 한 가지 비유를 말했다. 어떤 왕이 잔치를 마련하고 하인들을 초청했다. 하지만 잔치 시간은 정해 주지 않았다. 슬기로운 하인들은 왕의 궁전에서 하는 일이 잘못될 리가 있겠는가라고 생각하고는 옷을 차려입고 궁전 문가에서 기다렸다. 그러나 어리석은 하인들은, 일하지 않는데 무슨 잔치가 있겠는가라고 생각하고는 자기네 일터로 나갔다. 돌연 왕이 잔치자리로 하인들을 불렀다. 지혜로운 자들은 옷을 차려입고 들어왔지만 어리석은 자들은 누추한 행색으로 나타났다. 그러자 왕은 지혜로운 자들은 기뻐 맞으며 어리석은 자들에게는 크게 화를 내고는 이렇게 말했다. "옷을 갖춰 입은 이들은 앉아서 먹고 마시고 즐거움을 누려라. 하지만 옷을 제대로 준비하지 못한 이들은 옆에 서서 구경하도록 하라." 이렇게 이사야 65:13의 말씀대로 되었다.

이 이야기와 상당히 유사하지만 교리적인 면에서는 훨씬 더 유대교의 성격을 띠는 비유로 다음과 같은 것이 있다.

장차 이를 세상의 형편은 하인들에게 왕의 옷을 맡긴 세상의 왕과 같다. 지혜로운 하인들은 옷을 잘 개어 옷장에 간수했지만 어리석은 하인들은 그 옷을 입고는 그대로 일을 하러 갔다. 며칠 후에 왕이 옷을 가져오라고 시켰다. 지혜로운 자들은 원래대로 깨끗한 옷을 가져왔고, 어리석은 자들도 옷을 가져왔으나 더러워져 있었다. 왕은 지혜로운 하인들을 칭찬하고 어리석은 하인들에게는 크게 노하였다. 지혜로운 자들에게는 옷을 왕의 금고에 넣고 평안히 돌

◉ 이에 종들에게 이르되 혼인 잔치는 준비되었으나 청한 사람들은 합당하지 아니하니 네거리 길에 가서 사람을 만나는 대로 혼인 잔치에 청하여 오라 한대 종들이 길에 나가 악한 자나 선한 자나 만나는 대로 모두 데려오니 혼인 잔치에 손님들이 가득한지라. 임금이 손님들을 보러 들어올새 거기서 예복을 입지 않은 한 사람을 보고 이르되 친구여, 어찌하여 예복을 입지 않고 여기 들어왔느냐 하니 그가 아무 말도 못하거늘 임금이 사환들에게 말하되 그 손발을 묶어 바깥 어두운 데에 내던지라. 거기서 슬피 울며 이를 갈게 되리라 하니라. 청함을 받은 자는 많되 택함을 입은 자는 적으니라(마 22:8-14).

아가라고 말했다. 그리나 어리석은 하인들에게는 옷을 내어 주어 빨도록 시켰으며, 또 그들을 옥에 가두라고 명령했다. 이 일은 이사야 57:2과 사무엘상 25:29에서 의로운 자의 죽음에 대해 말하고, 이사야 48:22, 57:21과 사무엘상 25:29에서 불의한 자의 죽음에 대해 말하고 있는 것과 같다.◉

◉ 여호와께서 말씀하시되 악인에게는 평강이 없다 하셨느니라(사 48:22).

같은 탈무드 소논문에서[샤바트 153 A] 우리는 결론에 해당하는 다음과 같은 글을 읽을 수 있다. "랍비 엘리에제르가 이르기를, 죽는 날이 이르기 전에 회개하라고 말했다. 그의 제자들이 물었다. 사람이 자기가 죽는 시간을 알 수 있습니까? 그가 답했다. 그러니 내일 갑작스럽게 죽으면 안 되니 오늘 회개하도록 하라."

이러한 글들을 인용하고 관련된 주제에 관해 논하는 일은 이 책의 범위를 훌쩍 넘어선다. 그러나 앞에 인용한 두 번째 비유에서 우리는 랍비주의가 향하는 최종 결론이 어떤 것인지 확인할 수 있다. 그것은 복음에서 말하는 용서와 평화가 아니라 보상을 '기대하는' 행함이다. 특히 죽음 이후의 삶과 천국, 지옥, 부활, 심판이라는 주제에서 견해가 크게 상충하고 또 의견이 성경과 어긋나며, 설명도 터무니없음을 보게 된다. 랍비들의 교리적인 견해를 더 추적하고 그것을 정리하여 깊이 탐구하는 일은 여기서 다룰 것이 아니다. 행위를 통한 의와 율법 연구가 천국에 도달하는 가장 확실한 열쇠가 된다.◉ 죽음 이후에는 연옥은 아닐지 모르지만 일종의 정화 과정이 있다. 심지어는 악한 자의 멸절을 주장하는 사람도 있다. 랍비들의 견해 중에서 가장 포괄적이고 편견 없는 견해를 든다면 다음과 같이 요약할 수 있을 것이다. 이스라엘 사람은 누구나 장차 이를 세상에 참여할 수 있으며, 이방인 중에서도 경건한 사람은 거기에 동참하게 된다. 완전히 의로운 사람만이 즉

◉ 너희는 그 은혜에 의하여 믿음으로 말미암아 구원을 받았으니 이것은 너희에게서 난 것이 아니요 하나님의 선물이라. 행위에서 난 것이 아니니 이는 누구든지 자랑하지 못하게 함이라(엡 2:8-9).

시 천국에 들어간다. 나머지는 모두 일정한 기간 동안 정화하고 완전케 하는 과정을 거치게 되는데, 그 과정은 최대 1년까지 다양하다. 그러나 사악한 율법 파괴자와 특히 유대교 신앙을 버린 배교자와 이교도는 지금이든 내세에서든 아무런 희망이 없다! 이것이 유대교 회당이 인간에게 말해 줄 수 있는 최종 결론이다.

우리는 유대인의 왕이신 메시아께 그렇게 배우지 않았다. 우리는 버림받았다는 사실도 알지만 그에 못지않게 "인자가 온 것은 잃어버린 자를 찾아 구원하려 함이니라"눅 19:10는 사실도 안다. 우리의 의로움은 그분께서 값없이 우리에게 부어 주신 것이며, "그가 찔림은 우리의 허물 때문이요 그가 상함은 우리의 죄악 때문"이다.◉ "그가 채찍에 맞으므로 우리는 나음을 받았도다."사 53:5 우리가 따르는 법은 그분께서 우리 마음속에 부어 주신 것이요, 그것에 의지해 우리는 성령의 전이 되어 간다. 하나님께서 베푸신 온유한 자비로 말미암아 "돋는 해가 위로부터 우리에게 임한다."눅 1:78 복음은 생명과 영생을 분명하게 드러내 보여준다. 우리가 믿는 그분이 누구신지를 아는 까닭이다. "온전한 사랑이 두려움을 내쫓나니."요일 4:18 질병과 슬픔, 고통, 죽음의 문제조차도 그냥 덮여 버리지 않는다. "저녁에는 울음이 깃들일지라도 아침에는 기쁨이 오리로다."시 30:5 이 세상에서 밤에 흘리는 눈물도 마침내 아침의 태양이 떠오르면 꽃과 나무 위에 이슬처럼 맺히며 다이아몬드처럼 빛나게 된다. 깊고 어두운 밤중에 그리스도께서는 인간이 당하는 고난과 슬픔의 눈물을 당신이 고난당해 흘리는 고귀한 피와 섞으셨으며, 그것을 세상 위에 맺힌 향기로운 향유 방울처럼 만드셔서 인간의 상처를 치유하시고 슬픔을 위로하시며 죽음을 거두어 가셨다.

◉ 친히 나무에 달려 그 몸으로 우리 죄를 담당하셨으니 이는 우리로 죄에 대하여 죽고 의에 대하여 살게 하려 하심이라. 그가 채찍에 맞음으로 너희는 나음을 얻었나니(벧전 2:24).

II.

노동
직업관, 장인과 장인조합

미쉬나에[키두쉰 IV. 14] 다음과 같은 말이 나온다.

랍비 메이어가 이렇게 말했다. "사람이라면 모름지기 아들에게 깨끗하고 건전한 직업을 가르치고 부와 재물의 주인이신 분께 기도하도록 훈련시켜야 한다. 직업이라면 가난과 부와 관련이 있는데, 가난이나 부가 직업에서 나오는 것이 아니라 그 사람의 공로에 따르는 것이기 때문이다." 엘레아자르의 아들 랍비 시므온은 이렇게 말했다. "지금까지 살아오면서 직업을 가진 짐승이나 새를 본 적이 있는가? 그런데도 그것들은 양식에 부족함이 없고 걱정 없이 살지 않느냐? 그 짐승과 새들은 나를 섬기라고 지음받은 것에 불과하다. 하지만 나는 나를 지으신 분을 섬기도록 지음받았다. 그렇다면 나는 더욱더 양식으로 걱정하지 말아야 하는 것 아닌가? 그런데도 내가 악하게 행한 까닭에 양식을 잃어버리게 된 것이다."[1]

1. 예루살렘 탈무드에서는 미쉬나의 이 부분을 다루면서 세부적인 면에서 아름다움을 크게 훼손하였다.

압바 자디얀의 구르얀은 압바 구르야의 이름으로 이렇게 말했다. "사람이라면 자기 아들을 나귀 몰이꾼이나 낙타 몰이꾼, 이발사, 뱃사람, 목동, 행상인으로 키워서는 안 된다. 그런 일은 도둑의 직업인 까닭이다." 랍비 예후다는 자기의 이름으로 이렇게 말했다. "나귀 몰이꾼은 대부분 악하고, 낙타 몰이꾼은 대체로 정직하며, 뱃사람은 대부분 신실하고, 의사 가운데 가장 뛰어난 이에게는 게헨나가 예약되어 있으며, 푸주한 중에 가장 정직한 자는 아말렉의 친구다."

랍비 느호라이는 이렇게 말했다. "나는 세상의 모든 직업은 제쳐 두고 오직 토라[2]만 내 아들에게 가르치려는데, 이 세상에서는 사람이 토라의 열매를 먹지만(즉 세상에서는 그 이득으로 살지만) 장차 이를 세상에서는 그 원래 자산을 누리게 되기 때문이다. 그러나 세상의 직업(즉 일자리들)은 그렇지 않다. 만일 사람이 건강이 나빠지거나 나이가 들거나 곤경(벌)에 처하게 되어 더 이상 자신의 일을 지속할 수 없게 되면 안타깝게도 굶주려 죽는다. 그러나 토라는 그렇지 않다. 토라는 사람이 젊을 때는 악에서 지켜 주며 늙을 때는 내세와 더불어 그에 대한 소망을 주기 때문이다. 젊은이에 대해 토라는 뭐라고 말하는가? '여호와를 앙망하는 자는 새 힘을 얻으리니'사 40:30-31라고 말한다.◉ 늙은이에 대해서는 뭐라고 하는가? '그는 늙어도 여전히 결실하며'시 92:14라고 말한다. 이것은 우리 조상 아브라함에 대해 '아브라함이 나이가 많아 늙었고 여호와께서 그에게 범사에 복을 주셨더라'창 24:1 고 한 그 말씀이다. 그런데 우리는 우리 조상 아브라함이 토라를—아직 완전하게 받지 못했을 때인데도—남김없이 지켰다는 것을 안다. 이에 대해 말씀은 '아브라함이 내 말을 순종하고 내 명령과 내 계명과 내 율례와 내 법도를 지켰음이라'창 26:5 고 말한다."

2. 하나님의 율법

◉ 소년이라도 피곤하며 곤비하며 장정이라도 넘어지며 쓰러지되 오직 여호와를 앙망하는 자는 새 힘을 얻으리니 독수리가 날개치며 올라감 같을 것이요 달음박질하여도 곤비하지 아니하겠고 걸어가도 피곤하지 아니하리로다(사 40:30-31).

인용문이 상당히 길지만 그런 만큼 여러 가지 유익한 교훈을 준다. 이 인용문은 미쉬나 가르침의 흥미로운 사례를 보여주며 나아가 랍비들의 견해와 원리, 논법을 알게 해준다. 우선, 랍비 시므온의 말—물론 이 말은 우리 주님이 활동하신 때로부터 거의 한 세기 후에 나온 것임을 기억할 필요가 있다—은 우리 주님께서 말씀하신 "공중의 새를 보라. 심지도 않고 거두지도 않고 창고에 모아들이지도 아니하되 너희 하늘 아버지께서 기르시나니 너희는 이것들보다 귀하지 아니하냐"마 6:26라는 구절을 생각나게 한다. 우리 주님께서 이렇게 이스라엘의 멋진 사고와 고귀한 감정을 사용하신 것, 말하자면 다이아몬드를 갈아 광택을 내듯이 주님께서 그 사고와 감정을 하나님 나라의 빛 속으로 높이 끌어올리셨다는 것을 생각하면 미소가 떠오른다. 여기서 우리는 구주께서 율법을 폐하러 오신 것이 아니라 완전하게 하러 오신 것이라는 사실을 다시금 확인하게 된다.◉

◉ 내가 율법이나 선지자를 폐하러 온 줄로 생각하지 말라. 폐하러 온 것이 아니요 완전하게 하려 함이라. 진실로 너희에게 이르노니 천지가 없어지기 전에는 율법의 일점 일획도 결코 없어지지 아니하고 다 이루리라(마 5:17-18).

주님의 지상 사역은 온전히 유대적인 환경 안에서 이루어졌다. 주님께서는 이 나라의 삶에서 순수하고 참되고 좋은 것과 교훈과 격언들을 모두 자신의 것으로 삼으셨다. 복음서 어디서나 우리는 유대인의 목소리가 깨어 울려 나는 듯한 소리를 듣게 된다. 그 모든 소리에서 우리는 이스라엘 현자들에게서 들었던 말을 떠올린다. 그런데 우리가 미처 생각하지 못했던 이 사실은 복음서 이야기가 실제로 일어난 일의 기록으로서 신뢰할 만하다는 점을 적지 않게 확증해 준다. 우리가 복음서에서 만나는 것은 낯선 장면이 아니며 딴 나라 사람들 이야기도 아니고 먼 세상의 환경도 아니다. 처음부터 끝까지 우리는 그 시대의 생활상과 마주치게 된다. 또한 그것을 토대로 다른 곳에서 희미하게 확인했던 인물들을 확실히 알게 되고 당시 문헌에서 본 그들의 언어 양식을 확증하게 된다. 복음서를 기록할 때 유대적인 요소를 무시하거나 제거하는 것은 불가능했을 것이다. 만일 그랬다면 복음서는 그 시대의 형편과 사람들을 제대로 담아내지 못했을 것이고 나아가 발전하는 하나님 나라의 불변적 특성인 성장과 진보라는 법칙을 온전히 보여주지 못했을 것이다. 그러나 한 가지 점에서는 완전히 다르다. 복음서는 형태를 보면 철저히 유대적이지만 정신에서는 완전히 반유대적이다. 즉, 세상의 구원자이신 하나님의 아들이 이스라엘 가운데 '유대인의 왕'으로 오셨음을 기록한 것이다.[3]

3. 이 점을 상세히 논하고 증명하는 일은 우리 주님의 삶과 시대를 제대로 다루는 저술에 맡겨야 할 것이다.

유대의 상황이 이처럼 복음서 이야기를 떠받치는 배경이 되었다는 사실은 매우 중요한 의미를 지닌다. 이것을 기초로 우리는 그리스도 시대에 유대인의 삶이 어떠했는지 알게 되고, 복음서 이야기가 들려주는 독특한 점이 무엇인지 파악할 수 있게 된다. 이제 이번 장의 주제로 돌아가, 주님의 많은 제자와 추종자들이 어떤 직업을 통해 그들의 생계를 이어 갔는지 살펴본다. 그리고 어떻게 주님 자신도 같은 마음으로 자기 육신의 아버지에게서 기꺼이 직업을 물려받으셨는지, 또한 주님의 사도들 중 가장 큰 자도 주 예수님처럼 자기 아버지의 직업을 이어받아 육체노동을 통해 양식을 마련했는지 살펴본다. 흔히 말하듯이, 할 수 있는 한 "아버지의 직업을 버리지 않는 것"이 하나의 원칙이었다. 그 이유는 현실적인 고려 때문이기도 했지만 집안에서 그 일을 배웠고 나아가 부모에게 효도하려는 의도 때문이기도 했을 것이다.

이런 점에서 바울은 자신이 실천한 것을 설교했다고 볼 수 있다. 바울의 서신들만큼 노동의 존엄성과 더불어 성실하게 일해 당당히 자립하라는 생각을 확고하게 보여주는 곳도 없다. 고린도에서 그가 가장 먼저 찾은 것은 일자리였던 것으로 보인다.[행 18:3] 또 평생 동안 그는 교회로부터 지원받을 권리를 전혀 주장하지 않았으며, "복음을 전할 때에 값없이" 하는 것을 자신의 가장 큰 상으로 여겼다.고전 9:18◉ 그 자신의 격한 말로 표현하자면, 이 '자랑거리'를 다른 사람에게 빼앗기느니 차라리 힘들게 일하다 죽는 것이 더 낫다고 여겼다. 에베소에서 바울은 자기 손으로 일해 자신만 아니라 동행한 이들의 쓸 것을 마련했다. 그렇게 해서 약한 사람들을 도울 뿐만 아니라 멀리서나마 주님을 따르고 주님께서 말씀하신 "주는 것이 받는 것보다 복이 있다"는 기쁨에 참여하기를 원했다.행 20:34-35 한 가지 더 예를 들어 말해, 미래와 관련해 꿈같은 사색에 빠져 있고 해롭지는 않아도 비현실적인 사변에 젖어서 극히 위험한 형편에 있는 교회를 만났는데, 거기서 또한 참으로 강인하고 진지한 웅변이 울려 퍼지는 것을 듣게 된다면 그 얼마나 마음 후련한 경험이겠는가. 그곳에 바로 설교자 바울이 있다! 그는 사람을 기쁘게 하는 자가 아니라 하나님을 섬기는 이요 랍비들처럼 아첨꾼이 아니며, 탐욕스럽거나 영예를 구하지도 않고 권위를 사랑하지도 않는다.

◉ 그런즉 내 상이 무엇이냐. 내가 복음을 전할 때에 값없이 전하고 복음으로 말미암아 내게 있는 권리를 다 쓰지 아니하는 이것이로다(고전 9:18).

바울을 아는 사람이라면 누구나 인정했을 모습을 데살로니가 이야기에서 찾아 간략하게 말하면 이렇다. 아이를 기르는 유모와 같이 사랑이 넘치고, 다정한 마음으로 하나님의 복음뿐만 아니라 자기 목숨까지 내어 주기를 기뻐한다. 그러면서도 모든 일에 결코 감상적이거나 연약하지 않으며 오히려 단호하고도 성실한 모습을 보여준다. 또 바울은 "아무에게도 폐를 끼치지 아니하려고" 스스로 "밤낮으로 일하면서" 사람들에게 하나님의 복음을 전하였다.살전 2:9◉ 이렇게 밤낮으로 애쓰면서 열심히 일하는 것을 보고 어떤 사람들은 세속적이라고 비난하거나 깎아내렸을지도 모른다. 그러나 그런 식의 어설픈 구분은 오늘날 등장한 피상적이고 비현실적인 사고의 산물일 뿐 바울에게는 해당하지 않는다. 영적인 사

◉ 형제들아, 우리의 수고와 애쓴 것을 너희가 기억하리니 너희 아무에게도 폐를 끼치지 아니하려고 밤낮으로 일하면서 너희에게 하나님의 복음을 전하였노라(살전 2:9).

람에게는 그 어떤 것도 세속적이지 않으며, 세속적인 사람에게는 아무것도 영적이지 않은 까닭이다. 바울은 밤낮으로 일하고 난 후 누리는 쉼과 기쁨과 보상으로 그리스도, 곧 고귀한 피로 그를 구속하신 분의 그지없는 부요함을 공적으로나 사적으로 전파하였다.

따라서 바울의 설교에 대해 평가할 때, 주님의 재림을 중요한 주제로 다룬 측면도 있기는 하지만 어쨌든 청중을 미래와 관련해 난해한 쟁점과 비전이나 따지고 드는 종말론적 몽상가로 만들고 현재의 의무는 열등하게 여겨 하찮은 것으로 떨어뜨렸다는 식으로 말해서는 안 된다. 바울이 말한 "너희에게 명한 것같이 조용히 자기 일을 하고[다른 사람의 일에 간섭하지 않고 각자 자기의 일을 하고] 너희 손으로 일하기를 힘쓰라. 이는 외인에 대하여 단정히 행하고 또한 아무 궁핍함이 없게[아무에게도 의존하지 않게][4] 하려 함이라"살전 4:11-12는 가르침 속에서 우리는 성실한 자립심, 건전하고 고결한 신앙, 자기를 비워 그리스도께 헌신하는 태도, 나아가 실제로도 경건한 삶의 기품을 발견하게 된다. 그런데 이처럼 평이하고 실제적인 종교가 부활 및 주님의 재림에 대한 희망과 긴밀하게 연결되었다.살전 4:13-18◉ 이와 동일하게 "조용히 일하여 자기 양식을 먹으라"살후 3:12는 훈계가 데살로니가후서에서 훨씬 강한 어조로 등장한다. 이 가르침은 바울이 데살로니가 교인들에게 보인 모범을 기억나게 하며 또 그들과 함께 있었을 때 "누구든지 일하기 싫어하거든 먹지도 말게 하라"살후 3:10고 했던 명령과 "게으르게 행하여 도무지 일하지 아니하고 일을 만들기만 하는 자들이 있다"살후 3:11고 했던 강한 책망을 떠올리게 한다.[5]

솔직하게 말해, 탁월하고 고결한 랍비들이 많기는 해도 사도 바울에 견줄 만한 사람은 찾기가 힘들다. 다소의 사울은 유대인이었고 '이스라엘의 태양'이라 불린 위대한 가말리엘 문하에서

4. 이것이 문자적인 의미다.

◉ 형제들아, 자는 자들에 관하여는 너희가 알지 못함을 우리가 원하지 아니하노니 이는 소망 없는 다른 이와 같이 슬퍼하지 않게 하려 함이라. 우리가 예수께서 죽으셨다가 다시 살아나심을 믿을진대 이와 같이 예수 안에서 자는 자들도 하나님이 그와 함께 데리고 오시리라(살전 4:13-14).

5. 여기서는 원문이 담고 있는 언어유희를 되새겨 볼 필요가 있다.

교육을 받았을 뿐만 아니라 유대인의 정신과 학문에 정통했다. 그런 까닭에 한참 후에 바울이 기독교의 심오한 신비에 관해 쓴 글에서 우리는 선택받은 현자들 중에서도 최고의 사람들에게 전수되었던 유대교 초기의 비밀스러운 가르침[6]이 깃든 표현을 만나게 된다. 그런데 이처럼 성실한 노동을 사랑하며, 당당한 자립심을 품고, 율법을 '왕관이나 삽'으로 악용하는 일을 혐오했던 태도는 최고의 랍비들이 지녔던 품성이기도 하다. 이스라엘 사람들의 이와 같은 정서는—그들이 지녔던 삶의 목표가 그랬듯이—주변 이방인의 정서와는 완전히 달랐다. 그리스와 로마의 철학자들은 육체노동을 품위 없는 일로 얕보았으며 시민으로서 누리는 온전한 특권과는 어울릴 수 없는 것이라고 생각했다. 투표하면서 뇌물 받기를 서슴지 않았을 뿐만 아니라 공금으로 사는 것을 당연히 여겼던 로마인은 노동으로 더럽혀지는 일을 수치로 여겼다. 유대인은 지향하는 삶의 목표가 달랐으며 남다른 자부심과 야망을 지녔다. 그들 속에 얽혀 있는 여러 가지 대조적인 면모를 밝히는 것은 쉽지가 않다. 극히 귀족적이며 배타적인 데다가 평범한 대중의 견해를 한없이 경멸했는가 하면 다른 한편으로는 매우 민주적이고 자유롭기도 했다. 율법을 준수하고 권위와 계급을 크게 존중했는가 하면 그 바탕에서는 모든 이스라엘 사람은 형제이며 동등한 위치에 있다는 일반적인 신념을 지니고 있었다. 단지 일반 대중은 이스라엘의 참된 소명이 무엇인지 모르고 또 그 소명을 성취하는 길이 세상의 하찮은 일과 대비되는 율법에 학문적으로나 실제적으로 헌신하는 데 있음을 모르는 것에서 표면적인 차이가 생겨났을 뿐이라고 생각했다.

그러나 학문과 성실한 육체노동 사이의 이런 조화—앞엣것이 뒤엣것의 토대가 된다—가 이스라엘에서 언제나 한결같이

6. '세페르 예찌라'(*Sepher Jezirah*)를 말한다. 기이하게도 이 책은 지금까지 전혀 주목을 받지 못했다. 바울의 가르침과 일치하는 점은 내용이 아니라 표현 양식에서 발견된다.

중요한 것으로 인정받지는 못했다. 여기서 우리는 세 시기를 구분해 볼 수 있다. 모세의 율법에서는 노동의 존엄성을 분명하게 인정하는데, 이러한 구약성경의 정신은 유대 국가의 최고 전성기 때 활짝 꽃피었다. 행복하고 거룩한 이스라엘 가정이 어떤 모습인지를 여러 가지 면에서 개괄적으로 보여주는 잠언은 가내수공업에 대한 찬양으로 가득 차 있다. 그러나 외경, 그중에서도 특히 집회서[38:24-31]에 이르면 전혀 다른 기조가 강하게 드러난다. 모든 직업을 하나씩 따져 가면서 그런 일로 어떻게 "현명해질 수 있으랴?"는 경멸적인 질문을 퍼붓는다. '시락의 아들 예수의 지혜'라고도 불리는 이 책은 기원전 2세기경에 나왔다. 그리스도 때나 그 이후 시대에 와서는 직공과 기술자는 물론 도장을 새기는 사람이나 대장장이나 옹기장이를 가리켜 그런 식으로 말해서는 안 되었으며, "그들은 시의회에 불리지도 않으며 공중 집회에서 윗자리를 차지하지도 않는다. 그들은 재판관 자리에 앉지도 않으며 법률을 잘 알지도 못한다"[집회서 38:33]라고 주장할 수 없었다.

예외가 있기는 했지만 권위 있는 랍비들은 대부분 이런 유형의 직업을 가지고 일을 했으며, 마침내 고된 육체노동에 참여하는 것이 큰 자랑거리가 될 정도였기 때문이다. 그래서 한 랍비는 날마다 자기 의자를 들고 학교에 출근했으며, 어떤 랍비는 무거운 서까래를 끌거나 그와 비슷하게 노동을 했다고 한다.[7] 여러 사람의 이름을 들어 괜히 글을 장황하게 하는 대신 대표적인 사례 하나만 말하면, 채석공으로 일하는 어떤 사람이 대제사장으로 임명된 일이 실제로 있었다. 과연 그 시절은 혁명적인 시대였다. 유감스럽게도 헤롯 왕조 시대의 대제사장은 전혀 다른 부류에 속했으며, 그들의 행적은 나라의 형편과 운명에 비극적인 영향을 끼쳤다. 하지만 위대한 힐렐은 벌목공이었으며 그의 맞수인 삼마이는 목

7. Delitzsch, *Jud, Handwerkerleben zur Zeit Jesu*, p. 75. 여기서 이 논문에 크게 의존했음을 밝힌다.

수였다. 또 후대의 저명한 랍비들에게서 우리는 제화공과 재봉사, 목수, 샌들 제조공, 대장장이, 옹기장이, 석공 등 한마디로 말해 온갖 직업을 볼 수 있다. 게다가 그들은 자신들의 육체노동을 부끄러워하지 않았다. 한 예로, 어떤 랍비는 자기가 만드는 통을 날마다 학교로 가져와 그 위에 걸터앉아서 학생들과 토론했다는 기록이 있다.

이러한 사실에 의문을 품을 수 없는 것이, "자기 아들에게 직업을 가르치지 않는 사람은 아들이 도둑이 되도록 키우는 것과 같다"키두쉰 IV. 14라는 말이 랍비들의 원리였기 때문이다. 전도서 9:9의 "보라, 네가 사랑하는 아내와 함께하는 삶이로다"[8◉]라는 구절을 미드라쉬에서는 기이하게 의역하여 "네가 사랑하는 거룩한 연구와 병행할 수 있는 직업을 찾아라"로 옮겼다. 또 "세상을 지으신 분께서 직업들을 얼마나 고귀하게 여기시는지"라는 말도 있다. 몇 가지 더 살펴보자.

8. 이것이 히브리어 원문의 문자적인 의미다.

◉ 네 헛된 평생의 모든 날 곧 하나님이 해 아래에서 네게 주신 모든 헛된 날에 네가 사랑하는 아내와 함께 즐겁게 살지어다. 그것이 네가 평생에 해 아래에서 수고하고 얻은 네 몫이니라(전 9:9).

사람의 직업 가운데 하나님께서 아름답게 꾸미지 않으신 것은 없다. 7년 동안 계속된 기근일지라도 장인匠人의 집 문은 뚫지 못한다. 가난과 부유함치고 직업과 연결되지 않은 것은 없다. 직업만큼 가난하게도 부하게도 하는 것은 없는 까닭이다. 세상에서 직업은 결코 사라지지 않는다. 스승에게서 훌륭한 직업을 교육받은 사람은 행복하다. 나쁜 직업을 얻는 사람은 애처롭다.[9]

9. 함부르거의 『유대 백과사전』 p. 497을 참조하라. 여기에 인용한 경구들은 이 책에서 가져온 것이다.

이 경구들은 비교적 후기에 나온 랍비들의 말로 보인다. 다음으로 미쉬나 자체, 특히 선조들의 지혜와 어록을 담고 있는 소논문 「아보트」로 돌아가 살펴보자. 힐렐의 스승인 쉐마야는 "노동을 사랑하고, 윗자리를 탐내지 말고, 권력자들의 눈에 들려고 애쓰지 말라"[아보트 I. 10] 고 냉소적으로 말했는데, 아마도 그의 경험에서 우러나온 말로 보인다. 위대한 힐렐의 견해에 대해서는 앞에서 살펴보았다. 나시 예후다의 아들 랍비 가말리엘은 다음과 같이 말했다. "율법 공부는 이 세상의 직업과 동반할 때 탁월하게 된다. 두 가지 모두에 힘쓸 때 죄는 틈타지 못한다. 그러나 노동을 동반하지 않는 공부는 결국 막혀 버리게 되고 죄에 빠지게 한다."[아보트 II. 2] 아사랴의 아들 랍비 엘레아자르는 다음과 같이 말했다. "이 세상 것의 지원이 없으면(문자적 의미로, 밥이 없으면 또는 밀가루가 없으면), 율법 공부도 있을 수 없고, 율법 공부가 없으면 세상의 지원도 아무런 가치가 없다."[아보트 III. 21] 미쉬나에서 이 말 뒤에 따라 나오는 부분을 좀 더 살펴보겠다. 그 부분은 우리 주님께서 말씀하신 반석 위에 지은 집의 비유와[마 7:24, 눅 6:47] 놀라울 정도로 유사하며,◉ 따라서 우리는 그 본문을 인용하여 앞서 이 주제에 대해 논한 내용을 설명하고자 한다. 그 내용은 다음과 같다.

◉ 그러므로 누구든지 나의 이 말을 듣고 행하는 자는 그 집을 반석 위에 지은 지혜로운 사람 같으리니(마 7:24).

일보다는 지식이 앞서는 사람, 그런 사람을 무엇에 비유할 수 있을까? 그는 가지는 무성하되 뿌리는 빈약한 나무와 같아서 기록된 바와 같이[렘 17:6] 바람이 불어오면 뿌리가 뽑혀 뒤집히게 된다.…… 그러면 지식보다 일이 풍성한 사람은 무엇에 비유할 수 있을까? 그런 사람은 가지는 적으나 뿌리가 많은 나무와 같아서 세상의 온 바람이 불어와 나무를 흔들어 댄다고 해도 기록된 바와 같이[렘 17:8] 결코 흔들리는 법이 없다.◉

◉ 그는 물가에 심어진 나무가 그 뿌리를 강변에 뻗치고 더위가 올지라도 두려워하지 아니하며 그 잎이 청청하며 가무는 해에도 걱정이 없고 결실이 그치지 아니함 같으리라(렘 17:8).

우리는 이 부분을 가장 초기 형태의 것으로 살펴보았다. 그렇다고 해도 그 연대가 예루살렘이 파괴된 이후라는 사실을 기억할 필요가 있다. 이 기록의 후기 형태는 바빌론 탈무드에 나온다.[산헤드린 99 A 그런데 주목할 사실은 이 기록이 또 다른 문헌에서도, 반석 위에 지은 집 비유를 다루는 신약성경의 내용과 거의 동일한 형태로 나온다는 점이다. 그 문헌에서는 이 말이 배교자로 낙인찍힌 한 랍비가 말한 것으로 나온다. 그 랍비는 대표적인 배교자로 여겨져 파문당해 죽었다. 그가 기독교 신앙을 받아들이지는 않았다고 해도 적어도 기독교인과의 교류를 통해 예수의 말씀을 알았을 것이라는 추론이 가능하다.[10] 그러나 이와는 별개로, 이 부분의 랍비적인 형태와 기독교적인 형태를 비교해 보면 두 가지 사실이 분명해진다. 첫째, 우리 주님께서 말씀하신 비유에서는 모든 것이 그분을 중심으로 논의되며 우리가 그분과 맺는 관계에 따라 본질적인 차이가 생겨난다. 이 비유에서는 많은 공부와 적은 일을 대조하거나 적은 탈무드 지식과 많은 일을 대조하는 것이 아니라 그분께로 나오는 것과 그분의 말씀을 듣는 것을 대조하며, 따라서 그 말씀을 실천하거나 실천하지 않는 것을 문제로 삼는다. 둘째, 기독교에서는 많은 지식과 적은 일이라든지 적은 지식과 많은 일이라는 식의 양자택일을 주장하지 않는다. 오히려 기독교에서는 일과 일하지 않음, 온전한 삶과 완전한 죽음으로 크게 가른다. 사람이 옳은 기초를 선택해 반석이신 그리스도 위에 집을 짓느냐, 아니면 그런 기초 없이 자기 인생의 집을 쌓고자 애쓰느냐에 따라 모든 것이 달라진다. 그러므로 랍비들이 가르친 말에서 발견되는 유사성은 오히려 랍비 사상과 우리 주님의 가르침 사이에 존재하는 커다란 사상적 차이와 모순점을 분명하게 드러낸다.

10. 그는 아부야의 아들 엘리사다. 그는 배교로 인해 아헤르, 곧 '다른 자'로 불렸다. 이 랍비의 경력은 매우 흥미롭다. 우리로서는 그가 기독교인이었는지 아니면 단순히 영지주의에 물든 사람이었는지 추측할 수 있을 뿐이다. 후자일 가능성이 크다. 유대인들은 그가 '카발라'를 공부해서 잘못에 이르게 되었다고 본다.

유대 현자들의 탁월한 가르침과 우리 주님의 말씀 사이에 어떤 관계가 있는지의 문제는 매우 중요한 까닭에 이렇게 본론에서 벗어나 다루는 것이 결코 무의미하지 않다. 노동의 존엄성과 관련된 몇 가지 인용문을 더 살펴보는 것이 옳겠다. 탈무드에 나오는 한 아름다운 하가다*HAGGADAH*를 보면, 아담이 창조주에게서 들은 다음과 같은 말이 실려 있다.◉ "땅이 네게 가시덤불과 엉겅퀴를 낼 것이라." 그러자 아담이 눈물을 쏟으며 외쳤다. "무슨 말씀이신지요! 세상의 주님, 그러면 제가 당나귀와 한 여물통에서 먹어야 하는지요?" 그러나 주님께서 덧붙여 "네가……얼굴에 땀을 흘려야 먹을 것을 먹으리니"라고 말씀하시자 그가 마음의 위로를 얻었다. 랍비들에 따르면 이 말은 노동의 존엄성을 가르친다. 즉, 사람은 억지로나 아무런 생각 없이 자기 일을 하는 것이 아니라 땅을 섬김으로 거기서 황금과 같이 소중한 열매를 얻게 된다.◉ 그래서 노동은 힘들고 그 결과도 확실하지 않은 까닭에, 마치 이스라엘 백성이 홍해 앞에 섰을 때와 같은 형편이라 해도 그때 다시 기적이 일어나 막힌 물이 활짝 열리게 될 것이다. 노동은 그 자체로도 존엄성을 지닌다. 노동은 명예를 가져오며 열심히 일하는 사람을 키워 주고 자라게 한다. 이런 까닭에 율법에서는 양을 훔친 사람에게는 네 곱절로 배상하게 한 데 반해 황소를 훔친 사람에게는 다섯 곱절로 변상하는 벌을 내렸다. 황소는 사람이 일할 때 필요한 짐승이기 때문이었다.[11]

◉ 땅은 너로 말미암아 저주를 받고 너는 네 평생에 수고하여야 그 소산을 먹으리라. 땅이 네게 가시덤불과 엉겅퀴를 낼 것이라. 네가 먹을 것은 밭의 채소인즉 네가 흙으로 돌아갈 때까지 얼굴에 땀을 흘려야 먹을 것을 먹으리니 네가 그것에서 취함을 입었음이라. 너는 흙이니 흙으로 돌아갈 것이니라 하시니라(창 3:17-19).

◉ 파종하려고 가는 자가 어찌 쉬지 않고 갈기만 하겠느냐. 자기 땅을 개간하며 고르게만 하겠느냐……이는 그의 하나님이 그에게 적당한 방법을 보이사 가르치셨음이며……이도 만군의 여호와께로부터 난 것이라. 그의 경영은 기묘하며 지혜는 광대하니라(사 28:24, 26, 29).

11. 이것은 모두 랍비들의 말이다. Tendlau, *Sprüchw. u. Redensarten*, p. 263.

에베소 교인들에게 "도둑질하는 자는 다시 도둑질하지 말고 돌이켜 가난한 자에게 구제할 수 있도록 자기 손으로 수고하여 선한 일을 하라"엡 4:28고 권면한 사도 바울도 분명 유대인의 심정으로 그렇게 말한 것이다. 어떤 랍비는 "다른 사람에게 의지하느니 차라리 안식일에 일을 하라"페사힘 112 A고 말했다. "시장통에서 죽은 짐승의 가죽을 벗겨서 돈을 벌라. 그럴 때 '나는 제사장이다, 나는 고귀한 사람이다, 내게는 일이 어울리지 않는다'라는 말은 하지 마라"는 속담도 있다. 또 오늘날까지 널리 쓰이는 속담으로 "노동은 수치(헤르파)가 아니다"라거나 "노동(멜라하)은 복(브라하)이다"

베틀과 직조공

직조공은 신식 유행을 따르는 여성들을 위해 일해야 했던 만큼 많은 문제에 노출될 수밖에 없었던 것으로 보인다. 속담 가운데 "직조공은 겸손해야 한다. 그렇지 않으면 파문당해 수명이 짧아지게 될 것이다"라는 말이 있었다. 즉, 먹고살기 위해서는 어떤 일이든 감수해야 한다는 말이다. "직조공이 겸손하지 않으면 수명이 1년 단축된다"는 속담도 있었다.

라는 말이 있다. 지금까지 살펴본 사실에서 우리는 주님의 시대에 부지런히 일하는 태도가 널리 퍼졌었다는 사실을 알 수 있다. 랍비들의 격언대로 모든 사람이 자기 직업을 최고라고 여긴 것이 사실이었지만 다른 한편 여론은 직업에 따라 매우 다양한 가치를 부여기도 했다. 어떤 직업은 불쾌한 일로 여겨 멀리했는데, 가죽 제조공, 염색공, 광부 등이 그랬다. 미쉬나에서 정한 원칙에 따르면, 이성과 계속 접촉할 수밖에 없는 직업을 아들에게 가르쳐서는 안 된다.[키두쉰 IV. 14] 그러한 직업으로는 보석상, 맷돌 제조자, 향수 판매자, 직조공을 들 수 있다.

직조공에 관해 말하자면 당시 그들은 신식 유행을 따르는 여성들을 위해 일해야 했던 만큼 많은 문제에 노출될 수밖에 없었던 것으로 보인다. 속담 가운데 "직조공은 겸손해야 한다. 그렇지 않으면 파문당해 수명이 짧아지게 될 것이다"라는 말이 있었다. 즉, 먹고살기 위해서는 어떤 일이든 감수해야 한다는 말이다. 널리 퍼진 속담으로 "직조공이 겸손하지 않으면 수명이 1년 단축된다"는 말도 있었다.[아보다 자라 26 A] 스코틀랜드에서 직조공을 어떻게 얕

잡아 보는지 생각나게 하는 말로 "직조공도 자기 집에서는 주인이다"라는 속담과도 비슷하다. 그런데 이것은 그 자신만 아니라 그의 아내의 생각이기도 했다. 랍비들의 격언에 "남자가 옷감 짓는 일꾼에 불과할지라도 그의 아내는 남편을 집의 대문이라고 치켜세우고 그 곁을 떠나지 않는다"는 말이 있듯이 아내는 남편을 자랑으로 여긴다. 랍비들이 보기에 아내는 자기 남편의 평판에 개의치 않는 것 같았고 그래서 "남자가 겨우 개미 크기만 하더라도 그의 아내는 큰 사람들 사이에 끼어 앉으려고 한다"는 말이 생겨났다. 탈무드에서는 대체로 다음과 같은 온건한 견해를 표명한다.

야브네의 랍비가 이렇게 말했다. "나는 내 이웃처럼 평범한 존재다. 그는 들에서 일하고 나는 도시에서 일한다. 우리 모두 아침 일찍 일어나 일터로 간다. 그러니 한 사람이 다른 사람 위로 높아져야 할 이유가 없다. 한 사람이 다른 사람보다 더 우월하다고 생각하지 말라. 우리 정신이 바르기만 하다면 작은 일을 할 때도 큰 일을 할 때 못지않은 공로가 있다는 것을 배우지 않았는가." 베라코트 17 A

또 다른 이야기에 따르면, 저수조를 파고 정결 예식용 욕조 만드는 일을 하는 사람이 위대한 랍비 요하난에게 "당신 못지않게 나도 위대한 사람입니다"라고 말했다고 한다. 그도 자기 나름의 영역에서 이스라엘의 가장 유명한 스승 못지않게 공동체의 필요를 위해 봉사한다는 것이 그 근거였다. 바로 이러한 정신을 따라 어떤 랍비는, 아무리 미천해도 모든 일이 진정 하나님을 섬기는 일이며 그런 까닭에 온 힘으로 성실하게 일해야 한다고 권고했다. 이와 같은 정신으로 일하는 유대인 노동자들이 행복할 뿐만 아니라 솜씨도 뛰어났으리라는 것은 의심의 여지가 없다.

성전과 관련된 일에 참여하는 것은 대단한 특권임에 틀림없었다. 수많은 일꾼들이 상시로 성전에 고용되어 제사에 필요한 일들을 준비했다. 알렉산드리아의 기술자들이 성전 향료를 조제하려고 했지만 연기가 위로 곧바로 오르지 않았으며 향료 찧는 큰 절구와 성전 음악의 시작을 알리는 큰 징을 수리하려고 했지만 여의치 않아 예루살렘 일꾼들이 손을 대고서야 제대로 된 향료와 아름다운 징소리를 복원할 수 있었다고 말하는 랍비 전승이 있는데, 이런 말이 생겨난 배후에는 예루살렘 사람들이 알렉산드리아 사람들에게 품었던 경계심이 일부분 작용했던 것으로 보인다. 하지만 팔레스타인의 편견과 달리 알렉산드리아에는 탁월한 유대인 장인들이 있었고 큰 회당 안에 여러 조합을 세울 정도로 그 수도 많았던 것이 확실하다. 가난한 노동자는 누구든지 자기가 속한 조합에 신청하기만 하면 일자리를 구할 때까지 지원을 받을 수 있었다. 잘 알려져 있듯이 알렉산드리아의 구리 세공인 조합은 자기네 고유 장비로 가죽 앞치마를 사용했으며 조합원이 외국으로 갈 때는 작업대를 여러 부분으로 나누어 가져갔다. 이 조합은 예루살렘에서 자체의 랍반, 곧 우두머리를 둔 조직을 결성했으며 또 그들만의 회당과 공동묘지를 소유했다.[12]

12. 앞에서 언급한 델리취의 책 p. 38를 보라.

그러나 팔레스타인 노동자들은 서로 의지해 일하기는 했어도 배타적인 조합은 결성하지 않았다. 이를테면 그들 사이에서는 '자유 거래'라는 원리가 지배했다. 그들이 하는 일을 본떠 시장과 거리에 이름을 붙였다. 예루살렘의 장인들은 정교한 기술로 인해 특히 이름이 높았다. 티로포에온 골짜기 전체를 낙농업자들이 점유했으며 그래서 '치즈 장수들의 계곡'이라는 이름이 붙었다. 이사야 7:3에 '세탁자의 밭'이라는 지명이 나오는데 이것은 욥바로 가는 큰 길의 '윗못 수도 끝'에 있었다. 탈무드에서는 한 묶음의 격언 전체를 '세탁업자의 잠언'이라고 부르는 것을 볼 수 있다.

장엄한 건축물을 좋아했던 헤롯 가문의 군주들은 틀림없이 많은 장인들을 정규직 일꾼으로 고용했을 것이다. 성전을 재건축하는 일에 다양한 기능을 지닌 18,000명에 이르는 일꾼이 고용되었으며, 그중 일부는 대단히 뛰어난 기술을 지닌 사람들이었다. 그보다 앞서 헤롯 대왕은 성소 건축을 담당할 제사장 1,000명을 훈련시키기 위해 많은 수의 최고 장인들을 고용했다고 전해진다. 성전 중에서도 그 부분을 짓는 일은 평신도가 담당할 수 없었기 때문이다. 잘 알다시피, 성스러운 영역에서는 망치와 도끼와 정처럼 철로 된 연장을 사용할 수 없었다. 그 이유에 대해 미쉬나에서는 제단에 사용하는 돌은 모두 손 타지 않은 새 땅에서 캐야 하며 그 때 철로 된 연장을 사용해서는 안 된다고 설명하면서 다음과 같이 말한다. "철이 만들어진 목적은 사람의 수명을 단축시키는 데 있고 제단을 세운 목적은 수명을 늘리는 데 있는 까닭에, 늘리는 것에다 줄이는 것을 대는 일은 합당하지 않기 때문이다."미도트 III. 4 그 거룩한 전의 위엄과 영광을 아는 사람들이 건물의 다양한 부분에 어떤 장인의 기술이 필요한지 가장 잘 판단할 수 있는 법이다. 신약성경에 기록된 가장 엄중한 사건과 연관된 흥미로운 사례 하나를 살펴보자. 미쉬나에 다음과 같은 내용이 나온다.

가말리엘의 아들 랍비 시므온이 전직 사간(대제사장의 보조자)의 아들인 랍비 시므온의 이름으로 이렇게 말했다. "지성소의 휘장은 두께가 한 뼘이고, 꼬아 만든 끈 일흔 두 줄로 짰는데, 각각의 끈은 스물 네 가닥의 실로 이루어졌다(탈무드에 따르면, 성전을 나타내는 네 가지 색깔인 흰색, 주홍색, 파란색, 황금색이 각각 여섯 가닥씩이다). 휘장은 길이가 40규빗(18m)이고 폭이 20규빗(9m)이었으며, 82미리아드MYRIAD로 만들었다. ('규빗'은 팔꿈치에서부터 가운데 손가락 끝까지의 길이를 말하는데 보통 45cm 정도다. 미쉬나에서 '미리아드'의 의미는 명확하지 않다. 다른 미쉬나 번역본에서는 "82미리아드로 만들었다"는 구절을 "82데나리온을 들여 만들었다"나 "젊은 처녀 82명이 만들었다"로 옮긴다.—옮긴이) 이러한 휘장을 매년 두 개 만들었으며, 그것을 (사용하기 전에) 물에 담그기 위해서는 300명의 제사장이 필요했다.[쉐칼림 VIII. 5]

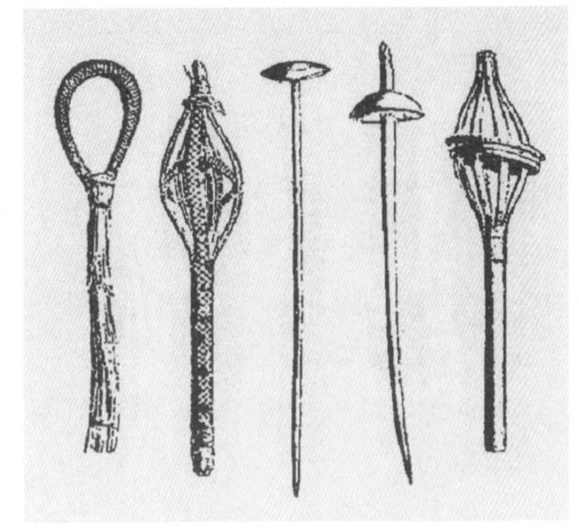

휘장을 만드는 데 사용한 물렛가락

지성소 휘장은 두께가 한 뼘이고, 꼬아 만든 끈 일흔 두 줄로 짰는데, 각각의 끈은 스물 네 가닥의 실로 이루어졌다. 탈무드에 따르면, 성전을 나타내는 네 가지 색깔인 흰색, 주홍색, 파란색, 황금색이 각각 여섯 가닥씩이다.

물론 이 설명은 어림수로 정한 것이라고 보아야 한다. 하지만 흥미롭게도 이러한 설명에서 우리는 성전의 주인이신 주님께서 십자가에서 운명하셨을 때 성전의 거대한 휘장이 찢어진 모습이 어떠했을지뿐만 아니라 어떻게 그 일을 수많은 사람들에게 쉽게 숨길 수 있었는지 이해할 수 있다.◉

◉ 예수께서 다시 크게 소리 지르시고 영혼이 떠나시니라. 이에 성소 휘장이 위로부터 아래까지 찢어져 둘이 되고 땅이 진동하며 바위가 터지고(마 27:50-51).

마지막으로 전혀 다른 주제를 살펴본다. 시간이 흐르고 환경이 변해도 신기하게도 전혀 변하지 않는 것이 참 많다. 저 옛날 유대인 고용주들도, 오늘날 많은 고용주들이 자기네 일꾼과 부딪히며 잡음을 일으키는 것과 비슷한 경험을 했던 것으로 보인다. 일꾼이나 종들에게는 나쁜 음식을 주면서 자신은 좋은 음식을 먹는 것을 조심하라거나 그들에게는 짚으로 만든 요를 내주면서 깃털 이불을 덮지 말라는 말, 특히 그 일꾼이나 종이 같은 종교인일 경우 더욱 조심해야 한다는 진지한 경고를 듣게 되는데, 이와 관련해 히브리인 종을 부리는 사람은 상전을 모시는 것과 같다는 말이 있었다. 사도 바울의 마음에도 이와 비슷한 생각이 있어서 다음과 같은 긴요한 권면을 남긴 것으로 보인다. "무릇 멍에 아래에 있는 종들은 자기 상전들을 범사에 마땅히 공경할 자로 알지니 이는 하나님의 이름과 교훈으로 비방을 받지 않게 하려 함이라. 믿는 상전이 있는 자들은 그 상전을 형제라고 가볍게 여기지 말고 더 잘 섬기게 하라. 이는 유익을 받는 자들이 믿는 자요 사랑을 받는 자임이라."딤전 6:1-2 정말 "해 아래에는 새것이 없다."전 1:9 노새 모는 사람이나 선원들의 조합은 상호보증 규약과 유사한 것을 가지고 있었다. 그 규약에 따르면, 짐승이나 배를 잃어버렸을 경우 소유주 편에서 과실이 없다면 마땅히 변상해야 한다고 정하고 있다. 심지어 일터에서 모든 노동자가 골고루 일자리를 얻을 수 있도록 한 주에 하루 이틀만 일하도록 정하고 있는 탈무드의 규정에서는 바바 바트라 9 노동조합의 정신까지 보게 된다. 이제 동일한 정신을 담고 있으면서도 성경 말씀에 대한 랍비들의 독특한 주해 양식을 잘 보여주는 글을 인용하는 것으로 이번 장을 마치겠다. "'그의 이웃에게 악을 행하지 아니하며'시 15:3라는 말씀이 가르치는 뜻은 한 장인이 다른 장인의 영역을 침해하지 말아야 한다는 것이다."

12.

상업과 무역

율법에 따른 정직한 거래

유대의 지도층 사이에서 육체노동에 대한 생각이 놀랍게도 경멸에서 자부심으로 바뀌게 된 것은 결코 우연한 일이 아니다. 그렇지만 이렇게 바뀐 데서 어떤 종교적 동기를 확인하기는 힘들고 단지 새로운 정치사회적 환경을 근거로 그 변화를 설명할 수 있을 뿐이다. 사람이 명목상으로나마 독립을 유지하고 자기 땅을 소유하고 있는 형편에서는, 고정적인 직업을 갖는다는 것은 열등한 사회적 지위를 뜻했고 또 사용하면 사라져 버릴 이 세상 것들에 원하든 원치 않든 얽매이는 것을 의미했다. 하지만 유대 나라가 이방인 수중에 있었을 때는 상황이 달랐다. 그때는 성실한 노동이 당당한 독립을 이루는 수단, 그것도 유일한 수단이 되었다. 노동에 참여한다는 것은 숭고한 결의였고, 그 결과 "그 누구의 도움도 없이 일어설" 수 있게 되었으며, 친구와 원수 앞에서 당당하게 얼굴을 들 수 있고, 본능적인 기질과 힘과 시간을 하나님께 바침으로써 자유롭고 자주적으로 율법 공부에 헌신할 수 있게 되었다.

여기에는 보상도 따랐다. 육체노동과 정신노동을 번갈아 하는 것이 건강에 도움이 되기도 했지만, 무엇보다 중요한 것으로 이렇게 해서 랍비들은 누구보다도 당당하게 말하고 자신의 일이나 결과에 연연하지 않으며 사고와 말에서 자유로울 수 있게 되었다. 우리는 이익을 바라고 다른 사람에게 아첨하는 사람을 유다가 심하게 경멸한 것을 이해할 수 있다.[유 1:16] 아첨한다는 말은 문자적으로 '낯을 치켜세우다'는 뜻으로, 레위기 19:15과 신명기 10:17, 욥기 13:10, 잠언 18:5 등에 나오는,◉ 사람들에 대한 존중이나 배려, 용납(나사 파님)을 70인역 성경에서 번역하면서 사용한 표현이다. 또 이에 관해 사도 바울 역시 참 유대인의 자격으로 이렇게 말한다. "그 유명하다는 사람들로부터 나는 아무런 제안도 받지 않았습니다. 그들이 어떤 사람들이든지, 나에게는 아무 상관이 없습니다. 하나님께서는 사람을 겉모양으로 판단하지 않으십니다."[갈 2:6, 새번역 성경]

◉ 너희는 재판할 때에 불의를 행하지 말며 가난한 자의 편을 들지 말며 세력 있는 자라고 두둔하지 말고 공의로 사람을 재판할지며(레 19:15).

앞서 살펴본 대로 대중의 정서가 이렇게 바뀐 형편에 대해 미쉬나는 이렇다 할 정보를 주지 않는다. 짧지만 신랄한 글귀들에서 도움이 되는 많은 실마리를 찾을 수 있는데, 그 글귀들은 당시의 역사에 비추어 읽지 않으면 불가해한 것들이다. 예를 들어, 앞장에서 언급했듯이 쉐마야는 "노동을 사랑하고, 윗자리를 탐내지 말고, 권력자들의 눈에 들려고 애쓰지 말라"고 훈계했다. 이와 비슷하게 아브탈리온은 현자들을 향해, 그들과 제자들이 포로로 추방되는 꼴을 당하지 않으려면 말을 조심하라고 경고했다.[아보트 I. 10-11]◉ 또 랍비 가말리엘 2세는 이렇게 말했다. "권력자들을 조심하라. 그들은 자기에게 이익이 될 때에만 사람을 가까이하기 때문이다. 그들은 이익이 될 때는 당신을 좋아하는 것 같다가도 당신이 곤경

◉ 아브탈리온은 이렇게 말했다. "현자들이여, 말을 조심하시오. 그렇지 않으면 포로 되는 벌을 받아 악한 물이 흐르는 곳으로 추방당할 것이며, 당신들을 따르는 제자들이 그 물을 마시고 죽게 될 것이고, 하늘의 이름이 더럽혀질 것이요(아보트 I. 11).

에 처했을 때는 곁에 있어 주지 않는다."아보트 II. 3 그 무렵에 나온 동일한 성격을 지닌 격언으로, 랍비 마티티야의 다음과 같은 말을 들 수 있다. "누구를 만나든 평화의 인사를 나누어라. 그리고 여우의 머리가 아니라 사자의 꼬리가 되기를 힘쓰라." 이 외에도 열심히 일해서 떳떳하게 자립하고자 하는 열망을 표현하는 글이 많지만 그것들을 일일이 인용할 필요는 없겠다.

랍비들이 상업을 바라보는 눈은 직업을 이해하는 관점과는 매우 달랐는데, 이에 대해서는 뒤에서 곧 살펴본다. 이스라엘 백성이 세상 사람들에게 자주 경멸당했던 이유가 거침없이 사업을 확장하는 것 때문이었는데, 사실 이것은 전혀 다른 사회 현실과 혹독한 사회적 곤경에 비추어 생각할 일이다. 이스라엘이 수백 명에서 많으면 수천 명 단위로 전 세계에 흩어져 비참하고 굴욕적이며 터전도 없는 약한 소수자에 불과했을 때, 분노한 세상 사람들에게 배척당하고 짓밟히는 처지에서 그들이 선택할 수 있는 길은 상업의 문을 두드리는 것뿐이었다. 유대인이 이방인의 직업을 대등하게 수행해 낼 재능이 있다고 해도 과연 그 사회가 유대인에게—동등하지 않고 어느 정도 제약을 두고서라도—문을 열어 주었을까? 아니면 유대 장인이 수준을 낮춰서라도—그들 고유의 영역에 속하는 기술은 예외로 하고—주변 세상의 장인들과 경쟁하는 일이 가능했을까? 과연 경쟁에 참여하는 것 자체가 허용되기나 했을까? 유대인은 자신을 보호하기 위해서, 아니 살아남기 위해서라도 영향력을 키우는 것이 꼭 필요했다. 그런데 그들이 처한 환경에서 이것은 부의 획득을 통해서만 이룰 수 있었으며, 부를 쌓는 길은 상업뿐이었다.

하나님의 목적에서 볼 때 이스라엘은 장사하는 백성으로 지음받지 않았음이 분명하다. 모세의 율법에서는 유대인과 이방인 사이의 교류에 많은 제약을 두고 있는데, 이것만으로도 상업 활동을 가로막는 데 충분했을 것이다. 또 돈을 빌려주고 이자 받는 일을 제한한 명확한 규정도[레 25:36-37] 상업적인 거래를 어렵게 했을 것이다.◉ 물론 팔레스타인 경계 밖에 사는 사람들과 거래할 때는 이 규정이 완화되기는 했다.[신 23:20] 안식년과 희년에 관한 율법도 장기간에 걸쳐 이루어지는 상업에 큰 장애가 되었을 것이다. 게다가 팔레스타인 땅은 교역에 알맞은 조건을 전혀 갖추지 못했다. 사실 그 땅에는 천연적인 항구로서의 조건을 따지기에 앞서 방대한 해안 지역이 펼쳐져 있었다. 하지만 욥바, 얌니아, 아스글론, 가사, 악고(돌레마이) 같은 항구들이 위치한 해안 지역은 모두 블레셋과 페니키아 사람들의 수중에 있었다. 헤롯 대왕이 웅장한 가이사랴 항구를 건설했지만 그 항구는 주로 외국인들만 사용했다.[유대 전쟁사 3.409-413]◉ 팔레스타인 땅의 이스라엘 역사 전체를 훑어봐도 동일한 결론에 이르게 된다.

딱 한 번, 솔로몬이 통치하던 시대에 대규모 무역 거래를 시도했던 적이 있다. 말과 세마포를 수입한 "왕의 상인들"[왕상 10:28-29, 대하 1:16]이라는 언급은 왕이 세운 무역상이나 전매기업이 존재했다는 사실을 가리키는 것으로 보인다.◉ 어찌 보면, 솔로몬이 최초의 '보호무역주의자'가 아니었을까 하는 생각이 든다. 열왕기상 10:15에 나오는 표현들은 소매와 도매 수입상에게 부과된 의무를 가리키는데, 문자적으로는 수입원이 되는 "상인들과 무역하는 객상"을 뜻한다. 이 두 단어는 어원에서 볼 때 외국 무역상을 가리키는 것으로, 그들을 소매상과 도매상으로 구분한 것이라고 볼 수 있다.[1] 여기서 우리는, 솔로몬의 수입이 그가 다스리는 왕들에게서 거둔 세금과 조공[왕상 10:15] 외에도 1년에[2] 총 200만에서 300만 파운드에 이르는 막대한 금액이었다는 사실을 확인할 수 있다.[왕상 10:14]

◉ 네 형제가 가난하게 되어 빈손으로 네 곁에 있거든 너는 그를 도와 거류민이나 동거인처럼 너와 함께 생활하게 하되 너는 그에게 이자를 받지 말고 네 하나님을 경외하여 네 형제로 너와 함께 생활하게 할 것인즉 너는 그에게 이자를 위하여 돈을 꾸어 주지 말고 이익을 위하여 네 양식을 꾸어 주지 말라(레 25:35-37).

◉ 베스파시아누스는 가이사랴가 겨울을 나기에 적합하다는 것을 알고 그곳에 두 개 군단을 주둔시켰으나 제5군단과 제10군단은 스키토폴리스에 배치하였다. 군대 전체를 가이사랴에 몰아넣어 그곳에 부담을 주지 않기 위해서였다(유대 전쟁사 3.412).

◉ 솔로몬의 말들은 애굽에서 들여왔으니 왕의 상인들이 값주고 산 것이며 애굽에서 들여온 병거는 한 대에 은 육백 세겔이요 말은 한 필에 백오십 세겔이라. 이와 같이 헷 사람의 모든 왕과 아람 왕들에게 그것들을 되팔기도 하였더라(왕상 10:28-29).

1. Leyrer in Herzog, *Real Encycl*. v. p. 509; Keil's *Comment*.

2. 불가타 성경은 '매년'으로 옮겼다.

이 수입의 일부는 왕이 주도한 외국과의 무역에서 벌어들인 것으로 보인다. 홍해 물가에 있는 도시로 다윗 왕 시대에 손에 넣은 에시온게벨 항구에서 솔로몬이 배들을 건조했다는 사실이 그 점을 보여준다.[왕상 9:26, 대하 8:17◉] 이 선단은 페니키아와 힘을 합쳐 오빌과 무역을 했다. 하지만 솔로몬의 이런 정책은 하나님의 뜻에 어긋나는 것이었으며 따라서 오래 지속되지 못했다. 나중에 여호사밧 왕이 다시 외국 무역을 일으키려고 했지만 실패하였다. "그 배가 에시온게벨에서 파선"하였으며,[왕상 22:48, 대하 20:36-37] 얼마 안 있어 에시온게벨 항구는 다시 에돔의 수중으로 넘어갔다.[왕하 8:20◉]

◉ 솔로몬 왕이 에돔 땅 홍해 물가의 엘롯 근처 에시온게벨에서 배들을 지은지라(왕상 9:26).

◉ 여호람 때에 에돔이 유다의 손에서 배반하여 자기 위에 왕을 세운 고로(왕하 8:20).

이렇게 해서 팔레스타인에서 이루어진 유대인의 상업을 기록한 성경 역사는 끝나게 된다. 그러나 상업 활동에 반대하는 성경의 가르침에 대해 다룰 때 이와 유사한 주제가 다시 등장하고 그 주제가 중요하기에 잠시 곁길로 벗어나 자세히 논할 필요가 있다. 오늘날 신학 논쟁을 겉핥기라도 접해 본 사람이라면 잘 알겠지만, 성경을 비판하는 사람들은 모세오경의 고대성[ANTIQUITY]을 특히 집중적으로 공격하는데, 사실은 그들도 모세오경의 여러 부분이 얼마나 다양한 저자들에 의해 편집되었으며 그들이 누구이고 얼마나 되는지 또 어느 시대에 기록되었는지에 대해 그리고 언제 누구에 의해 최종적으로 한 권의 책으로 모아졌는지에 대해 제대로 알지 못하면서 그렇게 공격한다. 이에 대해 우리가 주장하는 것은, 모세오경의 법규는 이스라엘 백성이 팔레스타인에 정착하기 전에 형성되었으며 이에 대한 증거를 법규 자체에서 확인할 수 있다는 점이다. 이 주장은 다음과 같은 절차에 따라 도달한 결론이다. 어떤 법과 규례의 체계가—이스라엘에서 확실하게 효력을 발휘하는 까닭에—한 사람의 탁월한 입법자에 의해 작성된 것이라고 가정하는 이들이 있는데, 우리는 한 사람의 법제정자로서는 모세오경에서 보는 틀 잡힌 나라에 적합하게 모든 문제를 체계화할 수는 없었을 것이라고 생각한다. 세상에는 플라톤에서 루소와 오언에 이르기까지 철학자와 이론가들이 제안한 다양한 사회이론이 있다. 그런 사회이론들은 어느 것도 확고하게 틀 잡힌 사회에는 적합하지 않으며 심지어 가능하지도 않다. 어떤 철학자도 모세오경에 나오는 규정 같은 법을 상상하거나 생각해 내기 어려울 것이다.

임의로 몇 가지만 살펴보자. 예를 들어, 남자는 누구나 1년에 세 차례 주님께서 정하신 곳을 방문해야 한다는 규정이라든지 안식일 및 희년과 연관된 규정,◉ 자애로운 종교 기부금에 관한 규정, 밭 모퉁이에 관한 규정, 이자 받기를 금한 규정, 레위 족속의 성읍에 관한 규정을 영국에 적용한다고 생각해 보라. 그리고 그러한 규정이 과연 다윗이나 히스기야, 에스라 시대에 한 사람의 입법자에 의해 최초로 제정되거나 도입되는 것이 가능했겠는지 진지하게 자문해 보라. 우리가 모세 법규의 정신과 세부적인 내용을 깊이 분석하면 할수록 그와 같은 법과 규례는 이스라엘 백성이 그 땅에 정착하기 전에야 도입될 수 있었다는 확신이 더욱 강하게 든다. 우리가 아는 한, 이전에는 이런 식의 주장이 제기된 적이 없다. 그리고 우리와 의견을 달리하는 사람들은 우리에게 자기네 비판적 반론에 답하라고 요구하기에 앞서 그들이 주장하는 이론이 안고 있는 이런 기초적이고 난감한 문제들을 먼저 해결해야 할 필요가 있다.

본론으로 돌아가자. 구약성경 시대를 지나 후대로 들어와서도 우리는 팔레스타인에 상업이라는 주제와 관련해 옛적의 정서가 여전히 존재했던 것을 보게 된다. 요세푸스는 자기 동포들의 생각을 다음과 같이 분명하게 보여준다.

◉ 네 동족 히브리 남자나 히브리 여자가 네게 팔렸다 하자. 만일 여섯 해 동안 너를 섬겼거든 일곱째 해에 너는 그를 놓아 자유롭게 할 것이요……유월절 제사를 네 하나님 여호와께서 네게 주신 각 성에서 드리지 말고 오직 네 하나님 여호와께서 자기의 이름을 두시려고 택하신 곳에서 네가 애굽에서 나오던 시각 곧 초저녁 해 질 때에 유월절 제물을 드리고(신 15:12, 16:5-6).

우리 민족으로 말하자면 해안 지역에 살지도 않으며 상거래를 좋아하지도 않고 그렇게 해서 다른 사람들과 섞이는 것도 좋아하지 않는다. 우리 민족이 사는 도시들은 바다에서 멀리 떨어져 있으며, 또 살기에 비옥한 땅이 있기에 땅을 경작하는 데만 온 힘을 기울인다.[아피온 반박문 1. 60-68]

랍비들의 견해도 다르지 않았다. 우리는 힘 있는 유대인들이 행상인을 어떻게 낮잡아 보았는지 잘 안다. 상업이라고 해서 더 나은 대접을 받은 것도 아니었다. "탈무드를 이루는 63개의 소논문에서 상업을 귀하게 여기는 말은 한 마디도 찾아볼 수 없으며, 오히려 재물을 쌓는 일에 따르는 위험성을 경고한 말은 많다"라고 지적한 것은 옳다. 랍비 요하난은 신명기 30:12-13을 설명하면서◉ "지혜는 '하늘에 있는 것이 아니니', 곧 교만한 사람에게 있지 않으며 또 '바다 밖에 있는 것이 아니니', 곧 무역상이나 상인에게 있지 않다"[에루빈 55 A]라고 말했다. 유대 율법의 규정은 이자를 바라고 돈을 빌려주거나 폭리를 취하는 사람에 대해 훨씬 더 따끔하게 말한다.

◉ 하늘에 있는 것이 아니니 네가 이르기를 누가 우리를 위하여 하늘에 올라가 그의 명령을 우리에게로 가지고 와서 우리에게 들려 행하게 하랴 할 것이 아니요. 이것이 바다 밖에 있는 것이 아니니 네가 이르기를 누가 우리를 위하여 바다를 건너가서 그의 명령을 우리에게로 가지고 와서 우리에게 들려 행하게 하랴 할 것도 아니라(신 30:12-13).

다음과 같은 사람은 증인으로 서기에 합당하지 않다. 주사위 놀이를 즐기는 사람(노름꾼), 고리로 돈을 꾸이는 사람, 비둘기 길들이는 사람(노름이나 남을 홀릴 목적으로), 제7년에 거둔 산물을 거래하는 사람, 그리고 노예들.[로쉬 하샤나 1. 8]

훨씬 더 신랄해서 랍비의 논평을 떠올리게 하는 말로 다음과 같은 것이 있다.

반 세겔과 한 세겔

"가이사에게 세금을 바치는 것이 율법에 맞는 일인가"라는 물음은 많은 이스라엘 사람들이 성전의 반 세겔과 함께 황제에게 인두세를 낼 때 자문했던 쓰라린 질문이었다.

모략을 꾸미는 자에 대해 하나님께서는 "이 세상에 그와 내가 함께할 공간은 없다"라고 말씀하신다.……고리대금업자는 사람의 살점을 물어뜯는다. 자기가 준 적이 없는 것을 빼앗기 때문이다.바바 메치아 60 B 랍비 메이어는 이렇게 말했다. "사업에 열심을 내지 말고 토라에 힘쓰라."아보트 IV 10 "토라를 공부하기 위해 갖춰야 할 48가지 조건 가운데 하나가 사업을 멀리하는 것이다."아보트 VI. 6

마지막은 힐렐의 말로, 어느 시대 어떤 언어로든 고이 간직할 만한 고상한 결론을 담고 있다. "지나치게 사업에 몰두하는 사람은 현자가 될 수 없다. 사람들이 없는 곳에서 그대가 사람이 되고자 애써라."

이스라엘 민족을 둘러싼 환경이 바뀌면서 상업에 관한 견해도 서서히 변화를 겪게 되었으며, 그래서 이제 그런 직업들을 규제하고 특히 종교와 일치하도록 통제하는 일이 주요한 과제가 되었다. 유럽 나라들에서는 도량형을 감독하는 직책이 비교적 후대에 생겨났다. 랍비들은 다른 많은 문제에서도 그렇지만 이 문제에서도 우리보다 훨씬 앞섰다. 랍비들은 정규 감독관을 임명했는데 그들의 임무는 상점을 돌아보고 나아가 현재의 시장가격을 안정시키는 일이었다.바바 바트라 88 농산물의 가격은 원칙적으로 각 공동체가 결정했다. 이른바 수요와 공급의 법칙을 깨뜨리려는 상인은 거의 없었을 것이다. 그런데 곡물을 쌓아 두고 판매하지 않는 행위, 특히 기근 때에 그리 행하는 일은 탈무드 법으로 엄격하게 금하였다. 이와 유사하게 인위적으로 가격을 올리는 일, 특히 농산물 가격을 올리는 일도 금지되었다. 이익을 16퍼센트 이상 높게 매기는 것은 사기에 해당한다고 보았다. 대체로 팔레스타인에서는 그 누구도 생활필수품으로 이익을 남겨서는 안 된다고 보았다. 사기는 다른 도덕 계율을 어기는 것보다 더 큰 벌을 받도록 정해졌다. 도덕 계율을 어겼을 때는 회개함으로써 온전해질 수 있다고 보았다. 그러나 사기를 친 자는 한두 사람이 아니라 모든 사람을 속인 것이 된다. 그런 일이 도대체 어떻게 회복될 수 있겠는가? "하나님께서는 이 땅의 재판관이 보지 못하는 곳까지 헤아려 벌을 내리신다"[3]는 말은 누구나 기억해야 했다.

3. Hamburger, *Real-Encycl*, p. 494.

지금까지 우리는 국가의 환경이 변함에 따라 랍비들의 견해가 점차 바뀌었다는 점에 대해 살펴보았다. 이 사실은, 돈을 세 부분으로 나누어 하나는 땅을 구입하는 데 쓰고 두 번째 부분은 상업에 투자하고 세 번째 부분은 현금으로 소유하라고 가르치는 탈무드의 충고에서 가장 분명하게 확인할 수 있다.바바 메치아 42 그러나 장차 이를 세상에는 상업이 없다는 것이 늘 위안거리가 되었는데, 라브는 이것이 내세에서 누리게 되는 복 가운데 하나라고 보았다.베라코트 17 A 그리고 현세에서는 사업에 힘쓰며 그렇게 얻은 이득으로 현자들이 일을 잘할 수 있도록 후원하라고 권면하였다. 그러한 예로 예루살렘의 3대 부자에 속하는 세부아가 힐렐을 후원했던 일을 들 수 있다. 이같이 팔레스타인 유대인과 나아가 바벨론 유대인에 관해 살펴본 사실들은 '외국으로 흩어져' 여러 이방 나라들에 사는 유대인에게는 해당되지 않았다고 추정할 수 있다. 이미 언급했듯이 그들에게는 상업이 필수 불가결한 일이요, 사실상 그들의 생존을 지탱하는 거대한 토대였다. 흩어져 사는 모든 유대인이 그랬겠지만 그중에서도 가장 부유하고 힘 있는 공동체인 알렉산드리아 유대인이 특히 그런 형편이었다.

숱한 변화로 점철된 유대 민족의 역사에서 알렉산드리아 유대인의 처지만큼 기이하고 흥미진진하며 감동적인 일도 보기 힘들다. 유대인들의 이집트 이주는 바빌론 포로 시기 이전부터 시작되었다. 바빌론에 의한 예루살렘 멸망과 그 뒤에 일어난 그달리야 살해 사건 이후부터 자연스럽게 이민이 크게 증가했다. 그러나 실질적인 이주는 알렉산더 대왕의 통치하에서 시작되었다. 알렉산더 대왕은 알렉산드리아의 유대인에게 그리스인 주민과 동등한 권리를 허용했으며 그들의 지위를 특권 계층의 수준까지 높여 주었다. 그의 후계 통치자들이 다스리게 되면서 유대인의 수와 영향력이 크게 증가했다. 유대인들은 이집트의 군대를 지휘하고 이집트 사상과 학문에도 크게 기여했는데, 그러한 공헌 가운데 하나가 구약성경을 그리스어로 번역한 일이었다. 예루살렘 성전에 맞서 레온토폴리스에 세운 오니아스 성전과 알렉산드리아에 세운 거대하고 장엄한 회당에 관해서는 여기서 자세히 다루지 않겠다. 수많은 유대인이 알렉산드리아에 정착하여 정신적 영향력을 확대한 일은 하나님의 섭리에서 볼 때 훗날 그리스도의 복음이 그리스어를 사용하고 그리스 사상으로 다듬어진 세계로 전파되는 일에서 중요한 토대가 되도록 계획된 것임이 분명하다. 이러한 점에서 구약성경이 그리스어로 번역된 일도 큰 도움이 되었다. 인간적인 면에서 볼 때, 그리스 세계에 복음을 전하는 일은 그리스어 번역 성

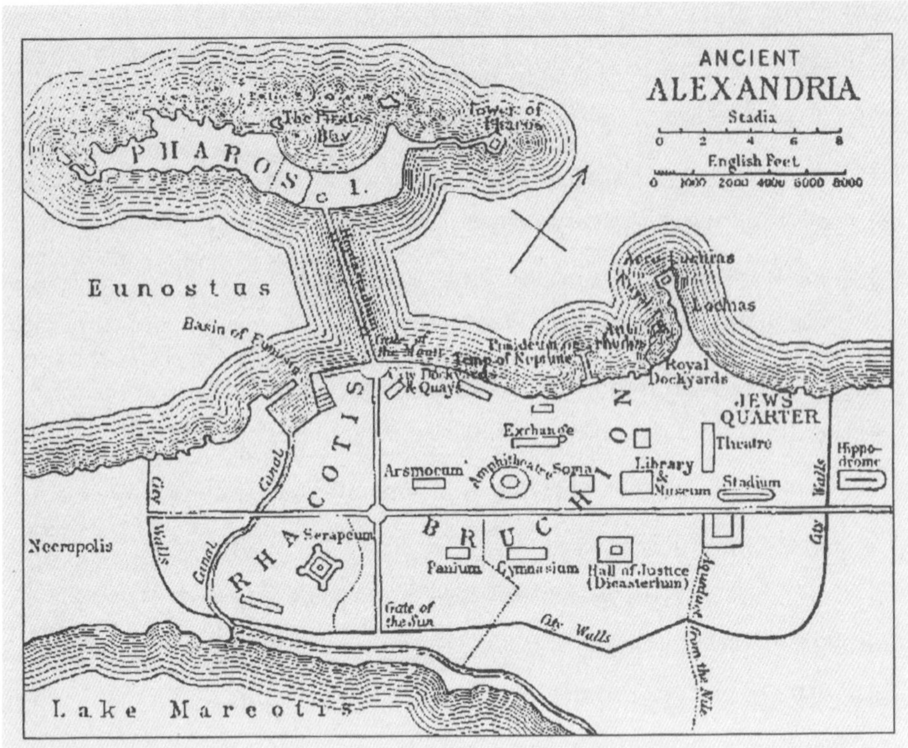

고대 알렉산드리아의 지도

수많은 유대인이 알렉산드리아에 정착하여 정신적 영향력을 확대한 일은 하나님의 섭리에서 볼 때 훗날 그리스도의 복음이 그리스어를 사용하고 그리스 사상으로 다듬어진 세계로 전파되는 일에서 중요한 토대가 되도록 계획된 것임이 분명하다.

경(70인역)이 없이는 거의 불가능했을 것이다.

필론이 활동하던 시대에 이집트의 유대인 수는 백만 명에 이르렀던 것으로 보인다. 알렉산드리아는 다섯 지구로 나누어졌고 그 지구들은 알파벳의 첫 다섯 글자를 딴 이름으로 불렸는데, 유대인은 그중에서 두 지구를 차지했다. 유대인은 거의 완전한 독립을 누리면서 자체의 지도자를 두고 살았다. 그들의 거주지는 해안에 위치한 델타 지구에 있었다. 바다와 강의 항해를 감독하는 일이 주로 그들에게 맡겨졌다. 거대한 물량의 수출, 특히 곡물 수출—이집트는 전 세계의 곡창지대였다—이 전적으로 그들의 손안에 있었다. 이탈리아 반도를 비롯한 세계 여러 나라에 식량을 공급하는 일이 유대인의 사업이었다. 이와 같은 특별한 형편에서 알렉산드리아의 유대인 은행가들은 로마가 혼란에 빠졌을 때 그곳의 지점을 통해 누구보다 일찌감치 신뢰할 만한 정치 뉴스를 손에 넣을 수 있었다.[4] 이런 수단을 활용해 유대인들은 카이사르와 그 뒤를 이은 옥타비아누스에 대해 지지를 선언할 수 있었고, 이 정책을 밀고 나가 정치적이고 재정적인 면에서 많은 이득을 얻을 수 있었다. 이것은 금세기가 시작될 무렵 유대인 거대 은행가들이 일반인보다 일찍 신뢰할 만한 사건 소식을 손에 쥠으로써 큰 이익을 얻었던 역사와 유사하다.

4. Hausrath, *Neutest. Zeitg*. vol. i. p. 57.

한 가지 더, 당시 이루어진 교역의 특질과 교역을 통제한 법적 규정을 살펴봄으로써 초기 유대인의 상업을 간단하게나마 개괄한 이 논의를 끝내고자 한다. 떠돌이 행상인의 사업은 당연히 한 지역의 산물을 다른 지역 물건과 교환하거나, 본토에서 생산된 물품을 사고팔거나, 유행이나 사치품에 관심 있는 시골 사람들에게 외국에서 수입한 신상품을 소개하는 일에 한정되었다. 외국에서 수입한 물품은 목재나 금속을 제외하면 주로 사치품이었다. 수입품으로는 다음과 같은 것들이 있었다. 스페인산 생선, 그레데(크레타)산 사과, 비두니아산 치즈, 이집트와 그리스산 콩과 호리병박, 바빌론산 접시, 이탈리아산 포도주, 메디아산 맥주, 시돈산 가정용 식기, 이집트산 바구니, 인도산 옷, 라오디게아산 샌들, 길리기아산 셔츠, 아라비아산 베일. 반면에 팔레스타인에서 수출한 물품은 밀과 기름, 향유, 꿀, 무화과 등이었다. 수입품과 수출품의 액수는 거의 대등하였고 대체로 팔레스타인이 이익을 남기는 편이었다.

그런데 교역과 상업을 규제한 법들을 보면 매우 상세한 까닭에 우리 구주께서 바리새인의 지나친 형식주의를 비난하셨던 일이 생각난다. 미쉬나 소논문 가운데 일부는 이러한 문제에 대한 규정으로 가득 차 있다. '저울의 작은 티끌'이라는 말은 유대식 사고와 개념에서 나온 것이 분명하다. 율법이 깊숙한 곳까지 개입하여, 도매상인은 자기가 사용하는 계량기를 매달 한 번씩 청소하고 소매상인은 한 주에 두 번 청소하도록 정하고 있다. 또 모든 추는 일주일에 한 번 씻어야 하고 저울은 사용한 후 닦아야 했다. 거래를 확실하게 하기 위해 상인들은 액체로 된 물품을 팔 경우 십분의 일을, 마른 곡물을 팔 경우에는 이십분의 일을 덤으로 주어야 했다.바바 바트라 V. 10-11

샌들

샌들은 간단히 가죽끈으로 밑창을 발에 묶는 것이었지만 귀부인들은 수를 놓거나 보석으로 장식하기도 하고, 또 발의 압력으로 우아한 향기가 발산하도록 만든 값비싼 슬리퍼를 신기도 했다.

다음으로 교역과 관련된 주요한 규정을 몇 가지 살펴보겠다.[5] 거래하는 양측이 각각 자기 몫의 소유물을 손에 넣기까지는 매매계약이 완료된 것으로 간주되지 않았다. 그러나 어느 한쪽이 돈을 받은 후에 거래를 물리는 일은 상대편의 명예를 훼손하고 그에게 죄를 짓는 일로 여겨졌다. 지나치게 비싼 값을 매기거나 법이 정한 이상의 이익을 낸 경우, 구매자가 물품을 무르거나 아니면 돈으로 보상을 요구할 권리가 있었다. 물론 그 물품을 다른 상인이나 친척에게 보여주는 데 필요한 시간 이상으로 오래 지체하지 않고 이의를 제기해야 한다는 조건이 붙기는 했다. 이와 유사하게 판매자도 보호받았다. 환전상은 자신이 매입한 돈이 무게에 못 미칠 경우 미달하는 돈에 대해 정해진 할인을 요구하거나 일정한 기간 내에 무를 수 있었다. 구매자가 진짜 매입하려는 의도가 있지 않는 한 상인에게 최저가를 밝히라고 강요할 수 없었으

5. 『유대 민족의 역사』 p. 305와 기타 여러 곳을 보라.

며, 상인으로 하여금 가격을 낮추게 할 목적으로 그가 전에 바가지 씌운 일을 들먹여서도 안 되었다. 품질이 다른 상품들을 섞는 일은, 비록 보태는 물건이 더 좋은 것이라고 해도 있을 수 없었다. 일반 대중을 보호하기 위하여, 농민은 팔레스타인에서 물을 섞은 포도주를 파는 일이 금지되었다. 물론 물 섞은 포도주를 일반적인 관례로 사용하는 곳에서는 예외였다. 어떤 랍비는 상인이 부모들을 고객으로 끌어들이고자 아이들에게 작은 선물을 주는 일을 비난하기까지 했다. 하인들에게 할인해 주는 요즈음의 관례에 대해 그들이 무엇이라고 말할지 상상이 안 된다. 팔 물건을 좋게 치장해 전시하는 일은 모든 사람이 하나같이 사기라고 비난했다. 곡물의 매매는 일반적인 시장가격이 확정되기까지는 완결될 수 없었다.

고대 이집트의 저울

율법이 깊숙한 곳까지 개입하여, 도매상인은 자기가 사용하는 계량기를 매달 한 번씩 청소하고 소매상인은 한 주에 두 번 청소하도록 정하고 있다. 또 모든 추는 일주일에 한 번 씻어야 하고 저울은 사용한 후 닦아야 했다.

그러나 무엇보다도 투기는 어떤 종류든 고리대금 행위에 속하는 것으로 간주되었다. 신중한 랍비 율법에 의하면 채권자는 채무자의 소유물을 대가 없이 사용하거나 그들에게 심부름을 시켜서는 안 되었고 또 대출을 받고자 하는 사람에게서 선물을 받을 수 없었다. 랍비들은 고리대금을 막고자 매우 꼼꼼히 따졌으며, 그래서 이웃에게 빵 한 덩어리를 빌린 여자는 그 무렵의 빵 가치를 확인해 두어서 갑자기 밀가루 가격이 오를 경우 빌린 것보다 훨씬 비싼 빵을 돌려주어야 하는 일이 없도록 하라고 가르칠 정도였다. 집이나 토지를 임대할 때 선불로 돈을 지급하지 않는 경우에는 가격을 어느 정도 높게 정할 수 있었다. 그러나 매매의 경우는 그렇지 않았다. 상인에게 그가 물건을 팔아 남기는 이득의 절반을 주기로 약속하거나 아니면 미리 돈을 주는 방식으로 그에게 판매에 따른 이득의 절반을 허용하는 것은 부적절한 투기로 간주되었다. 두 경우에 상인은 더 큰 유혹에 빠지게 된다고 보았다. 율법에 의하면 상인은 그가 들인 시간과 수고에 따른 수수료와 보수만을 받을 권리가 있다.

채권자와 채무자에 대한 규정 역시 엄격했다. 대출금은 채무자가 비용을 들여 작성하고 세부적인 지시 사항을 따라 증인들이 서명한 공식 문서에 의해 법적으로 보증되었다. 착오를 막기 위해 금액은 문서의 본문뿐만 아니라 맨 위에도 표기했다. 대출 계약이 성사된 후에는 그 계약에 보증을 선 사람은 다른 계약의 보증인이 될 수 없었다. 이자(로마인은 월리로 계산했다)라든가 담보물, 지급불능의 채무자를 다루는 문제에서 유대 율법은 그 무엇과도 비교할 수 없을 정도로 관대했다. 담보물을 잡는 것은 특정한 조건 아래서 법으로 허용되었으며, 돈을 갚지 않을 경우 담보물을 파는 것도 합법적이었다. 단, 의복과 침구, 쟁기, 음식 조리기구는 팔 수 없었다.◉ 이와 비슷하게, 과부에게서 담보를 취하거나 그녀에게 속한 것을 파는 것은 어떤 상황에서도 법에 어긋났다. 이러한 규정들은 모든 당사자의 권익을 보호할 뿐만 아니라 고결한 종교 정신을 일상의 삶에 불어넣고자 고안된 많은 규례들 가운데 일부일 뿐이다.

◉ 너는 객이나 고아의 송사를 억울하게 하지 말며 과부의 옷을 전당 잡지 말라(신 24:17).

주변 나라들의 형편과 로마법의 가혹한 과세에 대해 잘 알고 있는 사람들은 이런 면에서 이스라엘과 이방들이 어떤 차이가 있는지 명확하게 간파할 수 있을 것이다. 랍비들의 법을 깊이 연구하다 보면 그 규정들에 대해 크게 감탄하게 된다. 그것들에는 지혜와 온정과 섬세함이 담겼으며, 또 감히 말하건대 현대의 어떤 법규보다도 탁월하다. 한 사람의 유대인은 과거의 역사, 현재의 특권, 언약에 따른 희망에서 뿐만 아니라, 형제들 사이에서 누리는 가정과 사회와 공적인 삶을 통해 그의 민족과 하나로 결속된다. 그런데 딱 하나가 부족하다. 안타깝게도 그것은 꼭 필요한 것 한 가지다. 이에 대해 사도 바울은 "내가 증언하노니 그들이 하나님께 열심이 있으나 올바른 지식을 따른 것이 아니니라"롬 10:2 고 증언한다.

13.

바리새인
백성 가운데 구별된 사람들

갈릴리나 유대 지역에서 길을 갈 때면, 아주 독특하고 기이해서 주위 사람들과 완전히 구별되는 까닭에 온 세상의 관심을 끄는 인물과 마주치지 않고서는 한 걸음도 앞으로 나가기가 힘들었을 것이다. 그 사람은 바로 바리새인이었다. 매력적인가 하면 두렵기도 하고, 혐오스러우면서도 정이 가고, 존경스럽기도 하면서 냉소를 자아내기도 하지만 어쨌든 그는 종교와 정치 모든 면에서 힘을 지닌 사람이었고 또한 가장 영향력 있고 열성적이며 단단히 결속된 종교단체에 속한 사람이었다. 이 단체는 목표를 이루기 위해 시간이나 수고를 아끼지 않았으며 어떤 위험에도 굴하지 않았고 어떤 결과든 겁내지 않았다. 바리새주의라는 말이 신약성경의 독자들과 유대 역사를 공부하는 학생들에게 친숙한 것처럼 보이지만 사실 이 이름만큼 생경하거나 부정확한 개념들로 덮여 있는 주제도 없으며, 또 제대로 이해하기만 하면 그만큼 우리 주님 당시의 유

폐허가 된 유대 회당

바리새인이라면 당연히 성전이 위치한 곳이자, 480개의 회당과 크고 작은 산헤드린들과 여러 학교를 거느리고 있어 누구나 흠모했던 예루살렘에 살기를 선호했겠지만, 사실 유대인이 사는 도시나 마을치고 바리새인이 거주하지 않는 곳은 없었다.

대교에 대해 깊은 지식을 제공해 주고 주님의 말씀과 행위를 더 잘 해명해 주는 것도 없다. 먼저, 신기한 듯이 바라보거나 존경심을 담아 길을 여는 군중 사이로 확고부동한 태도로 걸어가는 바리새인을 살펴보도록 하자.

바리새인이라면 당연히 성전이 위치한 곳이자, 480개의 회당과 크고 작은 산헤드린들과 여러 학교를 거느리고 있어 누구나 흠모했던 예루살렘에 살기를 선호했겠지만, 사실 유대인이 사는 도시나 마을치고 바리새인이 거주하지 않는 곳은 없었다. 그런 마을을 찾는 일은 별로 어렵지 않았다. 바리새인의 뒤를 따라 걷다 보면 이윽고 그가 가던 길을 멈추고 정해진 기도를 드리는 것을 보게 된다. 기도 시간이 되면 그는 그대로 길 한가운데 서서 잠시 기도한 후 다시 앞으로 나가고 다시 기도하기를 반복하는데, 다른 것은 몰라도 그가 헌신적인 사람이라는 점을 장터나 거리에서 확실하게 입증해 보일 때까지 계속한다.◉ 전승 율법에서 정한 대로 그는 그 자리에 멈춰 서서 발을 가지런히 모으고 몸과 옷을 가다

◉ 두 사람이 기도하러 성전에 올라가니 하나는 바리새인이요 하나는 세리라. 바리새인은 서서 따로 기도하여 이르되 하나님이여, 나는 다른 사람들 곧 토색, 불의, 간음을 하는 자들과 같지 아니하고 이 세리와도 같지 아니함을 감사하나이다. 나는 이레에 두 번씩 금식하고 또 소득의 십일조를 드리나이다 하고 세리는 멀리 서서 감히 눈을 들어 하늘을 쳐다보지도 못하고 다만 가슴을 치며 이르되 하나님이여, 불쌍히 여기소서. 나는 죄인이로소이다 하였느니라(눅 18:10-13).

듣고는 몸을 굽혀 "등의 모든 척추뼈가 벌어져 드러날 만큼" 아니면 적어도 "가슴살이 겹쳐질 때까지" 낮춘다.베라코트 28 B 그때 일꾼들은 도구에서 손을 떼고 짐꾼은 들었던 짐을 내려놓는다. 말의 등자에 이미 한 발을 걸친 사람이 있다면 발을 다시 거두어들인다. 그 시간에는 어떤 일로도 그를 간섭하거나 방해할 수 없었다. 왕이 인사를 건네더라도 잠시 동안 대응하지 않고 미뤄야 했으며 심지어 뱀이 발목을 타고 올라와도 내버려 두어야 했다고 한다. 그런데 바리새인이 그렇게 헌신적으로 지켜야 했던 일이 하루의 기도 일과만은 아니었다. 바리새인은 어떤 마을에 들어가거나 떠날 때 반드시 한두 구절 축복기도를 해야 했다. 요새를 지나갈 때와 위험에 부딪혔을 때, 새롭고 기이하고 아름답고 예상치 못했던 일들을 마주칠 때도 마찬가지였다. 그리고 기도가 길면 길수록 좋은 일이었다. 랍비들이 볼 때 여기에는 두 가지 유익이 있었다. "긴 기도는 틀림없이 상달되고" 또 "풍성한 기도는 수명을 늘려 주기" 때문이다. 이와 동시에 기도를 드리고 거룩한 이름으로 축복기도로 마칠 때마다 그 수만큼 특별한 종교적 공로가 쌓이며, 또 하루에 드린 백 번의 '축복기도'는 탁월한 신앙심을 보이는 표준으로 여겨졌다.

그러나 직접 바리새인을 마주 대하고 보면 흐릿했던 본 모습의 실체를 확인하게 된다. 다른 사람을 얕잡는 태도라든지 부정한 사람이나 물건과 일절 접촉을 피하는 태도와 터무니없는 종교적 과시 등은 말할 것도 없고, 자기만족이나 위선적인 겸손, 거짓된 온유함 같은 태도로 둘러싸인 모습이 드러난다. 물론 이 말은 그 계급, 곧 당파 자체와 그들의 성향을 지적한 것이지 구성원 개개인에 관한 평가는 아니다. 게다가, 차차 살펴보겠지만, 바리새인 가운데도 이제 갓 시작해서 가장 낮은 등급에 속하거나 수련 생으로 일개 회원일 뿐인 사람에서부터 가장 앞선 하시드,CHASID 곧 '경건한 자'에 이르기까지 다양한 등급이 존재했다. 하시드 등급에 속한 사람은 자신도 모르게 지은 죄가 있을 것을 우려해 날마다 속건제를 드렸다. 이들이 레위기의 정결법을 얼마나 철저히 준수했는지는 한 랍비의 일화에서 확인할 수 있다.◉ 그 랍비는 외과 수술을 받을 때 자신의 절단된 사지, 그러니까 생명을 잃은 신체 일부에 아들이 접촉해서 부정하게 되는 일이 없도록 그를 방 안에 머물지 못하게 하였다. 또 다른 하시드는 안식일에 집 짓는 일을 생각했다는 이유만으로 다시는 집을 짓지 않겠다고 결심할 정도로 철저히 안식일을 준수했다. 또 어떤 이는 거룩한 날에 편지가 배달되는 일이 있어서는 안 되기에 이방인에게 편지 배달을 맡기는 일이 합당하지 않다고 주장했다. 이 이야기들은 실제로 있었던 일이며, 극단적인 경우에 속한 일도 아니었다. 사도들과 같은 시대에 살았던 한 랍비는 하시드 쇼테,CHASID SHOTEH 곧 '경건하나 지각없는 사람'에 관해 언급하면서, 그런 사람들의 신뢰할 수 없는 언행은 사회를 지탱하는 데 전혀 도움이 되지 않는다고 비난했다. 그 같은 행동의 예로는, 여자에게 손대는 것을 꺼려 물에 빠진 여자를 구하지 않는다거나 어린아이가 물에 빠졌는데도 손을 내밀기 전에 경문곽을 푸느라고 지체하는 일 등을 들 수 있다.

◉ 그 때에 바리새인과 서기관들이 예루살렘으로부터 예수께 나아와 이르되 당신의 제자들이 어찌하여 장로들의 전통을 범하나이까. 떡 먹을 때에 손을 씻지 아니하나이다. 대답하여 이르시되 너희는 어찌하여 너희의 전통으로 하나님의 계명을 범하느냐(마 15:1-3).

신약성경 독자들은 바리새인의 의복 자체가 다른 사람들과 달랐다는 사실을 잘 알 것이다. 동방인의 의복이 대체로 수수하기는 하지만 오늘날 못지않게 그 당시에도 부와 계급과 사치를 누리는 사람들은 확연하게 구분되었다. 세련된 그리스인들과 왕족인 헤롯 가문 사람들, 부유한 사두개인들, 바리새파를 후원한 많은 귀부인들은유대 고대사 17:32-45 분명 쉽게 눈에 띄었을 것이다.◉ 어쨌든 유대 문헌에서 그들의 의상을 묘사하는 내용을 따르면, 디베랴와 가

◉ 유대인으로 이루어진 어떤 당파가 있었는데, 그들은 선조들의 법에 대해 정확한 지식을 지녔다고 자랑하고 사람들에게 자기들이 하나님의 큰 사랑을 입었다고 믿게 했으며, 그래서 이 계층의 여성들이 그들에게 미혹당했다. 이 당파는 바리새파라고 불렸으며, 왕들에게 맞설 만큼 큰 힘이 있었다. 참으로 간교한 그 당파는 얼마 지나지 않아 노골적으로 맞서 다투고 악행을 저지를 정도로 강해졌다(유대 고대사 17:41).

이사라와 예루살렘의 상류층 사람들이나 알렉산드리아와 바빌로니아의 도시에 흩어져 사는 부유한 사람들의 모습을 확인할 수 있다.

대체로 우아한 복식을 다 갖추는 데는 열여덟 벌의 의상이 필요했던 것으로 보인다. 옷감과 색상과 마름질이 착용자의 신분 차이를 나타내 보였다. 가난한 사람들은 겉옷을 밤에 덮는 용도로 사용한 데 반해 상류층은 수놓은 최고급 흰색 옷이나 심지어 자줏빛 옷에다 정교하게 세공한 비단 허리띠를 갖추어 입었다. 바리새인이 그 "옷술을 길게 하여"[마 23:5] 입었다고 하는 옷은 바로 이 겉옷을 가리킨다.[◉] 이 옷술에 대해서는 뒤에서 곧 살펴본다.

◉ 그들의 모든 행위를 사람에게 보이고자 하나니 곧 그 경문 띠를 넓게 하며 옷술을 길게 하고(마 23:5).

의복에 대해 좀 더 살펴보자. 속옷은 발뒤꿈치 부분까지 내려갔다. 머리에 쓰는 것은 터번 같은 종류의 뾰족한 모자로, 다소 고급스러운 소재로 만들어 조심스럽게 둘러싸고는 끝부분을 부드럽게 뒤쪽으로 넘겼다. 대체로 장갑은 보호용으로만 사용했다. 신약성경 시대의 귀부인들을 보면, 의복만 차이가 나는 게 아니라 일찍이 이사야가 예루살렘의 딸들에게 퍼부었던 책망을[사 3:16-24] 열 곱이나 더 들어야 할 만큼 여러 가지로 사치스러웠다.[◉] 우리는 세 종류의 베일이 있었음을 안다. 아라비아 베일은 머리로부터 달아내리고 착용자가 자유롭게 사방을 볼 수 있게 만들었다. 베일옷은 일종의 망토로서 머리를 덮고 몸 전체를 부드럽게 감싸는 것이었다. 반면에 이집트 베일은 오늘날 동방의 베일과 닮은 것으로서, 얼굴과 아래턱, 목, 가슴 부분을 가리고 눈 부분만 터놓은 것이었다. 허리띠는 남성보다 더 아래쪽에 착용하였는데, 흔히 매우 비싼 천으로 만들고 보석으로 장식했다. 샌들은 간단히 가죽끈으로 밑창을 발에 묶는 것이었지만 귀부인들은 수를 놓거나 보석으로 장식하기도 하고, 발의 압력으로 우아한 향기가 발산하도록 만든 값

◉ 여호와께서 또 말씀하시되 시온의 딸들이 교만하여 늘인 목, 정을 통하는 눈으로 다니며 아기작거려 걸으며 발로는 쟁쟁한 소리를 낸다 하시도다(사 3:16).

민족에 따른 다양한 수염

두발은 아름다움의 핵심 부위로 여겨졌으며 그래서 특별히 신경 써서 다듬었다. 젊은이들은 머리를 길게 길렀지만 남자의 경우 긴 머리는 나약함의 표시로 여겨졌다. 턱수염은 신중하게 다듬고 기름을 바르고 향유를 뿌렸다. 노예들은 수염 기르는 것이 허용되지 않았다.

비싼 슬리퍼를 신기도 했다.

잘 알려져 있듯이 향수와 '화장 크림'은 매우 인기가 있었으며 대체로 매우 비쌌다.[마 26:7] 화장 크림은 올리브유와 국내산이나 외국산 향료로 만들었고 귀한 것은 값비싼 설화석고 상자에 보관했다. 하지만 향수 판매자는 유대인 사이에서뿐만 아니라 이방 나라들에서도 하찮은 직업으로 여겨졌다. 사회 일반에서 기름 바르는 일은 목욕과 함께 이루어졌으며 안락과 원기회복에 도움이 되는 것으로 여겨졌다. 머리와 턱수염, 이마, 얼굴과 심지어 잔치 때 쓰는 화관에까지 향유를 발랐다. 사치는 이 정도로 끝나지 않았다. 일부 귀부인들은 화장품을 사용했는데, 볼에 색을 칠하고 안티몬과 아연과 올리브유를 섞은 것으로 눈썹을 검게 칠하기도 했다.

두발은 아름다움의 핵심 부위로 여겨졌으며 그래서 특별히 신경 써서 다듬었다. 젊은이들은 머리를 길게 길렀지만 남자의 경우 긴 머리는 나약함의 표시로 여겨졌다.[고전 11:14◎] 턱수염은 신중하게 다듬고 기름을 바르고 향유를 뿌렸다. 노예들은 수염 기르는 것이 허용되지 않았다. 시골 처녀들은 간단한 끈으로 머리를 묶었지만 부유한 유대 여성은 머리를 말고 땋았으며, 땋은 머리를 금장신구와 진주로 치장했다. 적갈색 계열의 색감을 선호해서 그 색

◎ 만일 남자에게 긴 머리가 있으면 자기에게 부끄러움이 되는 것을 본성이 너희에게 가르치지 아니하느냐(고전 11:14).

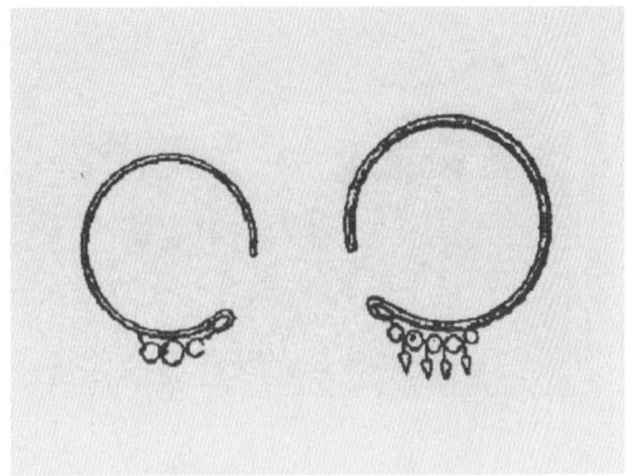

코걸이

코걸이는 전통적인 법에서 정한 대로 안식일에는 착용하지 않았으며, 각별한 친구와 포옹하며 인사할 때 걸리적거리지 않게끔 윗입술 위쪽으로 얌전하게 달았다.

을 내기 위해 머리를 물들이거나 금가루를 뿌렸다. 심지어 유대 지역에서는 틀니뿐만 아니라 가발도 사용했다고 한다.샤바트 VI. 3 해 아래 새것이 없다는 말대로 당시 기록에서 머리핀과 고급 빗에 대한 언급을 발견하고 또 유대인 멋쟁이들은 정기적으로 머리 손질을 받았다는 글을 읽어도 놀랄 게 없다. 하지만 미용사는 향수 판매자와 마찬가지로 그리 대접받는 직업이 아니었다.[1]

장신구의 경우 신사들은 대체로 인장을 약손가락에 끼거나 목에 매달았다. 또 어떤 사람은 손목(보통 오른쪽)에 팔찌를 차기도 했다. 팔찌는 상아와 금, 보석을 실로 꿰어 만든 것이었다. 상류사회 여성들도 이와 비슷하게 치장했는데, 팔찌에 더해 반지, 발찌, 코걸이, 귀걸이, 화려한 머리 장식, 목걸이를 달았으며 오늘날 '부적'이라고 부르는 장신구도 있었다. 이런 것에 흥미를 느끼는 독자들을 위해 조금 더 설명을 덧붙인다. 귀걸이는 수수한 것이 있는가 하면 구슬이나 작은 종을 박아 넣거나 줄을 단 종류가 있었다. 코걸이는 전통적인 법에서 정한 대로 안식일에는 착용하지 않았으며, 각별한 친구와 포옹하며 인사할 때 걸리적거리지 않게끔 윗입술 위쪽으로 얌전하게 달았다. 목걸이는 두 종류가 있어서, 하

1. 라이트푸트는 막달라(Magdalene)라는 이름을 '막달라 출신의'라는 뜻으로 보아야 할지 아니면 '미용사'라는 의미로 보아야 할지 확정하지 못했다(*Horae Hebr.* pp. 498, 1081). 앞에서 우리는 막달라 주민들이 그와 유사한 직업에 종사했다는 사실을 살펴보았다. (3장에서 에더스하임은 막달라를 염색업자들의 도시라고 말한다.—옮긴이) 그러나 라이트푸트가 이렇게 생각하면서 근거로 삼은 랍비의 글들은 그리스도와 기독교에 대한 적개심에 젖어 있었기 때문에 신뢰할 수가 없다.

나는 신체에 꼭 끼게 걸었고 다른 하나는 대체로 보석이나 진주로 만든 것으로서 가슴 위를 덮고 허리띠 부분까지 낮게 드리웠다. 상류층 여인은 이런 체인 목걸이를 두세 개씩 걸었으며, 거기다 향수병과 여러 가지 장신구, 심지어 이방인의 '부적'도 매달았다. 머리 장식은 탑 모양으로 세우거나 줄을 뱀 모양으로 우아하게 꼬아 만들었으며, 여기에 금 펜던트를 달아 흘러내리게 했다. 발목 장식은 대체로 걸어갈 때 작은 종소리가 나도록 만들었다. 발찌는 때로 두 개를 하나로 연결하기도 했는데 그 때문에 착용한 여성은 우아하고 좁은 보폭으로 걸을 수밖에 없었다. 지금까지 간단히 살펴본 내용이 당시의 실상을 비교적 정확하게 담아낸 것이라 치고 여기에 금과 다이아몬드 핀만 보탠다면, 독자들은 상류사회의 모습이 어떠했는지를 그려 볼 수 있을 것이다.[2]

2. 『유대 민족의 역사』 pp. 315-318를 참조하라.

앞에서 개략적으로 살펴본 내용은 바리새인의 외모에서 드러나는 차이점을 좀 더 분명하게 밝혀 준다는 점에서 실제적인 도움이 된다. 성향이 엄격하냐 온유하냐 아니면 열성적이냐를 떠나 바리새인은 자기네 형제단에 속하지 않은 사람과는 일절 접촉을 피했으며 심지어 조직 내의 열등한 계급에 속한 사람과도 접촉하기를 꺼렸다. 바리새인은 복장만으로도 쉽게 알아볼 수 있었다. 우리 주님께서도 바리새인은 "경문 띠를 넓게 하며 옷술을 길게"[마 23:5] 한다고 말씀하셨다. 옷술을 길게 하는 관례란 옷단을 길게 늘이는 것이 아니라 옷단에 기념으로 술 장식을 다는 것을 말하며, 실제로 하나님의 명령에 근거한 것이었다.[민 15:37, 신 22:12◉] 성경에서는 옷술의 색깔을 언약을 상징하는 파란색으로 하도록 정하고 있지만 미쉬나에서는 흰색도 허용한다.[메나호트 IV. 1] 신약성경에도 옷술에 대한 언급이 자주 나온다.[마 9:20, 14:36, 23:5, 막 6:56, 눅 8:44] 앞서 말했듯이 옷술은 겉옷의 끝부분에 달았는데, 경건한 유대인이라면 누

◉ 여호와께서 모세에게 말씀하여 이르시되 이스라엘 자손에게 명령하여 대대로 그들의 옷단 귀에 술을 만들고 청색 끈을 그 귀의 술에 더하라(민 15:37-38).

구나 달았을 것이다. 후기의 유대교 신비주의에서는 이처럼 술 달린 옷단을 보고서 쉐키나가 피조물 속에 자신을 드러내는 방식을 추론해 냈으며, 또한 민수기 15:39을 히브리어로 "너희가 그분을 보고……기억하여"(흠정역 성경은 "그것을 보고"로 되어 있다)라는 의미로 해석하면서 이렇게 문법적으로 성('옷술'에 해당하는 히브리어는 여성형이다)이 바뀐 것에서부터 "너희가 그렇게 하면 그것은 파란색으로 빛나는 영화로우신 분의 보좌를 본 것과 마찬가지다"라는 의미가 나온다고 이스라엘 사람들에게 가르쳤다. 이러한 믿음을 따라 경건한 유대인은 기도할 때 술 달린 신비한 의상을 머리에 썼으며, 이에 맞서 사도 바울은 그런 식의 미신적인 관습은 수치스러운 일이라고 주장하였다.[고전 11:4] [3][◉]

이렇게 옷단에 술을 달아 입는 관습은 성경적인 권위가 있었는 데 반해 이른바 '경문곽'에 대해서는 결코 그런 식의 권위를 인정할 수가 없다. 경문곽 관습은 출애굽기 13:9을 문자적으로 해석한 데서 시작된 것으로, 신명기 6:8에 나오는 후기의 규정조차도 이 관습을 지지하는 것으로 볼 수 없다. 신명기 11:18에서도 이 관습에 대해 다시 언급하는데,[◉] 여기서는 그 일의 영적인 의미와 목적이 제시되고 있다. 또 문자적으로 정확하게 일치하지는 않지만 잠언 3:3, 6:21, 7:3, 아가 8:6, 이사야 49:16 같은 구절에서도 비슷한 언급이 나온다. 경문곽에 해당하는 랍비 용어인 '테필린'TEPHILLIN이라는 단어는 히브리어 구약성경에 나오지 않으며, 따라서 비교적 최근에 생겨난 것이라고 볼 수 있다. 카라이트파KARAITE 유대인들(8세기에 페르시아에서 시작된 유대 종파로, 구전 전승이나 탈무드 같은 랍비 문헌을 부정하고 오직 구약성경만을 권위 있는 경전으로 인정해 구약성경만 따르는 자신들이 참되고 순수한 유대인이라고 주장했다.—옮긴이)이 그랬던 것처럼 사마리아인들도 경문곽을 모세의 율법에 속

3. 오늘날 유대인의 관례는 고대의 관습과는 다소 다르다. 유대인들은 겉옷 안에다 작은 탈리트(덮거나 감싸다를 의미하는 '탈랄'에서 온 말)라고 불리는 작고 술 달린 네모 모양의 천, 곧 '아르바 칸포트'(네 귀퉁이)를 입었다. 반면에 기도할 때는 큰 탈리트, 곧 이른바 기도용 숄로 몸을 감쌌다.

◉ 무릇 남자로서 머리에 무엇을 쓰고 기도나 예언을 하는 자는 그 머리를 욕되게 하는 것이요(고전 11:4).

◉ 이러므로 너희는 나의 이 말을 너희의 마음과 뜻에 두고 또 그것을 너희의 손목에 매어 기호를 삼고 너희 미간에 붙여 표를 삼으며(신 11:18).

인자와 진리가 네게서 떠나지 말게 하고 그것을 네 목에 매며 네 마음판에 새기라(잠 3:3).

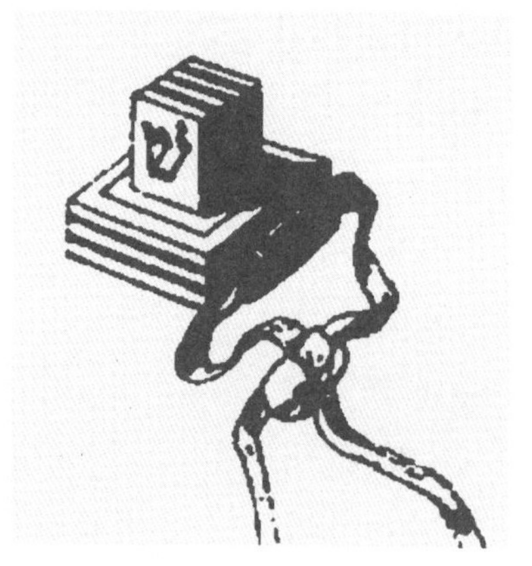
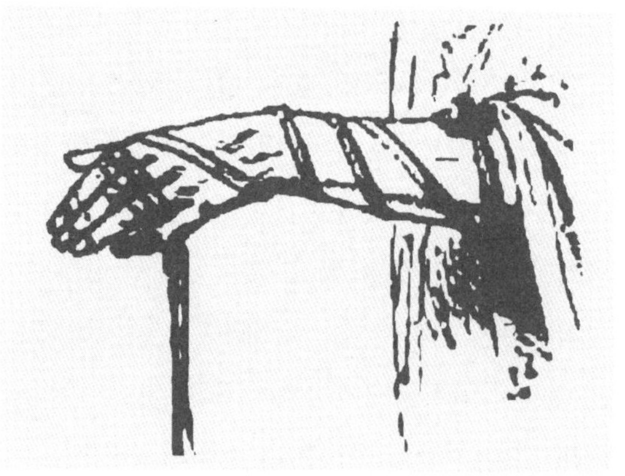

머리와 손에 매는 경문곽

평범한 이스라엘 사람은 기도할 때나 중요한 일이 있을 때만 그것을 착용했던 데 반해 바리새인은 하루 종일 착용했다.

하는 것으로 인정하지 않았다. 랍비 문헌들을 살펴보아도 그리스도 시대에는 경문곽을 착용하는 것이 일반적인 일이 아니었으며, 제사장이 성전에서 직무를 수행할 때도 착용하지 않았다는 확실한 증거를 보게 된다. 또 우리 주님께서 종교를 자랑할 목적으로 경문곽을 크게 다는 행위를 분명하게 비난하셨고 주님께서 직접 경문곽을 착용했다고 보기는 어렵다. 어쨌든 평범한 이스라엘 사람은 기도할 때나 중요한 일이 있을 때만 그것을 착용했던 데 반해 바리새인은 하루 종일 착용했다. 이 관례 자체와 이를 둘러싼 견해와 규례들은 이 당파의 고유한 특징을 잘 보여주며 따라서 좀 더 구체적인 내용을 살펴본다.

'테필린'은 왼쪽 팔에다 가슴 쪽을 향하도록 착용했으며 또 이마에도 달았다. 간단히 설명해 테필린은 출애굽기 13:1-10, 13:11-16, 신명기 6:4-9, 11:13-21 네 성경 구절이 기록된 양피지(이마에 다는 것에는 네 장의 양피지에 기록했다)와 그것을 담은 상자로 이루어졌다. 상자는 검은색 가죽끈으로 손과 팔에 빙 둘러 감았으며(손은 세 번 두르고 팔은 일곱 번 둘렀다), 이마에는 신비한 의미를 지닌 방식대로 부착했다. 테필린을 단 사람은 분명하게 눈에 띄었다. 랍비들이 볼 때 테필린은 이루 말할 수 없을 정도로 가치 있고 중요했다. 테필린은 성경과 동등한 것으로 존중받았으며, 안식일에 화재가 발생했을 경우 비록 몸에 착용하지 않았더라도 그것을 '짐'으로 여겨 건져 내야 했다. 전해지는 말에 의하면 시내 산에서 모세가 하나님으로부터 테필린에 관한 율법을 받았다고 한다. 또 대제사장이 이마에 매는 금패보다 테필린이 더 거룩한데, 그 까닭은 대제사장의 금패에는 여호와의 거룩한 이름이 한 번 기록된 데 반해 테필린 안의 문서에는 스물세 번이나 기록되었기 때문이라고 한다.

테필린 착용에 관한 계명은 다른 모든 계명을 합치고 거기다 그 외의 유사한 많은 조항들을 더한 것과 맞먹는다는 말이 있다.[4] 이와 관련해 랍비들이 얼마나 심각한 신성모독을 저질렀는지는 하나님께서도 경문곽을 달았다고 주장한 데서 볼 수 있다.베라코트 6 A 이 주장은 이사야 62:8에서 추론한 것으로, 이 구절에 나오는 여호와의 맹세하시는 '오른손'이라는 말은 신명기 33:2 끝부분을 근거로 삼아 율법을 뜻하는 것이라고 보았고, 또 시편 29:11에서 하나님의 백성과 연관되어 사용되고 이어서 신명기 28:10을 토대로 설명되는 '능력'을 근거로 삼아 '그 능력의 팔'이라는 말은 '테필린'을 가리키는 것이라고 보았다.◉ 하나님의 백성이 지닌 힘은시 29:11 세상 모든 족속이 이스라엘을 두려워하게 하는신 28:10 능력이 된다. 그리고 모든 족속이 이렇게 두려워하는 까닭은 '여호와의 이름'이 이스라엘을 위하여 불리는 것을 보았기 때문인데, 이에 대한 가시적인 증거로 제시된 것이 바로 테필린이다. 이것이 전통주의에서 그토록 터무니없는 주장을 펴면서 내세운 증거였다.

방금 살펴본 내용은 랍비들의 주석과 신학 추론이 어떤 모습인지를 보여주는 표본이다. 또 이것에 비추어서 우리는, 이러

4. 신약성경의 가르침이 랍비들의 가르침에서 나왔다고 생각하는 이들에게 대응해 우리가 할 만한 일로는, 바빌론 탈무드 「베라코트」 23 a-25 b에 나오는 이 주제와 관련된 혐오스러운 사항과 기도와 관련된 사항을 대조해 제시하거나, 거기에 나오는 꿈 해석이나 「베라코트」 62 a, b와 같은 사항을 밝혀내 제시하는 것만큼 좋은 것도 없겠다.

◉ 여호와께서 자기 백성에게 힘을 주심이여. 여호와께서 자기 백성에게 평강의 복을 주시리로다(시 29:11).

땅의 모든 백성이 여호와의 이름이 너를 위하여 불리는 것을 보고 너를 두려워하리라(신 28:10).

한 랍비 체제 안에서 성경의 평이한 의미에서 생겨나는 곤란한 문제들이 인간의 해석을 성경의 가르침보다 우위에 놓음으로써 얼마나 쉽게 무시되었는지 간파할 수 있다. 여기서 우리는 주님께서 바리새인을 비난하시면서 그들이 "전통으로 하나님의 말씀을 폐하고" 있다고 하신 말씀을 떠올리게 된다.[막 7:13] 안타깝게도 이런 면모가 테필린 관례에서 가장 분명하게 드러난다. 미쉬나에서 우리는 다음과 같은 글을 읽는다.

성경 말씀에 어긋나게 행동하는 것보다는 서기관의 말에 저항하는 것을 더 크게 벌해야 한다. 어떤 사람이 성경 말씀에 맞설 의도로 "테필린만한 것은 아무것도 없다"라고 말했다 해서 그를 무법자로 여겨서는 안 된다. 그러나 만일 서기관의 가르침에 덧댈 목적으로 "기도상자는 다섯 구획으로 나뉜다"(이마에 붙이는 기도상자는 네 구획으로 나뉜다고 본 랍비들의 가르침에 반대하는)고 말한다면 그는 죄를 짓는 것이다.[산헤드린 XI. 3]

사람의 계명으로 교훈을 삼아 가르치고 사람의 전통을 지키기 위해 하나님의 계명은 버리는[막 7:7-8] 예로 이보다 더 분명한 일은 찾아보기 힘들다.◉

◉ 사람의 계명으로 교훈을 삼아 가르치니 나를 헛되이 경배하는도다 하였느니라. 너희가 하나님의 계명은 버리고 사람의 전통을 지키느니라(막 7:7-8).

이 주제를 마치기 전에, 테필린에 해당하는 그리스 단어인 '경문곽'*PHYLAKTĒRION*의 의미를 설명하고 그 적합성을 살펴보는 것이 도움이 되겠다. 지금은 경문곽의 실질적인 의미가 부적이나 호신부에 가깝다는 것이 일반적으로 인정된다. 랍비들도 역시 이런 식으로 경문곽을 이해하고 사용했으며, 그러면서도 이방의 견해와의 연관성은 일절 부정했다. 지금 여기서는, 악한 영을 어디서 어떻게 찾아내고 어떤 수단으로 물리치느냐라든지 악마를 어떻게 불러내느냐와 같은, 탈무드에서 논하는 이교적 미신이라는 불쾌한 주제를 다루지는 않겠다. 당시의 문명 수준을 염두에 두고 또 미신이 널리 유행했던 현실을 고려한다면 이 모든 것이 별로 놀라운 일은 아니겠지만, 랍비들이 하나님의 권위를 크게 주장하면서도 그들의 가르침이 구약성경(신약성경은 제쳐 두고서)의 가르침과 크게 대조를 이루었다는 점에서 보면 놀랍게 받아들일 수밖에 없다. 요세푸스가 경문곽에 관해 말하는 것을 보면 그조차도 경문곽의 마술적인 효험을 믿은 듯한 느낌을 받게 된다.[유대 고대사 4.212-213⊛] 그와 동시에 그는 경문곽을 감사의 관점에서 이해하는 태도가 그 시대에 이미 널리 퍼졌다는 사실도 넌지시 드러낸다. 그는 경문곽에 관한 글에서 유대인들은 과거의 구원을 기념하여 경문곽을 착용한다고 말하면서 이렇게 감사를 표현하는 일이 "과거에 대한 보답이 될 뿐만 아니라 장차 있을 하나님의 은혜를 맞아들이는 방법"이라고 주장한다. 이렇게 '부적'과 얽힌 마술적인 개념을 보여주는 사례가 많지만 여기서는 다음과 같은 일을 살펴보는 것으로 충분하겠다. 어떤 랍비가 왕을 접견하고 물러나면서 돌아서는 바람에 등을 드러낸 일이 있었다. 그 일로 왕의 신하들이 들고일어나 랍비를 죽이려고 했는데, 랍비가 착용한 테필린 줄이 찬란한 빛을 내면서 그를 감싸는 것을 보고는 포기했다. 이렇게 해서 신명기 28:10의 약속이 입증되었다.[예. 베라코트 V. 1] 심지어 우리는 고대 유대의 아가 8:3에 대한 타르굼에서 테필린은 사악한 악마들이 이스라엘 사람에게 전혀 해를 끼치지 못하도록 막아 준다고 말하는 것을 본다.

⊛ 하나님께서 주신 큰 복을 집 문에다 새기고 팔에도 표시해 기억해야 한다. 또 하나님의 권능과 선하신 뜻을 나타내는 이적들을 그들의 이마와 팔에 표시하여 하나님께서 그들을 넘치도록 복 주신다는 사실이 어디서나 분명하게 드러나게 해야 한다(유대 고대사 4.213).

지금까지 살펴본 것을 토대로 독자들은 그리스도 시대에 바리새인의 역사와 영향력이 어떠했는지 탐구할 준비를 어느 정도 갖추었을 것이다. 여기서 기억해야 할 사실은 바리새인이 대중에게 크게 존경받은 이유가 애국심과 종교라는 두 요소 때문이었다는 점이다. 이방 나라들에 둘러싸여 있는데다 지배 가문들은 거침없이 그 나라들과 야합하는 형편에서 팔레스타인이 구별되고 독립적인 땅으로 살아남을 수 있었던 힘은 바로 바리새인이 굳게 붙잡았던 유대적 요소에서 나왔다. 바리새인들이 하나의 당파로 출발한 것은 시리아의 지배에서 팔레스타인 영토를 해방했던 거대한 국가적 투쟁 시기로 거슬러 올라간다. 그 후 마카베오 가문의 후계자들이 세속적인 허영과 그리스 사고방식에 빠지고 다윗의 왕권과 대제사장의 직책을 하나로 통합하려고 하자 바리새인은 지금까지 지지해 온 마카베오파에게서 등을 돌리고 박해와 죽음까지 각오하고 그들에게 맞섰다. 그리고 이제 사람들이 온통 헤롯과 그 가문을 두려워하는 형편에서 바리새인들만은 자기네 원칙을 포기하지 않았다. 게다가 그들은 하나님의 율법의 대리자, 곧 시내 산에서 이스라엘에게 주신 율법뿐 아니라 그 법에 대한 설명으로 모세에게만 구두로 전해진 비밀스러운 계명들의 대리자가 아닌가? 그들이 율법 둘레에 '울타리'를 쳤다면, 그것은 이스라엘의 안전을 위해서 그런 것이요, 이스라엘이 이방인뿐만 아니라 모든 부정한 것으로부터 더 확실하게 분리되도록 하기 위한 것이었다. 그들은 자신들의 둘레에도 가장 엄격한 맹세와 의무들로 울타리를 쳤다. 경솔하고 헤프고 그리스 풍조를 추종하거나 유대교 신앙과 원리를 온전히 실천하지 못하는 사람들인 잡다한 군중 한가운데서 바리새인은 자기네 형제단 밖의 세상을 대하는 방식이나 직업, 실천과 태도, 의복과 외모에서 차별성을 드러냈다. 그로 인해 잔칫집에서는 상석을 차지하고 회당에서는 윗자리에 앉고 장터에서는 인사를 받았으며 사람들에게서 "랍비, 랍비"("나의 크신 분, 나의 크신 분")라고 불림으로써 큰 자부심을 느꼈을 것이다.

바리새인은 그들 조직 안에서 각자가 위치한 등급에 따라, 그 땅에 존재했던 종교적 열심과 진지함을 다양하게 대변했다. 바리새인이라는 이름—애당초 그들이 스스로 택한 것이 아니었다—은 어떤 사람들에게는 조롱거리였으며 또 다른 이들에게는 당파를 가리키는 호칭이었다. 그런데 안타깝게도 그들은 거의 모든 면에서 원래의 경향에서 점차 퇴보했다. 바리새인이라고 해서 반드시 서기관이나 율법학자, 율법선생은 아니었다. 또 그들은 일반적인 의미에서의 '종파'가 아니었다. 오히려 그들은 일정한 수련 기간을 거치고 특별한 서약을 하고 의무를 감당해야 하는, 다양한 등급으로 이루어진 형제단이었다. 이를테면 이 형제단은 세습적인 것이었으며, 그래서 사도 바울도 당연히 자신이 "바리새인이요 또 바리새인의 아들"행 23:6이라고 말할 수 있었다. 바리새파의 중심 원리들이 주도적인 힘을 얻게 되었으며, 회당의 가르침과 실천도 그 원리들을 기초로 독특성을 띠게 되었다는 사실은 잘 알려져 있다. 하지만 바리새인이 이러한 지위에 오르기까지 어느 정도로 막강한 영향력을 발휘했는지는 그들의 수가 믿기지 않을 정도로 적었다는, 흔히 우리가 간과하는 사실에서 가장 분명하게 확인할 수 있다. 요세푸스에 따르면유대 고대사 17.32-45 헤롯이 지배하던 당시에 이 형제단의 회원은 겨우 6,000명 정도였다.◉ 아이러니하게도 이처럼 적은 인원이 유대교를 일으키는 뼈대가 되었는가 하면, 그들의 폐해로 말미암아 국가의 궁극적인 방향이 좌우되기까지 하였다. 분명 이 운동의 동력은 유대인의 종교적 삶의 심층에까지 미쳤음에 틀림없다. 그러한 힘이 무엇인지 그리고 어떻게 전체 공동체에 영향을 끼쳤는지에 대해서는 간단히 짚고 넘어갈 것이 아니라 각별하고 진지한 관심을 기울여 살펴볼 필요가 있다.

◉ 모든 유대인이 황제와 헤롯 왕의 정부에 충성을 약속했을 때도 이 사람들은 맹세하기를 거부했는데 그 수가 6,000을 웃돌았다. 왕이 그들에게 벌금을 부과하자 페로라스의 아내가 대신 벌금을 물어 주었다(유대 고대사 17.42).

14. 바리새인 형제단

우리 주님께서 활동하시던 시대의 종교 사회상을 파악하기 위해서는 바리새인이 정규적인 '조직'을 이루었으며 또 원래의 바리새파에서 생겨난 많은 '형제단'이 있었다는 사실을 염두에 두어야 한다. 신약성경은 그저 우리를 당시의 정황과 인물들 속으로 끌어다 놓을 뿐이며 그때의 사회 형편을 당연한 것으로 전제하기 때문이다. 그래서 앞 장에서 지적한 사실은 겉보기에 낯선 많은 상황을 설명해 주고 그 모든 일에 새로운 빛을 비추어 준다. 예를 하나 들어, 하루 중 많은 시간이 걸렸을 산헤드린 토론을 마친 후에 어떻게 그처럼 아침 일찍이 40여 명이나 되는 사람들이 당을 지어 일어나 "바울을 죽이기 전에는 먹지도 아니하고 마시지도 아니하겠다"고 맹세하고 나설 수 있었는지[행 23:12, 21] 의아하게 생각된다면, 또 성격상 중요한 비밀로 삼았을 그런 모의, 더 자세히 말해 '음모'가 어떻게 바울의 생질에게 알려질 수 있는지[행 23:16] 의아하게 생각된다면, 그 사태의 정황을 살펴봄으로써 납득할 만한 답을 얻을 수 있다.◉ 바리새인들은 분명 (일종의 형제단이나 결사인) 하부라 *CHABURA* 를 이루었으며, 이들이나 가까운 형제단에 속한 사람들이 자발적으로 힘을 보태 '당'을 지어 나설 수 있었을 것이다. 또 그 사람들에게는 이렇게 '맹세'하는 일이 새롭거나 낯선 일이 전혀 아니었으며, 살인을 저지르는 일조차도 자기네 '조직'의 원칙을 좀 더 철저히 수행하는 것에 불과했을 것이다. 그리고 하부라의 회원인 하베르*CHABER*의 아내와 자녀들도 저절로 회원이 되었으며, 바울의 아버지가 바리새인이었던 까닭에[행 23:6] 바울의 누이도 태어나면서 그 형제단에 속했을 것이다.◉ 물론 이 당파의 원칙대로 바리새인 가문으로 시집갔는지는 별개의 문제였다.

◉ 날이 새매 유대인들이 당을 지어 맹세하되 바울을 죽이기 전에는 먹지도 아니하고 마시지도 아니하겠다 하고……바울의 생질이 그들이 매복하여 있다 함을 듣고 와서 영내에 들어가 바울에게 알린지라(행 23:12, 16).

◉ 바울이 그중 일부는 사두개인이요 다른 일부는 바리새인인 줄 알고 공회에서 외쳐 이르되 여러분 형제들아, 나는 바리새인이요 또 바리새인의 아들이라. 죽은 자의 소망 곧 부활로 말미암아 내가 심문을 받노라(행 23:6).

또한 우리는 바울을 향한 그 조직 전체의 분노가 평범한 유대인의 열성만으로는 설명이 안될 정도로 극단으로 치솟았다는 사실에 대해서도 의아해할 필요가 없다. 전날 산헤드린에서 격렬한 논쟁이 벌어지면서 그들의 관심이 상당 부분 바울에게서 다른 문제로 옮겨 갔다. 사두개인은 "천사도 없고 영도 없다"[행 23:8]고 주장한다는 지적이 나오고 곧바로 "영이나 혹 천사가 그에게 말하였으면 어찌 하겠느냐"[행 23:9]는 변론이 제기되는 것에서 우리는 바리새인들이 자기네 회원인 바울에게 '형제단'의 보호막을 베풀어 주려 했던 것 못지않게 그들의 경쟁자와 교리적인 싸움에서 승리하기를 간절히 바랐다는 사실을 알 수 있다. 그런데 밤사이에 훨씬 냉정한 다른 생각이 고개를 들었다. 자신들의 조직에 속한 사람을 사두개파로부터 보호하는 일도 마땅하지만 형제단 내부에 그런 회원이 존재한다는 것은 결코 용납할 수 없는 일이었다. 사도 바울의 언행만큼 '하부라'의 모든 원칙과 맹세에, 아니 그 존재 이유에 심각한 위해를 가하는 것도 없다고 보게 되었다. 전날 성전에 몰려든 군중들은 바울을 평범한 이스라엘 사람으로 보고서도 '반역자'를 때려죽이는 즉결 처형을 하려 했었고, 이방인이 개입하고서야 겨우 막을 수 있었다. "이러한 자는 세상에서 없애 버리자. 살려 둘 자가 아니라"행 22:22는 외침은 흥분한 군중의 부르짖음 정도가 아니라 그 당파의 깊은 확신이 반영되었다고 보는 것이 타당하다. 이렇게 해서 바리새인들의 행동을 납득하게 되었는데, 이어서 경솔하게 맹세하고 나섰던 40여 명의 사람에게 돌아갈 결과에 대해서도 걱정할 필요가 없다. 이 문제에 대해서는 예루살렘 탈무드에 나오는 다음과 같은 기이한 사례를 주석 삼아 살펴본다.

어떤 사람이 금식하기로 맹세하고서 음식을 먹는다면, 그에게 화가 있게 된다. 또 음식을 먹지 않아도 화가 있게 된다. 먹으면 자기 맹세를 어기는 죄를 짓는 것이요, 먹지 않으면 자기 생명에게 죄를 짓는 것이 된다. 그러면 그 사람은 어떻게 해야 하는가? 그 사람을 '현자들'에게 데려가라. 현자들이 그를 맹세에서 풀어 줄 것이다.예. 아보다 자라 1. 9

이 문제와 기이하게 일치되는 일로, 바리새파가 이렇게 사도 바울을 공격하던 무렵이나 그 직후에 가말리엘(바울의 스승)의 아들 시므온이 사도 바울의 사건에 딱 들어맞을 만한 세 가지 새로운 규정을 통과시켰다. 이 규정 가운데 첫째는, 앞으로는 하베르의 자녀라고 저절로 회원이 되는 것이 아니라 그들 스스로 '조직'에 속하는 길을 찾아야 한다는 것이었다. 둘째는, 후보자를 형제단에 받아들이기 전에 그의 이전 행실을 살펴보아야 한다는 것이었다. 셋째 규정은 '조직'을 떠나거나 세리가 된 회원은 누구든지 다시 받아들여서는 안 된다는 것이었다.

복잡한 설명을 늘어놓기보다는 최근에 우리 모두 익숙해진 세 가지 용어를 살펴보는 것이 문제 전반을 이해하는 데 더 도움이 될 듯싶다. 그 용어들은 여러 가지 측면에서 랍비주의에 상응하는 교회 체제와 관련된 것이다. 종교 사상의 한 경향인 '교황지상주의', 한 당파를 형성한 '교황지상주의자', 그리고 교황지상주의를 완벽하게 구현하여 조직으로 세워진 '예수회'가 그것이다. 교황제도의 정신이 다시 부흥하면서 시작된 예수회는 교황지상주의자들을 하나의 당파로 묶어 냈으며 그 원리를 널리 전파하면서 교황지상주의라는 흐름을 이끌어 냈다. 그런데 이 모든 특성을 바리새주의와 바리새인에게도 동일하게 적용할 수 있다. 확연한 유사성을 보여주기나 하듯이 예수회 조직도 네 개의 계급으로 이루어졌는데,[1] 이는 바리새인 형제단이 지닌 계급 수와 정확히 일치한다. 예수회와 마찬가지로 바리새파 조직도 거대한 종교적 반동의 시기에 등장했다. 바리새인은 자기네 역사적 기원을 에스라 시대로 거슬러 올라가 찾기를 좋아하는데, 이런 그들의 주장은 말 그대로는 아니더라도 상당한 진리를 지니고 있다. 에스라 6:21, 9:1, 10:11과 느헤미야 9:2에서 우리는 니브달림,[NIVDALIM] 곧 "이방 사람의 더러운 것으로부터 스스로를 구별한"[스 6:21] 사람들에 관해 언급하는 것을 볼 수 있으며⊙ 느헤미야 10:29에서는 그들이 확고한 맹세와 책무가 수반되는 '엄숙 동맹'을 맺는 것을 발견하기 때문이다. 또한 아람어 페리슈트[PERISHUTH] 역시 '분리'를 뜻하고, 미쉬나에 나오는 페루쉼,[PERUSHIM] 곧 바리새인도 그 의미에서 보면 그 시대의 '분리된 자'인 니브달림을 뜻하는 것이 확실하다. 바리새인이 어원적으로나 역사적인 면에서는 에스라와 느헤미야 때에 스스로 분리된 사람들에게서 자기네 기원을 찾을 수 있었을지 모르지만 정신적인 면에서는 그들의 계승자가 아니었다. 그리고 '니브달림'과

1. 예수회 조직이 네 계급이라고 말하는 것은 공적으로 드러난 계급을 두고 하는 말이다. 이른바 '세 가지 맹세를 한 자'(*professi trium votorum*)가 있었다는 것도 알지만 사실상 그들에 관해서는 외부 세계에 알려진 것이 없으며 우리는 그들을 '비밀 예수회원'으로 보아야 할 것이다. 또 평신도와 성직자로 이루어진 '보좌인들'(coadjutors)이 있었다는 것도 아는데, 그들의 사역과 맹세는 일시적인 일이었다.

⊙ 이제 너희 조상들의 하나님 앞에서 죄를 자복하고 그의 뜻대로 행하여 그 지방 사람들과 이방 여인을 끊어 버리라 하니(스 10:11).

다 그들의 형제 귀족들을 따라 저주로 맹세하기를 우리가 하나님의 종 모세를 통하여 주신 하나님의 율법을 따라 우리 주 여호와의 모든 계명과 규례와 율례를 지켜 행하여(느 10:29).

'페루쉼'이라는 호칭의 차이는 내적인 면에서 아주 커다란 차이를 내포할 수 있다. 물론 이 차이점은 역사 발전 과정에서 점진적으로 나타난 것일 수도 있다. 이 모두에 대해서는 나중에 좀 더 자세히 살펴본다.

앞서 언급했듯이 에스라 때에 선조들의 땅으로 돌아온 백성에게서 커다란 종교 부흥이 일어났다. 옛날에는 이스라엘의 개인들하고만 연관되었던 신앙고백이[시 30:4, 31:23, 37:28] 이제는 전체 언약 백성의 몫이 되었다.⊙ 다시 말해 백성 전체가 하시딤,[CHASIDIM] 곧 '경건한 자들'(흠정역 성경에서는 '성도들'로 번역했다)이 되었다. 하시딤인 그들은 주위의 "이방 사람의 더러운 것으로부터 구별된" 니브달림이 되었다. 말하자면, 하시딤은 그들의 종교가 지닌 긍정적인 요소를 가리키고 니브달림은 부정적인 요소를 의미했다. 전에 바리새인(구별된 자)이었던 바울이, "하나님을 두려워하는 가운데서 거룩함을 온전히 이루어 육과 영의 온갖 더러운 것[2]에서 자신을 깨끗하게 하자"고 가르치는 고린도후서 7:1 같은 구절에서 이런 생각을 염두에 두고 기독교인의 삶을—외형적 바리새인과는 대비되는—참된 하시드, 곧 니브달의 삶으로 그리고 있다는 점은 참 흥미롭다.⊙ 다시 말해 사도 바울은 자신의 옛 생활과 사고를 모형으로 삼아 새로운 삶의 영적 상태를 설명한다고 볼 수 있다.[3]

여기서 우리는 유대 역사의 두 시기를 관심 있게 살펴보는데, 복잡하게 얽혀 있는 사건들 전체를 해명하지는 않는다. 첫째는 알렉산더 대왕 직후의 시기다. 알렉산더 대왕이 제국을 건설한 목적 가운데 하나는 세계를 그리스화하는 것이었으며, 이 목적은 그의 후계자들에 의해 성공적으로 성취되었다. 그 결과 우리는 팔레스타인 해안을 따라 많은 그리스식 도시들이 세워져, 남쪽의 안테돈과 가사에서부터 북쪽으로 두로와 실루기아까지, 동쪽으로 다

⊙ 여호와께서 정의를 사랑하시고 그의 성도를 버리지 아니하심이로다. 그들은 영원히 보호를 받으나 악인의 자손은 끊어지리로다(시 37:28).

2. '더러운 것'을 가리는 그리스어는 오직 이 구절에만 나오지만 그 말의 뿌리인 동사는 고린도전서 8:7과 요한계시록 3:4, 14:4 세 구절에서 사용되면서 예전적인 함의가 더해진 것으로 볼 수 있다.

⊙ 그러므로 너희는 그들 중에서 나와서 따로 있고 부정한 것을 만지지 말라. 내가 너희를 영접하여 너희에게 아버지가 되고 너희는 내게 자녀가 되리라. 전능하신 주의 말씀이니라 하셨느니라(고후 6:17-18).

3. 사도 바울이 원래 바리새인이었다면, 초기 전승 가운데 유세비우스의 설명과(『교회사』 ii. 23) 요세푸스의 기록(『유대 고대사』 20.197-203)을 비교해 볼 때 예수님의 형제 야고보는 '하시드'였다고 추정할 수 있다. 더 중요한 사실은 야고보가 이방인 개종자들에게서 율법의 멍에를 벗겨 내는 일에 힘썼다는 점이다(행 15:13-21).

메섹과 가다라, 펠라, 필라델피아까지 이어지면서 이스라엘 땅을 완전히 둘러싼 것을 보게 된다. 다음으로, 이런 움직임은 내륙 깊숙이 진출해 갈릴리와 사마리아에 발판을 마련해 영향력 있는 무리를 결집하고 백성들 사이에서 세력을 늘려 갔다. 바로 이 같은 형편에서 '하시딤'이 하나의 당파로 설립되었으며 이스라엘 종교와 국가를 말살하려는 세력에 맞섰다. 곧이어 실제로 투쟁이 일어났고, 그와 더불어 유대 역사의 두 번째 장엄한 시기가 열렸다.

알렉산더 대왕은 기원전 323년 7월에 사망했다. 약 한 세기 반 후에 하시딤은 이스라엘의 하나님과 이스라엘을 위해 마카베오 가문을 중심으로 결집했다. 그러나 마카베오 가문의 열정은 얼마 안 있어 세속적인 야망과 사업으로 변질되었다. 마카베오 지도자들이 자기네 사람을 내세워 대제사장직과 왕권을 통합하자 하시딤 당파는 그들과 결별했으며 나아가 그들에 맞서 공공연하게 항거했다. 하시딤은 마카베오 사람들에게 대제사장직에서 물러나기를 요구했고 자신들의 확고한 신념을 위해서는 순교도 마다하지 않았으며 실제로 많은 이들이 순교했다. 이때부터 한 계급을 형성했던 초기 형태의 하시딤은 사라져 버렸다. 한 당파로서 하시딤은 바리새인(니브달림)에게 자리를 내주었으며, 그 후 다시 우리 앞에 모습을 드러낸 그들은 바리새파의 높은 계급 또는 한 분파에 불과했다. 말하자면 옛날의 '경건한 자들'이 '경건주의자'가 된 것이다. 전승에서는[메나호트 40 B] 초기 하시딤(하리쉬오님)과 후기 하시딤(아헤로님)을 명확하게 구분하였다. 미쉬나에 나오는 "내 것은 네 것이요 네 것도 역시 네 것이다"라든지[아보트 v. 10] "화는 더디 내고 화해는 잘하는 사람",[v. 11] "자선을 행하고 다른 사람도 그렇게 하도록 이끄는 사람",[v. 13] "학교에도 가면서 동시에 열심히 실천하는 사람"[v. 14]과 같은 말들은 후대로 오면서 새롭게 각색되기는 했지만 '하시드'의 특성으로 전수된 것이자 그들의 원리를 담아낸 것이다.

바리새인에 대한 언급은 마카베오 시대에 최초로 나온다. 맛다디아스에게서 시작된 마카베오 왕조의 네 번째 왕인 요한 히르카누스가 통치하던 때에(기원전 135-105년) 처음으로 '형제단'으로서의 바리새파 사람들이 등장한다. 이에 반해 요세푸스는 그보다 두 세대 앞선 요나단 시대에 이미 바리새파가 존재했다고 말한다.[유대 고대사 13. 171-173◉] 요세푸스가 이렇게 주장한 것은 추정에 의한 것이거나 아니면 후대의 용어를 앞 시대의 형편에 적용한 것이라고 볼 수 있는데, 그가 바리새파와 함께 언급한 에세네파가 그 무렵에는 어떤 식으로든 조직된 형태로 존재하지 않았던 것이 확실한 까닭이다. 그런 경향이 요나단 시대에 존재했다는 것을 사실로 인정할 경우,[4] 우리는 바리새파 형제단의 기원과 관련된 명확한 사건을 확인할 수 있다. 유대교 문헌에서 우리는 히르카누스 시대에 온 나라 백성들이 종교 기부금에 관한 하나님의 율법을 어떻게 지키는지 조사하기 위해 위원회가 임명되었다는 사실을 읽는다.[5] 그 결과 '테루마',[6] 곧 제사장의 거제는 규칙적으로 드려진 데 반해 첫째 십일조인 레위인의 십일조나 둘째 십일조인 가난한 사람의 십일조는 율법이 정한 대로 드리지 않는다는 사실이 드러났다. 그러한 위반은 주님께만 속한 것을 인간이 도용하는 것을 뜻했으며 따라서 치명적인 죄에 해당했다.

결국 다음과 같은 조치가 취해졌다. '땅의 사람들'(암 하아레츠)이 파는 것은 모두 데마이*DEMAI*로 간주하도록 정했다. 데마이라는 말은 '사람들'을 뜻하는 그리스어에서 유래한 것으로서 어렴풋하게나마 그 도입 시기가 언제인지 말해 주지만 실제로는 십일조를 드린 것인지 아닌지 '의심스럽다'는 의미를 담고 있다. 그런 물

◉ 이 당시 유대인들 사이에는 인간의 행위에 대해 서로 다른 견해를 주장한 세 개의 종파가 있었다. 바리새파와 사두개파, 에세네파가 그들이었다(유대 고대사 13.171).

4. 이에 대한 증거로, 구체적인 [바리새파] '조직'이 형성되기도 전에 요에셀의 아들 랍비 요세가 외국의 모든 유리그릇뿐 아니라 이방 나라의 흙 전체가 '부정'하다고 하면서 이스라엘은 할 수 있는 한 이방인과의 교제에서 철저히 '분리'되어야 한다고 주장했던 사실을 들 수 있다.

5. 요세푸스에 따르면(『유대 고대사』 13.293-298), 여기서 말하는 것은 그때 히르카누스가 포고한 것으로, 히르카누스와 바리새파가 절연한 후에 폐기된 명령을 말하는 것으로 보인다.

6. 여기서는 테루마에 대해 자세히 논하지 않는다. 대신 『예수 그리스도 시대의 성전』을 참조하라.

건을 산 경우 구매자는 자기가 구입한 물품에 대해 여전히 '테루마'와 '가난한 사람의 십일조'를 드려야 할 의무가 남아 있는 것으로 여겨졌다. 반면에 바리새인은 '하부라', 곧 형제단을 결성하고 모든 회원(하베르, 동료)은 물건을 팔거나 사용하기 전에 이러한 십일조를 반드시 드리겠다고 맹세하였다. 하베르는 모두 네에만,*NEEMAN* 곧 '신뢰할 수 있는' 사람으로 여겨졌다. 즉, 그가 생산한 물품은 다른 하베림이 마음 놓고 사거나 팔수 있었다.[7] 이 때문에 하베르가 아닌 사람이 부담해야 할 추가 비용이 매우 컸다. 하베르가 아닌 사람은 자신이 구매하거나 사용하는 모든 것에 테루마와 십일조를 지불해야 했기 때문이다. 하지만 다른 바리새인에게서 물건을 산 바리새인은 그런 의무가 면제되었다. 이 규정은 유사한 여러 규정과 엮여서 많은 사람들에게 무거운 짐이 되었지만 반면에 바리새인은 거기에 전혀 영향을 받지 않았다. 우리 주님께서 "무거운 짐을 묶어 사람의 어깨에 지우되 자기는 이것을 한 손가락으로도 움직이려 하지 아니하며"마 23:4라고 비난하신 것은 바로 이를 두고 하신 말씀이라고 볼 수 있다.

그러나 철저한 십일조 준수는 하베르의 의무 가운데서 한 부분이었을 뿐이다. 다른 의무는 레위기의 정결법 전체를 말 그대로 엄격하게 준수하는 것이었다. 무엇이 정결한 것인지 또 어떻게 정결하게 되는지에 관한 다양한 문제들이 바리새파라는 하나의 조직을 다양한 등급의 회원으로 갈라놓았다. 정결을 이루는 데 얼마나 철저한지에 따라 등급은 넷으로 나뉘었다. 이 네 등급을 자세히 논하기 위해서는 너무 많은 지면이 필요할 것이다. 여기서는 개략적으로 첫 등급에 속하는 회원은 '하베르'나 '회중의 아들', '벤 하케네세트'(평 바리새인)라고 불렀으며, 나머지 세 등급은 하나로 묶어 '테하로트'(정결)라는 통칭으로 불렀다는 사실만 밝혀

7. 필자는 아주 조심스럽게 대성당 참사회원인 라이트푸트 같은 권위 있는 학자의 견해와 의견을 달리한다. 그가 에세네파에 관해 쓴 탁월한 글에서 「니다」 33 b에 관해 언급한 것을 사두개인과 나아가 사마리아인도 '하베르'일 수 있다는 결정적인 증거라고 보지 않는다(*Commentary on the Epistle to the Colossians*, p. 130). 물론 하베르는 폭넓게 어떤 유형의 단체에나 적용되는 말이다. 그러나 랍비 파파가 끼어들기 꺼려했던 식탁 토론에서 비롯된 「니다」 33 b 본문 전체는 '사마리아인'이라는 용어뿐만 아니라 '하베르'라는 용어까지도 그 본래의 의미로 이해해서는 안 된다는 사실을 말해준다. 오히려 특정 상황에서 이루어지는 "모든 이스라엘 사람은 하베림으로 간주되어야 한다"는 진술은 랍비 파파의 진술에 엄밀한 역사적 가치를 부여해서는 안 된다는 점을 분명하게 보여준다.

둔다. 뒤쪽 세 등급에 속한 사람들이 훗날의 하시딤이 되었을 것이다.

하베르, 곧 평[平] 바리새인은 레위기에서 부정하다고 규정한 것을 모두 피하고 십일조의 의무를 감당하기만 하면 됐다. 그에 반해 상위 등급에 속한 사람들은 급이 올라갈수록 더욱 엄격한 맹세를 했다. 누구든지 세 사람의 회원 앞에서 형제단의 의무를 지키겠다고 엄숙히 맹세하면 그 조직에 들어갈 수 있었다. 하지만 1년의 수련 기간(나중에는 단축되었다)이 필요했다. 하베르의 아내나 미망인, 자녀는 형제단의 회원으로 간주되었다. 바리새인의 새 식구가 된 사람도 '조직'에 입회하려면 절차를 밟아야 했다. 하베르가 형제단 밖에 있는 사람들과 관계를 맺을 때 지켜야 할 일반적인 의무는 다음과 같았다. 그는 마른 것이든 액체로 된 것이든 그들에게서 사거나 그들에게 팔 수 없었다. 그는 그들의 식탁에서 먹어서는 안 되고(십일조를 드리지 않은 음식을 먹을 수도 있기 때문에) 그들이 하베르 복장을 하고 있지 않으면(그들의 낡은 옷이 불결함을 옮길 수 있기 때문에) 그들을 자기 식탁에 들여서도 안 되었다.◉ 어떤 묘지에도 들어가서는 안 되고 형제단의 회원이 아닌 제사장에게 테루마나 십일조를 주어서도 안 되었다. 또 하베르가 아닌 사람이나 '암 하아레츠' 앞에서는 정결법과 관련해 문제가 될 만한 일은 어떤 것도 해서는 안 되었다.◉

이에 더해 후대에 와서 다른 규정들이 추가되었는데, 그중에는 금욕적인 성격을 지닌 것도 있었다. 특별히 눈에 띄는 규정으로서, 상급에 속한 사람에게도 이 조직에 처음 들어왔을 때 거쳤던 것과 유사한 수련 기간이 요구되었을 뿐만 아니라, 하베르가 아닌 사람의 옷이 첫 등급 속한 하베르를 부정하게 하는 것과 마찬가지로 첫 등급에 속한 하베르의 옷도 두 번째 등급에 속한 형

◉ 화 있을진저, 외식하는 서기관들과 바리새인들이여. 잔과 대접의 겉은 깨끗이 하되 그 안에는 탐욕과 방탕으로 가득하게 하는도다. 눈먼 바리새인이여, 너는 먼저 안을 깨끗이 하라. 그리하면 겉도 깨끗하리라(마 23:25-26).

◉ 이 조직의 회원인 사람은 암 하아레츠에게 [음식물이] 액체로 된 것이나 마른 것을 팔지 말 것이며 또 그들에게서 액체로 된 것을 사도 안 된다. 암 하아레츠의 집에 손님으로 가서도 안 되고 또 그들을 그 옷차림 그대로 손님으로 들여도 안 된다(데마이 II. 3).

고대 시내 산의 지도

랍비들은 전승이 이스라엘과 율법을 둘러싼 '울타리'라고 생각했다. 이런 전승들이 모세가 시내 산에서 구두로 전해 받은 것에서 시작되었고 성경의 문자로부터 창의적인 방법을 통해 추론한 것이라는 생각은 추후에 필요에 의해 덧붙여진 주장일 뿐이다.

제를 부정하게 할 수 있다는 것 등을 들 수 있다.[8]

요약해서 말하면, 바리새인 형제단은 십일조와 정결에 관한 두 가지 맹세에 의해 하나로 결속했다. 여기서 모세의 율법만으로는 분명하게 답할 수 없는 다양하고 실제적인 문제들이 발생했던 까닭에 하나님의 율법을 설명하고 보완하는 '전승들'이 필요하게 되었다. 실제로 랍비들도 전승을 그러한 의미로 말하며 전승이 이스라엘과 율법을 둘러싼 '울타리'라고 생각했다. 이런 전승들이 모세가 시내 산에서 구두로 전해 받은 것에서 시작되었고 성경

8. 여기서 이와 관련된 명확한 탈무드 구절을 제시하기는 어렵다. 그러나 바리새인을 다양한 등급에 따라 구분하는 것과 함께, 정결을 유지하고 십일조를 드리는 두 가지 의무는 미쉬나 「하기가」 ii. 5-6, 「데마이」 ii. 2-3에서도 언급된다.

의 문자로부터 창의적인 방법을 통해 추론한 것이라는 생각은 추후에 필요에 의해 덧붙여진 주장일 뿐이다. 그 결과로 등장한 것이 참 계명의 정신과 모순되고 계명의 문자를 맹목적으로 숭배하는 공허한 외식주의 체계였다. 외식주의에서 비롯된 악명 높은 위선이 어느 정도인지는 신약성경 못지않게 랍비 문헌에도 잘 나타나 있다.[◉] 그런 '눈먼 인도자'들이 다른 사람들뿐만 아니라 자기네 당파에게도 얼마나 큰 문제가 되었는지는 어렵지 않게 이해할 수 있다. 이 종교적 질병은 흔히 '바리새주의 역병'이라는 말로 불렸으며, "경건하나 지각없는 사람, 교활한 죄인, 여자 바리새인"과 더불어 "삶의 골칫거리"로 대접받았다.소타 III. 4

◉ 화 있을진저, 외식하는 서기관들과 바리새인들이여. 너희가 박하와 회향과 근채의 십일조는 드리되 율법의 더 중한 바 정의와 긍휼과 믿음은 버렸도다. 그러나 이것도 행하고 저것도 버리지 말아야 할지니라(마 23:23).

이 조직의 이와 같은 면모를 크게 경멸하던 어떤 랍비가 말하기를 "잠시 멈춰서 바리새인의 견해에 대해 살펴보자"고 하였다. "바리새인은 이 세상 삶에서 자신을 괴롭게 하는 것이 전통인데도 장차 이를 세상에서는 아무것도 얻지 못한다."『랍비 나단의 아보트』 5 사두개인은 주장하기를 "바리새인은 태양까지도 자기네 정결 규정에 종속시키고야 말 것이다"라고 했다. 게다가 바리새인은 에피쿠로스파의 경구라고 할 만한 글들을 인용해 말했는데 다음과 같은 것이다. "부지런히 먹고 마셔라. 우리 사는 세상은 혼인 잔치와 같기 때문이다." "당신이 무언가 소유하고 있다면 그것을 마음껏 즐겨라. 땅 밑에는 어떤 즐거움도 없고 죽음은 결코 안식을 허락하지 않는다.……인간은 들에 핀 꽃과 같다. 활짝 피어나는 사람이 있는가 하면 시들어 사라지는 사람도 있다."

"들에 핀 꽃과 같다!" 이 말 앞에서 우리는 바리새인들이 경멸하고 배척했던 한 랍비, 곧 우리 주님께서 하신 말씀이 그들과 얼마나 달랐는지 깨닫게 된다. 또 그들의 가르침에서 눈을 돌려 그분께서 세우신 나라를 볼 때, 양쪽의 본질이 얼마나 상충하는지도 확인하게 된다. 기독교의 기원이나 특성을 어떤 식으로든 랍비들과 연결 지으려는 노력은 분명 지나치고 무리한 일일 듯싶다. 하지만 랍비 문헌을 통해 확인한 바리새주의 모습을 우리 주님께서 개괄적으로 지적하신 모습과 나란히 놓고 볼 때, 그 실상이 정확히 일치함에 놀라게 될 뿐만 아니라 주님께서 바리새주의의 특성을 정확하게 꼬집어 책망하고 계시다는 사실에 또 한 번 감탄하게 된다. 정말이지 신약성경에 나오는 구절들만 가지고도 바리새주의의 역사를 개략적으로 정리해 낼 수 있을 정도다. 지금까지 우리가 이 '조직'의 역사를 헤아려 밝혀낸 것이 무엇인가? 바리새인은 율법에서 훨씬 더 귀중한 것은 버린 채 "박하와 회향과 근채의 십일조"마 23:23를 드리고 겉모습을 정결하게 하는 두 가지 일을 의무로 삼았으며, 율법의 정신은 가볍게 여기면서 위선과 종교적 교만이 가득한 전통주의로 그 두 의무를 에워쌌다.

15.

분파

바리새파, 사두개파, 에세네파

앞에서 바리새주의에 관해 논한 것을 되돌아보면, 언뜻 보기에도 납득하기 어려운 주님의 말씀이 있다. 주님께서는 분명하고도 단호하게 "그러므로 무엇이든지 그들이 말하는 바는 행하고 지키되"마 23:3라고 말씀하신다.◉ 하지만 첫 제자들이 유대교 공동체와 단번에 영구히 갈라선 것이 아니었다면 주님의 이러한 지시는 꼭 필요한 것이었다. 바리새파가 하나의 조직에 불과했지만 그들이 내세운 바리새주의는 오늘날의 교황지상주의처럼 신학 사상의 주도적인 흐름으로 자리 잡았고 나아가 그 원리들은 광범위하게 영향을 끼치며 중요한 것으로 인정받았기 때문이다. 심지어 그들의 맞수인 사두개인들에게까지 인정받고 영향을 미쳤다. 사두개인은 성전이나 법정에서 바리새인을 그대로 따라서 행동하고 판단할 수밖에 없었을 것이다. 물론 사두개파도 자신들만의 독특한 견해를 내세워 주도권을 잡으려고 애썼다. 그러나 그들은 완전히 무너

◉ 그러므로 무엇이든지 그들이 말하는 바는 행하고 지키되 그들이 하는 행위는 본받지 말라. 그들은 말만 하고 행하지 아니하며(마 23:3).

졌으며, 그들이 한때 내세웠던 사두개파 규정집을 스스로 폐기했다고 한다. 바리새인은 교리 싸움에서 승리를 거둘 때마다 그 일을 명절로 정해 기념했다. 성경 이후 가장 오래된 히브리어 책이라 할 수 있는 『메길라트 타니트』, *MEGILLATH TAANITH* 곧 금식 두루마리는 바리새파의 업적을 기리는 달력과 같은 것으로, 이 책에다 그들은 교리적으로 승리한 날을 정해 놓고 그날에는 금식을 하지 못하게 했으며 심지어 상을 당해서 하는 애곡까지도 금지했다. 따라서 사두개파의 교리적인 견해가 어떤 것이든 또 그들이 개인적으로 어떤 경향을 추구하든 공적으로는 두 당파가 모두 바리새인으로서 행동했다.

정말이지 두 당파는 별 어려움 없이 조화를 이루었다. 어떤 사두개파 대제사장이 (마카베오 가문의 왕이자 대제사장인 알렉산더 얀네우스BC 103-76를 말한다.—옮긴이) 초막절에 물을 제단에 있는 은 깔때기에 붓지 않고 땅에 쏟았을 때 마카베오 가문의 왕이기도 했던 그는 거의 죽을 뻔했으며, 그때 이후로 매년 제사장이 그 예식을 행할 때면 성전 사방에서 사람들이 "손을 높이 드시오"라고 외쳤다고 한다. 사두개인은 속죄일에 대제사장이 지성소로 들어가기 전에 향을 태워야 한다고 주장했다. 이와 상반된 견해를 주장했던 바리새인은 대제사장이 직무를 수행하기 전에 바리새파의 제의 관례를 준수하겠노라고 맹세하게 하는 신중한 조치를 취했다. 사두개인은 매일 드리는 희생제사를 공적 기금이 아니라 특별 헌금으로 치러야 한다고 주장했지만 헛일이었다. 그들은 굴복할 수밖에 없었으며 패권을 쥔 다수파가 자기네 결정을 영구히 기억하도록 하기 위해 달력 속에 끼워 넣은 준準명절을 따라야 했다. 바리새인의 주장에 따르면, 유월절과 오순절 사이의 기간은 유월절 둘째 날부터 계산해야 했다.◉ 사두개파는 말 그대로 유월절 후에 오는

◉ 여호와께서 모세에게 말씀하여 이르시되 이스라엘 자손에게 말하여 이르라. 너희는 내가 너희에게 주는 땅에 들어가서 너희의 곡물을 거둘 때에 너희의 곡물의 첫 이삭 한 단을 제사장에게로 가져갈 것이요(레 23:9-10).

'안식일'로부터 시작해야 한다고 주장했다.[1] 하지만 주장은 그렇게 하면서도 사두개인은 그날 오후에 '첫 이삭'을 베기 위해 장엄한 행렬을 이루어 나갈 때 거기에 참여할 수밖에 없었으며, 또 반대파가 주장하는 방식에 따라 오순절을 계산해야 했다.

1. 이에 대해 자세한 내용을 알기 원한다면 『예수 그리스도 시대의 성전』에서 명절과 성전의 예식에 관해 설명한 내용을 참조하기 바란다.

우리는 사두개파와 바리새파가 제의를 이해하는 차이점 몇 가지를 살펴보았다. 그 차이의 본질적인 특성을 지적하자면, 사두개파는 실제 의미를 도출하기가 쉬우냐 어려우냐는 개의치 않고 순전히 율법의 문자만을 고집했다고 말할 수 있다. 사두개인은 법적인 견해나 교리적인 견해에도 이와 동일한 원리를 적용했다. 여기서 그들의 법적인 견해를 논하는 것은 지나치게 세부적인 면을 파고드는 일이 될 듯싶다. 하지만 독자들은 이렇게 원칙으로 자리 잡은 문자주의가, "눈에는 눈, 이에는 이"라는 원리를 문자적으로 철저하게 적용한 데서 볼 수 있듯이, 어떻게 사두개파의 법적 규정을 바리새파의 규정보다 훨씬 더 엄격하게 만들었는지 이해할 수 있을 것이다. 정결법이나 상속 재산에 관한 법에 대해서도 이와 동일하게 말할 수 있다. 사두개인의 교리적 견해에 대해서는 신약성경에서 충분히 확인할 수 있다. 다른 세상과 부활이 존재하지 않는다고 본 사두개파와는 반대로 바리새파는 현생 이후에 복과 벌, 기쁨과 슬픔으로 이루어지는 다른 삶이 있다는 점을 보이기 위해 이전의 성전 의례 양식^TEMPLE-FORMULA^을 "세상에서 세상까지(세대에서 세대로, 또는 세상 영원까지) 하나님을 찬송하리로다"로 변경했다는 것은 분명하다. 그러나 탈무드를 자세히 살펴보면, 사두개파의 실질적인 원리는 부활이 없다는 것이 아니라 토라, 곧 율법에 근거해서는 부활을 증명할 수 없다는 것이었다. 물론 이 원리는 부활 교리를 완전히 부정한 것이나 다름없으며, 그 당파에 속한 사람들 대부분이 그렇게 생각했음이 확실하다. 그러나 그들의 가장 극단적인 오류조차도 그 바탕에는 역시 엄격한 문자성이라는 원리가 작동하고 있다. 정말이지 이 원리는 그들이 존립하기 위해서는 반드시 필요한 것이었다.

앞에서 우리는 바리새파의 뿌리를 찾아 특정한 기간뿐만 아니라 특별한 사건까지 살펴보았으며, 그래서 '분리된 자들'이라는 그들의 호칭을 자세하게 설명해 낼 수 있었다. 그렇다고 해서 그들이 스스로 그 호칭을 택하였다고는 생각하지 않는데, 종파나 당파치고 특정 이름을 취하는 경우가 없었기 때문이다. 바리새인은 자신들만이 참되고 신실하게 진리를 대변한다고 보았기 때문에 어떤 구별된 호칭이 필요 없다고 생각했다. 하지만 그들이 바리새인이라고 불리게 되면서 하베림이 자연스럽게 대중적인 호칭으로 자리 잡은 것이 확실하다. 예를 들어 '청교도'라는 호칭이 교회 안에 존재하는 전혀 다르고 상반된 당파를 가리켰듯이 '하베림'이라는 호칭도 그런 식으로 사용되었다. 하지만 '사두개'라는 이름은 그 당파의 기원이 그렇듯이 상당히 커다란 모호성을 지닌다. 그 이름과 기원에 대해 좀 더 구체적으로 살펴보자. 우리는 다음과 같이 추정할 수 있을 뿐이다. 사두개라는 이름이 대제사장 사독에게서 유래했거나, 종교에서 보상을 구해서는 안 된다는 원칙을 주장한 랍비 사독에게서 유래한 것인데 이후 사두개인들이 그 원칙을 오해하고 잘못 적용한 것이거나, 아니면 히브리 단어 차디킴(의로운 자)에서 유래한 것일 수 있는데, 이런 설명들은 그 나름 진리의 일면을 담고 있기는 하지만 충분하지 않다.

사두개인 '종파'가 바리새파에 대한 반발로 생겨났다는 데는 의문의 여지가 없다. 바리새파가 율법에 자기네 주석과 해석과 전승을 덧붙였다면 사두개파는 율법의 순수한 문자 위에 자기네 견해를 세웠다. 그들은 사람의 생각을 덧붙이거나 공덕을 내세우는 것을 용납하지 않았으며, 지나치게 의로움을 내세우지도 않았다.[◉] 그들로서는 체다카, 곧 '의로움'을 실천하는 것으로 충분했다. 우리는 그들이 내세웠던 이러한 원론적인 생각이 어떻게 사람들 사이에서 한 당파의 별명으로 받아들여져 비꼬는 말이나 지지하는 말로 사용되기에 이르렀는지 이해할 수 있다. 바리새파가 그들 이름을 받아들였듯이 이 당파도 점차 그런 호칭을 수용하게 되었다. 그런데 여기서 나는 사두개파라는 호칭이 차디킴에서 온 것이라고 보는 사람들의 생각에 동의한다. 하지만 문법적으로 설명이 안 되는, '차디킴'에서 '차두킴'으로 변한 것은 어떻게 보아야 할까? 이렇게 간단히 글자 하나를 바꾸어 의미를 뒤집어 놓은 일이 흔히 그렇듯 사두개파의 적수들에게서 비롯된 것이 아닐까? 가령 그들이 말하기를 "너희가 차디킴이라고? 아니지, 너희는 차두킴이라고 해야 마땅하다"라고 했을 수 있다. 차두킴은 아람어 '차두'(황폐케 하는, 또는 황량함)에서 온 말로, 따라서 그 의미는 "너희는 의로움을 지키는 자가 아니라 무너뜨리는 자"라는 뜻이다. 이름의 기원을 이런 식으로 파악하는 것이 훗날 사두개파가 자기네 역사의 뿌리를 대제사장 사독에게서 찾은 일이나 아니면 자신들이 고수하는 구호의 원천이 된 유대교 전통주의의 한 선조에게서 찾으려 했던 일과 상충한다고 볼 수는 없다. 역사에서는 이와 비슷하게 종교적 당파의 기원을 과거로 거슬러 올라가 찾고자 하는 사례를 적지 않게 볼 수 있다.

◉ 우리가 그 명령하신 대로 이 모든 명령을 우리 하나님 여호와 앞에서 삼가 지키면 그것이 곧 우리의 의로움이니라 할지니라(신 6:25).

우리는 사두개파 사상을 옹호한 사람들이 주로 부유하고 사치한 귀족계급과 부유한 제사장 가문에 속한 사람들이었다는 사실을 안다. 이에 반해 요세푸스와 신약성경에서 증언하는 내용에 따르면, 다수의 백성과 특히 여성들은 바리새파를 따르고 존경했다. 이렇게 하베림의 '조직'은 교황지상주의자들처럼 점차 대중적인 당파가 되어 갔다. 마지막으로, 바리새주의는 본성상 전통적 학식을 기반으로 삼았던 까닭에 유대교 신학 연구의 전반적인 흐름을 주도하게 되었으며 마침내 하베르는 랍비, 곧 '현자'나 '현자의 제자들'이 되었다. 이와 대조적으로 하베르가 아닌 사람들, 곧 '암 하아레츠'는 전통적인 학식에 무지하고 그 규정들에 태만한 사람을 가리키는 호칭이 되었다. 이런 바리새주의의 특성은 유대 국가가 해체되고 그로 인해 '형제단'의 책무를 더 이상 수행할 수 없게 되면서 두드러지게 되었다. 이렇게 변화된 형편에서 옛 시대의 바리새인은 그 당파의 지도자들에게 작지 않은 골칫거리가 되었는데, 이는 시간이 흐르면서 불가피한 발전을 겪게 되는 종파에서 원래의 지지자와 옹호자들에게 흔히 있는 일이었다.

지금까지 살펴본 내용에서 우리는 바리새파와 사두개파가 성전이나 회당에서 이탈한다는 의미에서의 종파는 아니었다는 것과 유대 백성들은 바리새파와 사두개파로 나뉘지 않았다는 사실을 확인했다. 헤롯 당시에는 공식적인 바리새인이 소수(6,000명)였다는 것과 신약성경에서 언급하는 사실들, 그리고 필론이 한 번도 바리새인이라는 이름을 언급하지 않는다는 기이한 점은 우리가 역사 탐구로 밝혀낸 결과를 확증해 준다. 즉, 바리새인은 처음에는 하나의 조직이었으며 이어서 당파로서 이름을 얻게 되었고 결국에는 신학 사상의 한 경향을 대변하게 되었다는 것이다. 신약성경에는 이 두 당파만 등장한다. 그러나 요세푸스와 필론은 '에세네파'도 언급한다.◉ 에세네파의 교의와 실천에 대해 논하거나 그 이름의 기원과 관련된 복잡한 문제를 다루는 일은 이 책의 테두리를 벗어난다. 이 당파는 그들의 특성으로 인해 큰 영향을 끼치지 못했으며 또 오랜 기간 존속하지도 못했다. 에세네파는 상급에 속한 바리새주의와 경건주의적 사고를 하나로 묶고 거기에다 동방

◉ 바리새파는 인간의 행위 전체가 아니라 일부만이 운명의 작용이며 어떤 행위는 인간의 능력에 맡겨졌다고 말했다. 또 그런 행위들이 운명 앞에 무기력하지만 결코 운명에 좌우되는 것은 아니라고 주장하였다. 그러나 에세네파는 운명이 모든 것을 지배하며 인간에게 일어나는 일치고 운명의 결정에 좌우되지 않는 것이 없다고 주장하였다(유대 고대사 13.172).

의 신비주의, 특히 메디아-페르시아 종교에서 유래한 실천까지 결합했던 것으로 보인다. 에세네파가 지닌 바리새주의적인 요소에 대해서는 에세네파의 모든 제도가 수준 높은 정결을 목적으로 삼았다는 사실이 충분한 증거가 될 듯싶다. 동방의 신비주의 요소와 관련해서는, 우리가 알고 있는 에세네파의 사고를 깊이 헤아리고 그것을 조로아스터교의 체계와 비교해 볼 때 분명하게 확인할 수 있다. 또 "팔레스타인이 페르시아의 영향 아래 있었다"는 사실로부터도 풍부한 증거 자료들을 얻을 수 있다.[2]

에세네파는 인원이 4,000명을 넘어선 적이 없으며, 외부 사람들과 담을 쌓고 살면서 그 사회나 예배에 참여하지 않았고, 결혼하지 않는 것을 일반 원칙으로 삼았던 까닭에 오래지 않아 소멸하게 되었다. 랍비 문헌을 살펴보면 에세네인의 분파라고 부를 만한 조직들을 다수 언급하고 있는데, 그것들은 모두 바리새주의의 신비적이고 금욕적인 갈래에 해당하는 것이 분명하다.[◎] 그 이름을 들면, 첫째는 바티킨, 곧 '강한 자들'로 새벽이 올 때 기도를 담당하는 사람들이고, 둘째는 토블 샤흐리트, 곧 '아침 세례자들'로 아침기도가 있기 전에 몸을 물에 씻어 순결한 상태에서 하나님의 이름을 말할 수 있게 하는 사람들이며, 셋째는 케할라 카디샤, 곧 '성결한 회중'으로 하루의 삼분의 일을 기도하는 데 쓰고 공부하고 노동하는 데 각각 삼분의 일을 사용하는 사람들이다. 또 넷째는 바나임, 곧 '건설자들'로 지고의 성결을 추구하는 일 외에 하나님과 세상에 대한 신비적인 연구에 힘쓰는 사람들이며, 다섯째는 제누임, 곧 '은밀한 경건자'로 따로 자기네 사상과 저술을 은밀히 간직하는 사람들이며, 여섯째는 네키제 하다스, 곧 '마음이 순결한 사람들'로 그들의 형제들에게서 철저히 분리되는 사람들이다. 일곱째는 하샤임, 곧 '신비로운 자들'이며, 마지막은 아심, 곧

2. 대성당 참사회원인 라이트푸트의 『골로새서 주석』 p. 151를 보라. 라이트푸트 교수가 확고한 지식과 공평하고 차분한 논의 전개를 바탕으로 제시한 에세네파에 대한 탁월한 논의는 흔히 보이는 난삽한 사변을 뛰어넘어 역사적 탐구의 차원에서 에세네파 연구의 새 시대를 열어 놓았다고 말할 수 있다. 바리새파와 사두개파의 독특한 교리를 학문적으로 논하거나 에세네파의 사상을 다루는 것은 이 책의 한계를 넘어선다. 이 일은 다음 기회로 미뤄야 마땅하다. 그러나 라이트푸트 교수의 연구 결과에 비추어 볼 때, 필자도 『유대 민족의 역사』에서 어느 정도 만족스럽게 그의 견해와 유사한 결론에 도달했다고 말할 수 있겠다. pp. 433-461에서 에세네파와 카발라에 관해 다룬 부분을 참조하라.

◎ 에세네파 사람들은 쾌락을 악으로 여겨 멀리 했는가 하면 절제와 격정을 다스리는 일을 높이 평가해 덕으로 삼았다. 그들은 결혼을 하지 않는 대신, 순종적이고 학습에 재능이 있는 다른 사람의 자녀를 받아들여 친자식처럼 귀하게 여기고 자기네 풍습에 따라 양육하였다(유대 전쟁사 2.120).

'돕는 자들' 또는 '치유자들'로 여호와의 성스러운 이름의 올바른 발음과 그것이 뜻하는 모든 것을 간직하는 일을 하는 사람들이다.[3]

유대 땅 어느 마을에서건, 온통 흰색 옷으로 차려입고 긴 세월의 흔적으로 찌든 샌들과 겉옷—헤어져 못쓰게 될 때까지 버릴 수 없었다—을 걸치고 있으면서도 빈틈 하나 없이 정결한 사람이 불쑥 당신 앞에 나타난다면, 그는 바로 에세네파 사람이다. 행인들은 잠시 걸음을 멈추고 존경심과 호기심 섞인 눈으로 그를 살펴보았을 것이다. 그는 도시나 시골에서 좀처럼 보기 힘든 사람이요, 다른 백성들과 떨어져 사막에 특히 사해 근처에 공동체를 이루고 살았던 까닭이다. 그 '조직'은 정결함뿐만 아니라 금욕과 자기부정이라는 특성으로 인해 널리 알려져 있었다. 에세네파는 안식일을 엄격히 준수하기는 했지만 어디까지나 자기네 회당 안에서 지켰다. 제단에 헌물을 보내기는 했지만 성전에는 참석하지 않았고 희생제물을 바치지도 않았다. 그 이유는 그런 제도들이 레위기 율법에 합치할 만큼 정결하지 못하다고 생각했고, 또 자기네 식탁을 제단으로 여기고 그들의 공동식사를 희생제사로 보았기 때문이다. 그들은 극히 엄격한 서약을 맺어 하나로 결속하고 철저히 맹세를 준수하였으며 극히 호된 규율을 지키는 조직을 세웠다.◉ 회원들은 포도주와 육류와 올리브유를 멀리했으며, 대부분 결혼을 하지 않았다. 그들은 재산을 공유하고 가난과 금욕, 상급자에 대한 복종을 의무로 삼았다. 도덕적 순결이 요구되었으며 특히 참된 것을 말해야 할 의무가 있었다. 맹세하는 일이 금지되었고 노예를 거느리는 것 역시 그랬다.

이 조직은 네 계급으로 이루어졌는데 상위 계급에 속한 사람이 낮은 계급의 사람과 접촉하면 부정하게 되었다. 수련 기간은 2년 동안 계속되었고 첫해가 끝나면 지원자는 좀 더 친밀한 교제

3. Hamburger, *Real-Enc. für Bibel u. Talmud*, vol. 2. p. 173. 헤게시푸스는 일곱 개의 히브리 종파에 대해 말하지만(유세비우스 『교회사』 2권에서) 그의 견해는 간접적인 자료가 분명하다.

◉ 에세네파 사람들은 기름을 부정한 것이라고 생각했다. 그래서 동의하지 않았는데 기름 부음을 당했을 때는 몸에서 기름을 닦아 냈다. 흰옷 입는 것을 좋아했듯이 몸에 땀이 흐르는 것이 좋은 일이라고 생각했기 때문이다. 또 그들은 집사를 임명해 공동체 전체의 일을 돌보도록 했다. 집사들은 특정한 사람을 위해 한정된 일을 하는 게 아니라 전체에 유익이 되는 일을 했다(유대 전쟁사 2.123).

에 참여할 수 있기는 했다. '장로들'이 다스렸으며 그들에게 입회와 제명을 결정할 권한이 있었다. 제명은 곧 굶주려 죽는 것을 의미했는데, 에세네파 사람은 다른 사람들과 어울리지 않겠다는 철저한 맹세로 무장했던 까닭이다. 그들의 일과는 해가 뜨면서 시작되어 가장 먼저 기도에 참여했다. 기도하기 전에는 세속적인 것은 어떤 것도 말할 수 없었다.◉ 기도가 끝난 후에는 농사일에 힘쓰거나—그들에게는 가축이나 양떼를 치는 일이 허용되지 않았다—자비를 베푸는 일, 그중에서도 특히 병자를 치유하는 일에 힘썼다. 11시에 목욕을 한 후 옷을 갈아입고 공동식사에 참여했다. 제사장의 기도로 식사를 시작하고 끝냈다. 그들은 나이와 위계에 따라 자리를 잡았으며, 최고 연장자가 진지한 대화를 이끌었다. 그러나 밖에서는 들리지 않을 정도로 조용한 목소리로 말했다. 젊은 사람들이 시중을 들었다. 각자 빵과 소금에 더해 다른 음식을 나누어 받았으며, 웃어른들에게는 특별히 우슬초로 만든 양념과 따뜻한 물이 허락되었다. 식사가 끝나면 옷을 벗고 일터로 돌아가서 저녁때까지 일했다. 저녁에 다시 공동식사가 있었는데 이때는 황홀하고 열정적인 정신 상태를 나타내는 신비한 찬양과 춤이 동반되었다.

◉ 에세네파의 교리는 다음과 같다. 에세네파는 만물이 하나님에게서 온다고 보았다. 그들은 영혼이 불멸한다고 가르쳤으며 의로운 일에 대한 보상을 열심히 구해야 한다고 강조했다. 그들은 하나님께 드린 것을 성전으로 보내긴 했지만 희생제물을 바치지는 않았다. 그들에게는 그 나름의 훨씬 더 정결한 예식이 있기 때문이었다. 이런 까닭에 그들은 사람들과 함께하는 성전 뜰을 멀리하고 그들 스스로 희생제사를 드렸다. 그들의 삶은 다른 이들보다 훨씬 더 나았다. 그들은 온 정성을 다해 농사일에 힘썼다(유대 고대사 18.18-19).

더 이상 이 주제에 대해 논할 필요는 없다. 에세네파의 특징인 세상으로부터 분리, 철저한 안식일 준수, 정결에 관한 견해, 희생제사 반대, 부활 교리의 철저한 부정 같은 것은 제쳐 두고 지금까지 살펴본 것만으로도 그들이 기독교의 기원과 아무런 관계가 없다는 점을 입증하기에 충분하다. 이러한 주장이 진지한 역사학도에게는 놀랍고 기독교인에게는 당혹스러울 것이다. 하지만 이 같은 신비 종파들이 거룩하신 분과 메시아, 하나님 나라 및 그와 유사한 교리에 관한 개념을 보존하고 있으며, 그 개념들이 나중에 이른바 회당의 '비밀 전승'을 통해 나타났고, 예언 문서들에 대한 연구에서 밝혀졌듯이 기독교 진리의 놀라운 흔적을 담고 있다는 사실은 의심의 여지가 없다. 그러나 여기서는 이 점에 대해 논하지 않겠다.

바리새파와 사두개파, 에세네파 한가운데 그리스도와 복음이 담겼다! 이제 우리는 실상을 이해하고 상호관계를 파악할 수 있다. 기존의 공동체들과 종교 경향, 시대정신은 결코 하나님 나라에 대한 접촉점을 제공하지 못하며 본질적인 면에서 완전히 상충할 뿐이다. '길을 예비하는 자'는 그 종파들 어느 쪽도 근거로 삼을 수 없다. 그는 오직 '광야에서' 외칠 수 있을 뿐이다. 그는 바리새파와 사두개파와 에세네파의 기원을 훌쩍 뛰어넘어 첫 유월절 때 이스라엘을 성결케 한 일로 돌아가며, 이제 그때의 일이 온전한 현실로 나타났음을 증언한다. "보라, 세상 죄를 지고 가는 하나님의 어린양이로다."요 1:29 기독교의 첫 번째 큰 기적이 중간에 막힌 담을 무너뜨린 것이었다면, 두 번째 기적은 다음과 같이 설명할 수 있다. 주위의 종교 공동체들에서는 기독교와 유사하거나 기독교에 공감하는 점을 전혀 볼 수 없었고 기독교의 새 가지를 접붙일 만한 줄기를 찾을 수 없었다.◉ 오히려 기독교는 말 그대로 "마른 땅에서 나온 뿌리 같아서" 이에 대해 바리새파와 사두개파와 에세네파가 "고운 모양도 없고 풍채도 없은즉 우리가 보기에 흠모할 만한 아름다운 것이 없도다"사 53:2라고 조롱할 만한 것이었다. 가나에서 일어난 두 가지 이적이 담고 있는 의미를 분명하게 밝히기 위해서는 이 두 번째 기적을 앞에다 놓아야 할 것이다.

◉ 그는 주 앞에서 자라나기를 연한 순 같고 마른 땅에서 나온 뿌리 같아서 고운 모양도 없고 풍채도 없은즉 우리가 보기에 흠모할 만한 아름다운 것이 없도다. 그는 멸시를 받아 사람들에게 버림 받았으며 간고를 많이 겪었으며 질고를 아는 자라. 마치 사람들이 그에게서 얼굴을 가리는 것 같이 멸시를 당하였고 우리도 그를 귀히 여기지 아니하였도다(사 53:2-3).

16.

회당

기원과 제도, 외적 모양

랍비 요하난이 멋지게 말하기를, 자기 집에서 기도하는 사람은 철벽으로 집을 에워싸 견고히 세우는 것과 같다고 하였다.예. 베라코트 V. 1 그런데 곧바로 뒤따르는 말이 이런 생각을 반박하는 것처럼 보인다. 그와 같은 기도는 사람이 홀로 있을 때나 효과가 있는 것이요, 공동체가 존재하는 곳에서는 회당에서 기도해야 한다고 설명하고 있기 때문이다. 성전이 파괴되고 성전의 상징적인 예배가 중단된 이후, 대중이 갈수록 회당에 참석하는 일에 지나친 가치를 부여하고 그 도가 지나쳐 무절제하고 상식을 넘어설 정도가 되었다는 사실은 충분히 납득이 된다. 그리고 이런 현상에 적용된 성경 구절이 이사야 66:20, 55:6, 시편 82:1과 같은 말씀이다.◉ 바빌론 탈무드는 한술 더 뜬다. 거기서 우리는 다음과 같은 글들을 읽는다.

◉ 나 여호와가 말하노라. 이스라엘 자손이 예물을 깨끗한 그릇에 담아 여호와의 집에 드림 같이 그들이 너희 모든 형제를 뭇 나라에서 나의 성산 예루살렘으로 말과 수레와 교자와 노새와 낙타에 태워다가 여호와께 예물로 드릴 것이요(사 66:20).

하나님께 올리는 기도는 회당 안에서 할 때에야 제대로 된 효과를

얻는다.[베라코트 6 A]

날마다 회당을 찾는 사람이 한 차례라도 그 일을 빼먹는다면 하나님께서 그에게 해명을 요구하시며, 또 하나님께서 열 명도 못되는 사람이 회당에 모인 것을 보신다면 그분의 분노는 이사야 50:2에 기록된 것처럼 타오르게 된다.[베라코트 6 B◉]

◉ 내가 왔어도 사람이 없었으며 내가 불러도 대답하는 자가 없었음은 어찌 됨이냐. 내 손이 어찌 짧아 구속하지 못하겠느냐. 내게 어찌 건질 능력이 없겠느냐. 보라, 내가 꾸짖어 바다를 마르게 하며 강들을 사막이 되게 하며 물이 없어졌으므로 그 물고기들이 악취를 내며 갈하여 죽으리라(사 50:2).

어떤 사람이 자기 마을에 회당이 있는데도 기도하기 위해 그곳을 찾지 않는다면 그는 악한 이웃이라고 불러 마땅하고 예레미야 12:4에 기록된 대로 자기 자신과 자녀들을 패망에 이르게 하며, 반면에 아침 일찍 한결같이 회당을 찾는 사람은 장수를 누리게 된다.[베라코트 8 A]

그러나 이런 터무니없는 생각들과는 별개로, 회당 조직은 탈무드 시대 훨씬 전부터 팔레스타인의 사람들뿐만 아니라 흩어져 있는 유대인들 사이에 널리 퍼졌으며, 또한 내적인 이유뿐만 아니라 외적인 이유로도 갈수록 회당이 꼭 필요한 것으로 여겨졌음이 분명하다.

신약성경을 읽어 본 사람이라면 우리 주님의 시대에 회당이 온 땅에 퍼져 있었다는 것과 그 회당에서는 예로부터 모세의 글을 읽어 왔고,[행 15:21◉] 권세 있는 사람들이 회당을 다스리고 규율을 유지했으며, 예배는 상당히 자유로우면서도 확고하게 틀이 잡혔고, 예배 중에는 예언자의 글을 읽는 순서가 있고 그 후에는 대체로 권면[행 13:15]과 강론[눅 4:17]이 이어졌다는 사실을 안다. '회당'[SYNAGOGUE]이라는 말은 그리스어에서 온 것으로, 종교적인 목적을 위해 '함께 모이는 일'을 의미한다. 이 일을 가리켜 랍비들이 사용한

◉ 이는 예로부터 각 성에서 모세를 전하는 자가 있어 안식일마다 회당에서 그 글을 읽음이라 하더라(행 15:21).

가버나움의 옛 회당터

회당 조직은 탈무드 시대 훨씬 전부터 팔레스타인의 유대인뿐만 아니라 흩어져 있는 유대인들 사이에 널리 퍼졌으며, 또한 내적인 이유뿐만 아니라 외적인 이유로도 갈수록 회당이 꼭 필요한 것으로 여겨졌다.

'케니사'와 '케네세트'라든가 '치부르', '바드', '카할' 같은 용어들은 대체로 같은 말로 볼 수 있다. 그러나 흥미롭게도 구약성경이나 랍비들 모두 미묘한 차이를 두어 구분하는데, 이 점은 최근의 신학 논의에서 잘 알려져 있다. 구약성경은 '회중'으로서의 이스라엘을 가리키는 데 '에다'와 '카할' 두 용어를 사용하며, 둘 가운데 앞엣것은 주로 외적 조직이라는 면에서 이스라엘을 회중—오늘날 우리가 가시적인 교회라고 부르는 것—이라고 말하며 반면에 뒤엣것은 그들의 내적이고 영적인 관계를 가리킨다. 70인역 성경도 이러한 구분을 인정한 것으로 보인다. 70인역 성경에는 '에다'라는 말이 130회 나오는데 언제나 '회당'으로 번역되고 '에클레시아'(교회)로는 번역되지 않는다. 이에 반해 '카할'은 70곳에서 '에클레시아'로 번역되고 37곳에서만 '회당'으로 번역된다. 이와 비슷하게 미쉬나에서는 '카할'을 전체 이스라엘을 가리키는 말로만 사용하고 '치부르'는 전체 교회와 개체 교회들을 모두 나타내는 말로, 곧 전체 이스라엘과 개별 회중을 나타내는 말로 사용한다.

회당의 기원은 전통의 모호함으로 인해 확인이 불가능하다. 물론 다른 많은 제도들처럼, 랍비들은 회당의 기원을 멀리 거슬러 올라가 족장들에게서 찾는다. 요나단 타르굼과 예루살렘 타르굼에서는 야곱을 회당에 참석한 사람이라고 말하며 리브가가 태중에 있는 두 아들이 기이하게 다투는 것을 느끼고는 회당을 찾아 조언을 구했던 것으로 묘사한다. 물론 이런 말들을 진지하게 받아들여야 할 근거는 없다. 열왕기하 22장에서 우리는 서기관 사반이 '율법책'을 '여호와의 성전'에서 발견했다고 말하는 것을 보게 되는데, 이것이 뜻하는 바는 요시야 왕이 다스리던 때 그 땅에는 회당이 없었다는 것이다. 회당의 주된 목적은 매주 모세의 책을 읽는 일이었고 그렇기에 그 책을 보존하는 것은 당연한 일이었기 때문이다.[행 15:21] 흠정역 성경은 시편 74:8을 "그들이……이 땅에 있는 하나님의 모든 회당을 불살랐나이다"라고 옮기고 있다. 그러나 이 번역에 대해 이의를 제기할 만한 충분한 근거가 있다. 또 이 번역을 받아들인다 해도 회당이 출현한 정확한 시대가 언제인지의 문제를 해결해 주지는 못한다.

다른 한편, 율법서나 예언서 어느 쪽에서도 회당 예배에 대한 실마리를 발견할 수 없다. 주제의 중요성을 고려할 때 이 사실은 매우 결정적이다. 이에 더해, 구약성경 시대에는 그런 식의 모임이 들어설 여지가 없었다는 점도 지적할 수 있겠다. 그때는 총체적 예배, 곧 희생제사가 지배적이었다. 희생제사는 이스라엘 백성이 하나님께 나아가는 수단이자 하나님께서 당신의 백성에게 복을 베푸시는 길이었다. 기도하거나 하나님과 교제하기 위해 모이는 일은 전체 공동체가 관련된 한에서 성령의 섭리에 속한 일이다. 때를 따라 하나님의 영으로 충만한 사람이 등장하면 주님을 더 깊이 알고 주님과 친밀한 교제를 원하는 백성들이 안식일과 초하루에 그들 주위로 몰려들었던 것도 이러한 일반 원칙에 완전히 부합한다. 경건한 수넴 여인은 엘리사에게 달려갔으며[왕하 4:23]◉ 다른 사람들도 '예언자'나 그 제자들이 가까운 곳에 있으면 으레 그렇게 했던 데서 그 사례를 볼 수 있다.

◉ 그 남편을 불러 이르되 청하건대 사환 한 명과 나귀 한 마리를 내게로 보내소서. 내가 하나님의 사람에게 달려갔다가 돌아오리이다 하니 그 남편이 이르되 초하루도 아니요 안식일도 아니거늘 그대가 오늘 어찌하여 그에게 나아가고자 하느냐 하는지라. 여인이 이르되 평안을 비나이다 하니라(왕하 4:22-23).

그러나 바벨론 포로기를 지내면서 전혀 다른 사태가 발생하였다. 성전 예배를 잃어버린 형편에서 사람들이 이교신앙—예언자들의 훈계나 해방에 대한 소망으로도 쉽게 막아 낼 수 없는 위험—에 빠져들지 않도록 하기 위해서는 어떤 형태로든 종교적 회합이 꼭 필요하게 되었다. 이스라엘의 종교를 존속케 하기 위해서나 이스라엘을 하나로 묶는 국가적 결속력을 유지하기 위해서는 회당 제도가 필요할 뿐만 아니라 바람직하다고 여겨졌다. 사실 에스라와 느헤미야의 책들을 주의 깊게 읽는 사람이라면 바벨론에서 돌아온 이후에 회당이 시작되었다는 점을 간파할 것이다.◉ 그 회당들은 아주 초보적인 수준이었으며, 이교신앙에 반쯤 물들어 돌아온 무지한 이들을 교육하는 것을 주된 목적으로 삼고서 이제 막 출발점에 서 있었다. 뒤이어 시리아의 혹독한 억압과 박해 시기가 이어졌고 마카베오 가문의 봉기가 있었다. 이러한 형편에서 어떻게 회당 제도가 발전하고 장차 맡게 될 역할과 의미를 점진적으로 획득해 나가게 되었는지를 충분히 이해할 수 있다. 성전 예식이 영적인 중요성을 잃어 가고 유대교가 외적 규례와 세세한 구분과 논리 다툼의 문제로 변질되면서 점차 회당이 중요한 비중을 차지하게 되었다는 것을 기억할 필요가 있다. 그 결과 그리스도 시대에 외국의 모든 유대인 정착지에는 하나 이상의 회당이 세워졌으며—알렉산드리아의 회당에 관해서는 두 권의 탈무드가

◉ 일곱째 달 초하루에 제사장 에스라가 율법책을 가지고 회중 앞 곧 남자나 여자나 알아들을 만한 모든 사람 앞에 이르러 수문 앞 광장에서 새벽부터 정오까지 남자나 여자나 알아들을 만한 모든 사람 앞에서 읽으매 뭇 백성이 그 율법책에 귀를 기울였는데(느 8:2-3).

힘 있는 말로 눈부시게 묘사한다—팔레스타인 땅에는 회당이 촘촘하게 들어섰다. 여기서 우리는 팔레스타인의 회당에만 관심을 두고 살펴보겠다.

하나님의 일에 온전히 헌신할 여유가 있고 또 기꺼이 그러려는 사람[1]이 열 명만 된다면 도시든 시골이든 회당을 하나 이상 세울 수 있었다.◉ 회중을 구성할 수 있는 최소한의 인원을 열 명으로 정한 근거로는 민수기 14:27이 제시된다. 그 본문을 보면, 여호수아와 갈렙을 제외한 열 명의 정탐꾼이 그릇된 보고를 하였는데 그들을 '악한 회중'이라고 말하고 있다.◉ 큰 도시에는 여러 개의 회당이 있었고 그중에는 수많은 회당을 둔 도시도 있었다. 우리는 사도행전 6:9에서 예루살렘이 이런 사례에 해당하는 것을 보게 된다. 또 전승을 통해서 알렉산드리아인들이 세운 회당에 관한 내용도 알 수 있는데, 스데반은 출생이나 아니면 교육을 통해 여기에 속했으며 그러한 토대 위에서 그 사람들과 교류했을 것이다. 랍비들의 주장에 의하면, 예루살렘이 파괴되던 당시에 그 도시에는 480개가량의 회당이 있었고 최소한 460개는 되었다. 480이라는 숫자가 상징적인 숫자들의 배수(4×10×12)로 사용되었거나 그와 비슷한 신비적인 의미로 사용된 것일 수 있는데, 그렇지 않다면 지나치게 과장된 수치로 보인다.

나그네가 어떤 도시나 마을로 들어갔을 때 회당을 찾는 것은 그리 어렵지 않았다. 회당이 우리네 교회당처럼 사람들의 눈길을 하늘로 이끄는 첨탑을 갖추지는 못했어도 적어도 그 지역에서 가장 높은 장소에 세워졌다. 그렇게 해서 회당의 업무가 그 밖의 모든 일보다 훨씬 우월하다는 것을 상징적으로 드러내 보이고 또 주의 전은 "모든 산 꼭대기에 굳게 설 것이요 모든 작은 산 위에 뛰어나리니"[사 2:2]라고 말한 예언자의 말을 기억나게 하였다. 만

1. 바트라님(*Batlanim*)을 말한다. 이 용어의 정확한 의미를 둘러싸고 다양한 학문적 논쟁이 이루어졌다.

◉ 어떤 곳을 도시라고 볼 수 있는가? 여유 있는 사람 열 명이 있는 모든 곳이다. 그 숫자보다 적으면 그곳은 마을이다(메길라 1. 3).

◉ 나를 원망하는 이 악한 회중에게 내가 어느 때까지 참으랴. 이스라엘 자손이 나를 향하여 원망하는 바 그 원망하는 말을 내가 들었노라(민 14:27).

일 그런 장소를 구하지 못하면 잠언 1:21의 말씀을 지침으로 삼아 거리의 '길목'이나 큰 광장의 '어귀'에 세워야 했다. 우리 주님께서 "회당과 큰 거리 어귀에 서서 기도하기를 좋아"하는[마 6:5] 사람들에 대해 말씀하셨을 때 바로 이 점을 염두에 두셨을 것이다. 당시에는 회당 입구에 들어서면서 기도하는 것이 일반적인 관행이었다. 한편, 한눈에 들어오는 장소를 구할 수 없을 때는 회당 지붕 위로 기둥을 덧대서라도 가장 높은 집보다 높게 만들어야 했다. 회당을 다른 집들보다 낮게 세운 도시는 무너지게 될 것으로 여겨졌다.

일반적인 회당 건물의 구조에 대해서는 지금도 남아 있는 가장 오래된 회당뿐 아니라 최근에 팔레스타인에서 발굴된 건물들을 통해 제대로 된 모습을 확인할 수 있다. 내부를 보면, 단순한 직사각형이나 원형의 구조로 되어 있어 한 줄이나 두 줄로 된 주랑이 딸리고 약간의 조각 장식이 있었다. 외부에는 대체로 상인방[上引枋]에 성스러운 상징을 새겨 놓았는데, 보통 일곱 가지 달린 촛대나 만나 항아리 모양이었다.[2]◉ 만나 항아리 문양을 사용한 사례로서 매우 중요하기에 그냥 지나칠 수 없는 것이 하나 있다.[3] 우리 주님의 "본 동네"[마 9:1]인 가버나움에는 단 하나의 회당이 있었는데, 경건한 백부장이 비용을 대서 지은 것이었다. 흠정역 성경에서는 유대인 장로들이 칭찬한 말을 "그가 우리 민족을 사랑하고 또한 우리를 위하여 회당 하나[A SYNAGOGUE]를 지었나이다"[눅 7:5]로 옮기고 있지만, 원문에는 정관사[THE SYNAGOGUE]로 되어 있으며, 이 사실은 우리가 나사렛에 회당이 하나뿐이었다고 추정하는 것과 일치한다.[마 13:54]◉ 비교적 최근까지만 해도 고대 가버나움의 위치는 알 수 없었다. 그러나 오늘날의 텔 훔[TELL HUM]이 바로 그곳이라는 주장이 지금 널리 인정받고 있으며 그에 대해 의문을 제기하는 사람이 거의 없다. 훨씬 더 흥미로운 사실은, 선한 백부장이 세운 바로 그 회당의

2. "여호수아 때부터 사무엘 때까지 언약궤가 안치되었던 실로의 장막에 관해 알 수 있는 흔적은 전혀 남아 있지 않다. 그러나 한 작은 구릉 위에서 한때 회당이었다가 그 후 교회로 사용되고 이어서 이슬람 사원으로 사용된 건물의 유적이 발견되었다. 출입구 위의 상인방에는 로마식 항아리와 닮은 그릇이 두 개의 화환 사이에 새겨져 있다. 그것은 동전이나 가버나움 회당 유적에서 볼 수 있는 전통적인 '만나 항아리' 모양과 매우 비슷하며, 그곳에 있던 원래 건물의 일부였던 것이 분명하다. 그 회당이 오랜 세월 유대인들이 예배의 중심지로 삼았던 거룩한 장소에 세워졌을 것이라고 추측해도 무리는 아니다"(*Those Holy Fields: Palestine*).

◉ 또 모세가 아론에게 이르되 항아리를 가져다가 그 속에 만나 한 오멜을 담아 여호와 앞에 두어 너희 대대로 간수하라(출 16:33).

3. Canon Williams, *The Bible, as Illustrated by Modern Science and Travel; Papers read before the Church Congress at Dublin*(1868), pp. 31-32.

◉ 고향으로 돌아가사 그들의 회당에서 가르치시니 그들이 놀라 이르되 이 사람의 이 지혜와 이런 능력이 어디서 났느냐(마 13:54).

유적이 백일하에 드러났다. 일체의 의혹을 잠재우기나 하듯이 그 건축 구조는 분명 헤롯 시대의 것이었다.

여기서 우리는 복음서 이야기를 밝혀 주는, 우연하지만 완벽한 증거를 만나게 된다. 우리는 주님의 말씀을 듣고자 몰려든 5,000명의 무리 속에 있던 한 소년이 가져온 보잘것없는 음식을 주 예수께서 축복의 말씀을 통해 크게 늘리셨으며, 그 결과 무리들이 주린 배를 채웠을 뿐만 아니라 열두 제자 모두 바구니에 남은 음식을 가득 채웠다는 사실을 안다. 기적의 양식을 베푼 그날 밤에도 다시 한 번 놀라운 구원이 베풀어진다. 제자들이 호수를 건너고 있을 때, 흔히 그랬듯이 산에서 호수로 몰아치는 돌풍이 그들을 덮쳐 흔들어 댔다.[◉] 제자들이 곤경에 처했을 때 돌연 바다 위를 걸어 배를 향해 오는 사람이 있었는데 바로 주님이셨다. 달빛 아래 그분의 친숙한 모습이 드러나고 가까이 다가오시면서 물 위로 그림자가 퍼지자 물은 순종하여 그분의 발을 품었으며 제자들은 두려워하였다. 참으로 놀라운 광경, 너무나 놀라워 현실로 받아들이기 힘든 광경이었고, 너무나 무서워 현실이라면 감히 받아들이기가 힘든 일이었다. 그래서 제자들은 그분을 배로 모셔 들이기 망설였던 것으로 보인다.[4] 그러나 곧바로 제자들은 그분의 모습을 보고 목소리를 듣자 안심하였으며 "배는 곧 그들이 가려던 땅에"요 6:21 도착했다. 그 땅은 가버나움의 해안이었다.

다음 날 아침 호수 위로는 전과 다름없이 봄날의 평온과 아름다움이 펼쳐졌다. 이어서 흰색 돛들이 잔잔한 물 위로 점점이 떠올랐다. 건너편에서 많은 사람들이 몰려오는 표시였다. 열정적으로 듣고 일어나 '그 예언자'를 왕으로 삼으려 했다가 놓쳐 버린 그 지역 주민들이 이제 그분을 따라 물을 건너오는 것이었다. 베드로와 안드레의 고향인 '그분의 본 동네'에서 그분을 찾는 일은

◉ 제자들이 노를 저어 십여 리쯤 가다가 예수께서 바다 위로 걸어 배에 가까이 오심을 보고 두려워하거늘 이르시되 내니 두려워하지 말라 하신대 이에 기뻐서 배로 영접하니 배는 곧 그들이 가려던 땅에 이르렀더라(요 6:19-21).

4. 이것이 요한복음 6:21을 19-20절과 비교해 읽으면서 받은 느낌이다.

아무런 어려움이 없었다.[막 1:21, 29] 그런데 평범한 집으로는 이렇게 주님을 에워싼 무리를 감당할 수 없었을 것이다. 그래서 군중은 회당으로 방향을 틀었을 것이라는 생각이 든다. 추측컨대 회당으로 가는 길 위에서 요한복음 6:25-28에 나오는 질문과 대답이 오갔을 것이다.[◉] 마침내 그들은 회당 입구에 도착했고, 주님은 회당 안으로 들어가 말씀하셨다. 이에 대해 요한복음 6:59은 "이 말씀은 예수께서 가버나움 회당에서 가르치실 때에 하셨느니라"고 말한다. 그런데 놀랍게도 이 회당의 상인방 부분이 발견되었으며 그 위에 새겨진 글귀가 유대인들이 예수께 물은 질문과 매우 밀접한 관계가 있다는 것이 확인되었다. 그래서 우리는 회당으로 들어간 유대인들이 그 글귀를 가리키면서 "기록된 바 하늘에서 그들에게 떡을 주어 먹게 하였다 함과 같이 우리 조상들은 광야에서 만나를 먹었나이다"[요 6:31]라고 말하지 않았을까 추측해 본다. 캐논 윌리엄스[Canon Williams]의 다음과 같은 말이 빛을 비추어 준다. "선한 백부장이 지은 회당 유적지에서 상인방이 발견되었는데, 그 위에는 만나 항아리 문양이 새겨져 있다. 더 놀라운 일은 그 외에도 풍성한 포도나무 잎과 포도송이 문양이라든지 우리 주님께서 그 회당에서 자주 말씀하신 것을 가리키는 신비로운 상징들로 장식되어 있다는 점이다."

◉ 바다 건너편에서 만나 랍비여, 언제 여기 오셨나이까 하니 예수께서 대답하여 이르시되 내가 진실로 진실로 너희에게 이르노니 너희가 나를 찾는 것은 표적을 본 까닭이 아니요 떡을 먹고 배부른 까닭이로다. 썩을 양식을 위하여 일하지 말고 영생하도록 있는 양식을 위하여 하라. 이 양식은 인자가 너희에게 주리니 인자는 아버지 하나님께서 인치신 자니라. 그들이 묻되 우리가 어떻게 하여야 하나님의 일을 하오리이까(요 6:25-28).

흥미로운 이 주제를 마치기 전에, 주님과 나란히 그분의 교회를 대표하는 두 사람을 살펴보려고 하는데 한 사람은 이방인이며 다른 사람은 유대인으로 둘 다 이 회당과 관계가 있다. 이 회당을 세운 선한 백부장에 관해 캐논 윌리엄스는 다음과 같이 기록했다. "화려하고 정교하게 세워지고 조각된 처마돌림띠와 엔타블러처, 기둥과 기둥머리와 벽감들은 인정 많은 그 로마 군인이 어떤 마음으로 회당을 봉헌했는지를 생생하게 증언한다." 또 우리는 그 회당의 책임자가 야이로였다는 사실을 안다.[◉] 야이로가 고뇌에 찬 믿음으로 간청하자 예수님은 그의 집으로 가셨고, 밖에서 떠들고 우는 무리와 피리 부는 자들을 물리치고 들어가 이제 막 여인이 될 나이의 외동딸에게 "달리다굼"이라고 말씀하셔서 생명을 다시 살리셨다.[막 5:41]

◉ 회당장 중의 하나인 야이로라 하는 이가 와서 예수를 보고 발 아래 엎드리어 간곡히 구하여 이르되 내 어린 딸이 죽게 되었사오니 오셔서 그 위에 손을 얹으사 그로 구원을 받아 살게 하소서 하거늘……그 아이의 손을 잡고 이르시되 달리다굼 하시니 번역하면 곧 내가 네게 말하노니 소녀야, 일어나라 하심이라. 소녀가 곧 일어나서 걸으니 나이가 열두 살이라. 사람들이 곧 크게 놀라고 놀라거늘(막 5:22-23, 41-42).

이제까지 회당의 겉모습에 관하여 살펴보았다. 회당의 내부 구조는 원래 성전의 도면 아니면 장막의 도면을 따른 것으로 보인다. 선교사인 이발트[EWALD] 박사의 보고에 의하면, 현존하는 가장 오랜 회당인 게르베 섬에 있는 구레네(키레네) 유대인의 회당은 성전 뜰과 성소와 지성소를 본떠 세 부분으로 구성되었다. 그리고 모든 회당에서 건물 본채는 그 둘레에 여성들을 위한 공간을 두었는데, 이것은 여인의 뜰을 나타낸다. 안쪽 깊은 곳 가장 소중한 장소는 그 뒤에 율법 두루마리를 담은 언약궤를 두었는데 이곳은 바로 지성소를 나타낸다. 나중에 이 회당이 초기 기독교 교회의 모델로 채용된 것으로 보인다. 그런데 랍비 용어를 보면 '바실리카'[BASILICA] 구조뿐만 아니라 '비마'[BEMA]라는 말도 포함하고 있다.[5] 초기 기독교인들은 국적이 유대인이었고 이교신앙은 기독교 예배에서 어떤 모범으로도 사용될 수 없었다는 점을 고려할 때, 이는 단지 추측에 불과할 뿐이다. 본론을 돌아가자. 예배자가 얼굴을 회당 쪽으로 향하지 않고 등지고 기도하는 것은 그릇된 일로 간주되었는데, 엘리야가 아랍 상인의 모습으로 나타나서 이런 죄를 범한 사람을 벌하는 이야기가 있다.[베라코트 6 B] 아랍인 모습을 한 엘리야는 "너는 마치 권세자[하나님]가 둘이나 되는 양 네 주님 앞에 서 있구나"라고 말했으며, 이어서 "그가 칼을 뽑아 그 남자를 죽였다"는 말이 따른다.

5. Vitringa, *Synag.* pp. 444-456.

한층 더 기이한 것으로, 회당 안에서 기도를 시작하기 전

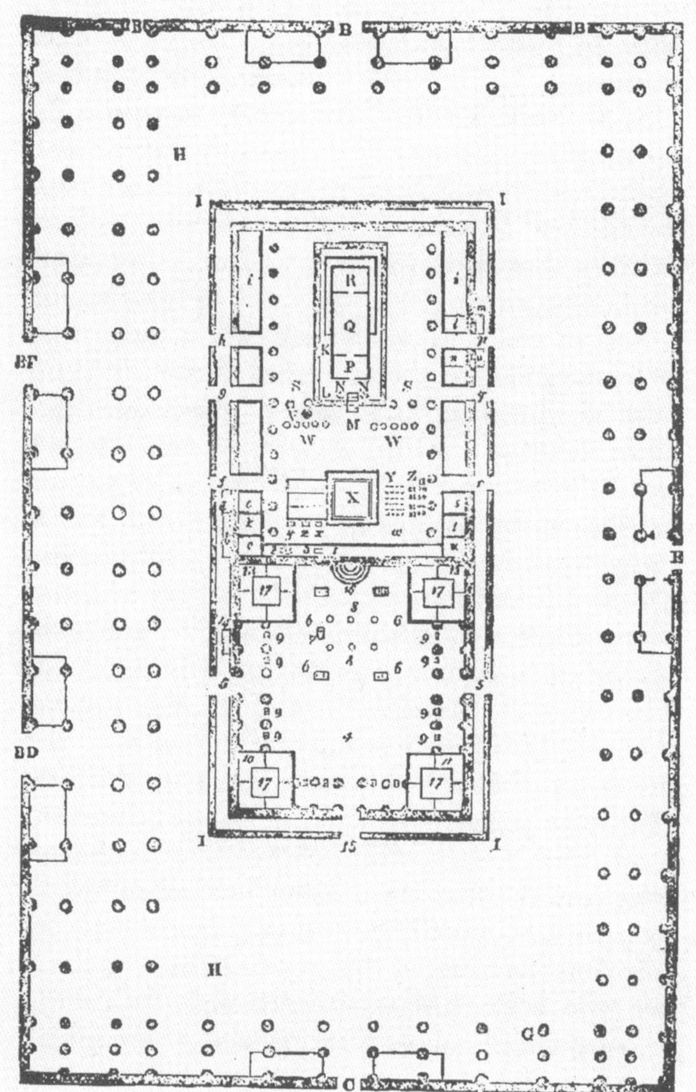

예루살렘 성전의 구조

회당의 내부 구조는 원래 성전의 도면 아니면 장막의 도면을 따른 것으로 보인다. 현존하는 가장 오랜 회당인 게르베 섬에 있는 구레네 유대인의 회당은 성전 뜰과 성소와 지성소를 본떠 세 부분으로 구성되었다.

에 최소한 '문 두 개'의 거리만큼 앞으로 나아가는 것이 필요하다는 생각이 널리 퍼졌는데 이 일은 잠언 8:34을 토대로 정당화되었다.[베라코트 8 A◎] 이 추론이 기이하기는 해도 몇몇 비평가들의 추론보다

◎ 누구든지 내게 들으며 날마다 내 문 곁에서 기다리며 문설주 옆에서 기다리는 자는 복이 있나니(잠 8:34).

는 덜하며, 탈무드 자체의 추론보다 더 이상하지도 않다. 탈무드는 앞 페이지에서[베라코트 7 A] 전능하신 분께서 내리시는 징벌의 정확한 기간에 대해 논하면서 발람이 그 기간을 정확하게 아는 유일한 사람이었다고 결론을 내리는데, 그 근거로 그가 "지극히 높으신 자의 지식을 아는"[민 24:16] 사람이라고 기록되었기 때문이라고 주장한다. 탈무드의 또 다른 규정에 따르면 회당을 떠날 때는 천천히 걸어야 하지만 회당으로 갈 때는 할 수 있는 한 서둘러야 했는데, 그 이유는 말씀에 "힘써 여호와를 알자"[호 6:3]라고 기록되어 있기 때문이었다.◉ 랍비 세이라는 한때 랍비들이 안식일(몸을 쉬게 하도록 정한 날)에 설교에 참여하기 위해 달려가는 것을 보고 분개했었는데, 호세아 11:10이 어떻게 할라카의 가르침에 적용되는지를 이해하고는 자기 자신도 그렇게 달리게 되었다고 말한다. 그렇지만 우리가 공감하듯 랍비 세이라는 비꼬는 투로 "설교에서 얻는 유익은 조급증뿐이다"라고 결론 내린다. 사람들이 조급하게 달려가지만 귀 기울여 듣는 일이나 설교에 들을 만한 것이 있는지에 대해서는 별로 신경 쓰지 않는다는 말이다.

◉ 그러므로 우리가 여호와를 알자. 힘써 여호와를 알자. 그의 나타나심은 새벽빛같이 어김없나니 비와 같이, 땅을 적시는 늦은 비와 같이 우리에게 임하시리라 하니라(호 6:3).

그들은 사자처럼 소리를 내시는 여호와를 따를 것이라 여호와께서 소리를 내시면 자손들이 서쪽에서부터 떨며 오되(호 11:10).

회당을 짓는 일은 부유한 주민이 힘을 보탠다 해도 원칙상 회중이 비용을 감당해야 했다. 알다시피 때로는 특정 개인이 비용을 부담해 회당을 짓기도 했는데, 그렇게 하는 것은 특별한 공로를 쌓는 일이라고 보았다. 특별한 예로, 유대인의 수가 적은 곳에서는 개인 집의 커다란 방을 따로 떼어 회당 용도로 사용했다. 이 관례 역시 초대교회로 흡수되었으며, 사도행전 2:46, 5:42에서 그와 같은 경우를 볼 수 있다. 따라서 우리는 "집에 있는 교회"[롬 16:3, 5, 고전 16:19, 골 4:15, 몬 1:2]라는 사도 바울의 표현이,◉ 앞에 언급한 구절들을 포함한 여러 곳에서 개인 주택의 방을 따로 구분하여 기독교인들이 정기적으로 모여 예배했던 장소를 가리킨 것으로 이해할 수 있

◉ 자매 압비아와 우리와 함께 병사된 아킵보와 네 집에 있는 교회에 편지하노니(몬 1:2).

다. 회당은 기도로 봉헌되었는데, 누군가가 아니면 지나가는 나그네라도 나서서 기도를 드린 후에야 봉헌 예식이 완료되는 것으로 여겨졌다. 회당에 참석한 사람은 성전에서 지켰던 것과 유사한 예법들을 준수해야 했다. 단정하고 깨끗한 의복과 정숙하고 공손한 태도에 대해 지루할 정도로 세세한 규정이 정해졌다. 헌금은 가난한 사람을 돕고 포로된 사람을 구속하는 일을 위해서만 거두어야 했다.

회당 건물의 상태가 위태로워지면 그 자리에 다른 회당을 가능한 한 신속하게 짓는다는 조건으로 건물을 헐 수 있었다. 그러나 그럴 때도 그 장소의 거룩성은 유지되어, 회당이 철거된 자리는 장례를 치르는 자리나 도로로 전용할 수 없고 밧줄이나 그물을 널거나 과일을 말릴 수 없었다. 그 외의 유사한 용도로도 회당 허문 자리를 사용할 수 없도록 거룩성의 원리가 엄격히 적용되었다. 회당 건축을 위해 모금한 돈은 만일 꼭 필요한 일이 생기면 회중의 결정으로 다른 목적으로 사용할 수 있었다. 그러나 건축을 위해 취득한 돌이나 들보 등은 봉헌된 것으로 여겨 다시 팔 수 없었다. 도시의 회당은 절대 처분할 수 없는 것으로 여겼다. 시골 마을에 있는 회당은 그 지역 산헤드린의 감독하에 그 땅이 나중에 공중목욕탕이나 세탁장, 무두질 공장, 수조로 사용되지 않는다는 조건으로 처분할 수 있었다. 판매 대금은 회당의 단순한 돌이나 회반죽보다는 훨씬 더 성스러운 곳에, 말하자면 율법 사본을 담는 언약궤와 같은 것을 마련하는 데 써야 했다. 회당과 비슷한 목적으로 봉헌되었지만 성격이 다른 곳으로 이른바 기도처, 곧 "기도할 곳"[행 16:13]이 있었다. 이런 곳들은 대체로 도시 밖에, 강이나 바다 가까이에 있었는데,[유대 고대사 14.256-258◉] 그 이유는 기도와 연계해 이루어지는 정화 의례 때문이었다.[필론 II. 535]

◉ 우리가 공표하노니, 유대인은 누구든지 원하는 대로 안식일을 지키고 유대 율법이 정한대로 거룩한 의무를 행할 수 있다. 또 해변에 기도처를 세워도 된다(유대 고대사 14.258).

그리스도 시대에 성전에서 지켰던 이성 간의 구분은 회당에서도 엄격하게 준수했으며, 그러한 구별은 접촉을 차단하는 창살이나 칸막이 분리대를 통해 효과적으로 이루어졌다. 이 관례는 동방의 사고방식이나 행동양식과 딱 맞는 것으로 보인다. 그런데 제도라면 아무리 하찮은 것이라도 성경적 권위를 부여하고자 했던 랍비들은 이 일에 대한 근거를 스가랴 12:11-14에서 찾아냈다.◉ 이 본문에서는 이스라엘 백성이 크게 애통해할 때 '아내들'은 '따로' 해야 한다고 다섯 차례나 말하고 있다.

◉ 온 땅 각 족속이 따로 애통하되 다윗의 족속이 따로 하고 그들의 아내들이 따로 하며 나단의 족속이 따로 하고 그들의 아내들이 따로 하며 레위의 족속이 따로 하고 그들의 아내들이 따로 하며 시므이의 족속이 따로 하고 그들의 아내들이 따로 하며 (슥 12:12-13).

회당의 배치를 보면, 우선 예배자는 그 입구에 설 때 예루살렘을 향하게 되는데, 이것은 오늘날의 생각과 마찬가지로 유대인의 예배에서 아무런 의미 없이 단지 '방향'을 가리킬 뿐이다. 회당의 중간을 넘어서는 곳에 강단이 돋아 있는데, 이것을 고대에는 '비마'라고 불렀고 지금은 '알메오르'라고 부른다. 성경 낭독을 위해 그곳에 불려 올라가는 사람은 회당 안 자기 자리에서 가장 가까운 측면으로 올라갔으며 내려갈 때는 가장 멀리로 돌아갔다. 이 비마 위에는 설교단이나 연설대라고 할 수 있는 '믹달 에즈',MIGDAL EZ 곧 느헤미야 8:4에 나오는 '나무 강단'이 세워졌으며, 이곳에서 율법서와 예언서의 정해진 부분을 낭독하고 설교를 하였다. 낭독자는 일어서서 하고 설교자는 앉아서 했다. 그래서 우리는 주님께서 나사렛 회당에서 말씀하시기 전에 예언자 이사야의 글을 읽으시고 "책을 덮어 그 맡은 자에게 주시고 앉으시니"눅 4:20라고 기록된 것을 이해하게 된다. 기도 역시 서서 했다. 물론 성전에서는 사람들이 예배할 때 몸을 구부렸는데, 이런 관례가 일부 극히 장엄한 연도LITANY에서 계속 유지되기는 했다. 설교단 또는 연설대—'믹달'(탑), '키세'나 '쿠르세야'(의자 혹은 옥좌), '페굴라'(높은 곳을 뜻하는 것으로 보인다)—는 비마 한가운데, 언약궤 앞에 세워졌다.

앞서 말했듯이, 회당의 가장 안쪽에 놓인 언약궤는 성전의 지성소에 상응하는 것으로서 가장 중요한 부분이었다. 그것은 '아론'(궤), '테바'나 '테부타'(노아와 모세를 구원하는 데 사용된 '상자'), '헤칼'(작은 성전)이라고 불렸다. 실제로 그것은 책장이나 장롱으로 되어 있고 그 안에는 율법서 두루마리를 보관했다. 이 언약궤는 움직일 수 있게 만들었는데,[타니트 II. 1-2] 공적인 금식과 기도가 있을 때 들어내 사람들이 모이는 거리나 장터로 옮기기 위해서였다. 간혹 예언서 두루마리를 보관하는 두 번째 책장이 있었는데, 여기에는 사용하지 않거나 훼손된 율법서 두루마리를 보관하기도 했다. 언약궤 앞에는 '빌론'(벨룸, 휘장)을 매달았는데, 이것은 지성소 앞에 있는 휘장을 흉내 낸 것이었다. 그 위에는 '네르 올람', 곧 항상 밝혀 놓는 등불을 달아 놓았으며, 그 곁에는 여덟 가지로 된 촛대를 세워 놓아 수전절,[요 10:22] 곧 성촉절 CANDLEMAS 8일 동안 불을 밝혔다. 회당에서 실제 용도로 뿐만 아니라 명절이나 축제를 기념하여 초와 등을 밝히는 관례에 대해서는 꽤 알려져 있다. 물론 독자들이야 얼마나 많은 특별한 관례가 점차 도입되었는지 추측할 수는 있겠지만, 우리 주님의 시대에 다른 관습들처럼 이것이 정확히 어떻게 이루어졌는지를 확정하는 것은 불가능하다.

회당의 촛대

회당에는 항상 밝혀 놓는 등불을 달아 놓았으며, 그 곁에는 여덟 가지로 된 촛대를 세워 놓아 수전절, 곧 성촉절 8일 동안 불을 밝혔다.

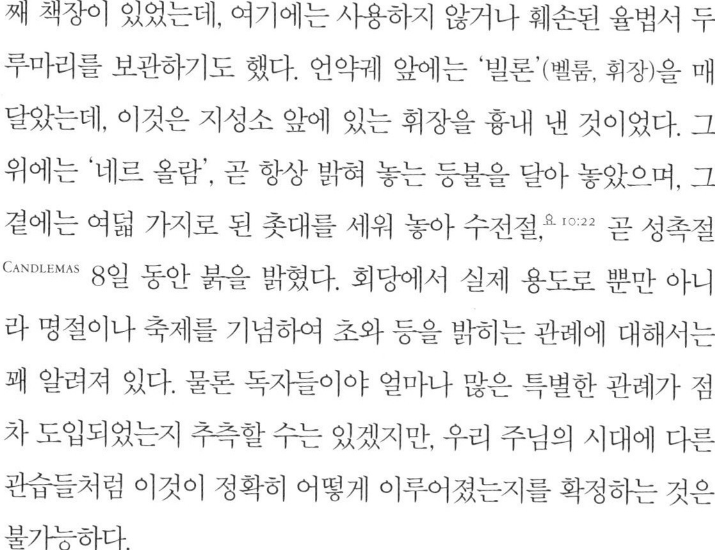

모세오경이 기록된 회당 두루마리를 베낄 때 지켜야 할 다양한 규정이나 그 두루마리들이 사용에 부적합하게 되는 사유에 대해 자세히 논하는 것은 이 책의 테두리를 훌쩍 넘어서는 일이다. 랍비들은 그런 사유를 스무 가지나 언급한다. 요즘에는 모세오경을 기록한 송아지가죽 양쪽 끝에 두 개의 굴대를 달아서, 율법서를 읽을 때 오른쪽 부분을 풀며 왼쪽 굴대 쪽으로 말아 가게 된다. 두루마리는 세마포 보자기나 천(미트파코트)으로 싸서 상자(티크, 테케) 속에 보관한다. 이 품목들이 모두 미쉬나에서 언급되고 있다. 후대의 관습에 대해서는 여기서 다루지 않겠다.

마지막으로 살펴볼 사실은, 처음에 사람들은 회당 안에 서거나 바닥에 앉았을 것이라는 점이다. 그러나 예배가 점차 길어지면서 앉는 좌석이 필요하게 되었다. 회중은 언약궤를 마주하고 앉았다. 반면에 '회당의 장로들'과 랍비들, 저명한 바리새인들은 인간적인 영예를 내세워 '높은 자리'를 요구했는데, 그 자리는 언약궤를 등지고 예배자들을 마주 보는 위치에 놓였다. 신약성경에서도 같은 이름으로 불리는 이 자리는 특별히 탐나는 대상이었으며, 마 23:6◉ 랍비나 영향력 있는 사람은 지위나 신분, 나이에 따라 상석을 차지했다. 우리 주님은 이런 모습을 가리켜 바리새인의 교만을 여실히 드러내는 특징이라고 꼬집으셨다.[마 23:7] 바로 이 같은 사고와 관습이 일부 초대교회로 스며들었다. 기독교인의 회당에서 아름다운 옷을 입고 금가락지를 낀 사람에게 높은 자리를 내주는 식으로 '사람을 차별'하는 일에 대해 그리스도의 모습과 어긋난 행위라고 경고하는 야고보의 편지에서 그 사실을 확인할 수 있다.[약 2:2-3◉]

지금까지 우리는 주로 회당의 외적 구조를 살펴보았다. 이제 다음으로, 신약성경에서도 여러 곳에서 언급되는, 회당의 다양한 관행과 예배와 구성원을 개략적으로나마 살펴볼 차례다.

◉ [서기관들과 바리새인들이] 잔치의 윗자리와 회당의 높은 자리와 시장에서 문안 받는 것과 사람에게 랍비라 칭함을 받는 것을 좋아하느니라(마 23:6-7).

◉ 만일 너희 회당에 금가락지를 끼고 아름다운 옷을 입은 사람이 들어오고 또 남루한 옷을 입은 가난한 사람이 들어올 때에 너희가 아름다운 옷을 입은 자를 눈여겨보고 말하되 여기 좋은 자리에 앉으소서 하고 또 가난한 자에게 말하되 너는 거기 서 있든지 내 발등상 아래에 앉으라 하면 너희끼리 서로 차별하며 악한 생각으로 판단하는 자가 되는 것이 아니냐(약 2:2-4).

17.

예배
회당 의식, 기도와 설교

유대인의 역사에서 가장 난해한 문제 가운데 하나는 성전 안에 있던 회당과 관련된 것이다. 그런 회당이 존재했으며 그 자리는 제사장의 뜰 동남쪽 모퉁이에 있는 '다듬은 돌의 방'이었다는 사실은 당시 목격자들의 명확한 증언에 비추어 볼 때 반론의 여지가 없다. '다듬은 돌의 방'은 대 산헤드린이 모이는 장소로도 사용되었는데, 그 업무에는 법적인 결정뿐만 아니라 신학 강의와 토론도 포함되었다는 점을 고려할 때 우리는 '회당'이라는 용어가 넓은 의미에서 사용되었다고 추정할 수 있다. 나라 전역에서 그런 건물들은 대체로 예배뿐 아니라 이러한 두 가지 용도로도 사용되었기 때문이다. 성전에서 신학 강의와 토론이 이루어진 사례로는 우리 주님의 부모가 "선생들 중에 앉으사 그들에게 듣기도 하시며 묻기도 하시"는[눅 2:46] 아들을 찾아냈던 일을 들 수 있다. 또한 이 사실을 근거로 우리는 주님께서 성전에서 가르치실 때에 서기관과 바리새인들이 어떻게 그토록 뻔질나게 몰려와 어렵고 난감한 질문을 던질 수 있었는지 이해할 수 있다. 그때 주님은 메시아의 본질과 관련해서 "다윗이 그리스도를 주라 칭하였은즉 어찌 그의 자손이 되겠느냐"[마 22:45] 고 답하심으로 그들의 입을 완전히 막아 버리셨다.

그런데 이른바 '성전 회당'과 관련해 다음과 같은 난점이 있다. 성전 회당과 연관된 것으로 보이는 몇몇 기도와 예식은 원래 성전 예배에 속한 것이 아니었는데도 그 안에 들어와 자리 잡게 되었다는 점이다. 여기서 우리가 내릴 수 있는 결론은, 이스라엘의 신학 사고가 점차 바뀌면서 그리스도께서 활동하시던 직전과 그 무렵에 이르러는 성전 예배만으로 충분하지 못하게 되었다는 것이다. 성전 예배의 핵심이자 동력이었던 상징적인 주요 요소들이 그 시대 유대인 대부분에게 더 이상 영적인 의미를 주지 못하고 매력을 상실하게 되었으며, 그 빈자리를 이른바 가르침과 외적 행위가 차지하게 되었다.[◉] 그 결과 영적 예배 대신에 문자 숭배가 들어섰으며, 이스라엘은 그리스도를 배척하고 바리새주의를 받아들일 준비를 하게 되었다. 회당이 성전을 대신하게 되었으며, 성전 울타리 안에서조차 하나님께서 명하신 성소 예식들을 인간이 고안한 예배와 그릇되게 혼합함으로써 회당이 성전을 무기력하게 만들어 버렸다. 그래서 일부 학자들의 주장처럼 '성전 회당'이 나라 안에 퍼져 있는 회당들의 모형이 되지 못했으며, 오히려 성전 회당이 나중에 등장했고 시골 회당들에서 이미 백성에게 익숙했던 많은 의식들을 빌려 온 것으로 보인다는 결론이 나의 판단이다.[1]

이 주제는 역사적인 흥밋거리를 넘어서는 큰 의미가 있다. 성전 안에 회당이 존재한다는 것, 아니 더 정확히 우리가 좋아하는 식으로 말해 성전 예배에다 회당 예배를 덧붙인 일은 불길

◉ 그가 또한 우리를 새 언약의 일꾼 되기에 만족하게 하셨으니 율법 조문으로 하지 아니하고 오직 영으로 함이니 율법 조문은 죽이는 것이요 영은 살리는 것이니라(고후 3:6).

1. Herzfeld, *Gesch. d. Volk. Jes.* vol. 3. pp. 131-132.

한 전조인 까닭이다. 말하자면 그 일은 이스라엘이 무심결에 자기네 운명을 행동으로 드러낸 극히 중대한 발언이었다. 그러한 예를, "그 피를 우리와 우리 자손에게 돌릴지어다"[마 27:25]라는 말이나 "이스라엘 나라를 회복"하실[행 1:6] 하나님 아버지의 참 아들 대신 민란과 살인으로 유죄선고를 받은—로마 권력에 맞서 메시아를 흉내 내 일으킨 봉기와 관련된 것이 분명하다—바라바(아버지의 아들)를 풀어 줄 것을 요구한 외침에서[눅 23:18] 볼 수 있다. 하지만 기독교가 최종적으로 갈라져 나오기 전까지는 주님이나 사도들 및 초기 신자들이 회당 예배에 참석하는 일을 막는 것이 전혀 없었다.

신약성경 독자들은 복음을 전파하는 데 회당이 얼마나 귀한 기회를 제공해 주었는지 잘 안다. 회당 예배는 매우 융통성이 있었다. 회당의 주된 목적이 백성들을 가르치는 데 있었기 때문이다. 이 사실은 에스라 때와 그 직전 시대에 등장한 회당 제도라는 개념 자체가 분명하게 보여주며, 또 요세푸스의 증언에서도 확인할 수 있다.[아피온 반박문 2.157-172] 하지만 평범한 신약성경 독자들은 회당의 교육적인 요소가 복음서 이야기 속에 얼마나 뚜렷하게 나타나 있는지 알아채지 못할 수도 있다. 우리 주님께서 회당을 방문하신 일과 연관되어 '가르치다'라는 말이 매우 자주 사용되고 있는 데서도 회당의 그런 기능이 분명하게 드러난다.[마 4:23, 막 1:21, 6:2, 눅 4:15, 6:6, 13:10, 요 6:59, 18:20◉] 회당 예배에서 '가르침'은 주로 율법서와 예언서 본문을 읽는 일과 설교나 강론으로 이루어졌다. 물론 예배에서 예전적인 요소가 빠질 수는 없었으며 곧 커다란 중요성을 획득하게 되었다. 예전 요소는 제사장들이 담당한 기도와 아론의 복[민 6:24-26] 선언으로 이루어졌다.◉ 이 일은 교사나 학자 수준의 랍비가 아니라 아론 가문의 직계 후손인 제사장이 맡았다. 회당 예배에는 찬양이 포함되지 않았다.

◉ 예수께서 온 갈릴리에 두루 다니사 그들의 회당에서 가르치시며 천국 복음을 전파하시며 백성 중의 모든 병과 모든 약한 것을 고치시니(마 4:23).

◉ 여호와는 네게 복을 주시고 너를 지키시기를 원하며 여호와는 그의 얼굴을 네게 비추사 은혜 베푸시기를 원하며 여호와는 그 얼굴을 네게로 향하여 드사 평강 주시기를 원하노라 할지니라 하라(민 6:24-26).

공중 예배[2]는 대체로 이른바 '쉐마'로 시작하였다. 아침과 저녁으로 쉐마를 낭송하기 전에 두 번의 축복기도가 이루어졌다. 또 쉐마를 낭송한 뒤에는 축복기도가 아침에는 한 번, 저녁에는 두 번 이어졌다. 그런데 두 번째 것은 엄밀히 말해 저녁기도였다. 쉐마는 일종의 신앙고백, 곧 '신조'로서, 신명기 6:4-9과 11:13-21, 민수기 15:37-41의 세 성경 구절로 이루어졌다.◎ 그 이름은 "이스라엘아, 들으라"는 말로 시작하는 신명기 6:4의 첫 단어인 '쉐마'에서 왔다. 미쉬나를 통해 우리는 주님의 시대 이전부터 이미 예배에 이 쉐마 부분이 존재했었다는 사실과[베라코트 I. 3] 남자는 누구나 날마다 이 신조를 두 번씩 고백해야 하고 여자나 노예, 아이들은 이 의무를 면제받았다는 사실을[베라코트 III. 3] 알 수 있다. 미쉬나에서는 쉐마의 세 가지 성경 구절과 쉐마 앞뒤로 오는 축복기도의 수, 심지어 마지막 축복기도의 첫 단어까지도 분명하게 언급하고 있는 까닭에[베라코트 I. 4, II. 2, 타미드 V. 1] 이 주제에 관해 확실한 내용을 알 수 있다. 그래서 우리는 주님께서 들기도 하시고 드리기도 하셨던 기도문들을 확인할 수 있다. 그 구체적인 내용은 뒤에서 살펴본다.

이 기도문들은 지금도 회당에서 사용하고 있는데, 비록 후대에 몇 가지가 첨가되기는 했지만 다행히 그것들은 어렵지 않게 구분해 낼 수 있다. 기도문의 구체적인 형태를 살펴보기 전에, 이런 기도와 기타 매일 드리는 기도, 그리고 식사 때의 감사기도는 예배에 참여한 일반인들이 쉽게 알아들을 수 있도록 히브리어 외에 다른 언어로도 드릴 수 있었다는[소타 VII. 1] 점을 들어 그것들에 어떤 가치가 있었는지를 밝혀 둔다.◎ 이와 동시에, 기도에 사용된 표현들을 근거로 '쉐마'와 연결된 예전 공식은 확정된 데 반해 지역에 따라 길이를 늘이거나 짧게 하는 방식으로 변형이 이루어졌다는 사실을 추정할 수 있다.[베라코트 I. 4] 다음에서 살펴볼 것은 쉐마에

2. 여기서 우리는 고대의 회당 예배에 대해서만 설명한다. 또 후대의 관례들을 끌어들일 위험을 피하기 위해 미쉬나의 증거에 한정해서 다루었다.

◎ 이스라엘아, 들으라. 우리 하나님 여호와는 오직 유일한 여호와이시니 너는 마음을 다하고 뜻을 다하고 힘을 다하여 네 하나님 여호와를 사랑하라(신 6:4-5).

◎ 다음과 같은 것은 어떤 언어로 말해도 된다. 간음한 것으로 의심받은 여자가 맹세하는 말, [두 번째] 십일조에 대한 서약, 쉐마 낭송, 테필라, 식사 때 하는 축복기도, 증언의 맹세, 기탁과 관련한 맹세(소타 VII. 1).

앞서 드려진 축복기도의 원래 형태다.

1. 오, 복되신 분, 세상의 왕이신 우리 주님. 주님께서는 빛을 만드시고 어둠을 지으셨으며, 평안을 주시고 세상 모든 것을 창조하셨습니다. 세상과 거기 거하는 것들에게 은혜로 빛을 허락하셨습니다. 또 지으신 것들을 날마다 선하심으로 새롭게 하십니다. 우리 주 하나님, 당신 지으신 만물의 영광으로 인하여, 세상을 밝히는 빛들을 지으시어 당신을 찬미케 하신 일로 인하여 주님은 복되십니다. 셀라. 복되신 우리 주 하나님, 주님께서 빛들을 지으셨습니다.[3]

3. 창조주를 인정하는 이 축복기도는 계속해서 하나님을 '빛들'과 연관 지어 언급하고 있고, 그래서 바빌론의 우상들에 맞선 이스라엘의 신앙고백처럼 들린다. 이런 정황을 근거로 이 기도문의 출현 시기를 추정할 수 있다.

2. 오, 우리 주 하나님, 큰 사랑으로 우리를 사랑하셨으며, 우리의 왕이신 아버지, 차고 넘치는 자비로 우리를 긍휼히 여기셨습니다. 주님을 신뢰한 우리 선조에게 생명의 율례를 가르치셨듯이 저희에게도 자비를 허락하시고 가르침을 베푸소서. 저희의 눈을 밝혀 당신의 율법을 알게 하시고, 저희의 마음으로 당신의 계명을 가까이하게 하소서. 저희 마음이 하나 되어 사랑하게 하시고 당신의 이름을 경외하게 하소서. 그럴 때 저희 영원토록 수치를 당치 않으리다. 주님은 구원을 예비하시는 하나님이시며, 온 나라와 방언들 가운데서 저희를 택하시고 진리 안에서 당신의 크신 이름으로 이끄셔서 (셀라) 당신과 당신의 온전함을 사랑으로 찬미하게 하십니다. 복되신 주님께서는 사랑으로 당신의 백성 이스라엘을 택하셨습니다.[4]

4. 이 기도는 특히 하나님의 언약 백성인 이스라엘이 드리는 감사의 고백처럼 들린다.

이 기도 다음으로 '쉐마'가 이어진다. 미쉬나에서는 쉐마를 구성하는 성경 본문이 배열된 순서에 대해 다음과 같이 멋지게 설명한다.[베라코트 II. 2] 신명기 6:4-9을 11:13-21보다 먼저 고백하는데,

그렇게 해서 우리도 "먼저 하늘나라의 멍에를 짊어지며 그 후에야 비로소 율법의 멍에를 지게" 된다. 다음으로 신명기 11:13-21이 민수기 15:37-41보다 앞에 오는데,[◉] 이는 앞의 본문이 밤과 낮 모두에 적용되고, 뒤 본문은 낮에만 적용되기 때문이다. 독자들은 미쉬나의 이런 가르침이 "수고하고 무거운 짐 진 자들아, 다 내게로 오라. 내가 너희를 쉬게 하리라. 나는 마음이 온유하고 겸손하니 나의 멍에를 메고 내게 배우라. 그리하면 너희 마음이 쉼을 얻으리니 이는 내 멍에는 쉽고 내 짐은 가벼움이라"[마 11:28-30]고 초청하신 우리 주님의 은혜로운 말씀에 던져 주는 빛을 어렵지 않게 간파할 수 있을 것이다. 하늘나라와 계명의 관계에 관해 랍비들이 가르친 교훈을 기억하는 사람들에게는 이 말씀이 특히 뜻깊게 다가왔을 것이다. 그래서 그들은 구주를 따를 때 먼저 '하늘나라의 멍에'를 지고 이어서 '율법의 멍에'를 지게 되는 것임을, 또한 이 멍에는 쉽고 이 짐은 가볍다는 것을 깨닫게 되었을 터이다.

쉐마에 이어서 다음과 같은 기도가 이어진다.[5]

◉ 내가 오늘 너희에게 명하는 내 명령을 너희가 만일 청종하고 너희의 하나님 여호와를 사랑하여 마음을 다하고 뜻을 다하여 섬기면 여호와께서 너희의 땅에 이른 비, 늦은 비를 적당한 때에 내리시리니 너희가 곡식과 포도주와 기름을 얻을 것이요 또 가축을 위하여 들에 풀이 나게 하시리니 네가 먹고 배부를 것이라(신 11:13-15).

5. 여기에 제시하는 기도 양식은 미쉬나에서 언급하는 기도보다 오래된 것이다. 「베라코트」 ii. 2.

주님은 진정 우리의 하나님 여호와이시며 우리 선조들의 하나님이십니다. 우리의 왕이시며 우리 선조들의 왕이시고, 우리의 구원자이시며 우리 선조들의 구원자이십니다. 우리의 창조주요 구원의 반석이시며 우리의 도움이요 구속자이십니다. 당신의 이름은 영원부터 존재하시며 당신 외에 다른 신은 없습니다. 구속받은 자들이 바닷가에서 새 노래로 당신의 이름을 찬미했습니다. 모두 하나 되어 주님을 왕으로 고백하고 찬미하며 여호와께서 영원토록 다스리시길 구합니다. 복되신 주님, 당신은 이스라엘을 구원하십니다.

그 시대를 연구하는 학생들은 이 기도문에서 드러나는 반反사두개파적 견해에 놀라기도 하고 그 적합성과 아름다움에 깊은 감명을 받기도 할 것이다. 저녁에 드리는 특별기도는 방금 살펴본 세 기도문만큼 오래되지는 않았다. 하지만 여기서 우리는 미쉬나에 간략하게 언급된 대로 그 기도문을 살펴보겠다.

오, 주 우리 하나님, 우리로 평안히 눕게 하시고 다시 생명으로 일어서게 하옵소서. 오, 우리의 왕이시여. 당신의 평화로 장막 삼아 우리를 덮으시며, 당신의 선하신 뜻 안에서 우리로 당신 앞에서 강하게 하시고, 당신의 이름을 위해 우리를 구원하소서. 당신께서 우리를 에워싸 보호하시며, 우리를 원수와 역병과 칼과 기근과 고통에서 지키소서. 우리 앞과 뒤를 지켜 사탄을 막아 주시고, 우리를 당신의 날개 아래 숨겨 주소서. 당신은 도우시고 구원하시는 하나님이시기 때문입니다. 오, 하나님, 당신은 은혜롭고 자비로운 왕이십니다. 우리 나가고 들어오는 것을 당신께서 이끄시어 생명과 평화를 이루소서. 지금부터 영원토록![6]

6. 이 기도문은 후대에 와서 더 첨가되었다. Zunz, *Gottesd. Vortr*. p. 367, etc.

쉐마 및 그와 함께 드리는 축복기도는 회당 안의 설교단에서 했던 것으로 보인다. 반면에 그 뒤에 이어지는 기도들을 하기 위해서는 기도를 인도하는 사람이 '언약궤'THE ARK 앞으로 나가 섰다. 그렇게 해서 "언약궤 앞으로 나아가다"라는 표현이 기도를 인도하는 일을 뜻하게 되었다. 위치에서 나타나는 이러한 차이는 미쉬나의 많은 구절에서(특히 메길라 iv) 발견되는데,[◉] '쉐마'를 낭송하는 것과 '언약궤 앞으로 나아가는 것'을 분명하게 구분하고 있다. 언약궤 앞에서 드리는 기도들이 이른바 18개의 축복문, 곧 축복기도이며 이것들이 엄밀한 의미에서 '테필라',*TEPHILLAH* 곧 기원을

◉ 참석한 사람이 열 명이 안 되면 쉐마와 축복기도를 낭송할 수 없으며, 한 사람이 언약궤 앞으로 나갈 수도 없고, 모인 사람들이 손을 들어서도 안 되고, 율법서[의 지정된 부분]나 예언서 부분을 읽을 수도 없으며, [장례 행렬 중에] 멈추는 의식을 치르거나 애도자들을 위해 축복기도나 위로의 말을 할 수 없으며, 또 신혼부부에게 축복기도를 할 수 없고, 식사 때 감사기도를 하면서 하나님의 이름을 부를 수도 없다(메길라 IV. 3).

구성한다. 18개, 정확히 말해 지금의 형태대로 19개인 이 축복문은 다양한 시대에 나온 것들인데, 가장 이른 것은 앞쪽의 세 개와 마지막 세 개다. 이 축복문들이 우리 주님께서 활동하실 당시 회당의 예배에서 사용되었다는 사실은 의문의 여지가 없다. 시기적으로 그 다음에 나온 축복문은 4, 5, 6, 7, 9번과 16번 축복문이다. 7번 축복문의 경우는 현재 자리한 위치가 조금 어색해 보이는데, 국가적으로 커다란 재난을 겪던 시대, 아마도 폼페이우스 시대에 나온 것으로 보인다. 나머지 축복문들과 또 옛 축복기도에 삽입된 몇 개는 유대 국가가 멸망한 후에 덧붙여졌다. 특히 12번 축복문은 초기에 유대인들이 기독교로 개종하는 일을 차단할 목적으로 삽입한 것이다. 아마 처음에는 (현존하는) 앞쪽의 세 축복문과 마지막 세 축복문 사이에 개인이 지은 기도문을 삽입하는 것이 관례였던 것으로 보인다. 그리고 이것들로부터 점차 후대의 축복문이 형성되었다. 어쨌든 안식일과 기타 여러 명절에는 맨 앞의 세 축복문과 마지막 세 축복문만을 사용하였고, 그 사이에 다른 기원들을 삽입했다는 것은 확실하다. 그래서 우리 구주께서 비난하신 대로
막 12:40, 눅 20:47 한없이 반복하면서 길게 기도할 여지가 있었다.◉ 이 외에도 염두에 두어야 할 것은, 회당으로 들어가고 나갈 때는 기도를 드리는 것이 관례였으며 또 "풍성한 기도는 수명을 늘려 준다"는 말이 랍비의 격언으로 널리 통용되었다는 점이다. 우리가 확인한 바에 의하면, 주님께서 안식일을 맞아 찾으셨던 나사렛과 가버나움의 회당에서는 앞의 세 축복문과 마지막 세 축복문이 사용되었고, 여기서 그것들을 소개하면 다음과 같다.

◉ 그들은 과부의 가산을 삼키며 외식으로 길게 기도하는 자니 그 받는 판결이 더욱 중하리라 하시니라(막 12:40).

1. 우리 주 하나님은 복되십니다. 우리 선조들의 하나님, 곧 아브라함의 하나님, 이삭의 하나님, 야곱의 하나님이시며, 크고 강하고

엄하신 하나님이십니다. 지극히 존귀하신 하나님께서 자비와 은혜를 베푸시고 만물을 창조하셨으며, 선조들에게 주셨던 은혜의 약속을 기억하시고 당신의 이름을 위해 사랑으로 그 후손들에게 구원자를 허락하셨습니다. 오, 왕이신 주님은 돕는 자이시고 구원자이시며 방패이십니다. 주는 복되신 분, 여호와, 아브라함의 방패이십니다.

예복을 입은 대제사장

대제사장이 이마에 매는 금패보다 테필린이 더 거룩한데, 그 까닭은 대제사장의 금패에는 여호와의 거룩한 이름이 한 번 기록된 데 반해 테필린 안의 문서에는 스물세 번이나 기록되었기 때문이라고 한다.

2. 오, 주님, 당신의 권능은 영원합니다. 죽은 자를 일으키시는 주님께서는 능히 구원하십니다. 자비로우신 주님은 산 자를 보호하시며 죽은 자를 살리십니다. 넘치는 긍휼로 넘어진 자를 세우시고 병든 자를 고치시며 갇힌 자를 풀어 주시고 티끌 가운데 누운 자에게는 신실한 말씀을 이루십니다. 능력의 주님, 당신과 같은 자 누구며, 살리기도 죽이기도 하시고 구원을 베푸시는 주님, 당신과 비교할 이 누구입니까? 신실하신 주님께서는 죽은 자에게 생명을 부어 주십니다. 당신은 복되신 분, 여호와, 죽은 자를 일으키십니다!

3. 당신은 거룩하시며, 당신의 이름도 거룩합니다. 거룩한 자들이 날마다 당신을 찬미합니다. 셀라. 당신은 복되신 분, 여호와 하나님, 거룩하신 분이십니다.

이 기도문에 담긴 엄숙한 힘을 분명히 느낄 수 있다. 그것들은 이스라엘의 깊은 희망을 성경의 단순한 언어로 노래한다. 그런데 이 기도가 주 예수 그리스도께서 계신 자리에서 드려질 때, 더욱이 주님께서 친히 그 기도를 드리실 때 온전히 드러나는 성스러운 의미를 제대로 깨닫는 사람이 있었을까? 우리 주님께서 바로 이 기도의 응답이시지 않은가.

마지막 부분을 이루는 세 축복문은 다음과 같다.

17. 오, 여호와 우리 하나님, 당신의 백성 이스라엘과 그들이 드리는 기도 가운데서 영광을 받으소서. 이스라엘의 번제와 기도를 기쁨으로 받으시고, 당신의 백성 이스라엘이 드리는 예배가 늘 주님께 이르게 하소서. 오, 당신께서 자비로이 시온에 임하시는 것을 우리 눈으로 보게 하소서. 당신은 복되신 분, 여호와, 당신의 쉐키나를 다시 시온에 허락하십니다!

18. 우리가 주님께 찬양을 돌림은, 당신은 영원히 우리 하나님 여호와시며 우리 선조들의 하나님이신 까닭입니다. 당신은 대대로 우리 생명의 반석이시며 구원의 방패이십니다. 우리가 당신을 노래하며 당신께 찬양을 올림은, 우리 생명이 당신 손안에 있고 우리 영혼이 당신을 의뢰하며, 당신의 기적이 날마다 우리에게 임하고 당신의 이적과 선하심이 아침부터 밤까지 언제까지나 함께하시기 때문입니다. 당신은 은혜로우신 분, 그 긍휼이 마르지 않습니다. 당신은 자비로우신 분, 그 은혜가 멈추지 않습니다. 영원토록 당신을 신뢰합니다. 오, 우리의 왕이시여, 이 모든 것으로 당신의 이름이 영원토록 복되시며 찬송받으소서. 오, 우리의 구원이시며 도움이신 하나님, 생명 있는 모든 것이 당신을 복되시다 하며 (셀라) 진심으로 그 이름을 찬양합니다. 당신은 복되신 분, 여호와, 당신의

이름은 찬양받아 마땅한 은혜로운 분이십니다.

19. 오, 당신의 백성 이스라엘에게 영원토록 큰 평화를 허락하소서. 당신은 모든 평화의 주님이요 왕이십니다. 당신의 백성 이스라엘을 언제나 당신의 평화로 복 주시는 것이 주님 보시기에 기쁜 일입니다. 당신은 복되신 분, 여호와, 당신의 백성 이스라엘을 평화로 복 주십니다.[7]

7. 여기서는 이 축복문을 오늘날 저녁기도에서 사용하는 짧은 형태로 제시한다.

지금까지 논의하면서 미처 다루지 못한 한 가지 사실을 이제 살펴보겠다. 그것은 앞에서 방금 제시한 기도문들에 새롭고도 거의 어떤 것과도 비교할 수 없는 흥미를 부여한다. 미쉬나에 따르면,[메길라 IV. 5] 회당에서 예언서 부분을 읽는 사람은 그에 더해 쉐마도 낭송하고 앞의 기도들을 드리게 되어 있었다. 따라서 우리 주님도 가버나움 회당에서 이사야 예언서 부분을 읽고서 "너희 귀에 응하였느니라"고 말씀하셨던 그 안식일에 십중팔구 이 기도문으로 기도하셨을 것이다.[눅 4:16-21◉] 또한 그때의 정황에서는 이 기도문 중에서도 2번과 17번 축복문이 특히 잘 어울렸을 것이라는 느낌을 지울 수가 없다.

◉ 주의 성령이 내게 임하셨으니 이는 가난한 자에게 복음을 전하게 하시려고 내게 기름을 부으시고 나를 보내사 포로 된 자에게 자유를, 눈먼 자에게 다시 보게 함을 전파하며 눌린 자를 자유롭게 하고 주의 은혜의 해를 전파하게 하려 하심이라 하였더라. 책을 덮어 그 맡은 자에게 주시고 앉으시니 회당에 있는 자들이 다 주목하여 보더라. 이에 예수께서 그들에게 말씀하시되 이 글이 오늘 너희 귀에 응하였느니라 하시니(눅 4:18-21).

기도문은 특별히 지명되어 맡은 사람이 큰 소리로 낭송하거나 인도하였으며, 회중은 '아멘'으로 응답했다. 예전 의식은 제사장의 축복기도[민 6:23-24]로 끝났으며, 이 축복기도는 아론의 계승자가 맡아서 했다. 아론의 계승자가 없는 경우에는, '회중의 대리인'이 기도 인도자로 선택되어 성경에서 연관된 말씀을 택해 낭송했다. 제사장들은 축복기도를 할 때 손을 어깨 높이까지 치켜들었으며,[소타 VII. 6] 성전에서는 이마 높이까지 들었다. 그래서 이 의식을 가리켜 '손을 높이 들기'[8]라고 부른다. 오늘날 이루어지는 관례에 의

8. 사도 바울이 공적 목회의 질서에 대해 가르치면서 "남자들이 분노와 다툼이 없이 거룩한 손을 들어 기도하기를 원하노라"(딤전 2:8)고 말했을 때 염두에 두었던 것이 바로 이것이었을 것이다. 어쨌든 그 표현은 랍비들이 사용했던 말과 정확히 일치한다.

하면, 두 손의 손가락들을 펴서 둘씩 붙이되 그 틈이 다섯이 되게끔 하는데, 여기에는 신비한 의미가 담겨 있다. 제사장의 손을 바라보는 일은 신체적인 위험을 가져오는 일이라 여겨 금기시 되었는데, 이것은 후대에 생겨난 미신이다. 그러나 일찍이 미쉬나에서는 제사장이 손에 상처를 내거나 손가락에 물을 들일 경우 축복기도를 하지 못하도록 규정했는데, 사람들의 주의를 끌어서는 안 되었기 때문이다. 기도할 때 지킬 태도에 관해서는 여기서 상세하게 논하지 않는다. 다만 몸을 완전히 굽혀야 한다는 점, 그러면서도 그 때문에 예식이 고된 일처럼 보이는 일이 없도록 조심해야 했다는 것만 말해 둔다. 우리는 한 랍비가, 자기는 이 점을 염두에 두고서 나뭇가지와 같이 허리를 구부리고 이어서 몸을 세울 때는 뱀처럼 머리로부터 곧추 일으켰다고 말하는 것을 듣는다.

회중의 지도자들에게 지명받은 사람은 누구든지 미성년자만 아니라면 기도를 드릴 수 있었다. 하지만 이것은 '쉐마'에만 해당되었다. 제사장의 축복기도와 마찬가지로 축복문, 곧 '테필라'를 선언하는 일은 제대로 옷을 갖춰 입지 않은 사람이나 사리를 분별할 수 없을 만큼 안목이 없는 사람은 맡을 수 없었다. 만일 어떤 사람이 기도에서 이교적인 생각이나 그렇게 여겨질 만한 것을 끼워 넣으면 그 즉시로 기도를 정지시켰으며, 부정한 일을 범하였으면 한 주 동안 제재를 당했다. 가장 흥미로우면서도 난해한 문제로 다루어진 것이 특별난 의복과 용모 및 기도에서 사용하는 표현들이었다. 미쉬나에서는[메길라 IV. 8-9] 이런 것들을 회당에서 기도를 인도해서는 안 될 사람이나 이단을 드러내는 표시라고 여겼다.[◉] 이 가운데 일부는 특정 유대교 이단과 초기의 유대계 기독교인들과 관련되었다. 그렇다면 그것은 당시 사람들이 널리 믿었던 기이한 일들을 가리키는 것이라고 볼 수 있다.

◉ 만일 어떤 사람이 "나는 채색옷을 입어서 언약궤 앞에 나가지 않겠다"고 말한다면 그는 흰옷을 입고서도 그 앞에 나갈 수 없다. 또 "나는 샌들을 신어서 언약궤 앞에 나가지 않겠다"고 한다면 그는 맨발로도 그 앞에 나갈 수 없다(메길라 IV. 8).

지금까지 살펴본 예배 의식들 가운데서 가장 중요한 것은 축복문과 제사장의 축복기도를 행하는 일이었다. 이제 다음으로 그에 못지않게 중요했던 의식을 살펴본다. 회당의 주된 목적이 사람들을 가르치는 일이었다는 점은 이미 살펴보았다. 이 목적은 특히 율법서의 독서를 통해 성취되었다. 오늘날에는 모세오경이 이런 의도에 따라 54부분으로 구분되며, 초막절이 끝나고 곧바로 시작되는 1년 동안 안식일마다 한 부분씩 읽는다. 그러나 옛날에는, 팔레스타인에서 사용된 성구집에 한정해서 보면 다른 구조로 짜여 있어서 모세오경은 읽는 데 3년이나 3년 반(반년은 희년 기간)이 걸렸다.[9] 하루치 부분은 다시 나누어서 안식일마다 적어도 일곱 사람이 선택되어 한 몫씩 읽었는데, 각자의 몫은 최소한 세 절로 이루어졌다. 첫 번째 낭독자와 마지막 낭독자는 각각 축복기도로 시작하고 끝맺었다. 히브리어 대신 아람어가 널리 사용되었기에 '메투르게만', METURGEMAN 곧 통역자가 낭독자 옆에 서서 한 구절씩 통용어로 번역하였다. 안식일과 명절뿐만 아니라 한 주의 둘째 날과 다섯째 날(월요일과 목요일)에도 회당에서 예배를 드리는 것이 관례였는데, 그날은 시골 사람들이 시장에 나오고 지역 산헤드린이 소소한 소송사건을 재판하기 위해 열리는 날이었다. 그 같은 주간 예배 때는 세 사람만 율법서를 읽도록 부름받았으며, 초하루 및 명절 주간에 낀 날에는 네 사람, 명절에는 다섯 사람(이 날에는 예언서에서도 한 부분을 읽었다), 속죄일에는 여섯 사람이 읽도록 부름받았다. 미성년자라도 읽도록 허락했으며 또 자격만 있다면 그들도 메투르게만을 맡을 수 있었다. 르우벤의 죄를 서술하는 부분과 금송아지 우상의 죄에 대해 두 번째 언급하는 부분은 읽기만 하고 통역하지 않았다. 제사장의 축복기도를 다시 언급하는 부분과 다윗과 암논의 죄를 언급하는 부분은 읽지도 통역하지도 않았다.

9. 이런 이유로 필자는 배절 쿠퍼(Basil Cooper)의 1876년 논문 「회당」에서 탁월하게 제시한 견해와 추론을 받아들이지 않는다.

율법서를 읽은 후에는 예언서 부분을 읽었다. 지금은 정해진 성구집이 사용되는데, 이 성구집에서 그날에 정해진 율법서 본문과 어울리는 부분을 선택했다. 이렇게 정한 것은 시리아의 박해 시대로까지 그 기원이 거슬러 올라가는데, 그때에 모든 율법서 사본이 색출되어 파괴되었다. 그래서 유대교 지도자들은 공개적으로 사용할 수 없게 된 율법서를 대신하여 예언서에서 여러 부분을 선택했던 것으로 추정된다. 만일 이런 박해 조치들이 엄격하게 시행되었더라면 성스러운 예언서 두루마리들까지 율법서와 마찬가지로 파괴를 면치 못했을 것이 분명하다. 게다가 확실한 사실은 현재 사용되고 있는 것과 같은 예언서 성구집은 우리 주님의 시대나 미쉬나가 수집되던 때에도 존재하지 않았다는 점이다. 개인에게 폭넓은 자유가 허용되었던 것으로 보이는데, 누가복음에서 가버나움의 회당에 계신 우리 주님과 관련해 "책을 펴서 이렇게 기록된 데를 찾으시니"눅 4:17라고 말하는 구절은 그때의 정황을 매우 정확하게 설명해 준다. 「메길라」 iv. 4에서 우리는, 예언서를 읽을 때는 낭독과 메투르게만의 통역 사이에 멈추는 일이 없도록 하나나 그 이상의 구절을 죽 훑는 것이 원칙이었다는 사실을 추정할 수 있다.◉ 여기서도 역시 메트루게만이 통역을 했는데 단지 율법서를 읽을 때처럼 한 절씩 통역하는 것이 아니라 세 절씩 읽은 후 통역한다는 것만이 달랐다. 랍비들이 에스겔의 예언서 중에서 '병거와 수레'를 묘사하는 부분을 공중 독서에서 제외했다는 사실은 주목할 만하다.◉ 랍비 엘리에제르도 에스겔 16:2에 나오는 부분을 제외한 것으로 보인다.

예언서를 읽은 후에는 흔히 설교나 강론이 이어졌는데, 이로써 예배가 완결되었다. 설교자는 '다르샨'이라고 불렸으며 그의 설교는 '데라샤'('묻다, 탐구하다, 논하다'를 의미하는 '다라쉬'에서 온 말

◉ 율법서를 읽는 사람은 세 절보다 적게 읽어서는 안 된다. 그는 통역자에게 한 번에 한 절 이상 읽어 주어서는 안 되고, 예언서일 때는 세 절 이상을 읽어서는 안 된다. 그러나 세 구절이 별개의 세 단락일 경우에는 한 번에 한 절씩 읽어야 한다. 예언서의 구절은 생략할 수 있지만 율법서의 구절은 생략할 수 없다. 어느 정도까지 생략할 수 있는가? 통역자가 멈춰 있을 시간이 없을 정도로만 생략할 수 있다(메길라 IV. 4).

◉ 말이 많으므로 그 티끌이 너를 가릴 것이며 사람이 무너진 성 구멍으로 들어가는 것같이 그가 네 성문으로 들어갈 때에 그 기병과 수레와 병거의 소리로 말미암아 네 성곽이 진동할 것이며(겔 26:10).

로 '훈계, 설교'를 뜻함)라고 불렸다. 강론이 학구적인 신학 토론일 때에는—특히 아카데미에서 이루어질 경우에는—사람들에게 직접 말하지 않고 '아모라', 곧 '연설자'의 귀에 조용히 들려주면, 그는 랍비가 자기에게 말해 준 중요한 내용을 일반 언어로 풀어서 대중들에게 설명해 주었다. 반면에 훨씬 더 대중적인 설교는 '메아마르'라고 불렸는데, 문자적으로는 '연설'이나 '말'을 뜻했다. 이와 같은 연설은 랍비들의 성경 주해이거나 아니면 전승과 위대한 스승들의 권위에 근거해서 이루어지는 교리적인 논의였을 것이다. "누구나 자기 스승의 언어를 그대로 따라 가르쳐야 한다"에두요트 I. 3는 것이 하나의 원칙으로 자리 잡았기 때문이다.

이 두 가지 사실에서 볼 때 우리는 주님께서 가르친 말씀이, 그 말씀을 끝끝내 따르지 않은 사람들에게까지 얼마나 깊은 감명을 주었겠는지 헤아릴 수 있다. 그분이 강론한 내용은 그들이 충분히 이해할 수 있으면서도 지금껏 들어 왔던 것과는 매우 달랐다. 말하자면 주님의 설교는 사상과 희망, 의무, 위안으로 가득한 전혀 새로운 세상을 열어 보이는 것 같았다. 오만한 가버나움에서조차 모든 사람들이 "다 그를 증언하고 그 입으로 나오는 바 은혜로운 말을 놀랍게"눅 4:22 여겼으며, 우리 주님을 잡으러 갔던 성전 경비병들이 겁에 질려, 공회 앞에서 자기들이 책임을 다하지 못한 일을 두고 "그 사람이 말하는 것처럼 말한 사람은 이때까지 없었나이다"요 7:46라고 말할 수밖에 없었던 것도 이상할 게 없다. 이와 비슷하게, 주님께서 가르치신 방식도 단순히 전통에 끈질기게 호소하는 랍비들의 방식과는 전혀 달랐다. "무리들이 그의 가르치심에 놀라니 이는 그 가르치시는 것이 권위 있는 자와 같고 그들의 서기관들과 같지 아니함일러라"마 7:28-29고 할 만큼 주님의 가르침은 생생하고 하늘로부터 직접 내려오는 성령의 생수와 같았다.

18. 고대 유대교의 신학 문헌

지금까지 살펴본 대로, 회당 제도는 고정된 조직과 개인의 자유를 탁월한 방식으로 결합했다. 공중 예배의 절기와 시간, 예배 순서, 기도, 율법서 낭독 등이 확정되었다. 반면에 평일에 드리는 열여덟 개 축복기도와 안식일에 드리는 일곱 개 축복기도 사이에는 자유롭게 기도를 끼워 넣을 수 있었다. 공적 독서를 마무리 짓는 예언서 부분인 '하프타라'('끝내다'는 뜻의 '파타르'에서 파생)를 선택하는 일은 처음부터 개인에게 맡겼던 것으로 보인다. 그에 반해 성경을 읽고 기도하고 강론할 사람을 정하는 일은 '회당의 장로들'이 맡았다.[행 13:15◉] 지역 산헤드린 의원이기도 했을 회당의 장로들은 당연히 회당의 치리와 규율을 담당했을 뿐만 아니라 공중 예배를 이끄는 책임을 맡았다. 그들은 율법에 조예가 깊고 평판이 좋은 사람들로서 대중의 선택으로 임명되었다. 그러나 그들은 안수, 곧 '스미카'*SEMICHAH*에 의해 구별되었는데, 안수는 최소한 임명받은 사람

◉ 율법과 선지자의 글을 읽은 후에 회당장들이 사람을 보내어 물어 이르되 형제들아, 만일 백성을 권할 말이 있거든 말하라 하니(행 13:15).

세 명에 의해 이루어졌으며, 안수를 받음으로써 공식적인 랍비 칭호를 부여받고 율법을 집행하는 자격이 있는 것으로 선언되었다.[산헤드린 13 B] 각 산헤드린에는 신적인 위엄이 깃들어 있다고 보았으며, 그래서 단 세 사람으로 이루어진 산헤드린일지라도 '신들'[ELOHIM]이라고 불릴 수 있었다. 이 사실을 설명하고자 시편 82:6의 "내가 말하기를 너희는 신들이며 다 지존자의 아들들이라 하였으나"라는 구절이 근거로 사용되었다.

랍비 문서에서 산헤드린 의원직의 특별한 자격으로 언급하는 것들은 사도 바울이 디모데에게 지시한 것을 떠올리게 한다.[딤전 3:1-5◎] 산헤드린 의원은 지혜로우며 겸손하고, 하나님을 경외하며 정직하고, 부정한 돈을 탐내지 않으며 나그네를 잘 대접하고, 친절하며 노름을 하지 않고, 고리대금업자가 아니며 안식년에 난 곡물을 거래하지 않고 또 율법에 어긋나는 경기를 즐기지 않는 사람이어야 한다.[산헤드린 III. 3] 그들은 세케님(장로들),[눅 7:3] 메무님(어른들),[막 5:22] 파르나신(목자, 감독자, 목양자),[행 20:28, 벧전 5:2] 그리고 마니게이(인도자들)[히 13:7]라고 불렸다. 이 사람들은 '아키시나고고스',[ARCHISYNAGOGOS] 곧 '로쉬 하케네세트'인 회당장의 통제와 최종 지배를 받았다.[요마 VII. 1, 소타 VII. 7] 회당장은 때때로 절대적인 권위를 행사하기도 했다. 회당장이라는 칭호는 신약성경에 자주 등장한다.[마 9:18, 막 5:35, 36, 38, 눅 8:41, 49, 13:14, 행 18:8, 17]

◎ 미쁘다 이 말이여, 곧 사람이 감독의 직분을 얻으려 함은 선한 일을 사모하는 것이라 함이로다. 그러므로 감독은 책망할 것이 없으며 한 아내의 남편이 되며 절제하며 신중하며 단정하며 나그네를 대접하며 가르치기를 잘하며 술을 즐기지 아니하며 구타하지 아니하며 오직 관용하며 다투지 아니하며 돈을 사랑하지 아니하며 자기 집을 잘 다스려 자녀들로 모든 공손함으로 복종하게 하는 자라야 할지며(사람이 자기 집을 다스릴 줄 알지 못하면 어찌 하나님의 교회를 돌보리요.)(딤전 3:1-5).

회당의 자질구레한 업무들은 '핫잔', 곧 '관리자'[눅 4:20]에게 맡겼다. 그런데 시간이 흐르면서 핫잔은 자기네 원래 직무 외에 교사의 직책도 겸하게 되었으며, 지금은 회당의 노래와 기도를 인도하고 있다. 이 업무는 원래 어떤 고정된 직책의 사람에게 맡기지 않았으며, 누구라도 일시적으로 '쉘리아흐 치부르', 곧 '회중의 대리인'으로 선택되어 담당할 수 있었다. 대부분의 현대 저술가들은, 요한계시록에서 일곱 교회에게 보낸 편지에 나오는 '교회의 사자'라는 표현이 고대 회당의 쉘리아흐 치부르와 관련이 있는 것이라고 생각한다. 하지만 쉘리아흐 치부르가 직책이 아니라 기능을 대리했다는 사실에서 이러한 견해를 받아들일 수가 없다. 게다가 쉘리아흐 치부르에 해당하는 그리스어 표현은 '교회의 사자'가 아니라 '사도'라는 말이었을 것이다. 히브리서 저자가 주 예수를 "우리가 믿는 도리의 사도이시며 대제사장"[히 3:1]이라고 부를 때 이 말을 가리키는 것으로 볼 수 있다.

이런 직원들 외에도 '가바이 체다카', 곧 '자선기금 모금원'이라는 직책도 있는데, 탈무드에서는[바바 바트라 8 B] 이들이 많은 사람을 '의로움'으로 인도한다고 보아 별명으로 "별과 같이 영원토록 빛나리라"[단 12:3]는 약속을 그들에게 붙여 준다.[1]◉ 자선금품은 매주 정해진 시간에 돈이나 식량으로 거두었다. 구호금을 거두는 데는 최소 두 사람, 나누어 주는 데는 세 사람이 고용되었는데 그 까닭은 부정이나 불공평함의 의혹을 차단하기 위해서였다. 평판이 좋고 신실한 사람이어야 한다는 조건이 붙었던 이 기금 모금원들이 초대교회 집사 제도의 모형이 되었다고 생각하는 사람들이 많다. 하지만 이 같은 유추는 별로 타당하지 않으며, 모든 회당에 그런 모금원이 고용되었던 것도 아니다.

회당에서 이루어지는 공중 예배에 대해 설명할 때, 히브리어 성경을 읽고 자국말로 통역했던 '메투르게만'과, 하프타라(예언서) 부분을 읽은 후에 성경이나 전승 율법을 풀어 설명한 '다르샨'에 대해 살펴보았다. 이 두 용어는 유대교를 주제로 다룬 문헌 속에 빈번히 등장하는 이름들과 관련이 있으며 또 우리 주님께서 활동하시던 당시의 유대교 신학을 제대로 이해하는 데 어느 정도 도움이 된다. 메투르게만[2]의 작업은 타르굼에서 지속되었으며, 다르

1. 체다카는 '의로움'을 의미하지만 '자선'을 뜻하는 말로도 사용된다.

◉ 지혜 있는 자는 궁창의 빛과 같이 빛날 것이요 많은 사람을 옳은 데로 돌아오게 한 자는 별과 같이 영원토록 빛나리라(단 12:3).

2. 드라고만(*dragoman*)이라고도 부른다.

샨의 작업은 미드라쉬에서 이어져 왔다. **타르굼**은 히브리어 성경을 일상어인 아람어로 번역하고자 의도된 것이었다. 물론 그러한 번역은 문자적인 것일 수도 있고 아니면 다소 의역한 것일 수도 있다. 모든 타르굼은 자연스럽게 번역자의 특별한 견해를 담아낼 수가 있으며 또 그 당시 널리 퍼졌던 개념들과 성경 이해 방식을 알 수 있게 해준다는 점에서 흥미롭다. 그런데 타르굼 가운데는 다른 것들에 비해 훨씬 더 의역되어 일종의 주석 같은 성격을 띤 것이 있어서 그 당시의 일반적인 신학을 우리에게 보여준다. 엄밀하게 말해 우리는 우리 주님의 시대에 나온 것이나 기원후 1세기에 나온 타르굼을 전혀 갖고 있지 못하다. 그런 타르굼이 지금은 사라지고 없지만 그때 존재했었다는 사실은 의심의 여지가 없다. 그래도 우리에게까지 보존되어 전해진 타르굼들은 비록 합쳐지기도 하고 후대에 와서 현재 형태로 다듬어지기도 했지만 성전 시대 및 그 이전 시대와 연관된 많은 내용을 담고 있다. 그것들을 상대적으로 오래된 순서에 따라 언급하면, 모세오경을 다룬 옹켈로스 타르굼, 예언서를 다룬 요나단 타르굼(여호수아, 사사기, 사무엘서, 열왕기서를 포함), 모세오경을 다룬 익명의 요나단 타르굼, 그리고 일부분만 남아 있는 예루살렘 타르굼을 들 수 있다. 뒤의 두 타르굼은 옹켈로스 타르굼을 보완하는 데 목적이 있었던 것으로 보인다. 후대의 비평가들은 옹켈로스라는 사람의 존재에 대해서까지 의문을 제기한다. 저자가 누구이든 현재 형태의 옹켈로스 타르굼은 3세기에 나왔고, 예언서를 다루는 요나단 타르굼은 4세기에 나온 것으로 보인다.

여러 가지 면에서 타르굼보다 더 흥미로운 문헌이 **미드라쉬**다. 우리는 그중 세 가지를 가지고 있는데, 그것들은 현재 형태로 볼 때 기원후 1세기나 2세기에 나온 것으로 보이지만 훨씬 더 오래된 부분도 포함하고 있다. 그것들을 오래된 순서대로 언급하면 레위기 주석인 '시프라'(책), 민수기와 신명기 주석인 '시프리', 출애굽기 일부분의 주석인 '메킬타'이다. 하지만 우리는 이런 문헌보다 훨씬 더 흥미롭고 탁월한 문헌을 가지고 있는데, 고대 바리새인의 사상과 성경 해석을 다룬 것이다. 선조들 중에는 '작은 창세기' 혹은 '희년서'라고 불리는 저작에 관해 말하는 이들이 있었다. 이 책은 한때 사라졌다가 금세기에 들어와 다시 발견된 신학 문헌으로, 그렇게 발견된 것은 원래의 히브리어로 기록된 것도 아니고 최초의 그리스어 번역본도 아닌, 그리스어에서 에디오피아어로 번역한 판이었다. 우리 주님의 시대에 나온 것이 분명한 이 저술은 모세의 첫 번째 책과 동일한 범위를 다루고 있으며, 그래서 '작은 창세기'라는 이름으로 불린다. 이 저술에서는 그 시대 유대교가 이해하는 시각에서 세상의 창조로부터 유월절 성립 때까지의 성경 이야기를 다룬다. 이런 유형의 저술이 흔히 그렇듯이 여기에는 전설이 더해지고 랍비들의 개념과 해석이 추가되었다. 저자의 주요 목적 가운데 하나는 창세기의 연대기를 확정해 제시하는 데 있었다. 모든 사건을 49년의 희년 기간에 맞추어 기록하고 있으며, 그래서 이 책에 '희년서'라는 이름이 붙었다.[◉] 이 '희년들'은 다시 '주'로 나뉘었으며, 한 주는 7년(하루는 1년)이었다. 그래서 사건은 특정한 희년 기간의, 특정한 년 주WEEK OF YEARS의, 특정한 해의 특정한 달에 발생한 것으로 분류되었다. 이 책이 지닌 또 한 가지 경향은, 비슷한 모든 저술에서 공통적으로 발견되는 것으로서, 후대에 나타난 모든 제도의 기원을 족장 시대로 거슬러 올라가 찾는 것이다.[3]

이러한 저작들 외에도 우리에게까지 전해진 신학 문헌으로서 최근에 매우 큰 논쟁에 휩싸인 것들이 있다. 많은 독자들이 외

◉ 이것은 "산에 올라 내게로" 오라고 하신 말씀대로 모세가 율법과 계명이 기록된 돌판을 받고자 시내 산으로 올라갔을 때 주님께서 말씀하신 것으로, 세상의 시간 속에서 [년과] 주와 희년에 따라 연례적으로 지켜야 할 율법과 계명의 날들을 구분해 기록한 것이다(찰스워스가 편집한 『구약의 위경』에 실려 있는 '희년서 표제').

3. 바리새파 저자가 '희년서'를 기록한 것이 확실해 보이지만 거기에 나오는 견해들 전부가 바리새인의 견해는 아니다. 예를 들어, 영혼 불멸을 주장하면서도 부활은 부정한다.

속죄일의 대제사장

사두개인은 속죄일에 대제사장이 지성소로 들어가기 전에 향을 태워야 한다고 주장했다. 이와 상반된 견해를 주장했던 바리새인은 대제사장이 직무를 수행하기 전에 바리새파의 제의 관례를 준수하겠노라고 맹세하게 하는 신중한 조치를 취했다.

경에 관해서는 알겠지만 이 문헌들은 **위경** 문서라고 불린다. 이 문서들은 주로 성취되지 않은 예언을 주제로 다루며, 여러 문헌 중에서도 특히 다니엘서에서 빌려 온 언어와 상징들로 표현되고 있다. 사실 위경들은 다니엘서를 상당 부분 그대로 모방하고 있는 것처럼 보이며, 다른 점이라면 시각에서만 훨씬 더 폭이 넓은 특성을 지닌다는 것이다. 이런 유형의 문헌은 그 시대에 친숙하지 않은 사람들이 예상하는 것보다 훨씬 방대하다. 하지만 그 시대가 겪었던 고난과, 미래의 해방에 대한 열렬한 기대, 그것을 기록한 사람들이 받은 독특한 훈련 및 특이한 정신적 기질을 생각한다면, 그 문헌들은 얼마 전에 나폴레옹에 대한 두려움이라든지 여러 가지 정치적인 사건에서 비롯되어 우리 가운데 유행했던 예언 문서들에 비해 결코 방대하다거나 터무니없는 것이라고 보기 힘들다. 최소한 우리가 볼 때 그 옛 문헌들은 이렇게 생성된 예언 문서들과 본질적인 유사성을 지닌다. 다른 점이라면, 서구 해설자와는 달리 동방의 해설자는 성취되지 않은 예언을 해설할 때 논평자의 언어가 아니라 예언자의 언어를 사용하고 나아가 자기 견해를 신비적이고 상징적인 언어로 치장했다는 것뿐이다. 일반적으로 이런 성격의 문헌은 저자가 이집트(헬레니즘)의 유대인이냐 팔레스타인의 유대인이냐에 따라서 그리스어판과 히브리어판으로 분류할 수 있다. 그중 어떤 문헌은 그리스도 시대 이전에 나온 것인지 이후에 나온 것인지를 정확하게 판별하는 것이 상당히 어렵다. 물론 그 문헌들 각각이 작성된 정확한 시기를 확정 지으려고 노력할 때 난점은 더욱 커진다. 그럼에도 후대에 이루어진 역사 연구들을 통해 일반적인 사항에 대한 많은 합의를 이루어 냈다. 최근에 기독교를 반대하는 사람들이 애써 밝혀낸 그 책들의 용도에 대해 언급하지 않고서도, 그것들을 적절히 연구하고 해석하는 것만으로도 그 시대의 모습을 밝히고 당시 사람들의 가르침과 신약성경의 가르침 사이의 본질적인 차이를 구명하는 데 큰 도움을 얻을 수 있다.[4] 성스러운 학문에 속한 각 분야와 영역들의 경우, 그에 대해 신중하고 진지하고 공평하게 연구가 이루어지기만 한다면 우리가 완벽하고 확실한 근거에서 분명하게 믿고 있는 진리를 밝혀 주는 새로운 증거를 얻을 수 있다.

4. 매우 흥미롭고 중요한 이 주제에 대해서는 좀 더 폭넓은 연구를 통해 깊이 다룰 필요가 있다.

랍비들의 견해가 비록 터무니없이 보일 때가 많기는 해도 성경과 완전히 별개로 성립되었다고 보는 것은 잘못된 판단이다. 오히려 모든 전통 규례와 랍비들의 관례, 심지어 모든 전설과 격언까지도 어떤 식으로든 구약성경 본문에 근거를 둔다. 간략하게나마 이 점을 설명하기 위해 유대교의 전승 체계는 대체로 '할라카'와 '하가다'로 구분된다는 사실을 살펴본다.

할라카('걷다'를 뜻하는 '할라크'에서 파생)란 구전 율법, 곧 '토라 쉐베알 페'를 구성하는, 확정된 율법 규정들을 가리킨다. 할라카에서는 어떤 것도 변경할 수 없으며, 교사 개인은 설명하고 해석하는 일 외에는 어떤 자유도 누릴 수 없었다. 할라카의 목적은 모세의 율법에서 제시하는 원칙들을 자세히 설명하고 그것을 가능한 모든 경우에 적용하는 것이며, 또한 이른바 '울타리'로 모세의 율법을 에워싸서 부지불식간에 일어날 수 있는 위반을 막아 내는 것이었다. 할라카는 모세의 율법과 동등한 권위를 지닐 뿐만 아니라 설명을 제시한다는 점에서는 훨씬 더 높이 평가되기도 했다. 엄밀하게 말해 할라카는 하나님께서 모세에게 계시하신 모세오경과 대등한 것이요, 단지 계시의 형태나 방식에서만 다른 것이라고 여겨졌다. 말하자면 모세오경은 문자로 기록되었고 할라카는 입말로 전수되었다. 마이모니데스에 따르면, 모세는 전승 율법을 아론과 자기 아들들과 70인의 장로와 백성들에게 순차적으로 설명하면서, 각 계층이 율법을 네 번에 걸쳐 듣도록 신중한 조치를 취했다.『제라임 서문』 I. A 탈무드에서는 "네가 그들을 가르치도록 내가 율법과 계명을 친히 기록한 돌판을 네게 주리라"고 말한 출애굽기 24:12을 인용해서 예언서와 성문서뿐 아니라 전승 율법 전체가 모세에게 전해졌다는 사실을 증명하고자 노력한다.◎ 랍비 레위는 다음과 같이 주장하였다.

◎ 여호와께서 그의 언약을 너희에게 반포하시고 너희에게 지키라 명령하셨으니 곧 십계명이며 두 돌판에 친히 쓰신 것이라(신 4:13).

'돌판'은 십계명을 가리키며 '율법'은 모세오경에 기록된 율법을, '계명'은 미쉬나를 가리키고, "내가……친히 기록한"이라는 말은 예언서와 성문서를 뜻하며, 반면에 "그들을 가르치도록"이라는 말은 게마라를 가리킨다. 이 사실에서 우리는 이 모든 것이 시내 산 위에서 모세에게 주어졌다는 사실을 알 수 있다.베라코트 5 A

할라카가 이런 것이라면 **하가다**의 경계를 정하는 일은 쉽지가 않다. '토론하다', '말하다'를 뜻하는 동사 '히기드'에서 온 '하가다'는 엄격한 율법 규정으로서의 권위를 지니지 않는 모든 것을 포괄한다. 하가다는 전설이나 이야기, 교훈, 해설, 토론, 적용으로 이루어지는데, 간단히 말해 어떤 교사가 자신의 견해나 선호 여부에 따라 임의로 선택해서는 성경이나 할라카와 연결시킬 수 있는 모든 것을 말한다. 이러한 특성으로 인해, 지나친 과장은 어쩌지 못한다 해도 적어도 심각한 불합리에 빠지는 일이 없도록 하기 위해 명확한 규칙들이 필요했다. 이렇게 하가다를 성경과 연결하는 데 사용하는 기준은 원래 네 가지가 있었다. 유대인이 좋아하는 방식대로, 그 네 가지 기준의 첫 문자들을 뽑아 모으면 '파르데스'(천국)라는 말이 된다.[5] 네 가지 기준은 다음과 같다.

5. 물론 히브리어에서는 모음이 표기되지 않는다.

1. 어떤 구절의 평범한 의미를 밝히는 것(페샤트).
2. 어떤 단어의 한 문자를 다른 단어나 문장 전체에 대한 암시나 실마리로 삼는 것(레메즈).
3. 어떤 구절을 실제적으로 주해하는 것(데루쉬).
4. 어떤 구절이나 단어의 신비적 의미, 곧 비밀을 밝혀내는 것(소드).

네 가지 기준은 점차 32개 규칙으로 확대되었으며 그 결과 온갖 종류의 기상천외한 사고가 가능하도록 문을 열어 놓았다. 이러한 규칙 가운데 하나인 '게마트리아'(기하학, 계산)에 따르면, 해석자는 어떤 단어를 이루는 글자들의 숫자값을 찾아내서—히브리 문자는 로마자와 마찬가지로 숫자이기도 하다—같은 숫자값을 지닌 하나나 그 이상의 단어로 대치할 수 있었다. 이런 방식으로 옹켈로스는 민수기 12:1에서 모세가 '에디오피아 여인'(원문은 '구스 여자'다)과 결혼했다는 구절을 읽으면서 게마트리아를 사용해 이 말 대신에 '아리따운'이라는 말을 사용했다.◉ '구스 여자'와 '아리따운'이라는 단어는 똑같이 숫자값이 736이었다. 이렇게 대체함으로써 모세가 에디오피아 여자와 결혼했다는 불쾌한 생각도 걷어 낼 수 있었다. 이와 유사하게 미쉬나에 보면 하나님을 사랑하는 사람들이 각각 310개의 세계를 물려받게 된다는 말이 나온다. 잠언 8:21에 나오는 '재물'(예쉬)이라는 말의 숫자값이 310인 까닭이다.[6] 이에 반해 성경 본문에서 할라카를 추론하는 기준은 훨씬 더 엄격하고 논리적이었다. 힐렐에게서 그런 규칙 일곱 가지가 시작되었고 나중에 열세 개로 확장되었다.[7] 이러한 규칙에 대해서는 이렇다 할 반론을 제기할 수 없겠지만 불행하게도 그 규칙들이 실제로 적용된 것은 하가다의 경우와 마찬가지로 매우 비현실적이었고 심각한 오류로 가득했다.

◉ 모세가 구스 여자를 취하였더니 그 구스 여자를 취하였으므로 미리암과 아론이 모세를 비방하니라(민 12:1).

6. Gfrörer, *Jahrh. d. Heils*, vol. i. p. 244, etc.

7. 이런 '미도트', 곧 '규칙들'을 설명하고 그 예를 제시하는 것은 이 책의 범위를 넘어서는 일이다. 이 문제에 관심 있는 독자들은 『유대 민족의 역사』 pp. 570-580에서 랍비들의 주석에 관해 자세히 논한 내용을 참조하라.

우리 주님께서 자주 언급하셨던 '전통'이라는 것에 대해 좀 더 알고 싶은 독자들이 많을 것이다. 여기서는 먼저 미쉬나와 게마라를 구분할 필요가 있다. **미쉬나**를 본문이라고 본다면 **게마라**는 그 본문을 주석하여 확대한 것이라고 할 수 있다. 그와 동시에 미쉬나 역시 많은 양의 주석을 담고 있으며 또한 법적 결정 사항이나 그에 대한 토론이 아닌 많은 내용을 포함하고 있다. 반면에

게마라도 우리가 '본문'이라고 부르는 것들을 담고 있다. 미쉬나라는 말은 '반복'을 의미하며, 앞에서 언급한 전승 율법을 반복하는 것을 가리킨다. 게마라는 말 자체에서 드러나듯이 '토론'을 의미하며, 미쉬나나 미쉬나의 적합성에 관해 랍비들이 나눈 토론과 견해와 말들을 담고 있다. 따라서 탈무드의 각 페이지에는 언제나 미쉬나 본문이 실리고 이어서 그 본문에 대해 유대교 신학위원회나 학교에서 이루어진 토론이 달리는데, 이것들이 게마라를 구성한다.

미쉬나와 게마라에 나오는 권위 있는 학자들은 기원전 180년경부터 기원후 430년까지(바빌론 탈무드의 경우) 활동한 사람들이다. 물론 미쉬나가 가장 오래된 작품으로, 현재의 형태로 기록되고 편집된 미쉬나 판본은 기원후 2세기 말에 나온 것이다. 그 내용은 주로 할라카인데, 한 권의 소논문 「아보트」에는 할라카가 전혀 들어 있지 않으며 성전의 규모를 다루는 다른 소논문 「미도트」에는 할라카가 아주 적게 들어 있다. 하지만 이 두 소논문은 역사적으로 가장 가치가 크고 흥미롭다. 다른 한편, 미쉬나에는 하가다를 전혀 포함하지 않는 소논문이 13개 있으며, 다른 22개 소논문은 하가다를 아주 적게 언급하고 있다. 미쉬나 가운데 많은 부분이 그리스도 이전 시대와 특히 당대에 나온 것으로 보이며, 이런 까닭에 신약성경을 이해하는 데 미쉬나가 매우 중요하다. 물론 조심스럽게 사용할 필요가 있다. 게마라, 곧 미쉬나에 관한 토론을 담고 있는 책은 두 종류의 탈무드('탈무드'는 '이론, 학식'을 뜻한다)로 나뉘는데, 예루살렘 탈무드와 바빌론 탈무드가 그것이다. 예루살렘 탈무드가 그 이름으로 불리게 된 까닭은 팔레스타인에 있는 학교들에서 만들어졌기 때문이며, 바빌론 탈무드에 그 이름이 붙은 이유는 바빌론 학파의 산물이기 때문이다. 예루살렘(팔레스타인) 탈무드는 기원후 4세기 중반에 완성되었으며, 바빌론 탈무드는 6세기 중반에 이루어졌다. 바빌론 탈무드에 비해 예루살렘 탈무드가 역사적 가치가 훨씬 더 크다는 점은 두말할 필요가 없다. 현재 우리에게 있는 이 두 가지 게마라 중 어느 것도 완전하지 않다. 예루살렘 탈무드와 바빌론 탈무드 모두에서 게마라를 포함하지 않은 미쉬나 소논문들을 만날 수 있기 때문이다. 마지막으로, 바빌론 탈무드는 분량이 예루살렘 탈무드의 네 배 이상이다.

여기서는 미쉬나의 내용을 간략하게라도 살펴보기가 무리다.[8] 다만 미쉬나가 여섯 권의 책(세데르)으로 구성되고, 그 아래로 소논문(마세케트)으로 나뉘며, 이것이 다시 장(페렉)과 단일 조항들, 곧 전승(미쉬나)들로 분류된다는 사실만 밝혀 둔다. 미쉬나를 인용할 때는 책(세데르)으로 표시하지 않고 특정 소논문과 장과 미쉬나로 표시하는 것이 관례다. 소논문들(책들이 아니다)의 이름만 보아도 그 내용에 대한 충분한 정보를 얻을 수 있는데, 그 내용은 상상할 수 있는 것을 넘어 생각조차 불가능한 온갖 사례를 포함하며 그에 대한 장황한 논의들로 채워져 있다. 미쉬나 전체는 63개의 소논문으로 구성되고, 525개의 장과 4,187개의 '미쉬나들' MISHNAIOTH로 이루어져 있다.

8. 부록에 나오는 미쉬나 소논문 하나를 살펴보고, 바빌론 탈무드에서 선택한 몇몇 본문을 살펴본다.

그 외에 유대교 신학의 또 다른 갈래로, 여러 가지 면에서 기독교 연구자들이 흥미를 느낄 만한 것이 있다. 일찍이 우리 주님의 시대에, 널리 퍼졌으면서도 사람들이 이단에 빠질 것을 염려해 일반 대중과 평범한 학생들에게까지 비밀로 했던 일련의 교리와 이론이 있었다. 이 유형의 연구를 가리켜 대체로 '카발라'라는 이름으로 불렀는데, 이것은 그 이름('받다' 또는 '전수하다'를 뜻하는 '카발'에서 파생)이 함축하는 대로 오래전부터 전해져 온 영적 전승을 가리키며 시간이 흐르면서 외부에서 들어온 수많은 불순한 요소들과 혼합되었다. 카발라는 창조의 역사, 하나님의 세계 내 현존 및 그 나라의 신비를 중심 내용으로 다루며, 이런 내용을 에스겔 1장의 마차와 바퀴 환상을 통해 상징적으로 제시한다.◉ 카발라 문헌에서 발견되는 많은 내용이 기독교의 고귀한 진리들과 매우 흡사하며, 그런 까닭에 카발라에 오류와 미신과 어처구니없는 내용이 섞여 있다고 해도 우리는 거기서 하나님 계시의 심원한 사실의 흔적과 연속성을 분명하게 알아볼 수 있다. 이와 같은 계시의 사실들은 구약성경에 나오는 예언적 가르침의 내용을 형성하였으며 또한 성령의 인도를 따르는 사람들이 찾고 파악해 냈던 것이기도 하다.

◉ 그 사방 광채의 모양은 비 오는 날 구름에 있는 무지개 같으니 이는 여호와의 영광의 형상의 모양이라. 내가 보고 엎드려 말씀하시는 이의 음성을 들으니라(겔 1:28).

이제 유대인의 삶을 개괄해 온 이 책을 마치면서 한 가지 물음이 떠오른다. 그리스도가 살았던 시대의 종교 및 사람들과 그리스도와의 관계에 대해 어떻게 보아야 할지 묻는다면, 대답은 그리 어렵지 않을 것이다. 어떤 면에서 그리스도는 당시 사람들에게 전혀 낯선 인물이 아니었다. 그분이 낯선 이였다면 그분의 가르침은 전혀 호응을 얻지 못했을 것이고 정말이지 그 시대 사람들이 납득하기조차 어려웠을 것이다. 그리스도는 그 시대 사람들을 이방인처럼 언약 밖에 있는 자들로 여기면서 말씀을 전하신 것도 아니다. 그분의 가르침은 모든 면에서 구약성경의 연속이요 발전이자 완성이었다. 그분이 한 일은 단지 전통주의라는 무거운 짐을 제거한 것이었다. 구약성경에 가득한 영적 진리를 억누르고 그 대신 문자 숭배를 내세웠던 형식주의와 외식주의 및 행위를 통해 의롭게 된다는 사고를 그리스도는 폐기해 버리셨다.◉ 그리스도는 구약성경에 담긴 거대한 영적 진리를 온전한 빛 가운데로 이끌어 내시고 그 의미를 밝혀 주셨다. 그분은 율법의 진정한 가르침을 제시하고 완성하였으며, 이스라엘과 온 세상을 위한 구약성경의 예

◉ 대답하여 이르시되 너희는 어찌하여 너희의 전통으로 하나님의 계명을 범하느냐. 하나님이 이르셨으되 네 부모를 공경하라 하시고 또 아버지나 어머니를 비방하는 자는 반드시 죽임을 당하리라 하셨거늘 너희는 이르되 누구든지 아버지에게나 어머니에게 말하기를 내가 드려 유익하게 할 것이 하나님께 드림이 되었다고 하기만 하면 그 부모를 공경할 것이 없다 하여 너희의 전통으로 하나님의 말씀을 폐하는도다(마 15:3-6).

언들을 성취하였다. 구약성경에 들어 있는 길과 진리와 생명에 관한 모든 것이 그리스도 안에서 "예와 아멘"이 되었다.고후 1:20 우리는 주님께서 주위의 모든 영적인 요소들을 이용하고 그 시대의 금언과 비유, 관념과 관습들을 받아들이셨으면서도—진정 그 시대의 사람이 되기 위해서는 그렇게 할 수밖에 없었다—다른 한편으로는 눈먼 백성을 이끄는 눈먼 인도자들에게 멸시와 배척을 당해 죽음에 넘겨질 정도로 그 시대에 속하지 않으셨던 실상을 이해할 수 있다. 만일 그리스도께서 자신이 살았던 시대를 철저히 부정하고 그 시대가 지닌 참되고 유용한 것을 전혀 이용하지 않으셨더라면 그분은 결코 그 시대에 속하지 못했을 것이다. 다시 말해, 참 인간 예수 그리스도가 아니었을 것이다. 또 그리스도께서 그 시대를 추종하고 당시의 사고와 견해와 희망에 자신을 일치시키거나 그런 운동에 경도되었더라면, 그분은 살아 계신 하나님의 아들 그리스도, 곧 죄와 죄책에서 자유롭게 하는 구원자가 아니었을 것이다.[9]

이렇게 해서 우리는 바리새인과 서기관들이 그리스도를 향해 뿌리 깊은 적개심을 보인 이유를 알게 되었다. 적개심의 원인은 그분이 새롭고 낯선 교사였기 때문이 아니라 그리스도로 오셨기 때문이다. 그들이 가르치는 것도 사실 그리스도의 가르침과 다르지 않았다. 다만 삶의 근본 원리에서 완전히 상충한 것이 원인이었다. "빛이 세상에 왔으되 사람들이……빛보다 어둠을 더 사랑한 것이니라."요 3:19◉ 그 당시나 오늘날에나 바리새파 유대교는 인간의 곤경이나 하나님 사랑의 목적, 하나님 자녀들의 특권 등의 문제에서 그리스도의 복음과 완전히 상반된 처지에 있다. 우리가 반드시 따라야 할 진리이지만 안타깝게도 랍비들의 가르침에서는 유사한 것을 전혀 찾아볼 수 없는 진리가 있다. 바로 고난당하는 메시아라는 진리다. 분명 이 진리를 가리키는 실마리는 있었다. 예

9. 이처럼 한없이 중요한 주제를 그 모든 의미를 살피며 온전히 논하기 위해서는 별개의 책이 필요할 것이다.

◉ 만물이 그로 말미암아 지은 바 되었으니 지은 것이 하나도 그가 없이는 된 것이 없느니라. 그 안에 생명이 있었으니 이 생명은 사람들의 빛이라. 빛이 어둠에 비치되 어둠이 깨닫지 못하더라(요 1:3-5).

를 들어, 이사야의 예언에 나오는 몇몇 구절은 아무리 뛰어난 랍비들의 재주로도 완전히 감추거나 그릇되게 해석할 수 없었다. 또 그들은 예배자들이 날마다 희생제물에 손을 얹고 자기 죄를 전가할 때 그 제물에다 죄를 고백해야 한다고 가르쳤는데, 그 가르침에서 대리적 고난과 대속이라는 교리를 제거할 수는 없었다. 하지만 유대교는, 극소수의 사람을 제외하고는, 이 모든 것에 담긴 진정한 의미인 "보라, 세상 죄를 지고 가는 하나님의 어린양이로다"요 1:29라는 사실을 깨닫지 못했다.

참 오랜 세월이 흘러 복음의 기쁜 소식이 전 세계에 전해진 지금도 이스라엘은 여전히 불신앙의 어둠 속에 있으며 그릇된 희망으로 고통당하고 있다. 그럴수록 우리는 "흑암에 행하던 백성이 큰 빛을 보고 사망의 그늘진 땅에 거주하던 자에게 빛이 비치도다"사 9:2라는 말씀을 더욱 굳게 확신하게 된다. "한 아기가 우리에게 났고 한 아들을 우리에게 주신 바 되었는데 그의 어깨에는 정사를 메었고 그의 이름은 기묘자라, 모사라, 전능하신 하나님이라, 영존하시는 아버지라, 평강의 왕이라 할 것임이라"사 9:6는 말씀이 옳다. 확실히 "하나님이 그 미리 아신 자기 백성을 버리지 아니하셨"음을 우리는 안다.롬 11:2 오히려 "온 이스라엘이 구원을 받으리라. 기록된 바 구원자가 시온에서 오사 야곱에게서 경건하지 않은 것을 돌이키실" 것을 믿는다.롬 11:26 "파수꾼이여, 밤이 어떻게 되었느냐. 파수꾼이여, 밤이 어떻게 되었느냐. 파수꾼이 이르되 아침이 오나니 밤도 오리라."사 21:11-12

부록

미쉬나 미도트 · 바빌론 탈무드 베라코트

미쉬나 미도트 : 성전의 규격을 기술하는 소논문

「미도트」는 미쉬나의 다섯 번째 세데르(책)인 『코다심』*kodashim*에 들어 있는 열 번째 소논문이다. 「미도트」는 예루살렘 탈무드나 바빌론 탈무드 어느 쪽에도 게마라가 없다. 예루살렘 탈무드에는 이 다섯 번째 세데르 전체가 빠져 있으며, 바빌론 탈무드에는 두 개하고 절반의 소논문이 빠져 있다(「미도트」와 「킨님」, 그리고 「타미드」의 절반). 「미도트」에서 할라카를 포함하는 절들은 i. 2, 3, 9와 ii. 2, 4, 5, 6, iii. 3, 5, 8, iv. 2, 5, v. 3, 4뿐이다. 미쉬나 전체에서 128명의 현자 이름이 소개된다. 이 소논문에서 언급되는 현자들 거의 대부분이 성전의 파괴를 목격했다.

1장

1 제사장들은 성전 안의 세 곳, 곧 아브티나스 집, 니추스 집, 화덕의 집BETH MOKED에 경비병을 두었다. 레위인들은 21곳에 경비병를 두었는데, 성전(성전산)으로 들어가는 다섯 문과, 그 안쪽 네 귀퉁이, 성전 뜰의 다섯 문 앞, 성전 뜰의 바깥 네 모퉁이, 제물의 방, 휘장의 방, 그리고 지성소(속죄소) 뒤에 두었다.

2 성전 경비대장(성전산 책임자)은 횃불을 들고 각 경비소를 순시했다. 그러다 제대로 서 있지 않은 경비병을 발견하면 "그대에게 평화가 임하기를"이라고 말했다. 경비가 잠들어 있는 것이 확인되면 몽둥이를 들어 때렸고 심지어 그의 권위로 경비병의 옷을 불태울 수도 있었다. 그래서 사람들은 말하기를 "성전 뜰에서 나는 소리가 뭐냐?" "레위 사람이 번을 서는 중에 잠을 자서 얻어맞는 소리요, 그 옷이 불태워지고 있는 것이요"라고 하였다. 야곱의 아들 랍비 엘리에제르는 "전에 내 외삼촌이 잠자다가 들켜서 옷이 불태워졌다"라고 말했다.

3 성전산 둘레에는 다섯 개의 문이 있었다. 남쪽에는 두 개짜리 훌다 문이 있어서 입구와 출구로 사용되었다. 서쪽에는 키포누스 문이 있었다. 북쪽에는 타디 문이 있었는데, 그 문은 사용하지 않았다. 동쪽 문에는 수산 궁이 그려져 있었으며, 대제사장이 돕는 사람들과 함께 그 문을 통해 붉은 암송아지를 태우러 감람산으로 나아갔다.

4 성전 뜰[1]에는 일곱 개의 문이 있었다. 북쪽에 셋, 남쪽에 셋, 그리고 동쪽에 하나. 남쪽에 있는 문들은 땔감의 문과 첫 산물의 문, 물의 문이었다. 동쪽에는 니카노르 문이 있었는데, 이 문에는 오른쪽과 왼쪽에 하나씩 두 개의 방이 달려 있었다. 오른쪽 방은 의복

1. 여기서 '성전 뜰'은 여인의 뜰을 제외한 제사장의 뜰과 이스라엘의 뜰까지를 말한다. 따라서 니카노르 문은 이스라엘의 뜰과 여인의 뜰을 가르는 문이었다.

관리자인 비느하스의 방이고 왼쪽 방은 제물로 드리는 떡[2]을 만드는 사람들의 방이었다.

2. 대제사장이 날마다 드리는 제물로 사용하였다.

5 북쪽에는 불꽃(니추스) 문이 있었다. 그 문은 주랑현관의 모양을 딴 것으로 그 위에 누각(알리야)을 세웠다. 위에서는 제사장이 망을 보고 아래서는 레위인이 망을 보았으며, 테라스(헬)로 연결된 문이 달려 있었다. 그 옆으로는 두 번째로 희생제물의 문이 있고, 세 번째로 화덕의 집 문이 있었다.

6 화덕의 집 안에는 작은 침실 같은 방이 네 개 있고, 그 방들은 식당과 연결되었다. 그 가운데 두 방은 거룩한 영역에 위치하고 나머지 두 방은 거룩하지 않은 영역에 속하였으며, 두 영역은 돌을 줄지어 놓아[3] 구분하였다. 그 방들은 무엇에 사용하였는가? 남서쪽에 있는 방은 제물의 방이며, 남동쪽 방은 진설병의 방이고, 북동쪽 방에는 하스모니아 왕가 사람들이 그리스 왕들에 의해 더럽혀진 제단 돌들을 넣어 두었다. 북서쪽에는 목욕실로 내려가는 방이 있었다.

3. *Roshe Paspassin.*

7 화덕의 집에는 두 개의 문이 달렸는데, 하나는 테라스로, 다른 하나는 성전 뜰로 연결되었다. 랍비 예후다는 "성전 뜰로 연결된 문에는 작은 쪽문이 달려 있어서 사람들이 그 문을 통해 성전 뜰을 살피기 위해 들어갔다"고 썼다.

8 화덕의 집은 아치 형태였으며 그 둘레를 돌로 확장된 부분(아마 테라스였을 것이다)이 에워싼 커다란 집이었다. 여기서는 각 반열의 어른들이 잠을 잤으며, 그들이 성전 마당의 열쇠들을 간수하였다. 젊은 제사장들은 모두 바닥에 자기 침구(자신의 옷이었을 것이다)를 깔고 잠을 잤다.

9 또 그 방 안에는 1제곱규빗 크기의 자리 위에 대리석 판이 놓여 있는데, 이 판에 고리가 달려 있고 이 고리에 열쇠들을 줄로 묶어

놓았다. 문 닫는 시간이 되면 제사장은 고리를 잡아 대리석 판을 들고는 줄에서 열쇠를 뺐다. 그러고는 문들을 안에서 걸어 잠그는데, 그러면 레위인들은 밖에서 잠을 자야 했다. 문 잠그는 일을 마치면 열쇠들을 다시 줄에 매고 대리석 판을 제자리에 놓았다. 그리고 자기 이부자리를 그 위에 펴고 잠을 잤다. 만일 제사장들 가운데 한 사람이 뭔가 나쁜 일을 당하면, (다른 미쉬나 번역본에서는 '나쁜 일'을 '몽정'이라고 옮겼다.—옮긴이) 그는 밖으로 나가 곳곳에 불을 밝혀 놓은 나선계단[4]을 통해 집 아래로 내려가 목욕실로 가야 했다. 야곱의 아들 랍비 엘리에제르는 말하기를 "그 사람은 나선계단을 내려가 테라스를 지나 타디 문 밖으로 나가야 했다"고 하였다.

4. 메시바. 문자적으로 '빙 돌다'를 뜻한다.

2장

1 성전 경내(성전산)는 가로 세로가 각각 500규빗 크기였다. (여기서 말하는 성전 경내는 헤롯이 확장하기 전의 마카베오 성전산을 가리킨다. 그 모양은 가로 세로가 각각 250m 정도인 정방형이었다. 헤롯은 이 성전산을 보강하고 확장했는데, 그 형태는 대략 남북으로 500m, 동서로 300m에 이르는 불규칙한 사각형이었다.—옮긴이) 남쪽 지역이 가장 넓었으며, 그 다음으로 동쪽과 북쪽 지역 순으로 넓고, 서쪽 지역이 가장 좁았다. 가장 넓은 지역에서 거의 대부분의 행사가 치러졌다.
2 성전산으로 들어가는 사람은 누구든지 오른쪽 문으로 들어가 빙 돌아서 왼쪽 문으로 나왔다. 그러나 무언가 나쁜 일[5]을 당한 사람은 예외로 왼쪽 문으로 들어가 오른쪽으로 돌았다. "무슨 고통스런 일을 당했기에 당신은 왼쪽으로 돕니까?" "상을 당했기 때문입니다." "이 전에 계시는 분께서 당신에게 위로를 베푸시길 빕니

5. 문자적으로 이렇게 되어 있다(다바르). 물론 1장 9절에 나오는 표현과 같은 일을 뜻하지는 않는다.

다!" "파문을 당했기 때문입니다." "이 전에 계시는 분께서 그 사람들의 마음을 움직여 당신을 다시 받아들이게 하시길 빕니다!" 이에 대해 랍비 메이어는 랍비 요세에게서 들은 다음과 같은 말을 남겼다. "이렇게 말하는 것은 마치 그 사람들이 그를 그릇 판단한 잘못을 저지른 것처럼 들린다. 차라리 '이 전에 계시는 분께서 당신에게 형제들의 말에 귀 기울일 마음을 부어 주시고 그래서 그들이 당신을 용납하도록 하게 하시길 빕니다'라고 말하는 게 옳다."

3 안쪽으로 조금 더 들어가면 높이가 열 뼘 정도 되는 흉벽(소레그)이 있었다. 이 흉벽에는 원래 그리스 왕들이 만든 입구가 13개 있었다. 유대인이 그것들을 복원하고 강화하고는 그 앞에서 13번 허리를 굽혀 경의를 표하도록 정하였다. 조금 더 들어가면 폭이 10규빗인 테라스가 있고, 거기에는 12단의 층계가 있었다. 층계 하나의 높이는 반 규빗이었고 그 발판의 폭도 반 규빗이었다. 성전에 있는 모든 층계는, 성소 현관에 있는 층계를 제외하고는 하나의 높이가 반 규빗이고 발판의 폭도 반 규빗이었다. 성전에 있는 입구와 문들은, 성소 현관에 있는 것을 제외하고는 모두 높이가 20규빗, 폭이 10규빗이었다. 성전의 모든 입구에는, 성소 현관 입구를 제외하고는 문짝이 달려 있었다. 성전의 모든 문에는 상인방이 달려 있었는데, 타디 문은 예외로 그 위에 두 개의 돌이 비스듬히 마주 세워졌다. 성전의 모든 문은 금을 씌워 새롭게 치장했는데 니카노르 문만은 예외였다. 사람들의 말에 따르면, 니카노르 문에 기적이 일어나 청동이 금빛으로 빛났기 때문이었다.

4 성전의 벽들은 모두 높게 세웠으나 동쪽 벽은 예외였다. 그 이유는 감람산 위에서 붉은 암송아지를 불태우는 제사장이 피를 뿌릴 때 성소의 입구를 곧바로 바라볼 수 있도록 하기 위해서였다.

5 여인의 뜰은 길이와 폭이 각각 135규빗이었으며, 네 모서리에

40제곱규빗짜리 방이 네 개 있었는데 그 방들은 지붕으로 덮이지 않았다. 그 방들과 관련해 장차 일어날 일을 기록하고 있는 글에 따르면 "나를 데리고 바깥뜰로 나가서 나를 뜰 네 구석을 지나가게 하시는데 본즉 그 뜰 매 구석에 또 뜰이 있는데 그 뜰의 네 구석에 있는 뜰에서 연기가 나더라"(다른 미쉬나 번역본과 우리말 개역개정 성경에는 "뜰 네 구석 안에는 집이 있으니"로 나온다.—옮긴이)겔 46:21-22 고 말하고 있다. "연기가 나더라"라고 말하는 것은 그 방들에 지붕이 없었기 때문이다. 그런데 그 방들의 용도는 무엇이었는가? 동남쪽에 있는 방은 나실인의 방으로, 그곳에서 나실인은 자기들의 화목제물을 씻고 자기네 머리털을 잘라 항아리에 던져 넣었다. 동북쪽에 있는 방은 나무 창고로, 여기서는 부적격 판정을 받은 제사장들이 나무 고르는 일을 했다. 벌레 먹은 나무는 번제단에 사용하기에 적합하지 않았다. 서북쪽에 있는 방은 나병환자의 방이었다. 서남쪽에 있는 방에 대해 야곱의 아들 랍비 엘리에제르는 "그 방이 어떤 용도인지 나는 잊어버렸다"고 말했다. 압바 사울은 말하기를 "그 방에는 포도주와 올리브유를 두었다. 그래서 그곳을 기름 창고라고 불렀다"고 하였다. 여인의 뜰은 원래 건물이 없이 평평했었는데 나중에 회랑으로 에워쌌으며, 그래서 여성들은 위에서 내려다보고 남자들은 아래쪽에서 보게 되었다. 여자와 남자가 섞이지 않도록 하기 위해서였다. 여인의 뜰에서 이스라엘의 뜰로 올라가는 길에는 15단으로 된 층계가 있었는데, 이것은 시편에 나오는 '성전에 올라가는 노래' 열다섯 편에 상응하는 것이었다. 레위인들이 이 층계 위에 서서 노래를 불렀다. 이 층계는 직사각형 모양이 아니라 반원형으로 굽은 형태였다.

6 이스라엘의 뜰 밑으로는 여인의 뜰 쪽으로 열린 방들이 있었다. 그 방들에다 레위인은 수금, 비파, 바라 등 자신들이 사용하는

악기를 두었다. 이스라엘의 뜰은 길이가 135규빗, 폭이 11규빗이며, 마찬가지로 제사장의 뜰도 길이가 135규빗, 폭이 11규빗이었는데, 이스라엘의 뜰과 제사장의 뜰은 돌을 줄지어 놓아 구분하였다. 야곱의 아들 랍비 엘리에제르의 말에 따르면, 두 뜰 사이에는 높이가 한 규빗인 층계가 하나 있고 그 위에 강단(듀칸)이 놓여 있으며 또 이 강단 위에는 반 규빗짜리 층계 세 개가 놓였다. 그 결과 제사장의 뜰은 이스라엘의 뜰보다 두 규빗 반이 더 높았다. 성전 뜰 전체의 크기는 길이가 187규빗, 폭이 135규빗이었다. 거기서는 13번 엎드려 경배하였다. 하난의 아들 압바 요세는 "열세 개의 문을 향해서"라고 말했다. 성전 뜰 남쪽에는 서쪽에서부터 윗문, 땔감의 문, 첫 산물의 문, 물의 문이 있었다. 그런데 물의 문이 그렇게 불리게 된 이유는 무엇인가? 그 문을 통해 초막절에 붓는 물 항아리들을 들여왔기 때문이다. 야곱의 아들 랍비 엘리에제르는 "그 문에서 물이 스며 나왔는데 훗날에는 성전 문지방 밑에서 흘러나올 것이다"라고 말했다. 그리고 맞은편 북쪽에는 (서쪽에서부터) 여고냐의 문, 희생제물의 문, 여인들의 문, 노래의 문이 있었다. 그런데 여고냐의 문이 그렇게 불리게 된 이유는 무엇인가? 여고냐가 그 문을 통해 포로로 끌려갔기 때문이다. 동쪽에는 니카노르 문이 있었는데, 그 문에는 오른쪽과 왼쪽에 하나씩 쪽문이 달려 있었다. 그리고 서쪽에는 두 개의 문이 있었는데 그 문들에는 이름이 없다.

3장

1 번제단은 가로와 세로가 각각 32규빗이었다. 위쪽으로 1규빗 올라가서 안쪽으로 1규빗 줄어들었다. 이 부분이 기단이었다. 그

러면 가로와 세로가 각각 30규빗이 남는다. 위쪽으로 5규빗 올라가서 안쪽으로 1규빗 줄어든다. 이것은 중간 단이었다. 그러면 가로와 세로가 각각 28규빗이 남는다. 뿔을 세우는 자리가 사면으로 한 규빗씩이었다. 그러면 가로와 세로가 각각 26규빗이 남는다. 제사장이 발로 딛고 서는 자리가 사면으로 1규빗씩이었다. 그러면 가로와 세로가 각각 24규빗 남는데, 이곳이 희생제물을 태우는 자리였다. 랍비 요세가 이렇게 말했다. "원래 번제단은 크기가 가로 세로 각각 28규빗이었다. 위의 수치대로 줄여서 올라가면 희생제물을 놓는 자리가 가로 세로 각각 20규빗 남았다. 그런데 포로생활을 하던 후손들이 돌아왔을 때 그들은 [그리스 문자] 감마와 같은 모양으로 남쪽과 서쪽에다 4규빗씩을 덧붙였다. '희생제물을 태우는 자리의 길이는 가로가 12규빗, 세로가 12규빗이니'[6] 라는 말씀에 따른 것이었다. 이 구절은 말 그대로 가로 세로가 각각 12규빗이라는 뜻이 아닌데, 그 뒤에 '그 사면으로'라는 말이 따르기 때문이다. 이는 한가운데서 모든 방향으로 12규빗이었다는 뜻이다." 번제단 중간 높이로 붉은색 선을 빙 둘러 놓아서 위쪽에 뿌리는 피와 아래쪽에 뿌리는 피를 구분하게 하였다. 또 번제단의 기단은 북쪽과 서쪽으로는 온전하게 둘렀으나 남쪽과 동쪽으로는 한 규빗씩 짧았다.

2 기단의 남서쪽 모서리에는 작은 콧구멍처럼 생긴 구멍이 두 개 있었다. 기단의 남쪽과 서쪽에 뿌린 피가 그 구멍으로 들어가 수로에서 합쳐져 기드론 시내로 흘러 나갔다.

3 그 모서리의 바닥에는 가로 세로가 1규빗씩 되는 자리가 있어 대리석 판이 놓여 있고 고리가 달려 있었는데, 사람들은 이곳을 통해 아래로 내려가 하수구를 청소하였다. 또 번제단의 남쪽에는 오르막 경사로가 있었는데 길이가 32규빗, 폭이 16규빗이었으며,

6. 겔 43:16 참조. 제단은 아리엘, 곧 하나님의 사자를 뜻한다.

경사로의 서쪽 면에는 구멍이 하나 있어서 속죄제물로 드리는 새 가운데 부정한 것이 있으면 거기다 던져 넣었다.

4 경사로와 번제단에 사용한 돌은 모두 벧학게렘 골짜기에서 가져왔다. 사람들은 손 타지 않은 새 땅을 파내 손상되지 않은 바위를 통째로 가져왔는데, 옮길 때 철을 사용하지 않았다. 철이 닿아 흠집이 난 돌은 모두 부정하게 되었기 때문이다. 돌 가운데 하나가 흠집이 나면 그것은 부정하게 되지만 나머지는 사용하기에 합당했다. 경사로와 제단은 1년에 두 번, 유월절과 초막절에 흰색을 칠했으며, 성소는 유월절에 한 번 흰색을 칠했다. 랍비[7]는 "피 얼룩을 지우기 위해 안식일 전날 저녁마다 천을 사용해 흰 칠을 했다"고 말한다. 칠할 때 철제 흙손을 사용하지 않았는데 철이 닿아 부정하게 되는 일이 없도록 하기 위해서였다. 철이 만들어진 목적은 사람의 수명을 단축시키는 데 있고 제단을 세운 목적은 수명을 늘리는 데 있는 까닭에, 늘리는 것에다 줄이는 것을 대는 일은 합당하지 않기 때문이다.

5 번제단의 북쪽 바닥에는 고리들이 있었다. 한 줄에 네 개씩, 여섯 줄이었다. 그런데 한 줄에 여섯 개씩, 네 줄이라고 말하는 사람도 있다. 여기서 희생제물로 바치는 동물을 잡았다. 고기를 다듬는 자리는 번제단의 북쪽에 있었다. 거기에 작은 기둥[8] 여덟 개가 있고 그 기둥들 위에는 네모난 삼나무가 얹혀 있었다. 여기에는 철로 된 갈고리가 각각 3열로 달려 있었으며 여기에 잡은 짐승을 매달았다. 그러고는 기둥들 사이에 놓인 대리석 탁자 위에서 가죽을 벗겼다.

6 번제단과 성소 현관 사이에는 남쪽으로 치우쳐 물두멍이 있었다. 번제단과 성소 현관 사이의 거리는 22규빗이었으며, 12단으로 된 층계가 있었다. 층계의 모든 단은 높이가 1규빗이었으며, 발판

7. 여기서는 거룩한 사람 랍비 예후다를 말한다.

8. 나나신, 이 말은 분명 그리스어 '나노스'와 관계가 있다.

의 폭은 1규빗, 1규빗, 1규빗에 이어서 3규빗 짜리 층계참이 이어지고, 그 다음에 1규빗에 1규빗, 이어서 3규빗 폭의 층계참이 있고 가장 높은 곳에서는 1규빗에 1규빗, 이어서 4규빗 폭의 층계참이 이어졌다. 랍비 예후다는 "가장 높은 곳에는 1규빗, 1규빗에 이어서 5규빗의 층계참이 있었다"고 말했다.

7 성소 현관의 입구는 높이가 40규빗, 폭이 20규빗이며, 그 꼭대기에는 다섯 개의 삼나무 들보가 있었다. 가장 아래쪽 들보는 입구 양편으로 한 규빗씩 돌출하였다. 그 위에 있는 들보도 그 양편으로 한 규빗씩 돌출하였다. 그렇게 해서 가장 높은 곳에 있는 들보는 길이가 30규빗이었으며, 각 들보 사이에는 돌로 된 버팀대가 있었다.

8 성소 벽에서 성소 현관 벽까지는 삼나무로 된 버팀대로 고정시켜 놓았는데 벽이 불거지는 것을 막기 위해서였다. 그리고 금으로 된 줄을 현관 지붕에 묶어 놓아서 젊은 제사장들이 그것을 타고 올라가 면류관들[9]을 살펴보았는데, 이는 "그 면류관은 헬렘과 도비야와 여다야와 스바냐의 아들 헨을 기념하기 위하여 여호와의 전 안에 두라 하시니라"슥 6:14는 말씀에 따른 것이었다. 성소로 들어가는 입구 위에는 금으로 된 포도나무 덩굴로 장식했는데, 들보들 위에 매달아 놓았다. [금으로 만든] 포도나무 잎이나 열매, 포도송이를 드리기로 서원한 사람은 누구나 가져다가 거기에 걸어 놓았다. 사독의 아들 랍비 엘리에제르는 "그곳을 정리해야 했을 때 300명의 제사장이 동원되었다"[10]고 말했다.

9. *Malteraoth shel Milah.*

10. 그곳을 비우거나 청소하기 위해서.

4장

1 성소의 입구는 높이가 20규빗, 폭이 10규빗이고, 네 개의 문[두

쌍의 접문]이 달려 있었다. "내전과 외전에 각기 문이 있는데"겔 41:23 [13]라고 기록된 것과 같이 안쪽에 둘, 바깥쪽에 둘이 있었다. 바깥쪽 문은 입구 안쪽으로 열려서 벽을 가렸으며, 안쪽의 문은 성소 안쪽으로 열려서 문 뒤쪽 면을 덮었다. 성소 전체가 금으로 덮였으나 문 뒤쪽은 예외였기 때문이다. 랍비 예후다는 다음과 같이 말했다. "그것[두 쌍의 문]은 모두 입구 안에 있었으며 아츠테라미타*AZTERAMITA* [11]와 같았고, 뒤쪽으로 접혔는데, 이쪽 문들이 2와 2분의 1규빗, 다른 쪽 문들도 2와 2분의 1규빗이었다. 이쪽 모서리의 문설주가 반 규빗이고 저쪽 모서리의 문설주가 반 규빗이었으며, 그래서 '문마다 각기 두 문짝 곧 접는 두 문짝이 있어 이 문에 두 짝이요 저 문에 두 짝이며'겔 41:24라고 기록되었다."

11. 이 용어는 탈무드 시대에도 의미가 명확하지 않았던 것으로 보이는데, 요스트(Jost)는 이 말을 '접힌 문짝'으로 옮겼다.

2 그리고 큰 문 옆에는 두 개의 쪽문이, 하나는 북쪽에 하나는 남쪽에 달려 있었다. 남쪽에 있는 쪽문은 사람이 전혀 드나들지 않았는데, 이에 대해서는 에스겔서에 "여호와께서 내게 이르시되 이 문은 닫고 다시 열지 못할지니 아무도 그리로 들어오지 못할 것은 이스라엘 하나님 나 여호와가 그리로 들어왔음이라. 그러므로 닫아 둘지니라"겔 44:2 고 분명하게 기록되어 있다. 제사장이 열쇠로 [북쪽] 쪽문을 열고 작은 방으로 들어가서는 그곳을 통해 성소 안으로 들어갔다. 랍비 예후다는 "두꺼운 벽을 따라 걷다보면[12] 두 문 사이로 들어서게 되는데, 바깥쪽 문은 안쪽에서 열고 안쪽 문은 밖에서 열었다"고 말했다.

12. 어떤 사람들은 이것이 벽을 통과하는 통로 같은 것이라고 보았다.

3 그곳[성소를 둘러싼 벽들 안]에는 38개의 작은 방이 있었다. 북쪽에 15개, 남쪽에 15개, 서쪽에 8개였다. 북쪽과 남쪽에는 방이 다섯 개 위에 다섯 개, 그리고 그 위에 다섯 개가 [3층으로] 있었고, 서쪽에는 세 개 위에 세 개, 그리고 그 위에 두 개가 있었다. 각각의 방에는 세 개의 문이 있었다. 하나는 방 오른쪽에 다른 하나

는 왼쪽에 그리고 또 하나는 위에 달렸다. 또 동북쪽 모서리에 있는 방에는 다섯 개의 입구가 있었는데, 오른쪽 작은 방으로 하나, 위쪽에 있는 방으로 하나, 그리고 우회 경사로와 쪽문과 성소 쪽으로 하나씩 있었다.

4 가장 아래에 있는 방은 너비가 5규빗이고, 지붕은 6규빗이었다. 가운데 층의 방은 너비가 6규빗이고 지붕은 7규빗이었다. 그리고 가장 위에 있는 방은 너비가 7규빗이었는데, 이것은 "하층 다락의 너비는 다섯 규빗이요 중층 다락의 너비는 여섯 규빗이요 셋째 층 다락의 너비는 일곱 규빗이라. 성전의 벽 바깥으로 돌아가며 턱을 내어 골방 들보들로 성전의 벽에 박히지 아니하게 하였으며"왕상 6:6 라고 기록된 것과 같다.

5 우회 경사로는 동북쪽 모서리에서 시작되어 서북쪽 모서리를 향해 위쪽 방향으로 뻗었으며, 이 통로를 통해 제사장들은 여러 방의 지붕으로 올라갔다. 서쪽을 향해 북쪽 벽면을 끼고 경사로를 올라가면 서쪽 끝에 도달했다. 서쪽 끝에 이르면 방향을 남쪽으로 돌려 서쪽 벽면을 끼고 가다가 남쪽 끝에 도달했다. 남쪽에 도달하면 동쪽 방향으로 꺾어서 남쪽 벽면을 따라 죽 나가서 윗방(알리야)에 도달했다. 윗방의 입구가 남쪽으로 열려 있었기 때문이다. 그리고 윗방의 입구에는 삼나무로 된 기둥이 두 개 있어서 제사장들은 그것을 타고 윗방 지붕으로 올라갔다. 그 방 안에는 돌들을 줄지어 놓아[13] 성소와 지성소를 가르는 표시로 삼았다. 윗방 안에는 지성소를 향해 뚜껑 덮인 문이 있어서 그 문을 통해 일꾼들을 상자에 실어 아래로 달아 내렸는데 그렇게 해서 일꾼들이 지성소에 눈이 팔리지 못하게 했다.

6 성소 영역[14]은 가로 세로가 각각 100규빗이고 높이가 100규빗이었다. 튼튼한 기반의 높이가 6규빗이고 그 위에 세운 벽의 높이

13. *Roshe Paspassin*.

14. 여기서 말하는 '성소 영역'은 지성소와 성소에 더해 성소 현관과 우회 경사로, 작은 방들을 포함한 부분을 가리킨다.

가 40규빗이었다. 그 위로 벽 돌림띠가 1규빗, 빗물받이가 2규빗, 지붕 덮개가 1규빗, 포장 바닥이 1규빗, 윗방의 높이가 40규빗, 벽 돌림띠가 1규빗, 빗물받이가 2규빗, 지붕 덮개가 1규빗, 포장 바닥이 1규빗, 난간이 3규빗, 까마귀 방지 시설이 1규빗이었다. 랍비 예후다는 "이 치수에 까마귀 방지 시설은 포함되지 않으며 그 대신 4규빗 높이의 난간이 있다"고 말했다.

7 동쪽에서 서쪽까지는 길이가 100규빗이었다. [성소 현관] 벽의 두께가 5규빗이고 성소 현관이 11규빗, 성소의 벽이 6규빗이며 성소 내부 공간이 40규빗, 가운데 [성소와 지성소를 가르는] 벽이 1규빗, 지성소가 20규빗, 성소의 벽이 6규빗, 작은 방이 6규빗, 작은 방의 벽이 5규빗이었다. 북쪽에서 남쪽까지의 길이는 70규빗이었다. 북쪽에서부터 우회 경사로의 벽이 5규빗, 우회 경사로의 폭이 3규빗, 작은 방의 벽이 5규빗이었고 작은 방이 6규빗, 성소의 벽이 6규빗, 성소 내부 공간이 20규빗, 성소의 벽이 6규빗, 작은 방의 폭이 6규빗, 작은 방의 벽이 5규빗, 물로 내려가는 자리가 3규빗, 그리고 벽이 5규빗이었다. 성소 현관은 북쪽과 남쪽으로 15규빗씩 돌출하였는데, 이곳을 제물 잡는 칼의 방이라고 불렀다. 그곳에 희생제물을 도살하는 칼을 보관했기 때문이다. 그리고 성소는 사자와 같은 모양으로 뒤가 좁고 앞이 넓었는데, "아리엘[하나님의 사자]이여, 아리엘이여, 다윗이 진 친 성읍이여"사 29:1라고 기록된 바와 같다. 사자가 뒤가 좁고 앞이 넓듯이 성소도 뒤가 좁고 앞이 넓었다.

5장

1 성전 뜰 전체는 길이가 187규빗, 폭이 135규빗이었다. 동쪽에

서 서쪽까지가 187규빗이었는데, 이스라엘 백성이 밟는 뜰이 11규빗, 제사장이 밟는 뜰이 11규빗, 번제단이 32규빗, 번제단과 성소 현관 사이가 22규빗, 성소 영역이 100규빗, 그리고 지성소 뒤가 11규빗이었다.

2 북쪽에서 남쪽까지가 135규빗이었는데, [남쪽에서부터] 번제단의 경사로와 번제단이 62규빗, 번제단에서 고리들이 있는 자리까지가 8규빗, 고리들이 있는 자리가 24규빗, 고리들로부터 탁자들까지의 거리가 4규빗, 탁자들이 있는 자리에서 작은 기둥들까지가 4규빗, 작은 기둥들로부터 성전 뜰의 벽까지가 8규빗이었다. 나머지[25 규빗]는 제단 경사로와 [남쪽] 벽 사이의 거리, 그리고 작은 기둥들이 있는 자리다.

3 성전 뜰 안에는 방이 북쪽에 셋, 남쪽에 셋, 모두 여섯 개 있었다. 북쪽에는 소금방, 파르바 방, 제물 씻는 방이 있었다. 소금방에는 제물에 뿌리는 소금을 보관했다. 파르바 방에서는 거룩한 희생제물의 가죽을 소금으로 처리하였다. 이 방의 위층에는 속죄의 날에 대제사장이 사용하는 욕실이 있었다. 제물 씻는 방에서는 제사장들이 제물로 드릴 동물의 내장을 씻었다. 그리고 거기서 우회 경사로가 파르바 방의 지붕으로 연결되었다.

4 남쪽에는 나무방과 포로 되었던 사람들(골라)의 방, 다음은 돌의 방이 있었다. 나무방에 대해 야곱의 아들 랍비 엘리에제르는 "그 방이 무엇에 쓰는 방인지 잊어버렸다"고 말했다. 압바 사울은 "그 방은 대제사장의 방으로, 다른 두 방의 뒤에 있었으며, 하나의 지붕이 세 방 위에 걸쳐(세 방이 한 개의 지붕으로 덮여) 있었다"고 말했다. 포로 되었던 사람들(골라)의 방에는 우물이 있었는데 그 우물은 포로에서 돌아온 사람들이 판 것으로 그 위에는 바퀴가 달려 있었다. 그 우물에서 성전 뜰 전체에 사용할 물을 공급하였다. '다

「미도트」에 따른 성전의 구조

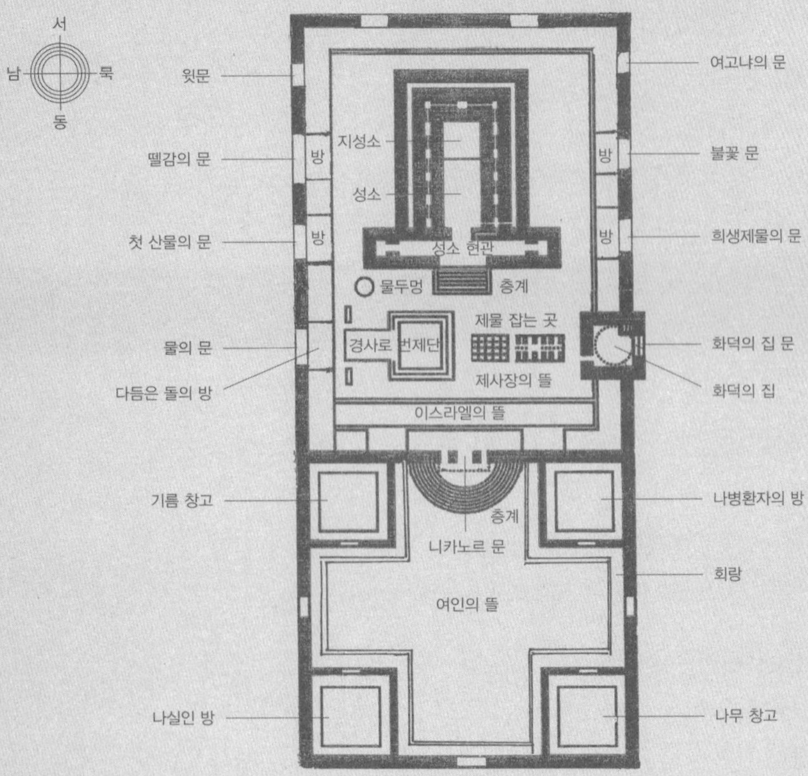

「미도트」에 따른 성소의 구조

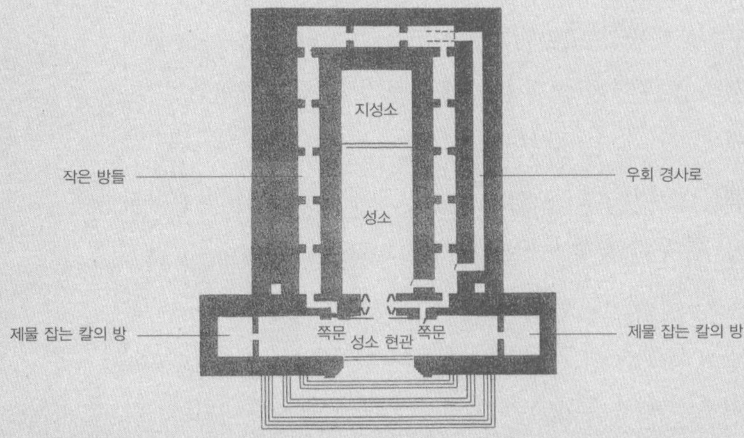

듬은 돌의 방'에서는 이스라엘의 대 산헤드린이 모였으며, 또 제사장들을 심사하였다. 그래서 제사장 가운데 결함이 발견된 사람은 검은 옷과 검은 베일을 쓰고는 밖으로 나가 집으로 가야 했다. 결함이 발견되지 않은 사람은 흰 옷에 흰 베일을 착용하고 들어가 동료 제사장들과 함께 봉사하였다. 그리고 제사장 아론의 자손 중에서 아무런 결함도 발견되지 않은 것을 기념해 축일로 지켰으며 이렇게 외쳤다. "하나님[15]을 찬양합시다. 아론의 자손에게서 결함이 발견되지 않았으니, 그분을 찬양합시다. 아론과 그 자손을 택하시고 지성소 안, 주님 앞에서 섬기게 하신 그분을 찬양합시다."

15. 여기 사용된 표현은 문자적으로 '장소'를 뜻하는 *Makom*이다. 필론은 같은 의미로 *topos*를 사용한다.

바빌론 탈무드 베라코트 : 축복기도에 관한 소논문

「베라코트」는 탈무드의 첫 번째 세데르 『제라임』*Seraim*의 첫 번째 소논문이다. 이 소논문은 아홉 장(페라킴)으로 구성되며, 기도와 관련된 의무와 예외사항, 자세, 양식, 논쟁들을 다룬다. 「베라코트」는 예루살렘 탈무드와 바빌론 탈무드 양쪽에 다 들어 있다. 마이모니데스는 『세데르 제라임』*Seder Seraim*의 서문으로 개괄적인 해설을 제시하면서 탈무드의 일반 사상을 설명하고 학생들에게 가장 중요한 것이 무엇인지를 밝혀 놓았다. 하지만 그의 방대한 학식과 권위에도 불구하고 그 서문은 불완전하고 여러 가지 부정확한 문제들이 있음이 지적되어 왔다.

미쉬나

'쉐마'[1]는 저녁 어느 때부터 낭송할 수 있는가? 제사장들이 자기네 테루마[2]를 먹기 위해 들어가는 시간부터 첫째 경NIGHT WATCH이 끝날 때까지다.[3] 이것은 랍비 엘리에제르가 한 말이다. 이에 반해 현자들은 한밤중까지라고 말한다. 랍반 가말리엘은 동틀 녘까지라고 말한다. 이런 일이 있었다. 잔치에 갔던 가말리엘의 아들들이 돌아와서 아버지에게 "우리가 아직 쉐마를 말하지 않았습니다"라고 말했다. 그러자 가말리엘이 아들들에게 이렇게 말했다. "아직 햇살이 돋지 않았다면 쉐마를 말해야 한다. 사람들이 그렇게 말해 왔을 뿐만 아니라, 현자들이 여러 곳에서 한밤중까지라고 했다고 해도 이 의무는 동틀 때까지 지키는 것으로 보아야 마땅하다." (희생제물의) 기름과 조각을 태우는 일도 동틀 녘까지 하는 것이 옳다.[4] 마찬가지로 (제물을 바친) 그날에 먹어야 하는 모든 것도 동틀 녘까지 먹는 것이 허용되었다. 그렇다면 왜 현자들은 '한밤중까지'라고 말했을까? 잘못을 범하는 일에서 사람들을 아예 멀리 떼어 놓기 위해서였다.

1. "들으라, 이스라엘"로 시작하는 널리 알려진 기도.

2. 제사장들에게 준 거제물로서 성전 안에서 먹었다.

3. 유대인은 밤을 세 경으로 나누었다.

4. 즉, 그것들은 번제단에서 불사르기 위해 저녁 희생제사 때부터 동틀 녘까지 남겨둘 수 있었다.

게마라

FOL. 3 A. "첫째 경이 끝날 때까지." 랍비 엘리에제르가 이 말로 뜻한 것은 무엇인가? 만일 그가 밤이 세 경으로 이루어진다고 생각했다면 제4시 끝까지라고 말한 것이며, 밤이 네 경으로 이루어진다고 생각했다면 제3시 끝까지라는 뜻으로 말한 것이 분명하다. 사실 그는 밤이 세 경으로 이루어진다고 생각했지만 그가 이 말로 의도한 것은 이 땅 위에서와 마찬가지로 하늘에서도 밤이 여러 경으로 이루어진다는 점을 우리에게 가르치는 데 있었다. 우리는 랍비 엘리에제르가 다음과 같이 가르친 것을 안다. "밤은 세 경으로 이루어지는데, 세 경마다 이름이 복되신 분, 거룩하신 이께서 앉아서 사자와 같이 부르짖으신다. '여호와께서 높은 데서 포효하시고 그의 거룩한 처소에서 소리를 내시며 그의 초장을 향하여 크게 부르시고'렘 25:30라고 기록된 바와 같다.[5] 이 일을 가리키는 징표들은 다음과 같다. 첫째 경에는 나귀가 울고, 둘째 경에는 개들이 짖고, 셋째 경에는 젖먹이가 어미젖을 빨고 아내가 자기 남편에게 속삭인다. 랍비 엘리에제르는 이것을 어떻게 이해하는가? 그는 경들의 시작을 의미한 것인가? 그가 첫째 경의 시작을 말하는 것이라면, 이미 땅거미가 지고 있기에 그에 대한 아무런 징표도 필요 없다. 아니면 경의 끝을 말하고 있는 것인가? 마지막 경의 끝에 대해 말하는 것이라면 이미 낮이 밝았는데 그가 왜 징표를 제시해야 하겠는가? 그러므로 그가 가리키는 것은 첫째 경이 끝나고 마지막 경이 시작할 때, 곧 가운데 경의 중간이다. 그런데 여러분이 묻는다면 나는 그가 모든 경의 끝을 가리키는 것이라고 말하겠다. 또 마지막 경은 징표를 필요로 하지 않는데 그것이 왜 필요하냐고 여러분이 반박한다면, 나는 어두운 방에서 잠을 자서 쉐마 읽는 시간이 언제인지 알 수 없는 사람에게 필요하다고 답하겠다. 그래서 여인이 자기 남편에게 속삭이고 아기가 어미의 젖을 빨 때 그 사람은 자리에서 일어나 기도를 드릴 수 있게 된다."

5. 히브리어로 이렇게 기록되어 있다.

사무엘의 아들 랍비 이삭은 라브의 이름으로 말하기를, "밤은 세 경으로 이루어졌으며, 세 경 각각에는 복되신 분, 거룩하신 이께서 앉아서 사자와 같이 부르짖으면서 '내 자녀들에게 화가 임하도다. 그들의 죄로 말미암아 내가 나의 전을 황폐케 하고 내 집을 불살랐으며, 그들을 세상 여러 나라의 포로가 되게 하였도다'

라고 말씀하신다"고 하였다.

우리는 랍비 요세가 말한 다음과 같은 가르침을 안다. "전에 내가 여행을 하던 중에 기도하기 위해서 예루살렘의 폐허가 된 집에 들어갔다. 그때 엘리야—영원히 기억될 이—가 와서 내가 기도를 마칠 때까지 문에서 기다렸다. 기도를 끝내자 그는 내게 '랍비여, 당신에게 평화가 있기를'이라고 말했고 나도 그에게 '나의 스승이신 랍비에게도 평화가 임하기를'이라고 답하였다. 그러자 그가 내게 '아들아, 왜 이런 폐허로 들어왔느냐?'라고 물었다. 내가 '기도하기 위해서입니다'라고 대답하자 그가 '길 위에서 기도할 수도 있지 않았느냐'고 하였다. 내가 이르기를 '길로 지나가는 사람들이 저를 방해할까 염려스러웠습니다'라고 답하였다. 그러자 그가 내게 '너는 짧게 기도해야 했다'고 말하였다. 그때 나는 그에게서 세 가지 사실을 배웠다. 폐허로 들어가지 않아도 된다는 것, 길 위에서 기도를 드릴 수 있다는 것, 그리고 길 위에서 기도하는 사람은 짧게 기도해야 한다는 것이다. 이어서 엘리야는 내게 '아들아, 그 폐허 속에서 어떤 음성을 들었느냐?'고 물었다. 내가 이르기를, '바트 콜'*Bath Kol*[6]이 비둘기처럼 울어 대는 소리를 들었는데, "내 자녀들에게 화가 임하도다. 그들의 죄로 말미암아 내가 나의 전을 황폐케 하고 내 집을 불살랐으며, 그들을 세상 여러 나라의 포로가 되게 하였도다"라고 말하더군요'라고 답하였다. 그러자 그가 말하였다. '네 생명, 곧 네 머리의 생명으로 맹세컨대, 그 목소리는 지금뿐만 아니라 날마다 세 번씩 그렇게 말하게 된다. 또 지금뿐만 아니라 이스라엘이 기도의 집과 공부의 집에 들어가서 "존귀하신 이름이 복되시도다"라고 할 때마다 이름이 복되신 분, 거룩하신 이께서는 머리를 끄덕이시며 "이 전에서 이렇게 올리는 찬양을 받는 왕은 복되도다"라고 말씀하신다. 자기 자녀를

6. 문자적으로는 '소리의 딸'로, 하늘에서 들려오는 음성을 말한다.

포로로 빼앗긴 아비에게 남은 것이 무엇이겠는가? 자기 아버지의 식탁에서 쫓겨난 자녀가 얼마나 가련하겠는가.'"

랍비들은 이렇게 가르친다. 폐허가 된 집에 들어가서는 안 되는 이유가 세 가지다. 의혹을 불러오기 때문이고,[7] 벽이 붕괴될 수 있기 때문이며, 또 악한 영들 때문이다. 의혹을 불러오기 때문이라고 말했는데, 벽의 붕괴 때문이라고 말하는 것으로는 충분하지 않은가?(그것만으로는 충분한 이유가 되지 못하는가?)

7. 은밀한 죄에 대한 의혹을 말한다.

FOL. 3 B. 만일 그 폐허가 최근에 생겨난 것이라면 충분하지 않다.[8] 그러면 악한 영들 때문이라고 말하는 것으로 충분하지 않을까? 두 사람이 함께 들어간다면 충분하지 않다.[9] 만일 두 사람이 함께 들어간다면 의혹의 근거가 없어지는가? 그 두 사람이 다 뻔뻔스러운 사람이라면 없어지지 않는다. (중략)

8. 만일 그 건물이 최근에 폐허로 버려진 것이라면 당장은 위험하지 않을 수 있다.

9. 두 사람이 함께한다면 악한 영들을 두려워할 이유가 없기 때문이다.

랍비들은 밤이 네 경으로 이루어진다고 가르쳤다. 이것은 랍비(거룩한 예후다)가 한 말이다. 랍비 나단은 세 경으로 이루어진다고 말했다. 랍비 나단이 내세운 근거는 무엇인가? 성경에 "기드온과 그와 함께한 백 명이 이경(가운데 경) 초에 진영 근처에 이른즉 바로 파수꾼들을 교대한 때라"삿 7:19고 기록된 까닭이다. 랍비 나단은 다음과 같이 가르쳤다. "앞과 뒤에 경이 하나씩 있는 게 아니라면 가운데 경은 없습니다. 그러면 랍비는 가운데 경을 어떻게 설명하는지요?"[10] (그가 대답했다) "가운데 있는 경들 중의 하나다." 그러자 랍비 나단이 말하길 "'가운데 경들 중의 가운데 것'이라고 쓰여 있다고요? 그냥 가운데 것이라고만 쓰여 있습니다"라고 했다. 그러면 랍비가 주장하는 근거는 무엇인가? 랍비 세리카에 의하면, 랍비 아미는 레위의 아들 랍비 여호수아의 이름으로 이렇게 말했다. "한 곳에 '내가 주의 의로운 규례들로 말미암아 밤중

10. 이 질문은 랍비 나단이 랍비 예후다에게 제기한 것이다.

에 일어나 주께 감사하리이다'시 119:62라고 쓰여 있다. 또 다른 곳에서는 '내가 새벽녘에 눈을 떴나이다'시 119:148라고 말한다. 어떻게 그런가? 밤이 네 경으로 이루어지기 때문이다." 그러면 랍비 나단은 이 주장에 어떻게 답하는가? 그는 랍비 여호수아와 똑같이 해석한다. 우리가 배운 바에 의하면 랍비 여호수아는 이렇게 말했다. "쉐마를 읽는 날의 셋째 시간까지다. 왜냐하면 셋째 시간에 일어나는 것이 왕의 관례이기 때문이다. 밤의 여섯 시간(자정부터 여명까지가 여섯 시간이다)과 낮의 두 시간이 합쳐져 두 경(각각의 경은 네 시간)을 이룬다." 랍비 아쉬는 "하나하고 절반의 경도 역시 경들이라고 부를 수 있다"라고 말한다.[11]

또 랍비 세리카에 의하면, 랍비 아미는 레위의 아들 랍비 여호수아의 이름으로 이렇게 말했다. "죽은 사람 앞에서는 죽은 사람에 관한 말 외에는 어떤 것도 말해서는 안 된다." 카하나의 아들 랍비 아바는 이렇게 말했다. "이 가르침은 오직 율법의 말씀에만 한정되고 일상적인 일들과는 상관이 없다." 또 다른 자료에 따르면, 카하나의 아들 랍비 아바는 "이 가르침이 율법의 말씀에 적용될진대 일상적인 대화에는 훨씬 더 그렇지 않겠는가"라고 말했다.

그런데 다윗은 (앞에서 인용한 대로) 한밤중에 일어났다. 그가 저녁에 일어난 것은 아닌가? 말씀에 "내가 날이 밝기 전(새벽 어스름)에 부르짖으며"시 119:147라고 기록된 까닭이다. 그런데 우리는 이 어스름이 저녁 어스름인지 어떻게 아는가? 말씀에 "저물 때, 황혼 때, 깊은 밤 흑암 중에라"잠 7:9고 기록되어 있기 때문이다. 랍비 오쉬야가 랍비 아하의 이름으로 한 말에 따르면, 다윗은 "한밤중에도 나는 잠들지 못하고"라고 말했다. 랍비 세이라는 "한밤중까지 다윗은 말처럼 잠들어 있었고 그때 이후로는 사자와 같이 힘을 얻었다"라고 말했다. 랍비 아쉬는 "한밤중까지 다윗은 율법의 말씀

11. 이 모든 주장은 밤이 세 경으로만 이루어진다는 랍비 나단의 견해를 확증하고자 제기된 것이다.

에 전념하였으며, 그 후로는 시와 찬양에 힘썼다"라고 말했다. 그러면 이 어스름은 저녁의 어스름을 말한다. 또한 아침의 어스름이 있는 것이 아닌가? 말씀에 "다윗이 어스름(개역개정 성경에는 '새벽'으로 되어 있다)부터 이튿날 저물 때까지 그들을 치매"삼상 30:17라고 기록된 것과 같다. 이는 아침의 어스름부터 저녁의 어스름까지를 말하는 것 아닌가? 아니다. 저녁 무렵부터 다음 날 저녁 무렵까지를 가리킨다. 그렇지 않다면 "어스름부터 어스름까지"라거나 "저녁부터 저녁까지"라고 말했을 것이다. 라바 역시 "두 개의 어스름이 있다. 밤의 어스름이 있으며 그 뒤를 이어 아침이 오고, 또 낮의 어스름이 있으며 그 뒤를 이어 밤이 온다"라고 말했다.

그런데 우리 스승인 모세도 알지 못했는데 다윗은 한밤중에 이르렀다는 것을 어떻게 알았을까? "밤중에 내가 애굽 가운데로 들어가리니"출 11:4라고 말씀에 기록되어 있기 때문이다. "밤중에"라는 말이 무슨 뜻인가? 이름이 복되신 분, 거룩하신 이께서 모세에게 "한밤중에"라고 말씀하신 것이라면, 하늘에도 무언가 불확실한 것이 있을 수 있다는 말인가? 그게 아니다. 하나님께서는 모세에게 "자정에"라고 말씀하셨는데, 모세가 바로에게 와서 "한밤중에"라고 말했다(즉, 모세는 자정이 언제인지 정확히 알지 못해서 그렇게 말했다). 따라서 모세는 확신하지 못했는데 다윗은 확실히 안 것인가? 다윗에게는 징표가 있었는데, 이에 대해 비스나의 아들 랍비 아하는 경건한 사람 랍비 시므온의 이름으로 이렇게 말했다. "다윗의 침상 위에 수금을 걸어 놓았는데, 자정이 되자 북풍이 불어와 수금에 미치니 그것이 저절로 울렸다. 그 즉시 다윗은 자리에서 일어나 동틀 녘까지 율법을 연구했다. 아침 해가 뜨자 이스라엘의 현자들이 그를 찾아와 말했다. '우리 주 왕이시여, 주의 백성 이스라엘이 지원을 필요로 합니다.' 다윗이 그들에게 '가서 그들이 서로 도와주도록 하시오'라고 말했다. 그러자 현자들이 다윗에게 이르기를, '한 줌 양식으로는 사자를 배불릴 수 없고, 구덩이는 거기서 파낸 흙만으로는 메울 수 없습니다'라고 말했다. 다윗이 말하기를 '가서 군대에게 손을 내미시오. 그래서 적들을 약탈하시오'라고 했다. 그러자 현자들은 즉시 아히도벨과 상의하고 산헤드린에서 그 일을 다루고 우림과 둠밈에게 물었다."

랍비 요셉은 이렇게 말했다. "이것을 어떤 구절로 지지할 수 있겠는가? 다음과 같다. '여호야다의 아들 브나야(이 구절은 우리가 사용하는 성경 본문과 다르다)와 아비아달은 아히도벨의 뒤를 이었고 요압은 왕의 군대 지휘관이 되었더라.'[대상 27:34] 아히도벨은 책사였는데, 말씀에 '그 때에 아히도벨이 베푸는 계략은 사람이 하나님께 물어서 받은 말씀과 같은 것이라'[삼하 16:23]고 기록된 바와 같다. 여호야다의 아들 브나야는 산헤드린을 뜻하고[12] 아비아달은 우림과 둠밈을 뜻한다. '여호야다의 아들 브나야는 그렛 사람과 블렛 사람의 지휘관이 되고'[삼하 20:23]라고 기록된 바와 같다. 그런데 왜 산헤드린 의원들을 그렛 사람과 블렛 사람이라고 불렀는가? 그들이 그렛 사람이라고 불린 까닭은 말이 간결했기 때문이며, 블렛 사람이라고 불린 까닭은 말이 탁월했기 때문이다.[13] 그리고 이 사람들 뒤에 왕의 군대 지휘관인 요압이 온다." 이디의 아들 랍비 이삭은 말하기를, 다윗의 수금 이야기를 지지하는 "그 외의 성경 본문은 무엇인가?[14] '내 영광아, 깰지어다. 비파야, 수금아, 깰지어다. 내가 새벽을 깨우리로다'[시 57:8]라는 말씀이다"라고 하였다.

랍비 세리아는 이렇게 말했다. "모세는 그것(정확한 자정 시각)을 알았으며 다윗도 역시 알았다. 그런데 다윗이 알았다면 수금은 무엇을 위한 것인가? 그를 잠에서 깨우기 위해서였다. 그리고 모세가 그 시각을 정확히 알았다면, 왜 '한밤중에'라고 말해야 했

12. 그는 산헤드린의 의장이었던 것으로 보인다.

13. 언어유희가 이루어지고 있음을 볼 수 있다.

14. 다시 앞에서 언급한, 경건한 사람 랍비 시므온의 말로 돌아가서 논한다.

는가? 모세는 바로의 점성가들이 착각할지도 모르며 그렇게 되면 '모세는 속이는 자'라고 말하게 될 것을 염려했다. 이와 관련해 한 스승은 가르치기를 '네 혀를 다스려서 나는 모른다고 말하게 하라. 그래서 거짓을 말한 탓으로 체포되는 일이 없도록 하라'고 하였다." 랍비 아쉬는 "그 일(출 11:4에 기록된 사건)은 열셋째 날 한밤중, 곧 열넷째 날이 시작되는 때에 있었다"라고 말했다. 그래서 모세는 이스라엘 백성에게 "이름이 복되신 분, 거룩하신 이께서 말씀하시길 '내일 이맘때쯤, 곧 한밤중에 내가 애굽 가운데로 들어가리라'고 하셨다"고 전했다.

FOL. 16 B. 랍비 엘레아자르는 다음과 같이 말했다. "말씀에 '이러므로 나의 평생에 주를 송축하며 주의 이름으로 말미암아 나의 손을 들리이다'시 63:4라고 기록된 것은 무슨 의미인가? '나의 평생에 주를 송축하며'는 쉐마를 말하며, '주의 이름으로 말미암아 나의 손을 들리이다'는 기도를 가리킨다. 그리고 이렇게 행하는 사람에 대해 성경은 '골수와 기름진 것을 먹음과 같이 나의 영혼이 만족할 것이라'시 63:5고 말한다. 이에 더해 그는 두 세상을 유업으로 받게 된다. 곧 이 세상과 더불어 장차 이를 세상인데, 말씀에 '나의 입이 기쁜 입술로 주를 찬송하되'시 63:5라고 기록된 바와 같다."[15]

랍비 엘레아자르는 기도를 마치면서 이렇게 아뢰었다. "오, 우리 주 하나님, 주님께서 기뻐하시는 대로, 우리가 사는 곳에 사랑과 형제애와 평화와 우정이 가득하게 하시고, 우리의 울타리 안에 제자들로 넘치게 하시며, 우리의 목표가 행복한 목적과 희망으로 충만하게 하시고, 우리로 장차 천국에 있게 하소서. 우리를 이끄시어 좋은 교제를 이루게 하시고 이 세상에서 선한 일을 바라게 하소서. 그리할 때 우리 일어나 마음으로 주님 이름을 경외하게

15. '기쁜 입술'(with lips of joys)에서 복수형은 두 세상을 가리킨다.

되며 우리 영혼의 갈망이 영원토록 당신 앞에 이르게 됩니다."[16]

랍비 요하난은 기도를 마치면서 이렇게 아뢰었다. "오, 우리 주 하나님, 주님께서 기뻐하시는 대로, 우리의 수치를 헤아리시고 우리 슬픔을 돌아보소서. 자비로 옷 입으시고 능력으로 치장하시며, 은총으로 휘감으시고 친절로 두르시어, 오직 주님 앞에서 주의 선하심과 온유하심을 뵙게 하소서."

랍비 세이라는 기도를 마치면서 이렇게 아뢰었다. "오, 우리 주 하나님, 주님께서 기뻐하시는 대로, 저희로 죄짓지 않게 하시며, 수치스런 일을 행치 않게 하시고, 우리 선조들 앞에서 넘어지지 않게 하소서."

랍비 히야는 기도를 마치면서 이렇게 아뢰었다. "오, 우리 주 하나님, 주님께서 기뻐하시는 대로, 당신의 율법이 우리의 일이 되게 하시며, 우리 마음이 병들지 않고 우리 눈이 흐리지 않게 하소서."

라브는 기도를 마치면서 이렇게 아뢰었다. "오, 우리 주 하나님, 주님께서 기뻐하시는 대로, 우리에게 장수를 허락하시고, 평화로운 삶, 착한 삶, 복된 삶, 풍요로운 삶, 힘이 넘치는 삶을 주시며, 죄를 두려워할 줄 아는 삶, 수치와 혼란이 없는 삶, 부요하고 영예로운 삶을 허락하시고, 토라를 사랑하고 하늘을 경외하는 삶, 주의 도우심으로 우리 마음의 모든 열망을 이루는 삶을 주소서."

랍비는 기도를 마치면서 이렇게 아뢰었다. "오, 우리 주 하나님, 선조들의 하나님, 주님께서 기뻐하시는 대로, 우리를 흉악한 죄인들과 죄에서 지켜 주시고, 악한 사람들과 사악한 일에서 보호하시며, 나쁜 충동과 고약한 친구와 무례한 이웃에게서 지켜 주시고, 파괴자인 사탄과 혹독한 심판에서 보존하시며, 언약의 자손이든 아니든 모든 악한 적들에게서 보호하소서." 랍비는 관헌들이

16. 이 기도와 뒤에 이어지는 기도들은 저녁에 드리는 기도다.

그를 에워싸고 있는데도 이렇게 기도했다.[17]

17. 랍비는 그들 앞에서도 주저하지 않고 이렇게 기도했다.

랍비 사프라는 기도를 마치면서 이렇게 아뢰었다. "오, 우리 주 하나님, 주님께서 기뻐하시는 대로, 위에 있는 가족(천사들)과 이 땅 위의 가족에게 평화를 부어 주소서. 또한 당신의 토라에 열심인 학생들에게도, 그 열심이 토라 자체를 위한 것이든 다른 동기를 위한 것이든 평화를 부어 주소서. 다른 동기로 토라에 열심인 사람에게는, 주님께서 기뻐하시는 대로 그들도 토라 자체를 위해 열심을 낼 수 있도록 변화시켜 주소서."

랍비 알렉산더는 기도를 마치면서 이렇게 아뢰었다. "오, 우리 주 하나님, 주님께서 기뻐하시는 대로, 우리를 어둠의 자리에 두지 마시고 빛의 자리에 있게 하시며, 우리의 마음이 병들지 않게 하시고 눈이 흐리지 않게 하소서." 그러나 어떤 사람들은 주장하기를 이렇게 기도한 사람은 라브(라브 함누나)이고 랍비 알렉산더는 기도를 마치면서 다음과 같이 아뢰었다고 한다. "온 세상의 주님, 당신께서 기뻐하시는 일을 행하는 것이 우리의 기쁨이라는 것이 주님 앞에 분명히 드러났습니다. 그런데 무엇이 이것을 방해합니까? 떡 반죽 속의 누룩, 그리고 이방 권세를 섬기는 일입니다. 주님께서 기뻐하시는 대로, 우리를 그들의 손에서 구원해 돌이키시어 온 마음으로 당신의 기뻐하시는 법을 따르게 하소서."

라바는 기도를 마치면서 이렇게 아뢰었다. "주님, 제가 지음받기 전에는 아무것도 아니었으며 이제 지음받고서는 마치 지음받지 않은 존재와 같습니다. 살아서 티끌과 같으니 죽어서는 오죽하겠습니까? 주님 앞에서 제가 수치와 혼란으로 가득한 그릇 같음을 보소서. 오, 우리 주 하나님, 주님께서 기뻐하시는 대로, 저로 더 이상 죄짓지 않게 하시며, 이제껏 주님 앞에서 지은 죄는 당신의 크신 자비로 씻겨 주소서. 그러나 징벌과 혹독한 질병으로는 그리 마소서." 작은 라브 함누나도 속죄일에 이와 동일한 기도를 아뢰었다.

라비나의 아들 마르는 기도를 마치면서 이렇게 아뢰었다. "주님, 우리의 혀가 악을 멀리하고 입술이 음흉한 말을 하지 않도록 지켜 주소서. 내 영혼을 저주하는 이들에게 나로 침묵하게 하시고 모든 인생들에게 내 영혼이 티끌 같게 하소서. 주님의 법에 내 마음을 열고 내 영혼이 당신의 계명을 따르게 하소서. 또 불운한 사고와 악한 충동과 사악한 여인에게서 그리고 이 세상을 휩쓰는 모든 악에서 저를 구하소서. 또 내게 악한 일을 꾀하는 모든 사람에게는 속히 그들의 음모를 무너뜨리고 그들의 생각을 헛되게 하소서. 주님께서 기뻐하시는 대로, 내 입의 말과 마음의 묵상이 주님 앞에 열납되기를 원하나이다. 나의 반석이시요 나의 구속자이신 여호와여."

랍비 쉐쉐트는 금식할 때에 기도를 마치면서 이렇게 아뢰었다. "만유의 주님, 주님께서도 분명히 아시듯이 성전이 서 있었을 때는 사람이 죄를 지으면 희생제물을 가져와 그 가운데서 기름과 피만을 바쳐 죄의 용서를 받았습니다. 지금 저는 금식을 하고 있으며 그래서 제게서 기름과 피가 줄고 있습니다. 주님께서 기뻐하시는 대로, 줄어든 제 기름과 피를 제단에 드린 제물처럼 여겨 주시고, 저에게 자비를 베푸소서."

랍비 요하난은 욥기를 다 읽고 나서 이렇게 말했다. "사람의 마지막은 죽음이고 짐승의 끝은 도살당하는 것이며, 모두가 죽음에 이르게 된다. 어떤 사람이 복된 사람인가? 토라 안에서 자라나고, 토라를 연구하는 일에 애쓰고, 자기를 지으신 분 앞에서 평안을 누리며, 크게 되어 좋은 이름을 얻으며, 명예로운 이름을 남기고 세상을 떠나는 사람이다. 그런 사람에 대해 솔로몬은 '좋은 이름이 좋은 기름보다 낫고 죽는 날이 출생하는 날보다 나으며'전 7:1라고 말한다."

랍비 메이어는 늘 이런 말씀을 되뇌었다. "네 온 마음과 영혼으로 나의 길을 배우고 내 토라의 문 곁에서 자라기를 힘쓰라. 나의 토라를 네 마음에 간직하고 나를 경외함을 네 눈앞에서 떠나지 않게 하라. 네 입을 다스려 모든 죄를 멀리하며 모든 죄와 악에서 너를 깨끗케 하고 거룩하게 하라. 그러면 내가 어디서나 너와 함께하리라."

FOL. 55 A. 랍비 히스다는 이렇게 말했다. "모든 꿈은 (그 꿈 때문에) 금식을 하지 않는다면 아무런 의미가 없다." 그는 또 이렇게 말했다. "해석하지 않은 꿈은 읽지 않은 편지와 같다." "그대로 다 이루어지는 좋은 꿈도 없고 그대로 모두 이루어지는 나쁜 꿈도 없다." "나쁜 꿈이 좋은 꿈보다 더 낫다." "나쁜 꿈이 주는 고통은 그것으로 끝이고, 좋은 꿈이 주는 즐거움도 그것으로 끝이다." 랍비 요셉은 이렇게 말했다. "내 경우를 말하자면, 좋은 꿈은 그 자체의 즐거움 때문에 허망하게 되어 버린다."[18] 랍비 히스다는 또 이렇게 말했다. "나쁜 꿈이 징벌보다 더 나쁜데, 그 이유는 말씀에 '하나님이 이같이 행하심은 사람들이 그의 앞에서 경외하게 하려 하심'전 3:14이라고 쓰여 있는 까닭이다." 하나의 손자 랍바는 랍비 요하난의 이름으로 이렇게 말했다. "나쁜 꿈과 관련해 말씀에서는 '여호와의 말씀이니라. 꿈을 꾼 선지자는 꿈을 말할 것이요 내 말을 받은 자는 성실함으로 내 말을 말할 것이라. 겨가 어찌 알곡과 같겠느냐'렘 23:28라고 말한다. 그런데 겨와 알곡이 꿈과 무슨 관계가 있는가?" 랍비 요하난은 요하이의 아들 랍비 시므온의 이름으로 말하기를, "알곡이 겨 없이는 있을 수 없듯이 꿈 역시 잘못된 일 없

18. 랍비 요셉은 맹인이었다.

이는 있을 수 없다"고 하였다. 랍비 베라키아는 이렇게 말했다. "꿈이라는 게 일부는 이루어질지 몰라도 전체가 다 이루어지지는 않는다. 이 사실을 어디서 알 수 있는가? 요셉을 통해서다. 말씀에 따르면 요셉이 '내가 또 꿈을 꾼즉 해와 달과 열한 별이 내게 절하더이다'창 37:9라고 말했는데, 그때 그의 어머니는 살아 있지 않았기 때문이다." 랍비 레위는 다음과 같이 말했다. "사람은 모름지기 22년 정도는 좋은 꿈이 이루어지기를 꿋꿋이 기다려야 한다. 이런 경우를 어디서 볼 수 있는가? 요셉이다. 말씀을 보면 '야곱의 족보는 이러하니라. 요셉이 십칠 세의 소년으로서'창 37:2라고 말하고 있으며 또 '요셉이 애굽 왕 바로 앞에 설 때에 삼십 세라'창 41:46고 말하고 있다. 십칠 세에서 삼십 세까지면 몇 년인가? 13년이다. 거기에 풍년이 든 7년과 기근이 든 2년을 더하면 22년이 된다."

랍비 후나는 이렇게 말했다. "착한 사람에게는 좋은 꿈이 나타나지 않으며 나쁜 사람에게는 나쁜 꿈이 나타나지 않는다. 우리는 다윗이 평생 동안 좋은 꿈을 꾸지 못했으며 아히도벨이 평생 동안 나쁜 꿈을 꾸지 않았다는 가르침을 알고 있다. 하지만 말씀에서는 '화가 네게 미치지 못하며'시 91:10라고 말한다." (중략)

아미의 아들 랍비 후나에 의하면, 랍비 페다트는 랍비 요하난의 이름으로 이렇게 말했다. "어떤 사람이 마음을 괴롭히는 꿈을 꾸었다면, 세 사람을 찾아가 그 앞에서 꿈을 해석해야 한다." 꼭 해석해야 하는가? 랍비 히스다가 "해석하지 않은 꿈은 읽지 않은 편지와 같다"고 말하지 않았는가. 분명히 말하건대 그는 세 사람 앞에서 좋은 해석을 해야 한다. 그는 세 사람을 불러 세우고 "내가 좋은 꿈을 꾸었습니다"라고 말한다. 그러면 그들은 이렇게 말한다. "꿈이 좋으니 좋게 될 것입니다. 자비로우신 분께서 그것을 좋게 이루어 주시길 빕니다. 하늘로부터 당신에게, 꿈이 좋으니 좋게 될 것이라는 확증이 일곱 번 있기를 빕니다." 이어서 그 사람들은 '돌이킴'과 '구원'과 '평화'라는 말을 담고 있는 구절을 각각 세 개씩 말해야 한다.

돌이킴을 담고 있는 세 구절은 다음과 같다. "주께서 나의 슬픔이 변하여 내게 춤이 되게 하시며 나의 베옷을 벗기고 기쁨으로 띠 띠우셨나이다."시 30:11 "그 때에 처녀는 춤추며 즐거워하겠고 청년과 노인은 함께 즐거워하리니 내가 그들의 슬픔을 돌려서 즐겁게 하며 그들을 위로하여 그들의 근심으로부터 기쁨을 얻게 할 것임이라."렘 31:13 "네 하나님 여호와께서 너를 사랑하시므로 네 하나님 여호와께서 발람의 말을 듣지 아니하시고 네 하나님 여호와께서 그 저주를 변하여 복이 되게 하셨나니."신 23:5 구원을 담고 있는 세 구절은 다음과 같다. "나를 치는 전쟁에서 그가 내 생명을 구원하사 평안하게 하셨도다."시 55:18 "여호와의 속량함을 받은 자들이 돌아오되 노래하며 시온에 이르러……기쁨과 즐거움을 얻으리니 슬픔과 탄식이 사라지리로다."사 35:10 "백성이 사울에게 말하되 이스라엘에 이 큰 구원을 이룬 요나단이 죽겠나이까. 결단코 그렇지 아니하니이다.……백성이 요나단을 구원하여 죽지 않게 하니라."삼상 14:45 평화를 담고 있는 세 구절은 다음과 같다. "입술의 열매를 창조하는 자 여호와가 말하노라. 먼 데 있는 자에게든지 가까운 데 있는 자에게든지 평강이 있을지어다. 평강이 있을지어다. 내가 그를 고치리라."사 57:19 "그 때에 성령이 삼십 명의 우두머리 아마새를 감싸시니 이르되 다윗이여, 우리가 당신에게 속하겠고 이새의 아들이여, 우리가 당신과 함께 있으리니 원하건대 평안하소서. 당신도 평안하고 당신을 돕는 자에게도 평안이 있을지니 이는 당신의 하나님이 당신을 도우심이니이다 한지라."대상 12:18 "그 부하게 사는 자에게 이르기를 너는 평강하라. 네 집도 평강하

라. 네 소유의 모든 것도 평강하라."삼상 25:6

어느 날 아메마르와 마르 수트라, 랍비 아시가 자리를 함께 했다. 그들이 "우리 돌아가면서 다른 사람이 들어 보지 못한 이야기를 해봅시다"라고 했다. 한 사람이 먼저 말했다. "만일 어떤 사람이 꿈을 꿨는데 그가 꾼 것이 무엇인지 알지 못한다면, 그를 그때의 제사장들에게 보내야 한다. 그러면 제사장들은 (축복하기 위해) 손을 들고, 그 사람은 이렇게 기도해야 한다. '온 세상의 주님, 저는 당신의 소유이며 저의 꿈도 당신의 것입니다. 제가 꿈을 꾸었는데 그것이 무슨 내용인지, 나 자신에 대해 꿈꾼 것인지 아니면 내 동료들이 나에 대해 꿈꾼 것인지 아니면 내가 다른 사람들에 대해 꿈꾼 것인지 모르겠습니다. 만일 그것이 좋은 꿈이라면, 요셉의 꿈처럼 그것을 확증하시고 강하게 하옵소서. 만일 그 꿈이 고침받을 필요가 있다면, 마라의 물이 우리 스승 모세의 손으로 고침받고 미리암이 나병에서 고침받았으며, 히스기야가 병에서 치유되고 여리고의 샘물이 엘리사의 손으로 고침받았듯이 그 꿈을 고쳐 주소서. 또 주님께서 사악한 발람의 저주를 복으로 바꾸셨듯이 제 모든 꿈을 제게 좋은 것으로 바꾸어 주소서.' 그는 제사장들과 나란히 기도를 마쳐야 하고, 그때 회중은 '아멘'이라고 말해야 한다. 만일 제사장들과 나란히 마칠 수 없다면, 그는 '존귀하시고 능력이 많으신 주님, 주님은 평화이시며 주의 이름도 평화이십니다. 주님께서 기뻐하시는 대로, 우리에게 평화를 베푸소서'라고 기도해야 한다."

다음으로 두 번째 사람이 이렇게 말했다. "만일 어떤 사람이 낯선 도시로 들어가게 되었는데 사악한 눈이 두렵다면 그는 오른손 엄지손가락을 왼손에 넣고 왼손 엄지손가락은 오른손에 넣고는 이렇게 말해야 한다. '나 아무개의 아들 아무개는, 사악한 눈이 전혀 손대지 못한 요셉의 씨에서 난 사람이다. 말씀에 "요셉은 무성한 가지 곧 샘 곁의 무성한 가지라"창 49:22 고 기록된 것과 같다.'" 여기서 "샘 곁의"라는 말은 "사악한 눈을 이기는"으로 읽어야 한다.[19] 랍비 하닌나의 아들 랍비 요세는 이렇게 말했다. "여기서 '이들이 세상에서 (물고기처럼) 번식되게 하시기를 원하나이다'창 48:16라는 구절을 근거로 들 수 있다.[20] 말하자면, 바다의 물고기가 물로 싸여 있어 사악한 눈이 그들을 지배할 수 없는 것처럼 요셉의 씨도 결코 사악한 눈이 지배할 수 없다. 그런데 만일 그가 자신의 사악한 눈을 걱정한다면, 자기의 왼쪽 콧방울을 바라보아야 한다." 이어서 세 번째 사람이 나서서 이렇게 말했다. "만일 어떤 사람이 병이 들었다면, 그는 첫째 날에는 그 사실을 드러내서는 안 된다. 자기 운명을 더 나쁘게 만드는 일이 없도록 하기 위해서다. 그러나 첫날이 지나면 병을 드러내도 된다. 라바가 병들었을 때 이런 일이 있었다. 그는 첫날에 그 사실을 드러내지 않았다. 첫날이 지나고 나서 그는 하인에게 이르기를, '밖으로 나가서 라바가 병들었다고 알려라. 나를 아끼는 사람들은 나를 위해 기도하게 하고, 나를 미워하는 사람들은 내 일로 인해 기뻐하게 하라'고 말하였다." 그런데 말씀에는 "네 원수가 넘어질 때에 즐거워하지 말며 그가 엎드러질 때에 마음에 기뻐하지 말라. 여호와께서 이것을 보시고 기뻐하지 아니하사 그의 진노를 그에게서 옮기실까 두려우니라"잠 24:17-18고 쓰여 있다.

사무엘은 나쁜 꿈을 꾸었을 때 "우상들은 헛된 것을 말하고, 점쟁이는 거짓을 보고, 꿈은 거짓된 것을 말한다"(옮긴이 사역)슥 10:2라고 했다. 또 좋은 꿈을 꾸었을 때는 "'나 여호와가……꿈으로 그와 말하기도 하거니와'민 12:6라는 말씀을 보건대 꿈이 거짓을 말하겠는가?"라고 했다. 라바가 말하기를, "성경에 '나 여호와

19. 언어유희가 이루어지고 있다.

20. 또 한 번 언어유희가 이루어지고 있다.

가……꿈으로 그와 말하기도 하거니와'라는 말씀이 나오고 또 '꿈은 거짓된 것을 말한다'라는 말씀이 나오니 서로 어긋난다"고 하였다. 하지만 이것은 모순되지 않는다. 앞말은 천사를 통해서 온 것이고 뒷말은 악한 영을 통해서 온 것이다.

사브다의 아들 랍비 비스나는 랍비 아키바와 랍비 판다, 랍비 나훔, 랍비 비르얍, 그리고 한 장로—이 사람은 랍비 '바나'이다—의 이름으로 이렇게 말했다. "예루살렘에는 24명의 해몽가가 있었다. 어느 날 내가 꿈을 꾸고는 그들 모두를 찾아갔다. 그런데 그들이 내게 주는 해석이 제각각이었다. 하지만 모든 것이 다 내게 이루어졌으며, '모든 꿈은 (해석자의) 입을 따라간다'는 말이 증명되었다. 그런데 '모든 꿈은 입을 따라간다'는 말이 성경에 있는가?" 랍비 엘레아자르에 의하면, 있다. 랍비 엘레아자르는 "모든 꿈은 입을 따라간다"는 말이 어디에 나오는가 물었다. 말씀에 "그 해석한 대로 되어 나는 복직되고"창 41:13라고 나온다. 라바는 다음과 같이 말했다. "그러나 이것은 말씀에 '그가 우리의 꿈을 풀되 그 꿈대로 각 사람에게 해석하더니'창 41:12와 '떡 굽는 관원장이 그 해석이 좋은 것을 보고'창 40:16라고 기록된 것처럼, 요셉이 그 꿈의 내용에 따라 해석한 것일 뿐이다." 그런데 떡 굽는 관원장은 이것을 어떻게 알았을까? 랍비 엘레아자르는 "이것은 두 사람이 모두 꿈을 꾸고 거기서 다른 사람의 꿈에 대한 해석을 알았다는 것을 말해 준다"고 하였다.

랍비 요하난은 이렇게 말했다. "만일 어떤 사람이 잠에서 깨어날 때 무심결에 입에서 성경 구절이 나온다면 그것은 작은 예언이라고 보아야 한다." 그는 이렇게도 말했다. "세 가지 꿈이 이루어진다. 새벽꿈, 친구가 그에 관해 꾼 꿈, 그리고 꿈꾸는 중에 해석된 꿈이 그것이다." 어떤 사람은 이 세 가지에 더해 되풀이 꾼 꿈도 포함한다. 말씀에 "꿈을 두 번 겹쳐 꾸신 것은"창 41:32이라고 기록된 대로다. 나흐마니의 아들 랍비 사무엘은 랍비 요나단의 이름으로 이렇게 말했다. "사람이 꿈에서 보는 것은 그가 마음 깊이 생각하는 것 외에 다른 것이 아니다." 말씀에 "왕이여, 왕이 침상에서 장래 일을 생각하실 때에"단 2:29라고 나오기 때문이다. 여러분이 원한다면 "왕이 마음으로 생각하던 것"단 2:30이라는 구절을 더 말할 수 있다. 라바는 다음과 같이 말했다. "사람은 꿈에서 황금으로 된 대추야자나무나 바늘귀를 통과하는 코끼리를 보지 않는다는 사실을 그 증거로 들 수 있다."

FOL. 56 A. 헤디야의 아들은 해몽가였다. 사람들이 그에게 보수를 지불하면 꿈을 좋게 해석하였고 보수를 지불하지 않으면 나쁘게 해석하였다. 아바이와 라바가 꿈을 꾸었다. 아바이는 그에게 한 주즈SUS를 주었고 라바는 한 푼도 주지 않았다. 두 사람이 헤디야의 아들에게 말했다. "우리가 꿈속에서 '네 소를 네 목전에서 잡았으나'신 28:31라는 말씀을 읽었습니다." 그가 라바에게 이르기를 "당신은 사업에서 실패할 것이고 그래서 슬픔에 빠져 식욕이 사라지게 될 것이오"라고 말했다. 또 아바이에게는 "당신은 사업이 번창할 것이고 그래서 기쁨에 넘쳐 아무것도 먹고 싶지 않을 것이오"라고 말했다. 또 두 사람이 헤디야의 아들에게 말했다. "우리가 꿈에서 '네가 자녀를 낳을지라도 그들이 포로가 되므로 너와 함께 있지 못할 것이며'신 28:41라는 말씀을 읽었습니다." 헤디야의 아들이 라바에게 "당신의 자녀는 포로로 잡혀갈 것이오"라고 답했다. 그리고 아바이에게는 "당신은 자녀를 많이 둘 것이고 그래서 딸들이 이 땅 밖으로 시집을 가게 될 터인데, 그 일이 당신에게 포로된 것처럼 여겨질 것이오"라고 말했다. 두 사람이 또 "우리가 꿈에서 '네 자녀를 다른 민족에게 빼앗기고'신 28:32라는 말씀을 읽었습니다"라고 말했다. 헤디야의 아들이 아바이에게 이렇게 말했다. "당신은 자녀를 많이 둘 것입니다. 당신은 딸들이 당신 친척들에게 시집가기를 원하고 당신의 아내는 딸들이 자기 친척들에게 시집가기를 원할 것이오. 그런데 당신의 아내가 억지로 딸들을 자기 친척들에게 시집보낼 것인데 그 일이 다른 민족에게 딸들을 빼앗기는 것처럼 보일 것이오." 라바에게는 "당신 아내가 죽게 될 것이고 그래서 자녀들은 새 아내의 손 아래로 들어갈 것이오"라고 말했다. 라바가 압바의 아들 랍비 예레미야와 라브의 이름으로 묻기를 "'네 자녀를 다른 민족에게 빼앗기고'라는 구절의 뜻이 무엇입니까?"라고 하였는데, 그 말은 계모를 가리킨다. 또 두 사람이 헤디야의 아들에게 "우리가 꿈속에서 '너는 가서 기쁨으로 네 음식물을 먹고'전 9:7라는 말씀을 읽었습니다"라고 말했다. 그가 아바이에게 "당신의 사업은 번창할 것이며 그래서 먹고 마시면서 즐거운 마음으로 이 구절을 읽게 될 것이오"라고 말했다. 라바에게는 이렇게 말했다. "당신의 사업은 망할 것이고 그래서 짐승을 잡을지라도 먹고 마시지 못할 것이며 위로받기 위해 성경을 읽게 될 것이오." (중략)

나중에 라바가 홀로 헤디야의 아들을 찾아가서 말했다. "내가 꿈에서 집 문짝이 떨어지는 것을 보았습니다." 헤디야의 아들이 그에게 말했다. "당신의 아내가 죽을 것이오." 라바가 말했다. "내 어금니와 다른 이들이 빠지는 것을 보았습니다." 그가 대답했다. "당신의 자녀들이 죽을 것이오." 라바가 말했다. "비둘기 두 마리가 날아가 버리는 것을 보았습니다." 헤디야의 아들이 말했다. "아내 두 명이 당신을 버릴 것이오." 라바가 그에게 말했다. "양배추 두 통을 보았습니다." 헤디야의 아들이 말했다. "따귀를 두 대 얻어맞을 것이요." 그날 라바는 돌아가서 하루 종일 학교 안에 앉아 있었다. 그러다 눈먼 두 사람이 싸우는 것을 보고는 그들을 떼어 놓았는데 그들이 라바를 두 대 때렸다. 그들이 다시 때리려고 손을 들자 라바가 외쳤다. "멈추시오. 내가 꿈꾼 것은 두 대뿐이오."

마침내 라바는 헤디야의 아들을 찾아가 돈을 주었다. 그러고는 "내가 꿈에서 벽이 무너지는 것을 보았습니다"라고 말했다. 그가 라바에게 "당신의 재산이 한없이 늘게 될 것이오"라고 답했다. 라바가 말했다. "아바이의 저택이 무너지고 그 먼지가 나를 뒤덮는 것을 보았습니다." 헤디야의 아들이 "아바이는 죽고 그가 차지했던 자리는 당신 몫이 될 것이오"라고 답했다. 라바가 말했다. "내 저택이 무너지고 온 세상 사람이 와서 벽돌을 죄다 집어 가는 것을 보았습니다." 헤디야의 아들이 말했다. "당신의 가르침이 온 세상으로 퍼져 나갈 것이오." 라바가 말했다. "내 머리가 깨지고 뇌가 드러나는 것을 보았습니다." 헤디야의 아들이 대답했다. "당신 베개 속의 양털이 새어 나오는 것입니다." 라바가 말했다. "꿈속에서 이집트 할렐을 낭송했습니다." 헤디야의 아들이 말했다. "당신에게 기적이 일어날 것이오."

어느 날 헤디야의 아들이 라바와 함께 배를 타고 가게 되었다. 헤디야의 아들이 혼잣말로 중얼거렸다. "기적을 맞게 될 사람과 왜 내가 함께 가야 하는가?" 그가 배에서 내리다가 책을 한 권 떨어뜨렸는데, 그것을 발견한 라바가 거기에 "모든 꿈은 입을 따라간다"라고 쓰인 것을 보았다. 라바가 헤디야의 아들에게 외쳤다. "비열한 인간! 모든 일을 당신이 좌우했고 나를 그토록 괴롭혔구려. 내 모든 것을 용서하겠지만 랍비 히스다의 딸(라바의 아내)에 관한 일은 그럴 수 없소. 당신 같은 사람은 관원의 손에 넘겨 어떤 자비도 얻지 못하게 하는 것이 하나님의 뜻일게요." 헤디야의 아들이 속으로 말했다. "어떻게 하지? 가르침에 따르면, 현자가 말한 저주는 비록 부지불식간에 나온 것일지라도 이루어지게 되어 있는데, 라바의 경우는 얼마나 더 그렇겠는가? 그가 말한 저주는 정당한 것이 아닌가." 그는 또 속으로 생각했다. "멀리 떨어진 딴 나라로 가야겠다. '추방은 죗값을 대신한다'고 위대한 교사가 말하지 않았는가." 그는 일어나 멀리 로마인의 땅으로 달아났고, 왕의 창고를 책임진 관리의 집 문간에 앉았다. 그 창고 관리가 꿈을 꾸고는 헤디야의 아들에게 말했다. "내가 꿈을 꾸었는데, 손가락을 바늘에 찔렸소." 헤디야가 그에게 말했다. "내게 한 주즈를 내시오." 그러나 그는 아무것도 주지 않았고 그래서 헤디야는 그에게 아무말도 하지 않았다. 그 관리가 헤디야의 아들에게 말했다. "내가 꿈에 보니, 벌레 한 마리가 내 두 손가락 위로 떨어지더이다." 헤디야의 아들이 말했다. "내게 한 주즈를 주시오." 그러나 그는 한 푼도 주지 않았고 헤디야의 아들도 말하지 않았다. 또 그 관리가 말했다. "벌레가 내 손 가득히 떨어지는 것을 보았소." 헤디야의 아들이 말했다. "벌레가 왕의 모든 옷을 먹었소이다." 왕의 궁정 사람들이 이 사실을 알게 되어 창고 관리를 끌어내 죽이려고 하였다. 그가 사람들에게 말했다. "왜 나입니까? 그 일을 알고도 말하지 않은 저 사람을 끌어오도록 하시오." 그래서 그들은 헤디야의 아들을 끌어와 말했다. "네 주즈로 말미암아 왕의 의복들이 못쓰게 되었다." 그들은 삼목 두 그루를 밧줄로 끌어당기고는 그의 두 다리를 양쪽에 하나씩 묶었다. 그러고는 밧줄을 풀어 놓았고 그 결과 그의 머리가 떨어져 나갔다. 삼나무는 원래의 상태로 돌아가섰으며 그 때문에 몸이 둘로 갈라져 곤두박질쳤던 것이다.

[이후에도 이런 식의 꿈 해석은 두 장하고도 반이 더 이어진다. 지금까지 발췌해 살펴본 세 가지 사례만으로도 탈무드를 구성하는 내용 가운데 무딤덤한 것, 좋은 것, 터무니없는 것들의 실상을 파악하기에 충분하겠다. 또한 이 사례들은 탈무드를 읽을 때 분별력이 필요하다는 점과 탈무드 전체가 적대자들에게 얼마나 쉽게 비난당할 수 있는지, 의도적으로 선택된 구절을 이용해 탈무드가 어떻게 부당하게 칭송될 수 있는지를 분명하게 보여준다.]

색 인

성구 색인 · 주제 색인

성구 색인

마가복음

누가복음

요한복음

사도행전

로마서

주제 색인

ㄱ

ㅁ

ㅇ